南沙自贸区法院司法实务精品丛书

总主编 吴 翔

精品案例和优秀裁判文书选

（2018-2019年）

Anthology of Classic Cases and Adjudicative Document

广州市南沙区人民法院
广东自由贸易区南沙片区人民法院 编

厦门大学出版社 XIAMEN UNIVERSITY PRESS | 国家一级出版社 全国百佳图书出版单位

图书在版编目(CIP)数据

精品案例和优秀裁判文书选.2018—2019年/广州市南沙区人民法院,广东自由贸易区南沙片区人民法院编.—厦门:厦门大学出版社,2021.12
(南沙自贸区法院司法实务精品丛书)
ISBN 978-7-5615-7904-6

Ⅰ.①精… Ⅱ.①广… ②广… Ⅲ.①案例—汇编—南沙区—2018—2019 ②法院—审判—法律文书—汇编—南沙区—2018—2019 Ⅳ.①D927.654.05 ②D927.654.613

中国版本图书馆CIP数据核字(2020)第177862号

出 版 人 郑文礼
责任编辑 李 宁
封面设计 李嘉彬
技术编辑 许克华

出版发行 厦门大学出版社
社 址 厦门市软件园二期望海路39号
邮政编码 361008
总 机 0592-2181111 0592-2181406(传真)
营销中心 0592-2184458 0592-2181365
网 址 http://www.xmupress.com
邮 箱 xmup@xmupress.com
印 刷 厦门集大印刷有限公司

开本 787 mm×1 092 mm 1/16
印张 20.5
插页 2
字数 390千字
版次 2021年12月第1版
印次 2021年12月第1次印刷
定价 98.00元

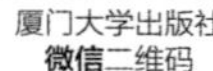

厦门大学出版社
微博二维码

总 序

- Preface -

案例是人民法院对既存案件审理经验的凝练和总结，作为案例载体的裁判文书蕴含了法官对纠纷事实的客观评判和对法律适用的深刻理解，是法官职业素养的集中体现，也是法院司法智慧的高度结晶。

自2012年开始，我院确立“将每件案件办成精品案件”的审判工作思路，要求全体法官牢固树立“精益求精”的审判理念，力争做到事实认定清楚、法律适用正确、处理结果恰当、社会效果良好，将每个案件都办成精品案件。自第一辑《精品案例和优秀裁判文书选》从2012年度近六千件案件中撷选集册开始，我知道，这套荟萃南沙法院优秀裁判思想与法官智慧的案例选编文丛，必将作为指导审判实践的旗帜不断传递，随着时间的不断推进，随着案件数量的不断增加，随着法官司法能力的不断提升而愈加充实！南沙法院精品案例和优秀裁判文书的评选、编撰活动将成为年年坚守的惯例长期延续！

案例是司法行为的缩影。每一年度的案例选编，都从一个侧面记载了法院一年来的发展轨迹，见证了我院审判水平的逐步提升和审判管理机制的长足进步；同时，也从另一个侧面见证了法官的成长历程，折射出法官对公平正义的不懈坚守和对为民司法的理性诠释。通观历年的《精品案例和优秀裁判文书选》，我们欣喜地看到，法官们准确适用法律，娴熟运用审判技巧，依法作出公正裁判。他们善于倾听，却不人云亦云；他们谨慎求证，却不鲁莽擅断；他们恪守法律，却亦有创造性运用法律原则推动司法进步的智慧和勇气。

美国大法官本杰明·卡多佐在一次演讲时说："这是一个令人振奋的时代，在这个令人振奋的时代里，我将尽自己绵薄之力，把那些悸动着、喧嚣着渴望得到表达的社会和经济力量引入法律。"同样，在南沙自贸区建设迅猛推进的宏伟时代，我期待听到法律被引入经济和社会发展的声音，希望看到我们的法官秉持宪法和法律的精神，恭谦地听，睿智地答，审慎地想，公正地判，用每一件案件让人民群众感受到公平正义！

是为序！

广州市南沙区人民法院
广东自由贸易区南沙片区人民法院
党组书记、院长

吴翙

2019年10月

目 录

| 精品案例 |

| 优秀裁判书 |

精品案例

某桁架有限公司诉某舞台照明设备有限公司、黄某、某加工机械有限公司侵害商业秘密纠纷案*

——商业秘密案件的裁判思路

【关键词】 商业秘密　侵权行为　举证责任　逻辑推理

【裁判要旨】 根据《中华人民共和国反不正当竞争法》(以下简称《反不正当竞争法》)第十条第三款的规定，商业秘密是指“不为公众所知悉、能为权利人带来经济利益、具有实用性并经权利人采取保密措施的技术信息和经营信息”。因此，认定商业秘密的构成要件应包括:(1)不为公众所知悉;(2)具有价值性;(3)具有实用性;(4)采取合理的保密措施。据此，对于三被告是否构成侵害某桁架有限公司商业秘密的侵权行为，审查的逻辑推理过程应为：首先，应对某桁架有限公司是否有权就涉案信息主张权利、涉案信息是否符合商业秘密构成要件，即是否不为公众所知晓以及权利人是否采取了合理的保密措施进行审查和认定；其次，在商业秘密成立且某桁架有限公司有权主张权利的前提下，对被告是否实施了侵权行为进行审查和认定；最后，在认定被告构成侵权的情况下，确定其应当承担的民事责任。在商业秘密侵权诉讼中，某桁架有限公司对于商业秘密构成要件事实承担主要举证责任。经对某桁架有限公司所主张的商业秘密进行逐项分析，由于某桁架有限公司所主张要求保护的涉案客户名单、价格信息、设计图纸均未构成商业秘密，故其要求三被告承担侵害商业秘密的赔偿责任之主张不具有法律权利基础，法院对此不予支持。

【相关法条】《反不正当竞争法》第十条第三款，《最高人民法院关于审理不正当竞争民事案件应用法律若干问题的解释》第九条第二款第（五）项、第十三条第一款、第十四条，《最高人民法院关于民事诉讼证据的若干规定》第二条。

【案例索引】 一审:(2013)穗南法知民初字第706号民事判决(2014年6月9日)。

---

* 本文被《中国审判案例要览(2015年商事审判案例卷)》刊用。
本文编写人：梁颖，系广州市南沙区人民法院(广东自由贸易区南沙片区人民法院)原知识产权审判庭副庭长。

【基本案情】

原告某桁架有限公司诉称：被告某舞台照明设备有限公司系被告黄某于2012年9月12日独资设立的公司，生产经营与原告产品同类型的产品，其法定代表人系被告黄某。被告黄某于2006年12月7日入职原告单位，担任销售总监职务。被告某舞台照明设备有限公司自成立后，多次非法获取、使用被告黄某在原告处担任销售总监职务期间所掌握的大量客户信息、价格信息、技术信息等商业秘密，甚至假借原告之名义截取本属于原告的交易机会，赚取本应属于原告的经营利润。被告黄某因担任原告单位的销售总监，一直掌握着原告所有的客户信息，包括客户名称、经营地点、联系方式、投资计划等。原告在国内绝大部分的销售业务均由被告黄某作为签约代表进行洽谈、签约，因此被告黄某亦掌握着绝大部分产品的技术图纸、施工方案，并掌握着所有产品的销售价格以及原材料采购的价格信息。为扩大产能，被告某舞台照明设备有限公司亦联合了被告某加工机械有限公司参与共同合作经营。被告某舞台照明设备有限公司非法利用了其法定代表人在原告任职的便利条件，非法获取并使用了原告的商业秘密，给原告造成了巨大的经济损失。被告黄某自入职原告处，至今仍与原告存在劳动关系，案发时，其职务为销售总监。被告某舞台照明设备有限公司、黄某非法利用这些商业秘密抢占原告的客户，直接造成了原告的经济损失。三被告的上述行为是典型的侵犯商业秘密的行为，构成不正当竞争。上述三被告共同使用违法手段侵犯原告的商业秘密，使原告遭受了惨重的经济损失，故请求判令：（1）三被告自判决生效之日起立即停止侵犯原告商业秘密，不得再利用原告的客户信息、价格信息等经营信息进行生产经营，并对上述经营信息进行保密。（2）三被告向原告连带赔偿经济损失1702751元。（3）三被告向原告连带支付调查取证所支出的费用7500元。（4）三被告向原告连带支付财产保全费3020元。（5）判令三被告承担本案全部诉讼费用。

三被告共同辩称：（1）原告诉称的客户信息不属于商业秘密，理由如下：①原告对所谓的客户信息并没有采取相应的保密措施。从原告的网站（www.weifa.com.cn）来看，对其所做的工程案例进行了介绍，通过这些工程是可以查找到原告客户信息的；从原告提供的证据来看，并不能证明这些客户是其保持长期稳定交易的老客户，充其量是偶尔交易一两次的客户而已。②答辩人黄某在任职原告公司期间，没有与原告签订竞业禁止协议和保密协议。（2）原告提供的证据来源不合法，不能作为断案依据。原告在未征得答辩人黄某的同意下，擅自窃取黄某的私人电脑，单独委托鉴定机构对电脑硬盘的数据进行提取，该部分证据是通过窃取手段取得的，证据来源违法。（3）答辩人某舞台照明设备有限公司有自主经营的权利。某舞台照明设备有限公司是依法成立的工商企业，有权选择交易对象。在答辩人与之实际交易的客户中，只有部分企业与原告诉称的老客户（非商业秘密中的客户信息）相同。(4)原告索赔170万元没有依据。(5)答辩人某加工机械有限公司没有证据证实有实施侵权行为，以及为实施侵权行为而与某舞台照明设备有限公司、黄某签订合作协议，且生产、销售的电动葫芦与原告的产品并不相同，不构成侵权。

法院经审理查明：黄某于2006年12月7日开始入职某桁架有限公司处工作。2007年4月1日，双方签订《广州市职工劳动合同》，约定黄某工作部门为设计部，岗位类别为管理类，约定期限为2007年4月1日至2010年3月30日。黄某并于2007年4月16日签收了某桁架有限公司的厂规制度，上述厂规制度即某桁架有限公司《员工手册》，落款的编制时间为2006年12月1日。双方后又再次签订《广州市职工劳动合同》，期限为2012年11月1日至2017年10月30日，约定黄某的工作内容为国内销售经理。《广州市职工劳动合同》第十二条第1点约定：乙方（黄某）在签订本合同时，已十分清楚了解甲方（某桁架有限公司）的厂规制度、安全生产管理制度、考勤管理制度、保密管理制度及其他相关的规章制度。某桁架有限公司所制定的《员工保密管理制度》的落款日期为2008年1月。黄某承认其签收和学习过《员工手册》，但否认其知晓《员工保密管理制度》的内容并认为该保密制度为某桁架有限公司事后制作。某桁架有限公司、黄某均没有提供双方劳动关系已经解除的证据。

经法院释明，某桁架有限公司明确其在本案中主张要求保护的商业秘密包括：（1）客户名单。包括：①曾经与某桁架有限公司发生过交易关系的老客户名单，共有16个（载于某桁架有限公司电脑或书面合同）。该16个客户信息其中有10个具有公司名称、地址、联系人、电话信息，有1个具有公司名称、地址、电话信息，有1个具有公司名称、电话信息，有1个具有公司名称、联系人、电话信息，有3个仅有公司名称。②由黄某以职权收集或联系而取得的潜在客户信息，共有7个（仅载于黄某工作电脑，未记录于其他有形载体）。该7家尚未与某桁架有限公司发生交易关系，但是已与黄某发生交易关系。③上述单位后续产品采购需求、采购时机等随机信息（由黄某直接获取）。（2）价格信息。包括：①报价数据信息及销售底价信息。某桁架有限公司陈述销售底价为销售价的七折，黄某知道某桁架有限公司销售底价后，会以低于底价的价格报给同类的客户，以争夺某桁架有限公司客户。②采购信息。包含某桁架有限公司的采购渠道（2间铝材供应商），以及某桁架有限公司的采购价格。某桁架有限公司陈述该2个供应商不仅只是供货给某桁架有限公司，注册信息可以通过公开渠道查询到，但是联系方式、联系人等无法查询到。黄某得知该2个供应商的加工费底价，也按照某桁架有限公司与该2个供应商协商的特殊优惠价格要求购买。(3) 设计图纸。包括设计图、安装图等信息。某桁架有限公司对此没有提供著作权的证明，也没有提供上述设计图、安装图的载体。某桁架有限公司通过劳动合同约定保密条款、制定保密规定、员工制度的方式来采取保密措施。

为证实其为获得涉案的客户信息付出了人力、物力等代价，某桁架有限公司提供了对黄某在任职期间因出差洽谈业务产生的差旅费、飞机票、住宿费等予以报销，以及对黄某开发和跟进国内客户发放销售提成等证据予以证实。黄某对上述事实予以承认，但认为不能证实某桁架有限公司的主张。

为证实黄某利用职务便利将掌握的客户信息归被告某舞台照明设备有限公司使用并为其交易谋利，某桁架有限公司提供了广东鑫证声像资料司法鉴定所出具的《检验报告书》(穗司鉴字20130901800039号) 予以证实，某桁架有限公司为此支出鉴定费7500元。三被告认为该证据是某桁架有限公司擅自窃取黄某的工作电脑，单方面委托鉴定机构作出的，故来源不合法，对此不予确认。此外，某桁架有限公司还提供了某桁架有限公司代理律师与黄某之间的谈话录音(包括光碟、录音整理稿) 予以证实。三被告确认声音来源为黄某本人，但是认为黄某是在受到胁迫、诱导的情况下录音，并非其真实意思表示，对此不予确认。

对于先后与某桁架有限公司、黄某、某舞台照明设备有限公司发生交易的企业，三被告抗辩称仅有5家。在该5家企业中，厦门某公司是因为不满某桁架有限公司迟延开具发票导致其产生额外税负而选择二被告进行交易的，与其是否原客户无关，并对此提供了该公司声明予以证实；扬州某电视台的交易是因为在招标要约中中标而发生的，并提供了《购销合同》予以证实；江苏某投资发展有限公司的交易标的是紧绳器、尼龙吊扣带，并非桁架，并提供了《购销合同》予以证实；与深圳某公司发生交易的货物是展览架铁柱，不是桁架，并提供了该公司《声明函》、发票予以证实；与中央某院的交易合同是招投标取得的，并提供了《购销合同》《成交结果通知书》予以证实。某桁架有限公司对上述证据的真实性均予以确认。三被告还抗辩某桁架有限公司所称的其他公司没有与三被告发生交易关系，并提交了相应的《声明函》予以证实。某桁架有限公司对此不予确认。

对于某桁架有限公司所诉称的技术信息(设计图纸)，三被告抗辩称该信息属于公开信息，并提交了(2013) 粤广广州第227231号公证书，以及封面印有“威发”(繁体字)，底面印有某桁架有限公司公司名称、联系电话、网址、邮箱等的《产品目录册》予以证实。某桁架有限公司对公证书的真实性予以确认，但认为无法证实其技术信息已经公开，对《产品目录册》不予确认。

另查明，某舞台照明设备有限公司的成立日期为2012年9月12日，法定代表人与股东为黄某，注册资本为50万元，企业类型为自然人独资有限责任公司，经营范围为“生产、销售：舞台照明设备、音响设备、结构性金属制品、木制品；货物进出口”。某加工机械有限公司成立日期为2010年10月25日，法定代表人与股东均为黄某某，注册资本为10万元，企业类型为自然人独资有限责任公司，经营范围为“生产、加工、销售：金属加工机械、日用金属配件、工件夹具；维修：机床附件”。

为证实三被告之间的合作经营构成共同侵权，某桁架有限公司提供了上述广东鑫证声像资料司法鉴定所出具的《检验报告书》(穗司鉴字20130901800039号)予以证实。该《检验报告书》中显示，所提取的《合伙经营协议书》(甲方：黄某；乙方：黄某某)显示合伙经营项目和范围为“舞台电动葫芦、手动葫芦等”;《合作经营协议书》(甲方：某舞台照明设备有限公司；乙方：某加工机械有限公司)的合作宗旨为“利用双方自身市场优势和生产优势互补，通过合法的手段创造劳动成果，分享经济利益”。上述两份协议书部分条款空白，且均未显示有合同当事人的签字、盖章。三被告对此不予确认。

诉讼中，法院向某桁架有限公司释明，某桁架有限公司的事实理由与诉请中既体现有主张侵害商业秘密的侵权责任，亦有主张竞业禁止的违约责任，要求其明确诉讼请求。某桁架有限公司明确在本案中主张的是三被告侵害商业秘密的不正当竞争行为。

【裁判结果】

广州市南沙区人民法院于2014年5月19日作出(2013)穗南法知民初字第706号民事判决：驳回某桁架有限公司的全部诉讼请求。案件受理费20219元，由某桁架有限公司负担。判决作出后，双方当事人均没有提起上诉，该判决已经发生法律效力。

【裁判理由】

法院生效裁判认为：根据《中华人民共和国反不正当竞争法》第十条第三款的规定，商业秘密是指“不为公众所知悉、能为权利人带来经济利益、具有实用性并经权利人采取保密措施的技术信息和经营信息”。因此，认定商业秘密的构成要件应包括：(1)不为公众所知悉;(2)具有价值性;(3)具有实用性;(4)采取合理的保密措施。据此，对于三被告是否构成侵害某桁架有限公司商业秘密的侵权行为，审查的逻辑推理过程应为：首先，应对某桁架有限公司是否有权就涉案信息主张权利、涉案信息是否符合商业秘密构成要件，即是否不为公众所知晓以及权利人是否采取了合理的保密措施进行审查和认定；其次，在商业秘密成立且某桁架有限公司有权主张权利的前提下，对被告是否实施了侵权行为进行审查和认定；最后，在认定被告构成侵权的情况下，确定其应当承担的民事责任。

由于商业秘密侵权诉讼属于民事诉讼的一种，而法律并没有对其证明责任分配作出特别规定，故其应遵循民商事举证责任分配的一般规定。根据“谁主张，谁举证”的基本诉讼举证规则及与此相关的诉讼风险承担规则，以及《最高人民法院关于审理不正当竞争民事案件应用法律若干问题的解释》第十四条关于“当事人指称他人侵犯其商业秘密的，应当对其拥有的商业秘密符合法定条件、对方当事人的信息与其商业秘密相同或者实质相同以及对方当事人采取不正当手段的事实负举证责任。其中，商业秘密符合法定条件的证据，包括商业秘密的载体、具体内容、商业价值和对该项商业秘密所采取的具体保密措施等”的规定，在商业秘密侵权诉讼中，某桁架有限公司对于商业秘密构成要件事实承担主要举证责任。

根据某桁架有限公司明确在本案中主张的商业秘密，包括：（1）客户名单；（2）价格信息；（3）设计图纸。法院对此逐一进行分析认定。

1. 关于客户名单。客户名单商业秘密属于商业秘密中的经营信息，即经营秘密。根据《最高人民法院关于审理不正当竞争民事案件应用法律若干问题的解释》第十三条第一款的规定：商业秘密中的客户名单，一般是指客户的名称、地址、联系方式以及交易的习惯、意向、内容等构成的区别于相关公知信息的特殊客户信息，包括汇集众多客户的客户名册，以及保持长期稳定交易关系的特定客户。据此，作为商业秘密被保护的客户名单，应当为权利人经过相当的努力，形成了在一定期间内相对固定且具有独特交易习惯等内容。对其主张的客户名单构成经营秘密的，某桁架有限公司应举证证实涉案客户名单内容为具体明确的、区别于可以从公开渠道获得的、具有一定深度，载有除客户名称以外的深度信息；客户名单需具备交易的稳定性，并非一次性、偶然的交易对象。本案中，某桁架有限公司所主张的已发生交易的涉案客户名单、黄某以职权收集或联系而取得的潜在客户信息，仅体现了客户名称、地址、联系人、联系电话等简单信息列举，并未体现交易习惯、客户独特需求、客户的经营规律、成交价格底线等特殊内容，不符合深度信息与交易稳定性的要件；而某桁架有限公司所主张的上述单位后续产品采购需求、采购时机等随机信息并没有任何证据证实，亦没有具体载体，不符合具体明确的要件。此外，某桁架有限公司亦并未举证证明上述信息的使用能够给其带来经济利益或者竞争优势，不符合商业价值性的要件。故此，上述涉案客户名单均不构成《中华人民共和国反不正当竞争法》所规定的商业秘密。

2. 关于价格信息。某桁架有限公司所主张的价格信息包括：（1）某桁架有限公司的报价数据信息及销售底价信息。（2）采购信息（包括某桁架有限公司的2间铝材供应商及某桁架有限公司与该2个供应商协商的特殊优惠采购价格）。由于某桁架有限公司主张的该2个供货商信息因可以通过公开渠道查询而属于公知信息，某桁架有限公司亦未能证实其报价数据信息、销售底价信息、上述2个供应商信息、某桁架有限公司的采购价格能为其带来何种经济利益或者竞争优势，故上述价格信息不符合商业秘密之秘密性与商业价值性的构成要件，且某桁架有限公司亦未能证实三被告有否实际利用上述信息。

3. 关于设计图纸。对于设计图纸，某桁架有限公司没有提供任何证据证实涉案图纸的存在、明确涉案图纸的秘密点所在，及其对涉案图纸享有权利，故某桁架有限公司未能证实设计图纸应作为商业秘密被保护的客观存在。

综上，由于某桁架有限公司所主张要求保护的涉案客户名单、价格信息、设计图纸均未构成商业秘密，故其要求三被告承担侵害商业秘密的赔偿责任之主张不具有法律权利基础，法院对此不予支持。

【案例注解】

侵害商业秘密案件属于知识产权案件中的疑难案件，在知识产权司法领域，相对于其他案件，侵害商业秘密案件的审理难度较大且明显不同于其他知识产权案件。审理侵害商业秘密案件，涉及对商业秘密权利的存在、归属、内容、保护范围以及侵权构成的认定，而《中华人民共和国反不正当竞争法》仅仅对商业秘密的保护问题作了抽象原则性的规定。由于侵害商业秘密行为在社会经济中的表现形式十分隐蔽且层出不穷，造成了诉讼中权利人难以举证，审理中法院认定困难的情况。本文就审理该类案件的裁判思路，以及权利人应负之举证责任进行探讨。

（一）本案所涉及的基础法律关系之确定

根据某桁架有限公司的诉讼请求，其主张既包括劳动合同关系，又包含商业秘密的违约或侵权关系等法律关系。这种情况在许多涉及商业秘密纠纷的案件中均有所反映，当事人，尤其是原告，或是对于案件事实、法律适用存在认知水平不足，或是基于侵权结果倒推罗列所有可能存在的侵权或违约情形，期待其中一个理由能证实其诉请从而得到法院的支持。由于不同类型的法律关系在诉讼程序、当事人举证责任、案件审查要素、法官审理思路等方面存在较大差异，故在解决涉及商业秘密的纠纷时，法院有必要首先释明并要求原告对其主张予以明确，将混杂繁复的诉讼请求一一梳理，再依据原告所明确主张的一个法律关系理清裁判思路、分配举证责任、查清案件事实、适用相关法律，作出相应裁判。

经释明后，若原告对诉讼请求予以选择与明确，应按其明确的法律关系继续审理；如释明后，原告仍不能明确的，法院可以根据原告提出的诉讼请求，以及所陈述的事实、理由，认定原告主张的法律关系，并询问原告对法院认定结果的意见。若原告确认法院认定结果的，法院按该法律关系进行审理；若原告拒绝确认，或不予选择与明确诉讼请求的，可裁定驳回起诉。

在法律关系产生竞合时，某桁架有限公司有权在本案中择一处理。若其选择以违反劳动合同为由提起诉讼，依照劳动争议纠纷审理的程序要求，该公司应先向劳动争议仲裁委员会申请仲裁，对仲裁结果不服的，再向人民法院提起诉讼。本案中，某桁架有限公司经法院释明，根据有利于自身维权的角度出发，直接以黄某及其开设的公司等为共同被告提起诉讼，法院可直接将其作为民事纠纷予以受理，案由为最高人民法院《民事案件案由规定》第五部分“知识产权与竞争纠纷”中第一百六十条所规定的“侵害商业秘密纠纷”。

（二）商业秘密案件审理思路

1. 商业秘密案件之审理思路

明确商业秘密的审理思路，对于确保商业秘密案件审判质量具有基础性的作用。对于审理侵害商业秘密的案件，一般应遵循以下思路：

（1）应对原告是否有权就涉案信息主张权利、涉案信息是否符合商业秘密构成要件，即是否不为公众所知晓以及权利人是否采取了合理的保密措施进行审查和认定；

（2）在商业秘密成立且原告有权主张权利的前提下，对被告是否实施了侵权行为进行审查和认定；

（3）在认定被告构成侵权的情况下，确定其应当承担的民事责任。

上述步骤具有先后顺序，在满足前一步骤的前提下，再逐步往下推理，从而作出最终的裁判结果；某一步骤条件不满足的，即不符合商业秘密的某一构成要件，则无须再进入下一步骤处理。

2. 本案之审理思路

本案中，原告所主张保护信息之秘密点的确定应为案件审理的基础性问题，属于本案审查步骤的第一步。根据《中华人民共和国反不正当竞争法》第十条第三款规定，商业秘密是指“不为公众所知悉、能为权利人带来经济利益、具有实用性并经权利人采取保密措施的技术信息和经营信息”。其中，“不为公众所知悉”应首先要求原告对秘密点的具体范围与内容进行明确与列举，其次对实质是否“不为公众所知悉”进行实体审查与判断。

（1）秘密点的具体范围与内容之明确。由于原告在起诉之初出于各种原因，可能诉讼请求中对秘密点陈述不清，或有意将公知信息纳入商业秘密保护范围，一并交由法院处理。因此，需要法官反复释明与引导，多次对当事人提交的证据进行交换，最终才能确定秘密点与案件实质性的审理对象。在原告要求保护的技术信息方面，法院应释明引导原告详细说明技术信息的具体内容以及与公知信息的区别，如其是否拥有设计图纸的著作权，技术信息中的哪些具体内容、环节、步骤构成商业秘密，同时结合被告的抗辩意见，最终划分出可纳入保护范围的技术信息。在原告要求保护的经营信息，尤其是客户名单方面，法院则应释明引导原告明确指出经营信息、客户名单的构成，并明确具体的经营信息、客户名单，指出其中独特的、具体的、明确的内容，说明该经营信息、客户名单是通过何种劳动、金钱、努力等得来，如本案中的报价数据信息、销售底价信息、采购信息、价格信息的独特之处及能为其带来何种经济利益或者竞争优势，客户名单所体现的客户交易习惯、独特需求、经营规律、成交价格底线等深度信息。

（2）“不为公众所知悉”的实体审查。在剔除不符合要求的信息后，对符合商业秘密保护条件的信息，可依据《最高人民法院关于审理不正当竞争民事案件应用法律若干问题的解释》第九条的规定，由双方进行举证对抗，如原告所主张的商业秘密是否可以从公开、正当渠道获得，国内外公开媒体是否对此曾予以公开，国内有否对此进行过公开使用，相关领域技术人员是否已经普遍掌握等。在案件情况复杂、专业性强的情况下，可依照当事人的申请，借助鉴定机构或专业人员对涉案信息是否“不为公众所知”进行鉴定。

在本案中，由于原告未能证明其所主张保护的信息构成商业秘密，故在后步骤的侵权行为及赔偿责任之认定则再无继续判断的必要。

司法实践中，法院对于是否构成商业秘密侵权的判断方法，原则为“相同（实质性相似）+ 接触 - 合法来源”。采用该原则，是在原告证明了相似与接触这一基本事实后，若被告不能提供反证，由法官依照这一原则作出判断，从而免除原告对推定事实的举证责任。《最高人民法院关于审理不正当竞争民事案件应用法律若干问题的解释》第十四条规定：“当事人指称他人侵犯其商业秘密的，应当对其拥有的商业秘密符合法定条件、对方当事人的信息与其商业秘密相同或者实质相同以及对方当事人采取不正当手段的事实负举证责任。其中，商业秘密符合法定条件的证据，包括商业秘密的载体、具体内容、商业价值和对该项商业秘密所采取的具体保密措施等。”由于商业秘密侵权诉讼属于民事诉讼的一种，而法律并没有对其证明责任分配作出特别规定，故其应遵循民商事举证责任分配的一般规定，根据“谁主张，谁举证”的基本诉讼举证规则及与此相关的诉讼风险承担规则，由原告对商业秘密构成要件事实承担主要举证责任。被告否定其侵权责任时，由被告负证明责任。具体来说，原告应负责证明以下事实：原告具有商业秘密，被告实施了反不正当竞争法规定的侵害其商业秘密的行为，被告具有过错，被告的行为给原告造成了损害，被告侵害商业秘密的行为与原告的损害具有因果关系。其中最主要的方面是证明被告实施了侵害商业秘密的行为。

（3）原告对该商业秘密享有权利，并对秘密性负担初步举证责任。原告所主张保护的商业秘密必须具体、明确，由于“抽象的、模糊的原理或观念本身不能转化为竞争优势，没有保护的必要”①，因此，原告应证明商业秘密具体、确定的内容，并列明上述具体内容，划分出所主张的商业秘密与公知信息的区别。如原告主张设计图纸构成技术秘密的，应具体指出涉及哪些具体内容、环节、步骤构成技术秘密；若原告主张全部技术信息均构成商业秘密，应明确全部技术信息的具体构成以及主张全部信息构成技术秘密的具体理由。如原告主张客户名单构成经营秘密的，应当明确到具体客户名单，并指出其中哪些具体内容（如交易习惯、客户的独特需求、客户要货的时间规律、成交的价格底线等）构成商业秘密以及事实依据，不能含糊统称“××等多家客户”，或简单罗列客户名称；曾经与原告发生过业务往来的旧客户，应证明经过一定的努力和付出（包括人、财、物、时间投入等）获取的深度信息，并保持长期稳定的关系等。对于上述内容，原告应承担初步的举证责任。

（三）本案的启示

商业秘密由于是不为公众所知悉的信息，加上知识产权本身的专业性与复杂性，对于商业秘密的认定在司法实践中存在一定的困难。与此同时，商业秘密被他人所泄露与运用，又可能对企业的生产经营造成致命影响。本案所显现的，是企业疏于对客户信息、客户名单进行及时汇总、采取必要保密措施，导致被他人利用。相对于请求法院给予事后的裁判与补救，企业对于商业秘密，尤其是对于客户名单的保密工作更应该防患于未然。

1. 提高认识。提高对商业秘密保护必要性的认识，从思想上真正认识到商业秘密保护问题对企业经营管理的重要性。

2. 建章立制。对企业的商业秘密保护进行建章立制，建立一整套配套的商业秘密

---

① 孔祥俊：《反不正当竞争法新论》，人民法院出版社2001年版，第719页。

保护制度。限定涉密信息的知悉范围，仅告知相关人员必须知悉的内容；对于涉密信息载体采取加密措施，如密码或代码，并对涉密介质进行上锁，表明密级等；签订保密协议等。总而言之，要采取合理的保密措施，对外让相对人知悉有关方面的内容具有保密性，不应轻易接触，接触到亦不应对外披露或加以利用为自身非法牟利。

3. 保留证据。为应对未来可能发生的商业秘密纠纷，应注意留存与维护相关的证据，如：对于自身开发客户名单所耗费的时间、人力、物力、财力，及开拓市场销售渠道所付出的投入；开发客户过程中采取的宣传、接触、联络、回扣等特殊手段；客户名单除了名称、地址、电话外的包括交易习惯、意向、特别需求等区别于公共领域的深度信息；客户名单的整理、汇编、交易的次数记载；等等。

广州市广京装饰材料有限公司诉广州市大吕装饰材料有限公司侵害商标权纠纷案*

——商标性使用是判定商标侵权的前提

【关键词】 水印　商标的使用　混淆

【裁判要旨】 商标的使用，是指将商标用于商品、商品包装或者容器以及商品交易文书上，或者将商标用于广告宣传、展览以及其他商业活动中，用于识别商品来源的行为。本案中大吕公司在其公司网页上使用标有他人商标水印的图片，属于将商标用于广告宣传，构成商标性使用，侵害了广京公司的注册商标专用权。

【相关法条】《中华人民共和国商标法》第四十八条、第五十七条第二项、第六十三条，《最高人民法院关于审理商标民事纠纷案件适用法律若干问题的解释》第九条、第十六条第一款、第十七条。

【案件索引】

一审：广州市南沙区人民法院（2016）粤0115民初2894号（2016年9月28日）。

二审：广州知识产权法院（2016）粤73民终901号（2016年12月19日）。

【基本案情】

原告诉称：原告于2012年从广州市大广铝业装饰材料有限公司受让取得核定使用商品为第6类的第10017338号“欧佰”及第6类的第10017387号“Oubuys”文字商标专用权。大广公司在华南地区具有较高的知名度和美誉度，“欧佰”铝天花商标属知名品牌，在同行业和消费者中具有较大的影响力，为广大消费者所信赖。被告于2012年6月注册成立，经营范围与原告相同。被告未经原告许可冒用“欧佰”天花商标，生产销售铝天花。原告于2015年5月8日向广州市番禺公证处申请证据保全公证，并由其出具公证书三份。原告要求被告停止侵权行为无果，又于2015年9月23日再次申请公

---

* 本文被《人民法院案例选》2018年第5辑、《中国法院2018年度案例·知识产权纠纷》刊用。

本文编写人：陈梦芷，系广州市南沙区人民法院（广东自由贸易区南沙片区人民法院）民事审判庭（家事少年审判庭）法官。

证保全证据。因被告仍未停止侵权行为，原告于2016年5月13日再次申请公证保全证据。公证书均显示了被告的侵权行为。被告未经原告许可，在同一种商品上使用原告注册专用的“欧佰”天花商标，构成对原告享有注册商标专用权的侵害，故请求判令：（1）被告立即删除所有侵犯原告商标专用权的网站、店铺网页，并向原告提供其注册的真实身份信息资料；同时在其网页上发布启事，消除影响。（2）被告赔偿原告经济损失80万元。（3）被告赔偿原告为制止侵权行为所支付的合理费用11660元。（4）诉讼费由被告承担。

被告辩称：被告没有侵犯原告的商标权，请求驳回原告诉请。原告并没有证据证明其享有涉案商标的专用权，原告提供的八份公证书中仅仅是其中几份有我方使用其中的几张图片的情况，这些图片上有不太清晰的涉案商标的字样，被告并不构成侵犯原告的商标权，被告有自己的商标，在标识产品时，都是使用自己的商标，没有使用过其他人的商标，不会对消费者产生误导。原告没有证据证明被告的行为对原告造成的经济损失，且被告的盈利不高，与原告没有任何关系。

经审理查明：原告是第10017338号“欧佰”、第10017387号“Oubuys”商标注册人，核定使用商品均为第6类，包括金属天花板、金属耐火建筑材料、钢桅杆、铝、金属环、钢管、家具用金属附件、五金器具、金属锁（非电）、普通金属艺术品等，注册有效期限均自2012年11月28日至2022年11月27日。

原告委托代理人周伟光到广州市番禺公证处申请对互联网上有关内容进行保全证据公证，广州市番禺公证处出具了（2015）粤广番禺第18669号、（2015）粤广番禺第18670号、（2015）粤广番禺第18671号、（2015）粤广番禺第34707号、（2015）粤广番禺第34708号、（2015）粤广番禺第34709号、（2016）粤广番禺第16489号、（2016）粤广番禺第16490号等八份公证书。（2015）粤广番禺第18669号公证书附件（二）、（2015）粤广番禺第34707号公证书附件（二）第2页、（2016）粤广番禺第16490号公证书附件（四）第2页的页面均有六幅车间图片，右下角均有“欧佰天花”的水印；（2016）粤广番禺第16490号公证书附件（四）第1页下方的两幅生产车间图片均有“欧佰天花”水印；（2016）粤广番禺第16489号公证书第12页显示的“金属吊顶板、金属扣板”图片中，图片中央是天花吊板，该产品背景板上印有多个“欧佰天花”字样。

庭审中，被告确认（2015）粤广番禺第18669号公证书、（2015）粤广番禺第34707号公证书、（2016）粤广番禺第16489号公证书、（2016）粤广番禺第16490号公证书的网页是其公司的网页，其余公证书网页虽不确认是其公司网页，但不排除有其业务员在第三方平台进行宣传。

庭审中，原告明确诉请中的经济损失主要根据双方的经营状况，被告的主观恶意较大及其获利较大等情况，且考虑被告的年度利润情况，包括合理费用律师费10000元、公证费等，最终经济损失数额由法院酌定。

本院向广州市番禺区国家税务局调取的被告的2012年至2016年上半年财务报表显示，被告2012年主营业务收入138876.3元，净利润533.3元；2013年营业收入418025.25元、净利润5259.45元；2014年营业收入2368341.02元、净利润－61708.94元；2015年营业收入1329609.9元、净利润1350.5元；2016年上半年营业收入585335元、净利润－34935.03元。

关于原告支出的合理费用，原告提供了广州市番禺公证处于2015年9月13日开具的金额为2040元发票一张、2016年5月13日开具的金额为1620元发票一张。广西华锦律师事务所2015年6月30日开具的金额为8000元，内容为“欧佰商标侵权调查及代理公证费”发票一张；2016年8月9日开具的金额为10000元，内容为“侵害商标权案律师费”发票一张。

另查明，原告成立于2011年5月6日，注册资本1500万元，经营范围为金属制品业。被告成立于2012年6月18日，注册资本1080万元，主营项目类别为金属制品业。

【裁判结果】

广州市南沙区人民法院于2016年9月28日作出（2016）粤0115民初2894号民事判决：（1）被告广州市大吕装饰材料有限公司自本判决发生法律效力之日起立即停止侵犯原告广州市广京装饰材料有限公司第10017338号“欧佰”注册商标专用权的行为（包括删除其公司网站上使用“欧佰”商标的图片）；（2）被告广州市大吕装饰材料有限公司自本判决发生法律效力之日起十日内赔偿原告广州市广京装饰材料有限公司经济损失80000元（包括原告广州市广京装饰材料有限公司支出的维权合理费用在内）；（3）驳回原告广州市广京装饰材料有限公司的其他诉讼请求。

一审宣判后，被告不服，向广州知识产权法院提起上诉。

广州知识产权法院经审理于2016年12月19日作出（2016）粤73民终901号民事判决：驳回上诉，维持原判。

【裁判理由】

广州知识产权法院生效裁判认为：根据大吕公司的上诉请求，本案二审争议的焦点为：大吕公司在其公司网页上使用广京公司的注册商标用于宣传是否构成侵害商标权。

《中华人民共和国商标法》第四十八条规定："本法所称商标的使用，是指将商标用于商品、商品包装或者容器以及商品交易文书上，或者将商标用于广告宣传、展览以及其他商业活动中，用于识别商品来源的行为。"本案中，大吕公司在公司网页宣传中使用了涉案"欧佰"注册商标，属于将商标用于广告宣传，且大吕公司与广京公司主营业务一致，该行为容易使市场相关公众对商品来源产生混淆、误认，或认为两者之间存在特定的联系。因此，大吕公司的上述行为已构成商标性使用，侵害了广京公司的注册商标专用权。

【案例注解】

一、如何判断某行为是否构成商标性使用

《中华人民共和国商标法》第四十八条规定："本法所称商标的使用，是指将商标用于商品、商品包装或者容器以及商品交易文书上，或者将商标用于广告宣传、展览以及其他商业活动中，用于识别商品来源的行为。"本案中，大吕公司虽只是在自己公司网页上展示了车间图片及工程案例图片，但图片上均有"欧佰天花"的水印，尽管其并未在自己的商品上使用原告商标，在官网图片上尤其是工程案例的图片上打上水印，显然使"欧佰天花"水印达到宣传效果，"水印"这一行为已构成宣传性质；而且大吕公司网页图片上的水印"欧佰天花"与原告商标"欧佰"构成近似，故容易使市场相关公众对商品来源产生混淆、误认，或认为两者之间存在特定的联系。

除了本案的"水印"行为，根据《中华人民共和国商标法》第四十八条的规定，用于商品本身、商品包装或容器以及商品交易文书上，用于广告宣传、展览以及其他商业活动中，用于识别商品来源的行为均认定为商标性使用。

值得注意的是，《最高人民法院关于审理商标授权确权行政案件若干问题的规定》指出"没有实际使用注册商标，仅有转让或许可行为，或者仅有商标注册信息的公布或者对其注册商标享有专用权的声明等，不宜认定为商标使用"。

二、商标性使用是判定某行为构成商标侵权的前提

如果某行为不构成商标性使用，则不宜判定某行为构成商标侵权。如在新闻报道、评论中使用商标，对商标的滑稽模仿或是对商标文字并非表征商品来源意义上的作用而仅是对商品质量、功能、用途、性质、特点的说明、介绍等。

不构成商标性使用的法律规定主要有：《中华人民共和国商标法》第五十九条规定，注册商标中含有的本商品的通用名称、图形、型号，或者直接表示商品的质量、主要原料、功能、用途、重量、数量及其他特点，或者含有的地名，注册商标专用权人无权禁止他人正当使用。

通过对商标的使用，商标识别商品或服务来源的基本功能才能体现出来。故而商标权人如认为他人的行为侵犯其商标专用权，应证明他人的行为属于商标性使用行为，如果他人的行为不属于商标性使用行为，对商标的使用不具备识别商品或服务来源的功能，即使他人使用了相同或相似的商标文字或图案用于相同或类似的商品或服务上，也不宜认定为构成商标侵权。

罗某某追缴违法所得执行异议案*

——刑事被害人应被列为申请执行人并在追缴违法所得执行案中获得相应的程序权利

【关键词】 刑事被害人　追缴违法所得执行程序　申请执行人

【裁判要旨】

1.《最高人民法院关于刑事裁判涉财产部分执行的若干规定》(以下简称《若干规定》)关于刑事裁判涉财产部分由刑事审判部门移送执行的相关规定，目的在于保障刑事审判程序与执行程序有效衔接，从而使当事人的生效判决权益尽快兑现，获得及时的赔偿或救济，其并不排斥被害人作为申请执行人参与执行程序。否则，当该执行程序受到案外人对执行标的实体性权利异议时，受害人作为追缴或退赔财产的直接利害方，即基本被排除在诉讼或执行救济程序之外，无法行使申诉、抗辩等程序性权利对异议人进行有效对抗，造成执行程序设计失衡。

2. 现有法律及司法解释关于刑事判决涉财产部分审理及执行的规定，对被害人合法权益保护不足：一方面，按照《最高人民法院关于适用〈中华人民共和国刑事诉讼法〉的解释》第一百三十九条的规定，法院不受理被害人就追缴、退赔财产提起的附带民事诉讼，被害人丧失了就此单独进行实体审理的权利；另一方面，《若干规定》第十四条第一款将案外人的程序违法性异议与执行标的异议等同，规定不服异议裁定时均只能向上级法院申请复议，不得另行提起异议之诉。这明显不符合《中华人民共和国民事诉讼法》第二百二十五条、第二百二十七条将两者区别对待的立法初衷，将纯粹程序性事项审查与实体权利审理混淆，再次剥夺了被害人就此重新获得实体救济的可能，不利于保护被害人的合法权益。

【相关法条】

《最高人民法院关于适用〈中华人民共和国刑事诉讼法〉的解释》第一百三十九

---

* 本文被《人民法院报·理论周刊》2018年2月28日第8版刊用。
本文编写人：赵丽，系广州市南沙区人民法院（广东自由贸易区南沙片区人民法院）审管办（研究室）负责人；刘方，系广州市南沙区人民法院（广东自由贸易区南沙片区人民法院）立案庭（诉讼服务中心、自贸区商事调解中心）庭长。

条　被告人非法占有、处置被害人财产的，应当依法予以追缴或者责令退赔。被害人提起附带民事诉讼的，人民法院不予受理。追缴、退赔的情况，可以作为量刑情节考虑。

《最高人民法院关于刑事裁判涉财产部分执行的若干规定》

第七条第一款　由人民法院执行机构负责执行的刑事裁判涉财产部分，刑事审判部门应当及时移送立案部门审查立案。

第十四条第一款　执行过程中，当事人、利害关系人认为执行行为违反法律规定，或者案外人对执行标的主张足以阻止执行的实体权利，向执行法院提出书面异议的，执行法院应当依照民事诉讼法第二百二十五条的规定处理。

《中华人民共和国民事诉讼法》

第二百二十五条　当事人、利害关系人认为执行行为违反法律规定的，可以向负责执行的人民法院提出书面异议。当事人、利害关系人提出书面异议的，人民法院应当自收到书面异议之日起十五日内审查，理由成立的，裁定撤销或者改正；理由不成立的，裁定驳回。当事人、利害关系人对裁定不服的，可以自裁定送达之日起十日内向上一级人民法院申请复议。

第二百二十七条　执行过程中，案外人对执行标的提出书面异议的，人民法院应当自收到书面异议之日起十五日内审查，理由成立的，裁定中止对该标的的执行；理由不成立的，裁定驳回。案外人、当事人对裁定不服，认为原判决、裁定错误的，依照审判监督程序办理；与原判决、裁定无关的，可以自裁定送达之日起十五日内向人民法院提起诉讼。

【案例索引】

广州市南沙区人民法院（2016）粤0115执异19号之一执行裁定书。

广州市中级人民法院（2016）粤01执复162号执行裁定书。

广州市南沙区人民法院（2016）粤0115执异40号执行裁定书（2016年11月1日）。

【基本案情】

广州市南沙区人民法院于2014年11月4日作出（2014）穗南法刑初字第194号刑事判决，判决罗某金犯职务侵占罪，判处有期徒刑一年六个月，追缴罗某金犯职务侵占罪的违法所得人民币13万元，发还被害单位名幸电子（广州南沙）有限公司。罗某金不服，提出上诉。广东省广州市中级人民法院二审驳回上诉，维持原判。判决生效后，因罗某金未履行退还违法所得的义务，被害单位名幸电子（广州南沙）有限公司于2015

年5月18日向广州市南沙区人民法院申请执行［案号：(2015)穗南法执字第1552号］。执行中，除强制执行罗某金缴存于公安机关的取保候审保证金5万元外，罗某金未履行余下义务。

2015年7月30日，广州市南沙区人民法院作出(2015)穗南法执字第1552-1号执行裁定书，裁定查封罗某金名下的位于广州市某区某镇某房屋。同年10月20日，作出(2015)穗南法执字第1552-2号执行裁定书，裁定拍卖上述房屋，以清偿债务。

2016年5月，异议人王某平提出书面异议称，位于广州市某区某镇某房是其婚后和丈夫罗某金共同向银行贷款购买、共同还贷(目前还在还贷)的，罗某金服刑期间，更是由异议人独自还贷。故而应当是夫妻共有财产而非罗某金个人财产。罗某金所涉刑事案件，不应影响其他人。该房产是异议人一家三口的唯一住房，目前被执行人罗某金没有收入，异议人王某平收入仅一两千元，小孩尚未成年，正在读高中。法院裁定查封、评估、拍卖其房产是违法的。据此，异议人王某平提出异议请求：(1)裁定中止执行和撤销(2016)粤01152号执行裁定书；(2)解封被查封的房产。

另查明，异议人王某平与被执行人罗某金于1997年9月30日登记结婚，1999年12月27日生育女儿罗某琳。广州市某区某镇某房屋是罗某金于2006年5月向他人购买，房地产权证登记权属人为罗某金，由罗某金占有全部份额，发证日期为2006年6月5日。

2006年5月29日，以罗某金为借款人、罗某金及王某平为抵押人，与深圳发展银行广州分行签订《房地产买卖抵押贷款合同》，约定以涉案房屋作抵押，由罗某金向深圳发展银行广州分行借款人民币19万元，借款期限15年，分180期等额还款，每期偿还1577.88元等。2006年7月10日办理抵押登记，抵押权人为深圳发展银行广州分行。2015年10月11日，平安银行股份有限公司广州分行(原深圳发展银行广州分行)向本院申报债权称，截至2015年10月11日，借款人罗某金尚欠该行贷款本息余额为93755.07元(包括本金余额92277.87元、当前利息1107.9元及罚息369.3元)。

【裁判结果】

广州市南沙区人民法院于2016年6月1日作出(2016)粤0115执异19号之一执行裁定书：驳回王某平解除对房屋查封的异议。异议人王某平不服，向广州市中级人民法院申请复议。广州市中级人民法院于2016年7月21日作出(2016)粤01执复162号执行裁定书，裁定：一、撤销广州市南沙区人民法院于2016年6月1日作出的(2016)粤0115执异19号之一执行裁定；二、本案发回广州市南沙区人民法院重新审查。广州市南沙区人民法院另行组成合议庭进行重新审查后，于2016年11月1日作出(2016)粤

0115执异40号执行裁定书：驳回异议人王某平解除对广州市某区某镇某房屋查封的异议请求。

【裁判理由】

广州市南沙区人民法院审查认为，《最高人民法院关于人民法院办理执行异议和复议案件若干问题的规定》第二十五条第一款第（一）项规定："对案外人的异议，人民法院应当按照下列标准判断其是否系权利人：（一）已登记的不动产，按照不动产登记簿判断；未登记的建筑物、构筑物及其附属设施，按照土地使用权登记簿、建设工程规划许可、施工许可等相关证据判断。"本院作出执行裁定查封、拍卖罗某金名下位于广州市某区某镇某房屋是合法有效的，王某平提出的执行异议缺乏依据，应予驳回。

广州市中级人民法院经审查认为，《若干规定》第十四条规定："执行过程中，当事人、利害关系人认为执行行为违反法律规定，或者案外人对执行标的主张足以阻止执行的实体权利，向执行法院提出书面异议的，执行法院应当依照民事诉讼法第二百二十五条的规定处理。"根据上述规定，本案执行法院应当依照《中华人民共和国民事诉讼法》第二百二十五条的规定进行审查。现执行法院适用该法第二百二十七条作出处理，属于适用法律错误。故（2016）粤0115执异19号之一执行裁定应予以撤销。本案发回执行法院重新审查。

广州市南沙区人民法院另行组成合议庭进行重新审查后认为：根据《最高人民法院关于人民法院民事执行中查封、扣押、冻结财产的规定 》第七条规定，对于超过被执行人及其所扶养家属生活所必需的房屋和生活用品，人民法院根据申请执行人的申请，在保障被执行人及其所扶养家属最低生活标准所必需的居住房屋和普通生活必需品后，可予以执行。根据第十四条规定，对被执行人与其他人共有的财产，人民法院可以查封、扣押、冻结，并及时通知共有人。共有人协议分割共有财产，并经债权人认可的，人民法院可以认定有效。查封、扣押、冻结的效力及于协议分割后被执行人享有份额内的财产；对其他共有人享有份额内的财产的查封、扣押、冻结，人民法院应当裁定予以解除。共有人提起析产诉讼或者申请执行人代位提起析产诉讼的，人民法院应当准许。诉讼期间中止对该财产的执行。

本院因被执行人罗某金未按执行通知履行法律文书确定的义务，在执行过程中裁定查封被执行人名下的广州市某区某镇某房屋符合上述法律规定，异议人王某平虽认为上述房屋属夫妻共同财产，但其没有与被执行人罗某金协议分割，也没有提起析产诉讼，故其请求解除对该房屋查封的异议不成立，本院不予支持。

本案是刑事裁判涉财产部分的执行，应适用《若干规定》第十四条的规定，即依照《中华人民共和国民事诉讼法》第二百二十五条的规定处理。当事人、利害关系人如不服本裁定，可以在收到裁定书之日起十日内向广东省广州市中级人民法院申请复议。

【案例注解】

刑事裁判涉财产部分的执行是执行案件中较为特殊的一类。对于本案中被害单位名幸电子（广州南沙）有限公司能否被列为申请执行人参与执行程序，存在两种不同意见：

第一种意见认为：《若干规定》第二条规定，刑事裁判涉财产部分，由第一审人民法院执行。第七条第一款规定，由人民法院执行机构负责执行的刑事裁判涉财产部分，刑事审判部门应当及时移送立案部门审查立案。据此可知，刑事裁判追缴违法所得的执行案件应当由一审法院依职权移送立案，无须被害人申请，亦不应将被害人列为申请执行人。

第二种意见认为：上述规定的目的在于保障刑事审判程序与执行程序有效衔接，并不当然排除受害人作为申请执行人参与执行程序。在本案第三人已就执行标的提出异议的情况下，受害人若不能作为当事人参与执行，就无法针对异议请求及理由提出有效抗辩，不利于执行法院查清事实，保障裁判结果公平。况且，根据《若干规定》第十四条，受害人对异议裁定不服的，只能向上级法院申请复议，而不能另行提起异议之诉，重启案件实质审理。此时，被害人作为追缴或退赔财产的直接利害方，即被排除在诉讼或执行救济程序之外，既无法行使申诉、抗辩等程序性权利，也不能经实质审理维护实体性权利。这明显违背了执行程序的公正性，不利于保护刑事受害人的合法财产权利。

笔者认同第二种意见。理由在于：

1.《若干规定》关于刑事审判部门移送执行的规定并不排斥刑事受害人作为申请执行人参与执行程序。

与赡养费、抚养费、抚育费等涉弱势群体基本生活需求的法律文书由审判庭移送执行相似，《若干规定》第七条第一款关于刑事裁判涉财产部分由刑事审判部门移送执行的相关规定，目的在于保障刑事审判程序与执行程序有效衔接，促进判决顺畅、快速执行，从而使当事人的生效判决权益尽快兑现，获得及时的赔偿或救济。从本质上看，其根本目的仍在于最大限度地维护被抚养人、被赡养人、被害人等的合法权益。故此，对这一规定的理解仍然必须以此为立足点，不能作机械的反面推论，拒绝受害人作为申请执行人参与执行程序。

2. 被害人作为申请执行人参与执行程序，有利于与异议人形成有效对抗，防止执行程序设计失衡。

程序正义的首要条件在于双方当事人程序性权利义务配置均衡，能够形成有效对抗。如果说《若干规定》第七条第一款旨在帮助受害人尽快获得退赔，侧重于执行程序的效率价值，那么当执行程序受到第三人实体权利异议的阻却，必须查清事实以作出公正裁决时，让受害人作为当事人参与执行程序，与异议人享有对等的举证、抗辩权利，方能形成有效对抗，保证程序公平。况且，执行法官的异议审查只是程序性审查，而非实质性审理，此时，如若受害人不能参与程序，进行对抗性举证、抗辩，仅凭异议人单方面异议，执行法官很难查清事实，作出公正裁决。

3. 现有法律及司法解释对刑事判决涉财产部分的程序性设置不完善，不利于维护刑事被害人的合法财产权益。

（1）被害人基本被排除于追缴案涉财产权益的实体审判之外。根据《最高人民法院关于适用〈中华人民共和国刑事诉讼法〉的解释》第一百三十九条的规定，被害人就追缴、退赔财产提起附带民事诉讼的，人民法院不予受理。即除少量自诉案件外，被害人被非法占有、处置财产的数量、价值等均取决于侦查、公诉机关的审查和刑事判决的认定，被害人无权对此提出异议或另行举证，亦不得就此单独提起民事诉讼主张其他权利。

（2）如不能作为申请人参与执行，被害人基本被排除于执行程序之外。诚如前文所述，如果被害人不能被列为申请人参与执行，就无法行使申诉、抗辩、举证等程序权利，在执行程序遭受实体权利异议时，也无法与异议人形成有效对抗，维护自己的合法权益。

(3) 案外人就执行标的提出异议，被害人不服异议裁定时的救济程序明显不足。《若干规定》第十四条第一款规定，案外人认为执行程序违法，或对执行标的主张足以阻止执行的实体权利，向法院提出异议，当事人、利害关系人不服异议裁定时，均只能向上级法院申请复议，而不能另行提起异议之诉。这一规定明显不符合《中华人民共和国民事诉讼法》第二百二十五条、第二百二十七条将程序违法性异议与执行标的异议区别对待的立法初衷，将纯粹程序性事项审查与实体权利审理混淆，剥夺了当事人、利害关系人重新获得实体权利救济的可能。

李某女等诉广州市南沙区万顷沙镇民兴村民委员会农村土地承包合同纠纷案*

——民事诉讼与行政诉讼的界定

【关键词】 民事诉讼与行政诉讼交叉　农村土地承包合同

【裁判要旨】

以承包方案代替承包合同的农村土地承包案件中，集体经济组织成员因没有取得土地承包经营权而要求取得该权利，如召开村民大会、确定承包方案等纠纷，应由有关行政主管部门处理，或通过行政诉讼解决。但承包方案一旦确定，且方案的公示中有合同的具体内容，则属于要约，集体经济组织成员认可方案内容，即作出承诺，土地承包经营合同成立并生效。由此产生的纠纷，即应作为民事案件受理。

【相关法条】

《中华人民共和国合同法》

第八条　依法成立的合同，对当事人具有法律约束力。当事人应当按照约定履行自己的义务，不得擅自变更或者解除合同。依法成立的合同，受法律保护。

第十条　当事人订立合同，有书面形式、口头形式和其他形式。法律、行政法规规定采用书面形式的，应当采用书面形式。当事人约定采用书面形式的，应当采用书面形式。

第十三条　当事人订立合同，采取要约、承诺方式。

第二十一条　承诺是受要约人同意要约的意思表示。

第二十二条　承诺应当以通知的方式作出，但根据交易习惯或者要约表明可以通过行为作出承诺的除外。

第二十五条　承诺生效时合同成立。

---

* 本文在2018年年中市中级人民法院精品案例评选中荣获一等奖，被《2019年全国法院年度案例·土地纠纷卷》刊用。

本文编写人：罗敏，系广州市南沙区人民法院（广东自由贸易区南沙片区人民法院）民事审判庭（家事少年审判庭）法官；张博文，系广州市南沙区人民法院（广东自由贸易区南沙片区人民法院）万顷沙人民法庭法官助理。

《最高人民法院关于审理涉及农村土地承包纠纷案件适用法律问题的解释》

第一条　集体经济组织成员因未实际取得土地承包经营权提起民事诉讼的，人民法院应当告知其向有关行政主管部门申请解决。集体经济组织成员就用于分配的土地补偿费数额提起民事诉讼的，人民法院不予受理。

《中华人民共和国农村土地承包法》

第二十一条　发包方应当与承包方签订书面承包合同。承包合同一般包括以下条款：

（一）发包方、承包方的名称，发包方负责人和承包方代表的姓名、住所；

（二）承包土地的名称、坐落、面积、质量等级；

（三）承包期限和起止日期；

（四）承包土地的用途；

（五）发包方和承包方的权利和义务；

（六）违约责任。

第二十二条　承包合同自成立之日起生效。承包方自承包合同生效时取得土地承包经营权。

【案例索引】

一审：广州市南沙区人民法院（2016）粤0115民初3567号民事判决书（2016年12月26日）。

二审：广州市中级人民法院（2017）粤01民终7043号民事判决书（2017年7月10日）。

【基本案情】

广州市南沙区人民法院经审理查明：原告李某女等五人是同一户籍的家庭成员，均为民兴村第四生产队队员。2009年9月10日，民兴村召开村民代表会议，表决通过了《土地调整方案》。由于时任民兴村第四生产队队长的李某女认为被告在分配土地时存在不公平现象，故拒绝执行《土地调整方案》。2010年1月20日，被告召集各生产队队长参加主持开展第四生产队的土地分配工作。由于李某女一户没有参加当天的分地活动，被告遂将分配剩下的、应当由李某女一户所享有的土地份额作出预留。

本案中，原、被告均确认双方至今未签订书面土地承包合同。原告五人确认至今未实际接收土地进行生产经营，至今仍对被告交付的土地存在异议。但原告五人主张与被告之间的农村土地承包合同关系自2009年9月10日召开村民代表会议并表决通过了《土地调整方案》时成立，并明确其要求被告赔偿的属履行合同可获得的利益损失。

被告则先主张双方的农村土地承包合同应自《土地调整方案》表决通过后，于2010年1月20日通知各生产队之日成立，后主张双方并非农村土地承包合同关系，而是根据村人口进行责任田分配，是无偿性质，属于村民福利。

广州市中级人民法院审理查明的事实与一审查明的事实一致。

【裁判结果】

广州市南沙区人民法院2016年12月26日作出(2016)粤0115民初3567号民事判决书，判决：一、被告广州市南沙区万顷沙镇民兴村民委员会自本判决发生法律效力之日起7日内，赔偿原告李某女、陈某根、陈某明、陈某宇、陈某有62270.04元；二、驳回原告李某女、陈某根、陈某明、陈某宇、陈某有的其他诉讼请求。

宣判后，五原告不服判决，上诉于广州市中级人民法院。2017年7月10日，广州市中级人民法院作出（2017）粤01民终7043号终审判决书：驳回上诉，维持原判。

该案判决已发生法律效力。

【裁判理由】

广州市南沙区人民法院经审理认为：广州市中级人民法院在（2015）穗中法行终字第1322号终审判决中，认为原告五人主张的延迟交付土地所造成的经济损失，是集体经济组织延迟履行承包合同而造成的集体经济组织成员的损失，因此产生的纠纷属于民事纠纷的范畴，不属于行政主管部门处理的职权范围。该终审判决从程序上指明了原告五人的赔偿损失主张应通过民事诉讼解决，在实体上，不涉及民事权利义务关系的认定和处理。原告五人提起本案诉讼于法有据。

本案争议的焦点有：

1. 原、被告之间存在何种民事法律关系

依照《中华人民共和国农村土地承包法》第三条、第五条、第十二条、第十五条、第二十一条、第二十二条的规定，国家实行农村土地承包经营制度；农村土地承包采取农村集体经济组织内部的家庭承包方式；农村集体经济组织成员有权依法承包由本集体经济组织发包的农村土地；农民集体所有的土地依法属于村农民集体所有的，由村集体经济组织或村民委员会发包；家庭承包的承包方是集体经济组织的农户；发包方与承包方应当签订书面的承包合同；承包合同自成立之日起生效，承包方自承包合同生效时取得土地承包经营权。根据上述法律规定，被告将集体土地分配给属于集体组织成员身份的原告五人，属农村土地承包关系，双方在土地承包中的权利义务受上述法律规范的调整。至于土地承包是否有偿，属集体组织内部事务，不影响该项法律关系的性质。双方应依法签订书面《农村土地承包合同》，设立农村土地承包合同关系。原告五人应自农村土地承包合同成立时取得土地承包经营权。被告认为其分配土地给原告五人并非土地承包关系，而是属于村民福利待遇的主张不能成立。

2. 原、被告之间的农村土地承包合同何时成立

依照合同法的规定，合同的成立应经过要约与承诺两个阶段，合同的一般条款包括：当事人名称、合同标的、数量、质量、价款、履行期限、地点和方式、违约责任等，但合同在当事人就合同的主要条款达成合意后即可成立。本案中，被告自2009年9月10日召开村民代表会议表决通过了《土地调整方案》后，在原告李某女户拒绝执行《土地调整方案》且没有参加分配土地活动的情况下，将分配剩下的“日字号”6.7亩土地预留给原告李某女户，并在2010年2月6日召开的村党员会议上，由时任村支书陈甲将所预留土地的位置、亩数等情况通知了作为党员参加会议的原告陈某根。从最终被告交付土地的结果看，与其预留的“日字号”土地相符。另外，《土地调整方案》确定了土地调整年限10年，即由2010年1月1日至2019年12月31日止，被告承认土地承包为无偿。根据上述事实，被告的通知已具备土地承包合同主要条款的内容，可视为被告于2010年2月6日向原告户发出签订合同的要约。原告五人因要求被告在传统耕地另行分配土地的诉求经过行政处理以及行政诉讼，被广州市中级人民法院（2013）穗中法行终字第169号终审判决驳回后，才于2013年10月29日向被告提出交付所预留土地的要求，则可视为原告五人作出签订合同的承诺。至此双方的土地承包合同成立并生效。原告五人取得土地承包经营权。被告应按合同履行交付土地义务。

法律关于应当签订书面承包合同的规定，属于倡导性规范而非禁止性、效力性规范。双方没有签订书面承包合同并不影响合同关系的成立。至于原告五人要求被告交付“日字头”土地以及被告交付土地是否符合合同约定则属合同履行的争议问题。《中华人民共和国合同法》第六十一条规定：“合同生效后，当事人就质量、价款或者报酬、履行地点等内容没有约定或者约定不明确的，可以协议补充；不能达成补充协议的，按照合同有关条款或者交易习惯确定。”由于双方没有签订书面合同，有关合同的其他条款应由双方根据上述法律规定，结合《土地调整方案》、村党员会议上通知以及其他相关通知的内容协商解决或通过补充协议解决。

3. 被告是否应承担赔偿责任

原、被告之间的土地承包合同关系于2013年10月29日成立并生效以及在原告五人同时明确提出要求交付土地后，被告应履行合同的土地交付义务。经广州市中级人民法院（2015）穗中法行终字第1322号终审判决认定，被告实际于2014年11月28日

才履行了土地交付义务。因此，被告应承担逾期履行合同义务的违约责任，被告对其逾期交付土地以致原告五人的合同利益受损是可以预见的。原告五人要求被告赔偿其履行合同可获得的利益于法有据，可参照原告五人在相同条件下所获得的利益确定应赔偿的损失。但原告五人要求参照广州市人民政府同期工作报告公布的农村居民年均纯收入标准计算损失的理由不充分。由于原告五人拒绝对其损失进行评估，考虑本案原告五人是被告的村民，其依靠土地承包经营为主要的生活来源，因此法院酌定参照2013年、2014年《广东省人身损害赔偿计算标准》中的农村居民人均每年纯收入标准10542.84元／年、11669.31元／年，并酌定按整月13个月计算原告五人从2013年10月29日起至2014年11月28日止的损失。

对于原告五人提出要求被告赔偿从2009年9月10日起至2013年10月28日止的损失，由于双方合同关系尚未成立，原告五人主张被告承担违约责任，赔偿其履行合同的可获得的利益没有事实和法律依据，法院不予支持。

由于赔偿损失具有补偿性质，原告五人获得赔偿后，因被告违约行为遭受的利益损失已得到填补，其要求按赔偿数额再计算利息损失没有法律依据，该部分诉讼请求法院也不予支持。

【案例注解】

本案涉及“行民诉讼交叉”问题。所谓行政与民事交叉案件是指行政诉讼与民事诉讼在案件处理结果上存在因果关系，或者导致纠纷产生的法律事实之间存在因果关系或相互联系和影响。一般而言，农村集体土地承包的实施过程，分为土地承包分配方案的确定及土地承包合同的签订两个阶段。前一阶段属于农村集体经济组织内部管理事务，所发生的纠纷由当地人民政府调处决定，不服该决定的，通过行政诉讼解决。后一阶段属于民事法律行为范畴，所发生的纠纷通过民事诉讼解决。然而，本案中，集体经济组织仅召开村民代表会议表决通过《土地调整方案》并公示执行，并未与其成员明确签订书面的《土地承包经营合同》。此时，如果对行政诉讼与民事诉讼管辖的边界及处理范围不加以明确，容易导致法院管辖模糊，难以保障当事人的合法权益。

要明确本案是否属于民事诉讼的管辖范围，关键在于明确《土地调整方案》公示并执行的行为是否属于民事行为。《最高人民法院关于审理涉及农村土地承包纠纷案件适用法律问题的解释》第一条第二款、第三款规定：“集体经济组织成员因未实际取得土地承包经营权提起民事诉讼的，人民法院应当告知其向有关行政主管部门申请解决。集体经济组织成员就用于分配的土地补偿费数额提起民事诉讼的，人民法院不予受理。”这里的“集体经济组织成员因未实际取得土地承包经营权提起诉讼”，是指集体经济组织成员因没有取得土地承包经营权而起诉要求通过村民民主决议方式取得该权利，如召开村民大会、确定承包方案等。对此类纠纷，应由有关行政主管部门处理，人民法院不宜将其作为民事案件受理。因此，本案中确定《土地调整方案》的行为应属于行政诉讼管辖的范围。原告李某女等五人对《土地调整方案》不服，向南沙区万顷沙镇政府提出了行政处理申请。南沙区万顷沙镇政府作出行政处理决定后，原告李某女等五人对此不服，向南沙区人民法院提起行政诉讼，法院将此类案件作为行政案件受理，符合法律规定。

然而，本案中，土地承包方案一旦经村民民主议定程序确定，方案的公示便同时兼具民主决议公开与公告承包合同内容两个方面的性质，可能涉及民事诉讼及行政诉讼的交叉。如何认定该行为的性质，成为本案是否作为民事案件受理的依据。

据此，关于如何认定《土地承包方案》的公示行为，可作以下分析。依照合同法的规定，合同的成立应经过要约与承诺两个阶段，合同的一般条款包括：当事人名称、合同标的、数量、质量、价款、履行期限、地点和方式、违约责任等，但合同在当事人就合同的主要条款达成合意后即可成立。《中华人民共和国农村土地承包法》第二十一条规定，发包方应当与承包方签订书面承包合同。承包合同一般包括以下条款：①发包方、承包方的名称，发包方负责人和承包方代表的姓名、住所；②承包土地的名称、坐落、面积、质量等级；③承包期限和起止日期；④承包土地的用途；⑤发包方和承包方的权利和义务；⑥违约责任。

本案中，民兴村委会自2009年9月10日召开村民代表会议表决通过《土地调整方案》后，在李某女户拒绝执行《土地调整方案》且没有参加分配土地活动的情况下，将分配剩下的“日字号”6.7亩土地预留给李某女户，并在2010年2月6日召开的村党员会议上，由时任村支书陈甲将所预留土地的位置、亩数等情况通知了参加会议的党员陈某根。从最终民兴村委会交付土地的结果看，与预留的“日字号”土地相符。《土地调整方案》确定土地调整年限10年，即从2010年1月1日起至2019年12月31日止，土地为无偿承包。民兴村委会的通知已具备土地承包合同主要条款的内容，可视为民兴村委会于2010年2月6日向李某女等五人户发出签订合同的要约。李某女等五人因要求民兴村委会另行分配土地的诉求经过行政处理以及行政诉讼，即被广州市中级人民法院（2013）穗中法行终字第169号终审判决驳回后，才于2013年10月29日向民兴村委会提出交付所预留土地的要求，可视为李某女等五人作出签订合同的承诺。至此双方的土地承包合同关系成立并生效。李某女等五人取得土地承包经营权。民兴村委会则应按合同履行交付土地义务。

根据《中华人民共和国农村土地承包法》第二十二条的规定，承包方自承包合同生效时取得土地承包经营权，故承包合同签订生效后，集体经济组织成员以集体经济组织未实际交付承包地块而起诉的，属因履行合同而发生的争议，也应当作为民事案件受理。本案中，当确定了方案的公示及执行属于民事行为这个关键节点后，即双方承包合同成立并生效，承包方取得土地承包经营权，民事诉讼及行政诉讼的管辖范畴得以分清，后续行为便可根据相关法律规定，明确民行诉讼交叉的界线。

明朗公司诉陈某华等侵害经营秘密案*

——侵害经营秘密的认定标准与方法

【关键词】 经营秘密　认定标准

【裁判要旨】

1. 对于侵害商业秘密的认定，实践中以被告接触了原告的经营秘密，被控侵权信息与原告的经营秘密相同或实质性相似，且被告无法说明被控侵权信息的合法来源。上述“接触”，既包括实际接触过，也包括有接触的可能性。在认定“实质性相似”时，特别是涉及技术秘密时，容易产生不同认识，必要时，法院可以委托专业机构对相关事项进行鉴定。

2. 基于侵害经营秘密的案件特点，实践中原告举证难度较大。法官应把握法律及司法解释精神，适当减轻原告的举证责任，适当加大被告的举证责任，使双方的权利义务得以平衡，维护权利人的合法权益。

【相关法条】

《中华人民共和国反不正当竞争法》第九条第一款第（三）项、第三款，第十七条第三款；《最高人民法院关于审理不正当竞争民事案件应用法律若干问题的解释》第九条第一款、第十条、第十一条、第十三条第一款、第十四条、第十六条第一款。

【案例索引】

一审：广州市南沙区人民法院（2017）粤0115民初2738号民事判决书（2018年5月10日）。

【基本案情】

三自然人被告原均为明朗公司员工，陈某华原任创新研发部高级经理，王某平原任创新研发部创意副总监，张某盈原任外贸部经理，与明朗公司均签有《保密协议》。被告淳净加公司系由三自然人被告在明朗公司任职期间所设立，经营范围与明朗公司

* 本文在2018年年中市中级人民法院精品案例评选中荣获三等奖。
本文编写人：张志荣，系广州市南沙区人民法院（广东自由贸易区南沙片区人民法院）知识产权审判庭庭长。

类同。2017年5月5日，明朗公司与陈某华、王某平解除劳动关系，根据交接的工作资料，明朗公司认为三自然人被告通过淳净加公司使用以不正当方式取得的明朗公司客户信息、经营信息、技术秘密及产品信息等商业秘密从事与明朗公司类同的业务，构成不正当竞争，应立即停止侵权行为并承担明朗公司的全部经济损失。四被告认为明朗公司主张的经营秘密不符合《中华人民共和国反不正当竞争法》第十条规定的商业秘密的定义，均不构成商业秘密。四被告没有使用、披露或允许他人使用相关信息的行为，包括淳净加公司也从未与原告的客户进行任何交易，不能证明淳净加公司使用了原告的商业秘密，均不应承担连带责任。

【裁判结果】

广州市南沙区人民法院于2018年5月10日作出（2017）粤0115民初2738号民事判决书：一、被告陈某华自本判决生效之日起立即停止侵犯原告广东明朗智能科技股份有限公司经营秘密的行为，直至该经营秘密已为公众知悉时为止。二、被告陈某华自本判决生效之日起十日内连带向原告广东明朗智能科技股份有限公司赔偿损失人民币50000元。三、驳回原告广东明朗智能科技股份有限公司的其他诉讼请求。

案件宣判后，原被告双方在上诉期内均未提出上诉，本案判决现已发生法律效力。

【裁判理由】

南沙区人民法院认为:（1）关于明朗公司是否拥有经营秘密，并且该经营秘密符合法定条件。①客户名单。根据《最高人民法院关于审理不正当竞争民事案件应用法律若干问题的解释》第十三条第一款的规定，商业秘密中的客户名单，一般是指客户的名称、地址、联系方式以及交易的习惯、意向、内容等构成的区别于相关公知信息的特殊客户信息，包括汇集众多客户的客户名册，以及保持长期稳定交易关系的特定客户。陈某华U盘中保存的相关文件，并未显示明朗公司主张的客户名称、地址、联系方式以及交易的习惯、意向、内容等构成的区别于相关公知信息的特殊客户信息，不属于上述司法解释所规定的客户名单，依法不予认定。且根据陈某华在明朗公司任职岗位职责内容，陈某华获取上述相关文件并未超出其履行工作职责范围，不能证明陈某华以不正当手段获取上述经营信息。②供应商渠道信息。对于陈某华U盘中保存的三份《确认函》所记载的供应商信息，只有一个公司有名称、收件人、电话及传真，符合商业秘密的认定要件，可认定为明朗公司的经营秘密。③产品资料。A. 王某平U盘中保存的“马桶刷2017.PPT”“电动喷水地拖”文件上标注有明朗公司的LOGO及名称，因该文件系王某平在明朗公司任职期间保存于其U盘中，故认定该文件系明朗公司的经营信息。该经营信息符合商业秘密的构成要件，应认定属于明朗公司的经营秘密。B. 被告确认陈某华U盘中保存的“CTC ML2611甩水桶套装零件报价表20170410”“CTC ML2611甩水桶套装零件报价表20170414”文件系明朗公司销售业务员发送给陈某华的，应属明朗公司所有的经营信息。该文件上记载有相关产品信息，虽然并未记载具体的报价金额，但该类产品信息符合不为公众所知悉且具有商业价值，明朗公司亦通过与员工签订《保密协议》的方式采取相应的保密措施，故依法认定该两份报价表系明朗公司的经营秘密。C. 陈某华U盘中保存的“ML2017新项刷子系列20170502”文件所展示的产品，被告并未提交证据证明该产品已经面市公开销售，故认定其系新研发的产品，具备不为公众所知悉及商业价值，明朗公司亦通过与员工签订《保密协议》的方式采取相应的保密措施，故依法认定系明朗公司的经营秘密。D. 关于陈某华U盘中保存的“电池喷水 + 窗擦20170414第一版”及“免手洗平托桶套装20170423英文版调整”文件中所涉产品，明朗公司并未举证证明系其所有，故对其主张的经营秘密请求不予支持。④其他经营秘密文件。陈某华U盘中保存的“报价合约”所记载事项是有关安规认证的费用及付款方式等信息，不属于不为公众所知悉及具备商业价值，依法不予认定为经营秘密。对于“采购单”的认定理由同上，亦不能认定为经营秘密。对于陈某华U盘中的“AHE1058迷你小尘推作业指导书”文件，只是对相关产品的作业指导书，并不符合经营秘密的认定要件，依法不予采信。

2. 关于被告使用的信息是否与明朗公司的经营秘密相同或者实质相同。①关于供应商渠道信息。由于明朗公司没有证据证明被告存在披露、使用或允许他人使用的行为，应由其承担举证不能的法律后果，对明朗公司该项指控不予支持。②关于产品资料。A. 经过比对，陈某华U盘中保存的“CJJ新项目电动喷水地拖20170406”中，包含有“开合马桶刷”产品的内容，与上述“马桶刷2017.PPT”文件的内容相同。由于在“CJJ新项目电动喷水地拖20170406”文件中标注有淳净加公司的LOGO“CLEAN TO ADD”标识，故认定该文件系陈某华为淳净加公司所制作的文件，其与明朗公司的马桶刷产品经营秘密构成实质相同。B. 经过比对，陈某华U盘中保存的“CJJ新项目电动喷水地拖20170406”文件所展示的产品与明朗公司拥有的该项经营秘密基本相同，由于在“CJJ新项目电动喷水地拖20170406”文件中标注有淳净加公司的LOGO“CLEAN TO ADD”标识，故认定该文件系陈某华为淳净加公司所制作的文件，其与明朗公司的电动喷水地拖产品经营秘密构成实质相同。C. 经比对，陈某华U盘中保存的“CJJ甩水桶零件报价表总20170502”和一份“CJJ甩水桶零件报价表20170504”与上述明朗公司的经营秘密均已构成实质相同。D. 经比对，陈某华U盘中保存的

“CJJ2017新项刷子系列20170502英文版”文件中展示的产品与明朗公司的产品基本一致，两者构成实质相同。

3. 关于被告是否采取不正当手段获取、使用了明朗公司的经营秘密。根据陈某华在明朗公司任职期间的岗位职责，其将获取的明朗公司涉案经营信息保存于其使用的U盘中，并未超出其工作职责范围，且其在离职时将该U盘与明朗公司共同封存后交给明朗公司，不属于以不正当手段获取明朗公司的涉案经营秘密。而陈某华在明朗公司任职期间，就与王某平、张某盈共同出资成立被告淳净加公司，经营与明朗公司类似的业务。在此情况下，陈某华明知淳净加公司与明朗公司存在竞争关系，却仍然利用其从明朗公司获取的经营秘密，擅自以淳净加公司名义制作与明朗公司经营秘密实质相同的文件，虽然陈某华矢口否认带有“CLEAN TO ADD”标识及“CJJ”英文标识的文件与淳净加公司的关联性，但从其U盘中有关淳净加公司介绍的文件中可以看出，“CLEAN TO ADD”标识及“CJJ”英文标识均指向淳净加公司，陈某华对此并无合理的解释，其抗辩理由不成立。综上认定，陈某华违反明朗公司有关保守商业秘密的约定，披露、使用其所掌握的商业秘密，已经构成侵权，应承担相应的法律责任。而王某平U盘中保存的明朗公司相关经营信息并未超出其在明朗公司任职期间的工作职责范围，并非王某平以不正当手段所获取，亦无证据证明王某平将涉案明朗公司的经营信息非法提供给陈某华；明朗公司也没有提交证据证明张某盈存在共同侵权行为，故对明朗公司主张被告王某平、张某盈承担连带责任的请求不予支持。同理，明朗公司亦未举证证明淳净加公司明知或者应知陈某华的违法行为，仍然获取、使用明朗公司的商业秘密，故对明朗公司主张淳净加公司承担连带责任的请求亦不予支持。

根据《中华人民共和国反不正当竞争法》第十七条第三款的规定，经营者违反本法第六条、第九条规定，权利人因被侵权所受到的实际损失、侵权人因侵权所获得的利益难以确定的，由人民法院根据侵权行为的情节判决给予权利人三百万元以下的赔偿。综合考虑本案原告涉案经营秘密的类型、经济价值，被告主观过错程度、侵权手段、损害结果等因素，酌情判决被告陈某华赔偿原告损失共计人民币50000元。

【案例注解】

一、经营秘密的法定构成要件

1. 秘密性。经营秘密的“秘密性”并非一般意义上的秘密，当秘密性用于规定经营秘密时，它不再仅仅是一般词语意义上的泛泛的“有所隐蔽，不让人知道”的意思，而是具有了具体的判断标准或者具有特定的规定性。这种“不为公众所知悉”的客观秘密状态是有关信息作为经营秘密获得保护的根本性条件，一旦该信息丧失了秘密性，无论信息被公开的原因是什么，包括被侵权导致公开、持有人疏忽导致公开等，只要信息被公开而失去秘密性，该信息就彻底失去了经营秘密的本质，权利人不能再将该信息作为经营秘密予以保护。

2. 价值性。从本质上看，“能为权利人带来经济利益”与“具有实用性”可以归结为一个要件，即均体现了价值性，或者说均是对经营秘密的价值要求。实用性是指经营秘密的客观有用性，即通过运用经营秘密可以为所有人创造经济上的价值。实用性与商业价值是密切相关的，即实用性是商业价值的基础，商业价值是实用性的结果，两者密不可分。

3. 保密性。具体可从以下几个方面去把握：（1）经营者应当具有对有关信息作为经营秘密保护的主观意思。（2）经营者所采取的保密措施要与其信息的商业价值等具体情况相适应。（3）保密措施应当被负有保密义务的主体所识别。（4）保密措施应当达到阻止他人通过正当的方式轻易获取同样信息的最低限度。（5）对保密措施的合理性程度要求不高，倾向于保护经营秘密权利人的合法权益。

二、客户名单的内涵

客户名单属于商业秘密中的经营信息，是不为公众所知悉的能为权利人带来经济利益和竞争优势的经济情报，特别是与企业保持长期稳定交易关系的特定客户信息。客户名单本身是一个信息的集合体，包含企业交易的细节内容，是企业花费时间、财力、物力获得的宝贵资源。它与“客户名称”是不同的，因为客户名称仅指客户的企业名称或字号，并不包含与该企业相关的交易习惯、意向、内容等细节信息。因此，从公开渠道可以获得客户名称并不等于可以获得客户名单信息，后者如果从公开渠道无法获知，应当认定为商业秘密。

三、判定侵害经营秘密的一般原则

实践中主要采取“接触 + 相同或实质性相似 − 合法来源”的原则，即被告接触了原告的经营秘密，被控侵权信息与原告的经营秘密相同或实质性相似，且被告无法说明被控侵权信息的合法来源。上述“接触”，既包括实际接触过，也包括有接触的可能性。在认定“相同”时通常比较容易把握，但是在认定“实质性相似”时，情况比较复杂，特别是涉及技术秘密的时候，容易产生不同的认识，必要时，法院可以委托专业机构对相关事项进行鉴定。

四、举证问题

由于侵害经营秘密案件的特点，在实践中原告的举证难度较大。在审理该类案件时，法官应牢牢把握法律及司法解释的精神，适当减轻原告的举证责任，适当加大被告的举证责任，使双方权利义务得以平衡，更好地维护权利人的合法权益。本案中，明朗公司提交的证据比较薄弱，仅仅依靠二自然人被告在明朗公司任职期间使用的U盘中的文件，提出包括客户名单、供货商渠道信息、产品信息及其他经营秘密的主张，却未进一步提交其他证据予以佐证，导致大部分指控不能得到法院支持。此外，在主张赔偿金额的举证方面，虽然明朗公司提出赔偿200万元，但未提交任何证据，法院结合案件实际情况，最终只支持5万元。判决结果表明，在侵害经营秘密案件中，举证处于特别重要的环节，权利人不能在尚未搜集到比较充分的证据情况下就贸然提起诉讼，一方面可能会警醒对方，让相关证据的取得变得更加困难；另一方面，也会使自己从一开始就处于被动地位，最终可能会因为举证不足导致无法完全实现自身的诉讼目的。

李某涛、李某诉广东丝路方舟投资有限公司、九江银行股份有限公司广州荔湾支行等房屋买卖合同纠纷案*

——案外人可否不提起执行异议而另行提起确认之诉

【关键词】 执行异议　确认之诉　查封　履行不能

【裁判要旨】

涉案房产在执行过程中被法院查封，案外人未依照《中华人民共和国民事诉讼法》第二百二十七条的规定向执行法院提起执行异议，而是另行向其他有管辖权的法院提起确认之诉，应当裁定驳回其起诉。

【相关法条】

《中华人民共和国民事诉讼法》第二百二十七条　执行过程中，案外人对执行标的提出书面异议的，人民法院应当自收到书面异议之日起十五日内审查，理由成立的，裁定中止对该标的的执行；理由不成立的，裁定驳回。案外人、当事人对裁定不服，认为原判决、裁定错误的，依照审判监督程序办理；与原判决、裁定无关的，可以自裁定送达之日起十五日内向人民法院提起诉讼。

《最高人民法院关于适用〈中华人民共和国民事诉讼法〉执行程序若干问题的解释》第十五条　案外人对执行标的主张所有权或者有其他足以阻止执行标的转让、交付的实体权利的，可以依照民事诉讼法第二百零四条的规定，向执行法院提出异议。

《最高人民法院关于人民法院办理执行异议和复议案件若干问题的规定》第二十六条第二款　金钱债权执行中，案外人依据执行标的被查封、扣押、冻结后作出的另案生效法律文书提出排除执行异议的，人民法院不予支持。

【案件索引】

一审：广州市南沙区人民法院（2018）粤0115民初1667号民事裁定书（2018年4月

* 本文在2018年年终市中级人民法院精品案例评选中荣获二等奖。
本文编写人：黄志伟，系广州市南沙区人民法院（广东自由贸易区南沙片区人民法院）综合审判庭法官。

19日）。

二审：广州市中级人民法院（2018）粤01民终16414号民事裁定书（2018年8月20日）。

【基本案情】

原告李某涛、李某。

被告广东丝路方舟投资有限公司。

第三人九江银行股份有限公司广州荔湾支行、广州贤强建材有限公司。

原告李某涛、李某诉称：2017年4月23日，原告与被告签订《房屋买卖合同》及《装饰装修施工合同》，确认双方约定原告购买房屋为广州市某区某房，建筑面积51.96平方米。被告保证有权向原告出售该物业，房屋房价款为494908元。《装饰装修施工合同》记载的内容为第三人广州贤强建材有限公司对该房屋进行装修，工程总造价212103元。2017年4月23日，被告向原告出具收款收据，确认收到原告支付的该房屋款项合计157772元。2017年6月12日，被告向原告出具收款收据，确认收到原告支付的该房屋款项合计215609元。原告经查询，该物业已抵押给第三人九江银行。另外，第三人九江银行同意被告对外销售该物业。原告认为，第三人九江银行同意被告对外销售该物业，原告向被告购买该房屋并向被告支付了首期款项，第三人九江银行对该房屋的抵押权已消灭。为保证原告交付剩余房款后，该房屋能顺利过户，据此，原告依据《中华人民共和国民事诉讼法》第一百一十九条的规定，向贵院提起诉讼，请求判令："被告立即协助原告将广州市某区某房屋过户至原告名下，该房屋归原告所有……"

【裁判结果】

广州市南沙区人民法院于2018年4月19日作出（2018）粤0115民初1667号民事裁定：驳回原告李某涛、李某的起诉。宣判后，原告李某涛、李某提出上诉。广州市中级人民法院于2018年8月20日作出（2018）粤01民终16414号民事裁定：驳回上诉，维持原裁定。

【裁判理由】

一审法院认为：广州市南沙区房地产交易中心于2018年4月18日出具的案涉房屋《广州市不动产登记查册表》载明：案涉房屋的规划用途为住宅，产权人为被告，"来函摘要"一栏载明广州市天河区人民法院以（2018）粤0106民初3763号民事裁定书及协助执行通知书查封（查封时效为2018年3月8日到2021年3月7日）。依据《中华人民共和国民事诉讼法》第二百二十七条的规定，"执行过程中，案外人对执行标的提出书面异议的，人民法院应当自收到书面异议之日起十五日内审查，理由成立的，裁定中止对该标的的执行；理由不成立的，裁定驳回。案外人、当事人对裁定不服，认为原判决、裁定错误的，依照审判监督程序办理；与原判决、裁定无关的，可以自裁定送达之日起十五日内向人民法院提起诉讼”；根据《最高人民法院关于适用〈中华人民共和国民事诉讼法〉执行程序若干问题的解释》第十五条的规定，“案外人对执行标的主张所有权或者有其他足以阻止执行标的转让、交付的实体权利的，可以依照民事诉讼法第二百零四条（修正后的上述第二百二十七条）的规定，向执行法院提出异议”。案涉房产在办理过户登记前，已被其他人民法院查封，原告确认案涉房产归原告所有、注销抵押、办理过户登记手续、支付违约金、保全费、律师费和担保费等诉讼请求，实质上是对查封执行标的存在异议，足以阻却案涉房产的查封执行，应当依照《中华人民共和国民事诉讼法》第二百二十七条的规定主张权利，并依据作出查封的人民法院对其查封异议的审查处理结果依法主张相关权利，故原告的起诉应予驳回。

二审法院认为：在上诉人李某涛、李某签订涉案房产的房屋买卖合同之后，办理过户登记手续前，该房屋被广州市天河区人民法院查封。现上诉人的诉求是对被查封的执行标的主张所有权，依照《中华人民共和国民事诉讼法》第二百二十七条的规定，“执行过程中，案外人对执行标的提出书面异议的，人民法院应当自收到书面异议之日起十五日内审查，理由成立的，裁定中止对该标的的执行；理由不成立的，裁定驳回。案外人、当事人对裁定不服，认为原判决、裁定错误的，依照审判监督程序办理；与原判决、裁定无关的，可以自裁定送达之日起十五日内向人民法院提起诉讼”。上诉人的主张属于执行异议，应依上述规定先提出执行异议，现其直接提起诉讼，不符合上述规定，本院不予支持。

【案例注解】

本案的争议在于买受方在支付了购房款后、办理过户登记手续前，涉案房产被执行法院查封，买受方能否选择作为原告直接就涉案房产向其他有管辖权的法院提起确认之诉，而不作为案外人提起执行异议或执行异议之诉，实务中存在不同意见。

一、实务之争议

一种意见认为，应当尊重当事人诉权的选择权，不动产买受方既可以作为案外人提起执行异议或执行异议之诉，又可以对涉案房产另行提起确认之诉。在确认之诉中，如果其诉讼请求得到支持，可再以该案中的生效法律文书为证据，向原执行法院提起执行异议，或者申请执行回转。[①]从程序上看，当事人提起确认之诉符合《中华人民共和国民事诉讼法》第一百一十九条规定的形式要件，法院应当受理，不应当在程序上予以驳回。

江苏省高级人民法院曾持有上述观点。《江苏省高级人民法院执行异议之诉案件审理指南》(2015年7月2日印发)第八条规定:“案外人不服执行异议裁定，能否单独提起确认之诉？执行过程中，案外人以其对执行标的享有实体权利为由提出执行异议，人民法院裁定驳回其异议后，案外人仍然不服的，既可以提起执行异议之诉，并可在执行异议之诉案件中同时提出确认其实体权利的诉讼请求；也可以单独提起确认之诉。案外人向有管辖权的人民法院单独提起确认之诉的，不能产生阻却执行的法律效果。如果案外人既要单独提起确认之诉，又要对执行产生影响，就应当向执行法院提起确认之诉。”

另一种意见认为，根据《中华人民共和国民事诉讼法》第二百二十七条的规定，“执行过程中，案外人对执行标的提出书面异议的，人民法院应当自收到书面异议之日起十五日内审查，理由成立的，裁定中止对该标的的执行；理由不成立的，裁定驳回。案外人、当事人对裁定不服，认为原判决、裁定错误的，依照审判监督程序办理；与原判决、裁定无关的，可以自裁定送达之日起十五日内向人民法院提起诉讼”以及《最高人民法院关于适用〈中华人民共和国民事诉讼法〉执行程序若干问题的解释》第十五条的规定，“案外人对执行标的主张所有权或者有其他足以阻止执行标的转让、交付的实体权利的，可以依照民事诉讼法第二百零四条(修正后的上述第二百二十七条)的规定，向执行法院提出异议”，在涉案房产被执行法院查封后，案外人对执行标的物主张实体权利，应当通过案外人执行异议制度实现，而不能径行提起确认之诉。

北京市高级人民法院、广东省高级人民法院均持第二种观点。根据《北京市高级人民法院关于审理执行异议之诉案件适用法律若干问题的指导意见(试行)》(2011年7月18日印发)第三条的规定，“法院针对执行标的物的强制执行过程中，案外人以被执行人为被告就执行标的物另行提起确权之诉的，不予受理，已经受理的，应当裁定驳回起诉，并告知其可以依据《民事诉讼法》第二百零四条的规定主张权利。案外人以被执行人为被告另行提起给付之诉，要求转移执行标的物所有权，该标的物已处于强制执行状态的，法院应当向案外人释明，告知其可以变更诉讼请求主张损害赔偿，经释明其仍然坚持不变更的，应当判决驳回其诉讼请求，并在判决理由中写明案外人可

① 沈德咏主编:《最高人民法院民事诉讼法司法解释理解与适用(下)》，人民法院出版社2015年版，第821页。

待执行标的物解除强制执行状态后再行主张”。而根据《广东省高级人民法院关于执行异议诉讼案件受理与审理的指导意见（试行）》（2011年8月31日印发）第十四条第一款的规定，“争议财产已经在执行过程中被人民法院查封、扣押、冻结的，案外人应当依照《中华人民共和国民事诉讼法》第二百零四条规定主张权利，不得另行提起普通的民事诉讼。已经受理的，应当驳回起诉”。

二、案外人应当通过执行异议制度主张权利

对于涉案房产已被执行法院查封，案外人还能否另行提起确认之诉的问题，虽然现有法律框架内并未明确，但笔者更倾向于第二种意见，即案外人只能通过执行异议制度主张权利。理由如下。

（一）执行异议之诉赋予案外人确权的权利

《中华人民共和国民事诉讼法》第二百二十七条、《最高人民法院关于适用〈中华人民共和国民事诉讼法〉的解释》第三百零四条等已经建立起案外人执行异议制度，案外人可以向执行法院提起执行异议以及提起执行异议之诉。根据《最高人民法院关于适用〈中华人民共和国民事诉讼法〉的解释》第三百一十二条第二款的规定，“对案外人提起的执行异议之诉，人民法院经审理，按照下列情形分别处理：（一）案外人就执行标的享有足以排除强制执行的民事权益的，判决不得执行该执行标的；（二）案外人就执行标的不享有足以排除强制执行的民事权益的，判决驳回诉讼请求。案外人同时提出确认其权利的诉讼请求的，人民法院可以在判决中一并作出裁判”。该司法解释已经明确规定案外人在执行异议之诉时享有就执行标的物一并提出确权的权利，而无须另行提起确认之诉。

（二）执行异议制度排除案外人另案提起确认之诉的诉权

深究立法本意，案外人执行异议制度本应有排除案外人向非执行法院另案提起确认之诉的诉权的含义。根据《最高人民法院关于执行权合理配置和科学运行的若干意见》第二十六条的规定，“审判机构在审理确权诉讼时，应当查询所要确权的财产权属状况，发现已经被执行局查封、扣押、冻结的，应当中止审理；当事人诉请确权的财产被执行局处置的，应当撤销确权案件；在执行局查封、扣押、冻结后确权的，应当撤销确权判决或者调解书”。可见，法院的查封措施足以排除其他法院关于该执行标的物的另案确权。本案中，当案外人提起确认之诉，其主张本质属性是执行异议，应当依照《中华人民共和国民事诉讼法》第二百二十七条的规定先提出执行异议。现其直接提起确认之诉，不符合上述规定。此外，将案外人的救济途径限制在通过执行法院提起执行异议以及提起执行异议之诉，可以最大限度地保障裁判尺度的统一，减少不同法院裁判文书之间的冲突，避免其他法院确认之诉的裁判结果对执行法院造成的不良影响，也可以有效防止被执行人与案外人通过恶意串通来规避执行。

（三）允许案外人径行提起确认之诉只是徒增诉累

1. 另案生效法律文书无法排除执行

根据《最高人民法院关于人民法院办理执行异议和复议案件若干问题的规定》第二十六条第二款的规定，“金钱债权执行中，案外人依据执行标的被查封、扣押、冻结后作出的另案生效法律文书提出排除执行异议的，人民法院不予支持”。本案中，涉案房产被查封事实在前，即使案外人通过确认之诉取得另案生效法律文书，提出执行异议后仍无法排除执行，最终还是需要回归执行异议制度来解决。

2. 房产确权的诉请因查封措施受到限制

根据《最高人民法院关于适用〈中华人民共和国物权法〉若干问题的解释（一）》第二条的规定，“当事人有证据证明不动产登记簿的记载与真实权利状态不符、其为该不动产物权的真实权利人，请求确认其享有物权的，应予支持”。房产确权诉讼在诉的分类上属于积极确认之诉。本案中，不动产物权变动应以登记公示为准，只要不动产物权变更登记尚未完成，所有权人仍然是被执行人。执行法院对被执行人名下的涉案房产实施查封措施，意味着该房产已经处于非正常状态。此时就其权属产生的争议，应当通过法律规定的特殊程序进行处理，即案外人应当通过执行异议制度寻求法律救济。

3. 房产过户的诉请因查封措施履行不能

买受方起诉要求出售方协助办理房产过户手续，是基于双方房屋买卖合同而形成的债权债务关系，本质上属于给付之诉，因此判决履行过户义务并不能直接导致物权变动。根据《中华人民共和国合同法》第一百一十条的规定，“当事人一方不履行非金钱债务或者履行非金钱债务不符合约定的，对方可以要求履行，但有下列情形之一的除外：（一）法律上或者事实上不能履行……”本案中，涉案房产被查封，直接导致其最终的权利归属不明，致使房屋买卖合同中出卖方履行过户义务已经构成事实上的一时履行不能。而法院判决对于权利义务的界定应当是具体的、明确的，否则将极大地影响判决的执行力。因此，只要查封措施持续存在，法院就应当判决驳回买受方请求过户的诉讼请求。只有等待该查封措施消除后，方可要求出售方履行房屋过户义务。

综上所述，在此类案件中，涉案房产被查封后，当事人对涉案房产主张权利，只能通过执行异议制度来寻求救济。如果当事人提出确权的请求，法院应当依法释明，引导当事人依据民事诉讼法去申请执行异议或提起执行异议之诉；如果当事人坚持不变更诉讼请求，则裁定驳回其起诉，否则只是徒增诉累。

刘某想与王某、林某梅等9人业主撤销权纠纷案*

——业主撤销权的适格被告问题

【关键词】 被告适格 业主撤销权

【裁判要旨】

1. 被告主体适格问题具有程序法的性质，法院不应受被告是否提出抗辩的限制，而应当主动审查。

2. 形成之诉的当事人是否适格需要根据法律的具体规定来进行确定。业主撤销权属于形成之诉，其适格被告只能是《中华人民共和国物权法》第七十八条第二款规定的业主大会或业主委员会。在首次业主大会选举产生的业主委员会未备案的情况下，业主以业主委员会成员作为被告属于主体不适格。

【相关法条】

《中华人民共和国物权法》第七十八条第二款，《最高人民法院关于审理建筑物区分所有权纠纷案件具体应用法律若干问题的解释》第十二条。

【案例索引】

广州市南沙区人民法院（2018）粤0115民初1344号。

【基本案情】

原告：刘某想，男。

委托诉讼代理人：崔某怡，广东金轮律师事务所律师。

委托诉讼代理人：陈某婷，广东金轮律师事务所律师。

被告：王某，男。

被告：林某梅，女。

被告：李某波，男。

---

* 本文在2018年年终市中级人民法院精品案例评选中荣获三等奖。

本文编写人：何彤文，系广州市南沙区人民法院（广东自由贸易区南沙片区人民法院）综合审判庭庭长；廖活年，系广州市南沙区人民法院（广东自由贸易区南沙片区人民法院）综合审判庭法官助理。

被告：旷某洪，男。

被告：李某勇，男。

被告：邓某利，男。

被告：徐某红，男。

被告：潘某峰，男。

被告：牛某纯，男。

上述九被告的共同委托诉讼代理人：许某，北京市炜衡（广州）律师事务所律师。

原告刘某想向本院提出诉讼请求：（1）撤销2017年11月15日南 ×× 界首次业主大会作出的《关于首次业主大会会议决定的公告》。（2）撤销2017年11月15日南 ×× 界首次业主大会作出的《关于选举产生首届业主委员会的公告》。（3）被告承担本案的诉讼费用。事实和理由：原告是广州市南 ×× 界某房的业主。2018年1月4日，被告向南 ×× 界全体业主发出《〈关于首次业主大会会议决定的公告〉及〈关于选举产生首届业主委员会的公告〉生效公告》，声称2017年11月17日开始公示的《关于首次业主大会会议决定的公告》及《关于选举产生首届业主委员会的公告》从2017年12月17日正式生效，依法表决通过了《管理规约》《业主大会议事规则》，选举产生南 ×× 界业主委员会。原告认为，被告作出的业主大会决议存在下列问题：（1）被告在组织选举业主委员会过程中，存在业主投票时没有当场核实身份证、房产证等业主资料，且选举结果公示期间不接受业主查验本人表决意见。(2)被告作出的业主大会决议存在制作假票、冒签业主签名等行为，也没有征得过半业主同意，暗箱操作，剥夺业主知情权、表决权，损害了原告的合法权益。(3)南 ×× 界首次业主大会筹备组在2016年11月16日成立，在2017年6月已经召开过业主大会，但未达到双过半，筹备组在2017年11月又重新召开业主大会属于违规。依据《广州市物业管理暂行办法》第二十九条、第三十三条的规定，筹备组在2017年5月15日已经达到法律规定的6个月期限而依法应自2017年5月16日解散，无权延长6个月。（4）依据《广东省物业管理条例》第二十二条的规定，被告核实的建筑物专有面积存在错误，请法院核实小区的建筑物总面积。综上，被告的决议在程序及实体方面违法，损害了原告的合法权利，原告依据《中华人民共和国物权法》第七十八条等的规定向法院提起诉讼。

被告王某、林某梅、牛某纯、李某波、旷某洪、李某勇、邓某利、徐某红、潘某峰辩称：（1）不同意原告的诉讼请求，南 ×× 界业主大会的成立是在黄阁镇镇政府、黄阁镇居民委员会的监督见证下由南 ×× 界首次业主大会会议筹备组（下称“筹备组”）依法召开，并且提前二十多天将相关的公告文件进行公示。由筹备组组织投票、计票并且在2017年11月17日公示业主大会表决结果，在公示期内没有业主提出任何意见。被告认为，本次业主大会在2017年11月3日9点由居委会及律师参加见证并且表决结果符合《中华人民共和国物权法》第七十六条的规定。因此，业主大会及业主委员会在2017年12月17日成立，业主大会的决定合法有效。（2）关于筹备组期限问题，根据《广州市物业管理暂行办法》第三十三条第二款的规定，由于筹备组依法在成立之后6个月内组织召开了首次业主大会（第一次表决结果没达到“双过半”），因此有权延期6个月，重新召开业主大会。筹备组的期限是2017年11月15日到期，业主大会及业主委员会在2017年12月17日成立，筹备组在业主大会及业主委员会成立当天解散。（3）由于业主委员会尚未备案，被告认为九个委员可以代表业主委员会，可以作为业主大会的执行机构。（4）关于被告的主体资格请法院依法处理。

【裁判结果】

广州市南沙区人民法院2018年9月6日作出（2018）粤0115民初1344号民事裁定书：驳回原告刘某想的起诉。

裁定后，当事人未提出上诉。该案裁定已发生法律效力。

【裁判理由】

广州市南沙区人民法院经审理认为：《中华人民共和国民事诉讼法》第一百一十九条的起诉条件虽未规定被告主体适格问题，但该法第四十八条第一款规定，公民、法人和其他组织可以作为民事诉讼的当事人。因此，被告应当符合民事诉讼法规定的条件才可能成为诉讼主体。民事诉讼法学理论亦将“被告主体适格”视为“诉讼要件”，起诉符合诉讼要件是法院进行实体审查的前提，故被告主体适格问题具有程序法的性质，属于法院主动审查的职权范围。

根据《中华人民共和国物权法》第七十八条第二款的规定，“业主大会或者业主委员会作出的决定侵害业主合法权益的，受侵害的业主可以请求人民法院予以撤销”及《最高人民法院关于审理建筑物区分所有权纠纷案件具体应用法律若干问题的解释》第十二条的规定，“业主以业主大会或者业主委员会作出的决定侵害其合法权益或者违反了法律规定的程序为由，依据物权法第七十八条第二款的规定请求人民法院撤销该决定的，应当在知道或者应当知道业主大会或者业主委员会作出决定之日起一年内行使”。据此，业主行使撤销权，其请求法院撤销的客体应为业主大会或业主委员会的决定。本案原告刘某想的诉求为要求撤销南××界首次业主大会表决通过的《管理规约》、《业主大会议事规则》和选举产生的首届业主委员会，故本案为业主撤销权纠纷。

根据《物业管理条例》第十条的规定，“同一个物业管理区域内的业主，应当在物业所在地的区、县人民政府房地产行政主管部门或者街道办事处、乡镇人民政府的指导下成立业主大会，并选举产生业主委员会”。2010年10月1日施行的《业主大会和业主委员会指导规则》第十五条第二款规定：“业主大会自首次业主大会会议表决通过管理规约、业主大会议事规则，并选举产生业主委员会之日起成立。”2014年5月1日起施行的《广州市物业管理暂行办法》第三十三条第三款规定：“业主大会自首次业主大会会议表决通过管理规约、业主大会议事规则，并选举产生首届业主委员会之日起成立。业主大会成立之日起，筹备组自行解散。”结合本案筹备组于2018年1月4日向涉案小区全体业主作出的公告，涉案小区业主大会已于2017年12月17日起正式成立。在此情况下，原告刘某想应以业主大会和业主委员会为被告提起诉讼，而其却以首届业主委员会未备案为由，直接将业主大会选举产生的首届业委会成员作为被告，被告主体不适格，应驳回原告刘某想的起诉。

【案例注解】

业主撤销权的法律依据是2007年颁布实施的《中华人民共和国物权法》第七十八条第二款的规定。2009年出台的《最高人民法院关于审理建筑物区分所有权纠纷案件具体应用法律若干问题的解释》，对于业主撤销权进一步作出规定。笔者通过中国裁判文书网检索发现：业主撤销权纠纷大部分出现在小区首届业主委员会成立或业主委员会换届过程中，而各地法院在业主撤销权的诉讼主体、诉讼标的等问题上并未达成共识。本案作为南沙区的第一宗业主撤销权诉讼纠纷，涉及业主撤销权的诉讼主体，即被告是否适格的核心问题，但通过查阅资料发现各地法院对于类似情况的处理并不一致。笔者通过对各地法院生效文书的分析研判，结合诉讼法学的相关理论和法律规定，对业主撤销权的被告问题作出思考如下：

1. 被告是否适格，不应受被告是否提出抗辩的限制，而应当由法院主动进行审查

依据民事诉讼法关于起诉条件的规定，原告要求是“与本案有直接利害关系的公民、法人或其他组织”，被告则仅要求是“明确的”。法官在司法实务中最常审查的也是原告的主体适格而很少顾及被告主体是否适格。但按照诉讼要件理论，当事人适格是法院启动诉讼程序的基础，对于被告而言，即需要满足以下条件：一是被告应当享有民事诉讼权利和承担民事诉讼义务的资格，具备诉讼权利能力；二是被告具有亲自实施诉讼行为，行使诉讼权利和承担诉讼义务的资格，具备诉讼行为能力。因此，被告是否适格，具有程序法的性质，应当由法院在诉讼中主动进行审查，而不受被告是

否主动提出抗辩意见的限制。[①]

对于被告适格问题，我们需要对其与被告提出的“起诉错误”（被告错误）的问题进行区分。被告适格属于程序法审查的范畴，即被告不适格产生的后果是无法对原告提起的诉进行审查处理，故其法律后果是“驳回原告的起诉”；而被告错误属于法院对案件实体审查的范畴，即法院在启动诉讼程序后发现，原被告之间不存在实体上的权利义务关系，故其法律后果是“驳回原告的诉讼请求”。

2. 业主撤销权的适格被告只能是业主大会及业主委员会

在业主撤销权案件中，适格的被告只能是业主大会及业主委员会，理由主要有以下两点：（1）业主撤销权属于业主要求法院变动或消灭已经形成的权利义务关系状态，属于形成之诉。由于形成之诉涉及变动已经形成的法律关系或法律状态，故出于对法律关系相对稳定性的考虑，提起形成之诉必须有明确的法律规定，这也是形成之诉区别于其他诉讼的关键所在。因此，业主撤销权的行使应当依据《中华人民共和国物权法》第七十八条第二款的规定来行使，即其适格的被告应当是且只能是业主大会或业主委员会。（2）法院需要根据实体法律来对诉讼标的作出裁决，故必须是原、被告双方对于诉讼标的存在法律上的直接利害关系。业主撤销权的诉讼标的是业主大会或业主委员会作出的决定（包括作出决定的程序），故业主大会或业主委员会对诉讼标的存在法律上的直接利害关系。（3）业主委员会作为业主大会的执行机构，具备一定的诉讼行为能力，在业主撤销权案件中，应当列明作为被告，以便利诉讼，已经被法律所确认。

3. 在业主委员会未备案的情况下，业主撤销权的适格被告仍应当是业主大会及业主委员会

司法实务中，在业主委员会已备案的情况下，对于业主撤销权纠纷案件的被告一般不会存在异议，但在业主委员会未取得备案时容易导致分歧。有的原告以业主大会筹备组成员作为被告，有的以首届业主大会选举的业主委员会成员作为被告，有的则以未备案的业主委员会作为被告。笔者认为，业主大会属于一种分散式、未登记、名义上存在的权力组织，因其所作出的决定对小区业主具有普遍约束力，故其成立时间应当依据法律规定来予以明确。虽然目前尚无法律法规对业主大会的成立时间予以明确规定，但住房和城乡建设部于2009年12月1日颁布的《业主大会和业主委员会指导规则》第十五条第二款明确了“业主大会自首次业主大会会议表决通过管理规约、业主大会议事规则，并选举产生业主委员会之日起成立”。按照《中华人民共和国民法

① 最高人民法院在（2012）民申字第1031号民事裁定书中也专门进行了阐述，并明确提出应由法院主动审查。

总则》“不违背公序良俗”的原则，法院审理物业纠纷亦应当参照相关政府规章来对相关行为的合法性作出评价。据此，法院认定业主大会成立的标准有两个：一是表决通过了管理规约、业主大会议事规则；二是选举产生了业主委员会。《物业管理条例》第十六条规定：“业主委员会应当自选举产生之日起30日内，向物业所在地的区、县人民政府房地产行政主管部门和街道办事处、乡镇人民政府备案。”而备案仅是一种告知，不具有行政许可的性质。[①]因此，选举产生业主委员会与业主委员会备案属于两个概念，是否备案并不影响业主大会的成立。综上，在业主撤销权案件中，将业主大会及未备案的业主委员会列为被告既不违反法律规定，也符合实践的做法。

① 国务院法制办国法秘函〔2005〕439号答复函。

新世纪澳洲公司诉华讯公司、第三人风信子公司买卖合同纠纷案*

——跨境电商贸易模式下国际货物买卖合同主体的认定

【关键词】 跨境电子商务　国际货物买卖　主体认定

【裁判要旨】

在跨境电商国际货物贸易模式下，多重贸易主体身份重叠，在当事人未提供足以推翻合同所载交易主体的直接证据的情况下，均应当立足于事实和证据，依据合同相对性原则对合同相对人进行认定。

【相关法条】

《中华人民共和国合同法》第八条、第一百零七条。

【案例索引】

一审：广东自由贸易区南沙片区人民法院（2017）粤0191民初139号。

二审：广州市中级人民法院（2018）粤01民终13214号。

【基本案情】

原告：新世纪澳洲公司，住所地略。

被告：华讯公司，住所地略。

第三人：风信子公司，住所地略。

原告新世纪澳洲公司诉称，2015年4月，原、被告口头达成国际商品买卖意向。2015年4月至2016年1月，原告分五次通过海运、航空等国际货运方式向被告出售了保健品、护肤品、奶粉等商品，被告以电子邮件及海关报关单回复原告，其已收到相关货物。据此，被告应向原告支付货款469158.38元。经多次追索，被告至今未付。故原告起诉，请求判令：（1）被告向原告支付货款共计469158.38元；（2）被告支付逾期付款

* 本文在2018年年终市中级人民法院精品案例评选中荣获优秀奖。

本文编写人：崔剑，系广州市南沙区人民法院（广东自由贸易区南沙片区人民法院）综合审判庭法官；刘慧娟，系广州市南沙区人民法院（广东自由贸易区南沙片区人民法院）综合审判庭法官助理。

违约金（按中国人民银行同期贷款利率自2016年1月11日起计算至实际清偿之日止）。

被告华讯公司辩称，原、被告之间不存在买卖合同关系，被告并不是案涉货物的买家。被告称案涉业务发生在被告为第三人跨境电商平台的商户办理跨境电子商务网购保税进口业务期间，被告为第三人提供的服务内容包括电商企业备案、商品备案、提货转关、报关报检、报税仓储、订单分拣、进境清关、国内配送、代垫税金等。期间第三人让其电商平台上的商家（包括线上线下）从境外采购的商品均存放于被告的保税仓，消费者下订单后，第三人将相关数据推送给被告网络平台，被告负责向海关、检验检疫、保税等政府部门办理各种相关手续，并按订单信息在其保税仓内进行分拣、打包，后配送往第三人的商场或快递至消费者指定地址。在办理进口商品第一次清关时，为方便操作，被告在海关备案的《成交协议》的买方处加盖了自己的公章，但案涉货物的实际订货人是第三人的平台商户。故请求法院驳回原告的诉讼请求。

第三人风信子公司述称，其与原告没有贸易或买卖合同关系，在原告提供的报关单中显示，收货单位为被告，部分报关单显示收货人为案外人澳钮之约公司（广州澳钮之约贸易有限公司）。第三人作为南沙风信子跨境商品直购体验中心的平台服务方，并未向有关供货商采购任何货物，也未向国外商家推送订单，凡向国外商家或供应商推单或采购的都是风信子平台上商家自己的行为，与第三人无关。

诉讼中，法院向海关调取的案涉交易的报关材料，其中附有《成交协议》，显示广州华讯捷通电子商务有限公司作为买方，新世纪澳洲公司［NFC（AUST）PTY LTD］作为卖方，协议约定按照协商自愿的原则被告向原告订购案涉物料，请原告根据协议内容安排货物到被告指定的仓库。被告公司作为买方在《成交协议》中“买方”签章处加盖了公章，原告方在成交协议签章处签名。部分报关单上补充备注收货人为广州澳钮之约贸易有限公司。被告企业信用信息显示，其经营范围包括货物进出口等事项。

【裁判结果】

广东自由贸易区南沙片区人民法院2018年4月18日作出（2017）粤0191民初139号民事判决书：被告华讯公司向原告新世纪澳洲公司支付货款396033.98元及逾期付款利息。

宣判后，被告华讯公司不服判决，上诉于广州市中级人民法院。广州市中级人民法院于2018年10月9日作出（2018）粤01民终13214号民事判决书：驳回上诉，维持原判。

该案判决已发生法律效力。

【裁判理由】

本案的主要争议焦点在于：被告是否案涉国际货物买卖的买方。广东自由贸易区南沙片区人民法院经审理认为：（1）从本院自南沙海关调取的报关资料来看，其中《成交协议》表明，被告以买方身份向原告订购案涉货物，并在成交协议上加盖了公章，交易过程中亦以提货人身份提取了案涉货物，原、被告作为案涉买卖合同关系的双方主体是清楚明确的。被告以该协议是其在代理第三人报关时提交的形式合同，不能反映真实的买卖合同关系为由进行抗辩，但缺乏充分证据予以证明。（2）被告与第三人及其平台商户签署的《报关运输协议》《物流服务合作协议》《跨境电子商务网购报税进口业务三方结算协议》，被告与第三人及其平台商家之间的代理合同关系属于三方间的内部关系，并不足以对抗案涉交易卖方。因此，原告主张被告为案涉买卖合同关系中的买方有事实和法律依据，本院予以认定。广州市中级人民法院认为，华迅公司主张其仅提供报关及物流仓储服务，但并未提供其与新世纪公司存在该等民事关系的直接证据。华迅公司在一审、二审中对于买方的陈述相互矛盾，未作出合理的解释。因此，本院对华迅公司的主张不予支持。原审法院认定华迅公司为涉案买卖合同的买方理据充分，本院依法予以维持。

【案例注解】

在南沙自贸区“境内关外”的特殊海关监管优势制度下，区内跨境电子商务等新业态快速发展，不断带动创新创业和产业升级。作为对外贸易的新兴增长点，跨境电商在通关、仓储、物流便利化等方面均在不断创新和积累宝贵经验。然而跨境电商作为自贸区经济发展的新生事物，与普通国际货物买卖在贸易模式和交易主体等方面存在较大区别，并且其交易模式复杂多样、交易主体对交易流程不熟悉、海关国检等部门政策变化快等现实问题在一定时期内仍将持续存在，涉跨境电商国际货物买卖合同中真实交易主体的司法查明存在一定的困难。

综合案情，本案的主要争议焦点在于涉案国际货物买卖合同相对人的问题。一般情况下，跨境电商贸易模式下存在国外商家、进口商、平台企业、进驻商家、申报企业、包税仓储企业、支付平台等七方主体，其中经常出现主体身份重叠的情形。通常的跨境电商贸易模式下的国际订购主要分为以下几种模式：（1）进驻商家以自己的名义向国外商家发出订单，并委托申报企业办理报关业务；（2）平台企业自行或委托他方统一为进驻商家代理国际货物采购业务；（3）平台企业作为自营企业，自行对外采购相关货物。笔者认为，无论是上述哪种交易模式，在当事人未能提供足以推翻合同所载交易主体的直接证据的情况下，均应当依据合同相对性原则对合同相对人进行认定。

在案涉国际货物买卖合同关系中，第三人作为平台企业与华讯公司签署业务合作协议，由华讯公司为其平台进驻商家提供保税仓内通关提货转关、报关及货物仓储、包装、分拨、转运派送和相关转运等多项服务，被告华讯公司据此兼具进口商、申报企业、包税仓储企业等多重角色。但从被告华讯公司的经营范围来看，其可以自行从事国际货物进口业务，故并不能排除其在案涉国际货物买卖合同关系中自己作为真实买方的可能性。且华讯公司在交易协议上以买方身份盖章，并未提出直接证据推翻该合同主体身份，故在跨境电商贸易主体身份重叠的情况下，本案判决依据合同相对性原则，立足于事实证据，厘清跨境电商贸易模式下的法律责任承担问题，对自贸区跨境电商各主体之间明确交易模式、理顺交易流程提出有益警示。

被告人曾某乓、袁某非法行医案*

——如何认定非法行医行为与被害人死亡结果之间的因果关系

【关键词】 非法行医　因果关系的认定　鉴定意见的审查

【裁判要旨】

刑法上的因果关系是指犯罪构成客观方面要件中危害行为与危害结果之间存在的引起与被引起的关系。确定非法行医行为的具体内容是认定因果关系是否存在的基本前提；在被害人接受行为人非法行医后非短时间内发病、存在被害人曾经吃药等自身特殊状态的情况下，还需要排除是否存在介入因素以及确定介入因素的异常性大小。同时，对于鉴定意见关于因果关系的内容需在综合全案事实、证据的基础上进行审查判断是否属实，从而准确判断是否可以作为定案的根据。

【相关法条】

《中华人民共和国刑法》第三百三十六条第一款　未取得医生执业资格的人非法行医，情节严重的，处三年以下有期徒刑、拘役或者管制，并处或者单处罚金；严重损害就诊人身体健康的，处三年以上十年以下有期徒刑，并处罚金；造成就诊人死亡的，处十年以上有期徒刑，并处罚金。

《最高人民法院关于修改〈关于审理非法行医刑事案件具体应用法律若干问题的解释〉的决定》第二条在《最高人民法院关于审理非法行医刑事案件具体应用法律若干问题的解释》第三条后增加一条，作为修改后《解释》第四条：

非法行医行为系造成就诊人死亡的直接、主要原因的，应认定为刑法第三百三十六条第一款规定的“造成就诊人死亡”。

非法行医行为并非造成就诊人死亡的直接、主要原因的，可不认定为刑法第三百三十六条第一款规定的“造成就诊人死亡”。但是，根据案件情况，可以认定为刑法第三百三十六条第一款规定的“情节严重”。

---

* 本文在2018年年终市中级人民法院精品案例评选中荣获优秀奖。

本文编写人：许东俊，系广州市南沙区人民法院（广东自由贸易区南沙片区人民法院）刑事审判庭法官。

【案件索引】

一审：广州市南沙区人民法院（2017）粤0115刑初599号（2018年8月3日）。

【基本案情】

广州市南沙区人民检察院指控：2016年11月起，被告人曾某乓在未取得医生执业资格的情况下，在其与被告人袁某共同经营的某区某镇某医药分店北侧一出租屋，从事医疗活动。被告人袁某将光顾上述药店的部分群众指引到被告人曾某乓处看病，并帮忙接收周边住户要求提供医疗服务的微信订单及钱款。2017年4月22日，被告人曾某乓未进行任何药物过敏测试，为被害人刘某某注射药物治疗。被害人刘某某接受注射后出现过敏反应，送医院抢救无效死亡。经鉴定，被害人刘某某的死因符合过敏性休克导致死亡。同日，公安机关在广州市南沙区第六人民医院抓获被告人曾某乓，被告人袁某即将被告人曾某乓从事医疗活动的药物及医用物品转移及丢弃。同日，公安机关在其经营的药店抓获被告人袁某。

被告人曾某乓对指控其非法行医的事实及罪名不持异议，但辩称被害人刘某某的死亡与其非法行医无关。辩护人提出：被害人刘某某的死亡与被告人曾某乓的非法行医行为是否有因果关系存疑，鉴定意见不能作为本案证据，现有证据不足以证实曾某乓的非法行医已达到“情节严重”标准，不应认定为非法行医罪。

被告人袁某对指控的事实及罪名均不持异议。辩护人提出：没有直接证据证明被害人刘某某系被被告人曾某乓注射青霉素致过敏死亡，被告人袁某既没有参与用药治疗也不清楚治疗情况，不应认定为非法行医罪。

法院经审理查明：2016年11月起，被告人曾某乓在未取得医生职业资格的情况下，在其与被告人袁某共同经营的位于某区某镇某医药分店北侧一出租屋内从事医疗活动。被告人袁某将光顾上述药店的部分群众指引到被告人曾某乓处看病，并帮忙接受周边住户要求提供医疗服务的微信订单及钱款。2017年4月22日16时至18时许，被告人曾某乓在未进行任何药物过敏测试的情况下，为被害人刘某某注射青霉素等药物治疗。19时许，被害人刘某某出现过敏反应，经送医院抢救无效死亡。当天晚上，被告人曾某乓得知被害人刘某某被送医救治后即赶到医院，告知医护人员部分用药情况，并在医院等候，民警接报后在医院将其抓获；被告人袁某随即将曾某乓从事医疗活动的药物及医用物品转移及丢弃，后其在上述药店被公安机关抓获。

经鉴定，被告人曾某乓对被害人刘某某诊疗行为存在过错，曾某乓的过错行为与刘某某死亡之间存在因果关系，原因力为主要因素；被害人刘某某的死因符合过敏性休克导致死亡，青霉素导致刘某某发生过敏性休克的可能性大于其他药物导致其发生过敏性休克的可能性。

另查明，被告人曾某乓、袁某与被害人刘某某家属自行达成和解协议，已赔偿20.3万元，并获得谅解。

【裁判结果】

广州市南沙区人民法院于2018年8月3日作出（2017）粤0115刑初599号刑事判决：一、被告人曾某乓犯非法行医罪，判处有期徒刑三年六个月，并处罚金人民币一万元。二、被告人袁某犯非法行医罪，判处有期徒刑三年，缓刑四年，并处罚金人民币五千元。三、扣押于公安机关的注射用青霉素钠18瓶、注射液瓶6个、注射器1个、纸盒1个予以没收、销毁。

宣判后，被告人曾某乓、袁某没有提出上诉，广州市南沙区人民检察院没有提出抗诉，判决已发生法律效力。

【裁判理由】

法院生效裁判认为：现有证据足以证实被告人曾某乓对被害人刘某某实施过输液（青霉素）的治疗行为，且曾某乓对被害人刘某某的诊疗行为存在过错，曾某乓的过错行为与刘某某死亡之间存在因果关系，鉴定意见关于曾某乓的过错行为为主要因素的建议可信，应予以采纳。被告人曾某乓、袁某结伙非法行医，致一名就诊人死亡，其行为均已触犯刑律，构成非法行医罪，依法应予以惩处。被告人曾某乓自动投案并如实供述自己的罪行，是自首，依法可以减轻处罚。被告人袁某在共同犯罪中起辅助作用，是从犯，依法应当减轻处罚；袁某归案后能如实供述自己的罪行，是坦白，依法可以从轻处罚。被告人曾某乓、袁某积极赔偿被害人家属的损失，并获得谅解，可酌情从轻处罚。

【案例注解】

本案中，被告人曾某乓对其在未取得医生执业资格的情况下从事医疗活动没有异议，对其在案发当天对被害人刘某某进行看病治疗的事实亦无异议。本案的特殊性在于，一是鉴定意见仅认定被害人刘某某的死因符合过敏性休克导致死亡，并没有明确导致过敏的过敏源是什么；二是被害人刘某某在接受被告人曾某乓的治疗前吃过药，且输液后并非短时间内在接受治疗的地方病发，而是在离开后回到休息处的一个多小时后才发病。因此，本案的争议焦点就在于，如何在认定被告人曾某乓非法行医的具体行为内容的基础上，分析判断该非法行医行为与被害人刘某某死亡之间是否存在因果关系。

（一）被告人曾某乓非法行医的具体内容

刑法上的因果关系是指犯罪构成客观方面要件中危害行为与危害结果之间存在的引起与被引起的关系。有因才有果，确定危害行为是否存在是认定因果关系的基本前提，具体到本案中，首先要明确被告人曾某乓的非法行医的具体内容。

现有证据反映，被告人曾某乓在对被害人刘某某进行治疗过程中存在以下几方面过错：（1）曾某乓未写相关的病历，违反了病历书写基本规范。（2）按照曾某乓的供述，案发当天其为被害人刘某某先后挂了4瓶吊瓶，分别是左氧氟沙星、生理盐水加入赖氨匹林、葡萄糖水加入维生素C和维生素B6、生理盐水加入青霉素；但在被害人刘某某就诊时无细菌感染的有力指征，且刘某某本身不属于暴露于致病菌的高危人群的情况下，曾某乓对其进行静脉、联合用药抗菌药物的滥用治疗，违反了抗菌药物治疗性应用的基本原则和抗菌药物预防性应用的原则。（3）根据被害人刘某某所用药物顺序及总用药时间，曾某乓对其注射左氧氟沙星时违反了左氧氟沙星缓慢输注的原则。（4）按照曾某乓的供述，其为被害人刘某某注射青霉素前没有进行皮试，也没有询问其相关的过敏史和现病史等情况，违反了青霉素的使用规范。

值得一提的是，虽然被告人曾某乓供称曾为被害人刘某某实施过青霉素输液，但检测报告显示刘某某的尿液、血液青霉素钠定性结果为阴性，且鉴定意见亦没有明确刘某某是因青霉素过敏致死，仅认为注射青霉素发生过敏性休克可以出现刘某某的死亡特征。那么，能否认定被告人曾某乓在治疗过程中使用了青霉素就成为本案的关键事实。现有证据反映：（1）案发当天公安机关在药店附近找到的医疗垃圾中有不少药物外包装，包括盐酸左氧氟沙星氯化钠注射液瓶、注射用青霉素钠注射液瓶、维生素C注射液纸盒、注射用赖氨匹林注射液瓶和注射器针头带管，与被告人曾某乓供认的当天用药吻合。（2）广州市南沙区第六人民医院急诊室留观察病历记录单显示，“主诉：于半天前因咽痛、咽喉不适到私人诊所注射及口服药物治疗”。（3）证人李军委的证言证实，案发当天其送被害人刘某某到被告人曾某乓处看病，两个多小时后离开。（4）被告人袁某当庭供述，案发当天被害人刘某某来找曾某乓，其在他输液后曾见过他。（5）被告人袁某在得知被害人刘某某被送进医院后，将曾某乓当天使用过的医疗垃圾及药店的相关药物进行丢弃、转移，应当承担相应的不利后果。故现有证据足以证实被告人曾某乓对被害人刘某某实施过青霉素输液的治疗行为。

（二）被告人曾某乓的非法行医行为与被害人刘某某的死亡有因果关系，且原因力为主要因素

司法实践中，对于非法行医行为与被害人伤亡之间是否存在因果关系、存在何种程度的因果关系往往涉及医学方面的专业问题，需要借助相关具有资质的鉴定机构出具的鉴定意见。鉴定是指诉讼活动中鉴定人运用科学技术或者专门知识对诉讼涉及的专门性问题进行鉴别和判断并提供意见的活动。鉴定意见作为刑事诉讼法规定的八种证据种类之一，其本身不具有预定的证明力，与其他种类的证据一样，鉴定意见必须经过查证属实，才能作为定案的根据。因此，对于鉴定意见关于因果关系的内容亦需在综合全案事实、证据的基础上进行审查判断是否属实，从而准确判断是否可以作为定案的根据。

在判断因果关系是否成立时还需考虑介入因素。一般情况下，在明确原因行为和危害结果，且两者之间具有引起与被引起的关系后，可以认定存在因果关系；但在因果关系的发展进程中，往往并非直接、单纯的引起与被引起，更多的情况下可能会有其他因素的介入，而介入因素的异常性大小等将影响因果关系的判断。本案中，虽然现有证据可以证实被告人曾某乓对被害人刘某某实施过青霉素输液的治疗行为，但关于刘某某死因的鉴定意见只是确定刘某某符合过敏性休克导致死亡，且注射青霉素发生过敏性休克可以出现刘某某的死亡特征，并没有明确导致刘某某过敏的过敏源；而且，刘某某在接受曾某乓的治疗前吃过药，且输液后并非短时间内在接受治疗的地方病发，而是在离开后回到休息处的一个多小时后才发病，在此期间是否可能存在异常因素的介入亦需予以考虑。

现有证据反映：（1）关于被害人刘某某死因的鉴定意见排除了刘某某因机械性暴力作用致死，排除了因吸入美沙酮、氯胺酮、吗啡、3,4-亚甲基二氧基甲基苯丙胺、可卡因、3,4-亚甲基二氧基苯丙胺、6-乙酰吗啡、杜冷丁、甲基苯丙胺、苯丙胺成分毒品/药品中毒致死。（2）虽然证人李军委、陈孟涵的证言以及鉴定意见等证据显示，4月22日凌晨被害人刘某某曾饮酒，且死亡后血液中还检出乙醇成分；但针对这一点，尸检鉴定意见已明确指出：刘某某的血液检出乙醇成分，含量为35.7mg/100ml，但未达致死量，可排除因酒精中毒而死亡。（3）证人李军委、陈孟涵的证言证实，被害人刘某某在被告人曾某乓的药房治疗后至送到医院抢救期间没有饮水、进食，且基本处于车内和室内。（4）被害人刘某某先被送至南沙区第六人民医院抢救，后被转院至广州市番禺区中心医院。从上述（3）（4）可知，由于被害人刘某某在输液后没有饮水、进食，与外界亦没有过多接触，且现有证据亦没有反映医院的抢救过程存在异常，可以认定在输液后不存在异常介入因素。（5）被告人曾某乓、袁某供述，被害人刘某某在接受曾某乓的输液治疗之前，还口服了双黄连、银翘解毒等中成药，该说法在向急诊室医生“主诉：于半天前因咽痛、咽喉不适到私人诊所注射及口服药物治疗”的记录相印证。从现有证据来看，可能存在的其他过敏源应为刘某某在接受输液治疗前的口服药。针对这一点，被告人曾某乓供称，当时刘某某说自己吃了中成药没什么效果，所以才到药店找其帮忙输液治疗，由此可知刘某某在到药店之前已口服中成药有一段时间，且并无异常反应；按照曾某乓的说法，刘某某到药店时其发现他的喉咙有脓点（并非过敏反应可能出现的水肿），其使用青霉素是为了消炎。综上，鉴定意见结合输液药物的顺序，输液药物进入体内与被害人刘某某发生过敏性休克的间隔，以及现阶段医学科学的认知，认定刘某某因青霉素过敏发生休克的可能性远大于其他药物的意见可信，应予以采纳。

综合全案事实、证据，可以认定被告人曾某乓对被害人刘某某的诊疗行为存在过错，曾某乓的过错行为与刘某某死亡之间存在因果关系：（1）曾某乓在诊疗过程中，存在违反病历书写规范、抗生素使用原则、青霉素使用规范等过错行为；（2）曾某乓对被害人刘某某实施过输注青霉素等药物的治疗行为，而刘某某的死因符合过敏性休克导致死亡，注射青霉素发生过敏性休克可以出现刘某某的死亡的特征；（3）被害人刘某某因青霉素过敏发生休克的可能性远大于其他药物。鉴定意见在上述分析基础上认定被告人曾某乓的过错行为为主要因素，其过错参与度为80%左右的建议可信，应予以采纳。

原告周某德诉被告广州供电局有限公司、广州供电局有限公司输电管理所物权保护案*

——村民对位于电力保护区内宅基地行使权利的限制问题

【关键词】 电力保护区 权利限制

【裁判要旨】

在一方权利行使扩张中与另一方权利产生冲突时，应当根据相关法律、法规进行调整。电力保护区是由国家强制性划定的区域，村民对其在电力保护区内的房屋及宅基地不得改建、加建，是法律为保护已建架空电力线路的安全运行和保障人民生活的正常供电而对相邻权利人所作出的必要限制。相关法律、法规明确对此不予补偿的，法院不予支持。

【相关法条】

《中华人民共和国物权法》第七条、第一百五十三条，《中华人民共和国电力法》第五十三条，《电力设施保护条例》第十条、第二十四条。

【案例索引】

广州市南沙区人民法院（2016）粤0115民初3798号民事判决书。

广州市中级人民法院（2017）粤01民终8454号民事判决书。

【基本案情】

原告：周某德。

被告：广州供电局有限公司（下称广州供电局）。

被告：广州供电局有限公司输电管理所（下称广州输电管理所）。

经审理查明：案涉房屋位于某区某镇某村某队，于1981年8月自建，于1988年8月30日取得产权证，权属人为梁某。后案涉房屋由周某德继承，并于2009年11月17日取

---

* 本文被《2019年全国法院年度案例·土地纠纷卷》刊用。

本文编写人：何彤文，系广州市南沙区人民法院（广东自由贸易区南沙片区人民法院）综合审判庭庭长；廖活年，系广州市南沙区人民法院（广东自由贸易区南沙片区人民法院）综合审判庭法官助理。

得该房屋的产权证。产权证上记载的房屋建基面积和建筑面积均为45.50平方米，层数为1层，土地权属性质为集体。2011年7月16日，大坳村村民代表大会表决通过同意周某德对案涉房屋拆建的申请。2011年8月16日，案涉房屋经广州市番禺区房屋鉴定事务所鉴定为严重损坏房，建议拆除重建。2013年12月10日，大坳村委会向广州供电局咨询有关案涉房屋是否在高压线红线范围内的问题。广州供电局按照属地管辖原则，将此转由其分支机构广州输电管理所先行处理。2014年3月6日，广州输电管理所向大坳村委会发出广供电输函[2014]01号《关于某区某镇某村村民周某德房屋问题的复函》，载明："贵村委咨询与村民周某德的房屋相关的高压线路为220kV番良线，该线路自投产时一直由佛山供电局负责运行维护，并于2010年9月移交广州供电局管理。根据现场测量贵村民的房屋与番良线的水平距离约有9米，根据《中华人民共和国电力法》第七章第五十三条和《电力设施保护条例》第十条的规定，220kV电力线路导线边线向外侧延伸15米所形成的两平行线内的区域为法定电力线路保护区，任何单位和个人不得在依法划定的电力设施保护区内修建可能危及电力设施安全的建筑物、构筑物。"2014年8月4日，大坳村委会向广州输电管理所发出《关于南沙区榄核镇大坳村村民周某德房屋问题》的函，希望该所协助解决周某德的住房用地问题。

案涉的番良线即220kV番禺站—大良站，属于"220kV沙角—番禺—顺德"线路的一部分，该线路于1985年12月14日经原广东省番禺县经济委员会、于1986年1月3日经原番禺区人民政府批准架设。该线路自投产后一直由佛山供电局负责运行维护，直至2010年9月移交广州供电局管理。

广州输电管理所委托广州电力设计院进行现场勘察，该设计院经勘察后出具《220kV番良线#32—#33档线路与居民房屋安全评估报告》。该报告测量显示：拟加高的2栋建筑为普通砖瓦房，房顶海拔标高分别为8.88米和9.47米，面积为33.3平方米和45.3平方米，距离220kV番良线边导线的最小净空距离为13.06米和14.15米，最近水平距离为7.93米和8.68米，垂直距离为11.55米和11.22米。该报告结论为：（1）现状房屋与220kV番良线之间安全距离大于《电力设施保护条例实施细则》和《110kV~750kV架空输电线路设计规范》《架空送电线路设计技术规程》规定的安全距离要求。（2）现状房屋不论加高多少，均满足国家电磁环境标准要求。（3）现状房屋与220kV番良线的距离不满足《电力设施保护条例》和《广州市城乡规划技术规定》固定的输电线路走廊控制宽度即边导线向外延伸15米的要求，现状房屋所在地属人口密集地区，边导线向外延伸的距离可略小于前述规定，但边导线向外延伸的距离不应小于9.65米，考虑到现场线路安全运行要求，屋主应在边导线（靠近房屋侧）向外延伸至少11米的范围外修建房屋。周某德对上述报告测量的数据均无异议。另外，广州输电管理所向本院提交了《关于案涉房屋重建问题的说明》和《关于案涉房屋重建问题的说明（二）》，提出周某德可在距离220kV 番良线边导线向外延伸水平距离至少11米的范围外修建房屋，或者在案涉房屋原址按照原貌（房屋高度不能增加）重建房屋，并表示可以为周某德提供技术咨询和指导。周某德称上述方案均不具有可行性，因高压线的存在而剥夺了其依法享有的在宅基地上合法改建、扩建的权利，不同意按照原貌在原址上重建。

【裁判结果】

广州市南沙区人民法院于2016年4月6日作出（2015）穗南法民三初字第1158号民事判决书，判决如下：驳回原告周某德的全部诉讼请求。

宣判后，原告周某德上诉，广州市中级人民法院于2017年7月10日作出（2017）粤01民终8454号民事判决书，判决：驳回上诉，维持原判。该判决已发生法律效力。

【裁判理由】

广州市南沙区人民法院认为：本案的争议焦点在于案涉220kV 番良线架空线路对周某德的房屋和宅基地是否构成侵权，以及广州供电局、广州输电管理所应否对周某德的房屋和宅基地予以拆迁补偿的问题。（1）本案不构成民事上的侵权行为。①案涉番良线路是当时根据国民经济计划和社会需要所设，且经过相关主管部门的批准，在架设时符合当时的技术规范要求，故番良线的架设不存在违法性。②在番良线架设后，国家及相关部门分别对电力设施的技术规范和安全标准作出规定。根据国务院《电力设施保护条例》第十条第（1）项和国家经济贸易委员会、公安部《电力设施保护条例实施细则》第五条的规定，对于架空电力线路保护区，在一般地区220kV 电压导线的边线延伸距离为15米，在厂矿、城镇、集镇、村庄等人口密集地区，220kV 电压导线在计算导线最大风偏情况下距建筑物的水平安全距离为5米；设置架空电力线路保护区是为了保证已建架空电力线路的安全运行和保障人民生活的正常供电，防止以后在线路周围实施建房、栽树、施工等行为而影响电力设施的安全，故设置了相对而言较大范围的保护空间。现行的《110kV~750kV 架空输电线路设计规范》（GB50545—2010）第13.0.4条规定（该条为强制性规定），220kV 的导线与建筑物之间的安全距离应符合“在最大计算弧垂情况下的最小垂直距离为6米、在最大计算风偏情况下的最小净空距离为5米”。依据《220kV 番良线 #32—#33 档线路与居民房屋安全评估报告》的测量结果，案涉房屋与220kV 番良线之间的最小垂直距离、最小净空距离均大于上述规定的距离，故番良线与案涉房屋的安全距离也符合现行的国家标准或行业标准。③在诉讼过程中，广州输电管理所明确表示可以在案涉房屋原址上按照原貌重建房屋，并可在周某德修建房屋时提供技术咨询和指导。因此，番良线的架设也没有对周某德就案涉房屋及宅基地所既有的合法权益造成损害。(2)对案涉房屋及宅基地予以拆迁补偿没有法律依据。①本案双方的争议实质上是因周某德欲希望在其宅基地及周边空地上以拆旧建新的方式来增加房屋高度、扩大房屋面积而产生的，属于一方权利行使扩张中与另一方权利产生冲突的情形。根据《中华人民共和国物权法》第一百五十三条的规定："宅基地使用权的取得、行使和转让，适用土地管理法等法律和国家有关规定。"因此，对于上述权利的冲突应根据相关法律、法规进行调整。②依据《中华人民共和国电力法》第五十三条和《电力设施保护条例》第十条的规定，电力保护区是由国家强制性划定的区域，周某德对其在电力保护区内的案涉房屋及宅基地不得改建、加建，是法律为保护已建架空电力线路的安全运行和保障人民生活的正常供电而对相邻权利人所作出的必要限制，而且周某德能否对案涉房屋进行改建、加建涉及城市规划问题。③《电力设施保护条例》第二十四条第一款规定："新建、改建或扩建电力设施，需要损害农作物，砍伐树木、竹子，或拆迁建筑物及其他设施的，电力建设企业应按照国家有关规定给予一次性补偿。"《电力设施保护条例实施细则》第十五条规定："架空电力线路一般不得跨越房屋。对架空电力线路通道内的原有房屋，架空电力线路建设单位应当与房屋产权所有者协商搬迁，拆迁费不得超出国家规定标准；特殊情况需要跨越房屋时，设计建设单位应当采取增加杆塔高度、缩短档距等安全措施，以保证被跨越房屋的安全。被跨越房屋不得再行增加高度。超越房屋的物体高度或房屋周边延伸出的物体长度必须符合安全距离的要求。"《广东省电力建设若干规定》第十一条第一款规定："架空电力线路保护区不实行征地，不办理土地使用权证。"根据上述规定并结合本案的情形，案涉房屋及宅基地属于电力保护区范围，不符合应予拆迁补偿的情形。综上，周某德关于由广州供电局、广州输电管理所拆迁补偿案涉房屋及宅基地损失的主张没有法律依据，本院不予支持；其要求两被告赔偿租金损失的主张同样缺乏事实和法律依据，本院亦不予支持。需要指出的是，周某德作为大坳村村民，其依法享有的宅基地建房等权利应通过当地政府及其所在村民委员会予以解决。

广州市中级人民法院认为：根据本案查明的事实，案涉番良线路是当时根据国民经济计划和社会需要所设，且经过相关主管部门的批准，在架设时符合当时的技术规范要求，故一审判决认定番良线的架设不存在违法性正确。在番良线架设后，国家及相关部门分别对电力设施的技术规范和安全标准作出规定，而根据《220kV番良线#32—#33档线路与居民房屋安全评估报告》的测量结果，案涉房屋与220kV番良线之间的安全距离亦符合现行的国家标准或行业标准。本案双方的争议实质上是因为周某德欲希望在其宅基地及周边空地上以拆旧建新的方式来增加房屋高度、扩大房屋面积而产生的，属于一方权利行使扩张中与另一方权利产生冲突的情形。根据《中华人民共和国电力法》第五十三条和《电力设施保护条例》第十条的规定，电力保护区是由国家强制性划定的区域，周某德对其在架空电力线路保护区内的案涉房屋及宅基地不得改建、加建，是法律为保护已建架空电力线路的安全运行和保障人民生活的正常供电而对相邻权利人所作出的必要限制，且周某德能否对案涉房屋进行改建、加建涉及城市规划问题，若周某德的确符合改建、扩建的需求，由相关政府部门予以审核并根据实际情况寻求合理解决途径。事实上，在本案中，广州输电管理所亦明确表示可以在案涉房屋原址按照原貌重建房屋，并可在周某德修建房屋时提供技术咨询和指导。故一审判决认定番良线的架设没有对周某德就案涉房屋及宅基地所既有的合法权益造成损害并无不妥。根据《电力设施保护条例》《电力设施保护条例实施细则》《广东省电力建设若干规定》的规定并结合本案的情形，案涉房屋及宅基地属于架空电力线路保护区范围，且大于安全距离，不符合应予拆迁补偿的情形。因此，一审判决认定周某德关于由广州供电局、广州输电管理所拆迁补偿案涉房屋及宅基地损失、要求两被上诉人赔偿租金损失的主张均缺乏事实和法律依据而不予支持并无不当。

【案例注解】

本案具有一定的典型意义和探讨价值，从务实角度上看具有较大的现实意义。

一、关于本案的基本背景

电力设施属于国家的基础公共工程，对整个社会的发展具有至关重要的作用。从改革开放初期至20世纪90年代，为了开展农村扶贫工程和发展农村生产力，各级政府大力发展电力设施。同时，政府为了保证电力线路的安全运行和保障人民生活的正常供电，国务院又在1987年9月15日制定了《电力设施保护条例》，并首次从立法上确立了“电力保护区”，明确规定了“在架空电力线路保护区内不得兴建建筑物”。此后的《中华人民共和国电力法》以及各省市制定相关电力设施保护的条例中，均明确规定架空电力线路保护区只要符合相关技术规范要求的安全距离，即不实行征收。因此，因历史原因导致我国目前大量的农村自建房屋、城郊自建房屋均处在电力设施保护区内。随着人民生活水平的提高和收入的增加，以及原有房屋成为危房，农村居民改善居住环境，对原有宅基地上的房屋拆旧建新的需求日益凸显。而各地政府对宅基地房屋的建设高度、建筑面积均有相关规定，村民拆旧建新亦希望按照现有的规定而不是按照原装原貌建设，因此便会产生本案的纠纷。

二、关于类案的处理思路

通过中国裁判文书网的检索发现，涉及电力线路保护区的类似案件有80多起，涉及全国21个省市，其中80%的案件均是因农村宅基地房屋位于架空电力线路保护区而引发的，其他20%涉及架空电力线路保护区内的林木种植、土地承包经营。通过对上述案件进一步分析发现，各地法院对此类案件虽然在“案由”的选择上存在分歧，包括了财产损害赔偿纠纷、物权保护纠纷、侵权责任纠纷、排除妨害纠纷、相邻损害防免关系纠纷、消除危险纠纷，但是对于案件的处理思路是完全一致的。各地法院均将此类案件纳入侵权行为的一般构成要件分析框架中，以过错责任原则作为归责原则，从以下三方面进行分析和作出认定：第一，电力线路架设是否经过审批，其技术规范是否符合国家规定的安全距离，即合法性问题；第二，原告对其主张造成的物质损失、身体健康损害有无证据证明，即损害事实方面；第三，法律、法规对原告的情况有无规定予以赔偿或补偿。因各地法院遵循的是过错归责原则，故一旦认定了合法性问题，原告的诉求就必然得不到支持。因电力线路的架设涉及城市规划，需要层次审批，故电力部门的手续均非常完备也符合相应的技术规范要求，因此法院在此类案件中呈现出判决原告败诉的情况居多。

三、余思

现代社会越来越注重对个人财产权利的保护，注重对个人的产权保护。在个人利益让位于公共利益的时代，国务院在1987年立法首次确立电力保护区时采取了“一刀切”的规定。随着经济社会的发展，个人利益和公共利益之间的界限开始变得模糊，单纯牺牲某一个体利益来谋求部分集体、社会的公共利益的做法也不符合现代法治的潮流。基于法律适用的一般原则，在立法尚未就电力保护区内原有宅基地房屋权利人的权利行使限制作出特殊规定的情形下，现有的法律规定容易导致利益的失衡，并引发新的社会不公。为了解决公共利益对私人财产权的限制问题，欧美以及日本等国确立了“准征收”制度，以对个人无法完全行使其财产权利造成的损失给予适当补偿。我国在应对“非典”“禽流感”等重大疫情时，各地政府亦通过立法明确对私人捕杀家禽造成的经济损失作出适当补偿。因此，如何在保证公共利益的基础上，合理、妥善地解决电力保护区内原有宅基地房屋权利人的权利行使，有待于相关补偿制度的建立和相应法律法规的配套实施。

广钢林德气体（广州）有限公司诉广东粤新海工科技有限公司买卖合同案*

——关于预期违约可期待利益损失的认定

【关键词】 预期违约　可期待利益　损失认定

【裁判要旨】

在预期违约的情况下，如何判定可期待利益损失。可期待利益是当事人依照合同规定有权期望通过合同的履行而实现的权益，通常表现为当事人在合同得到正常履行时本来可以获得的利润。但是可期待利益毕竟与合同实际履行获得利益不同，如何判定守约方的可期待利益，须结合合同订立时违约方能够预见的获得利益，同时结合守约方是否履行合同规定义务、有无尽到止损义务、违约方的经济能力，在衡平的基础上，综合进行判定。

【相关法条】

《中华人民共和国合同法》第九十七条、第一百零七条、第一百零八条、第一百一十三条、第一百一十九条。

【案例索引】

一审：广州市南沙区人民法院（2017）粤0115民初2677号。

【基本案情】

原告：广钢林德气体（广州）有限公司（下称广钢公司）。

被告：广东粤新海工科技有限公司（下称粤新公司）

广钢公司、粤新公司于2014年10月签订液体供气合同，约定广钢公司向粤新公司供气，氧气每公斤0.6元，月最低结算量为20吨；二氧化碳每公斤0.68元，月最低结算量为10吨；该设备月租赁费为5500元。合同同时约定，首个供应期至少五年，违约金

* 本文被《2019年全国法院年度案例·买卖合同纠纷卷》刊用。

本文编写人：陈文铂，系广州市南沙区人民法院（广东自由贸易区南沙片区人民法院）商事审判庭副庭长；黄俊城，系原南沙法院（南沙自贸区法院）商事审判庭法官助理。

的计算方法为：期限内剩余月份的月最低结算金额之总和（如无月最低结算金额约定的按每月5000元计），再加上设备安装费用50000元、压力容器报装领证费用30000元及设备拆回费用20000元；广钢公司投资近百万元在粤新公司处建造、安装、调试好该设备，并办妥特种设备使用登记证，专供粤新公司使用。2016年年初，粤新公司因经营不善开始拖欠货款，2016年4月停止购气。广钢公司于2016年5月4日发出解除合同的通知，粤新公司支付部分货款，尚有部分货款及设备租金未付，广钢公司起诉请求确认合同解除，并要求粤新公司支付设备租赁费、律师费及违约金，违约金包括2017年5月6日至合同期满终止之日2020年2月29日每月5000元共计169138元的违约金以及设备报装、安装、拆除费用100000元。

【裁判结果】

广州市南沙区人民法院2017年12月29日作出（2017）粤0115民初2677号民事判决，判令合同解除，另粤新公司于判决发生法律效力之日起十日内向广钢公司赔偿损失123750元及支付律师费8062元，同时驳回广钢公司的其他诉讼请求。

宣判后，原、被告均未上诉，该判决已发生法律效力。

【裁判理由】

广东省广州市南沙区人民法院经审理认为，确认合同于2016年5月5日解除，设备租赁费与违约金属重复主张不予支持，律师费依据合同约定按比例承担，设备报装拆除费10万元予以支持。本案的焦点为违约金的预期可得利益损失部分应否支持。

案涉合同因粤新公司逾期付款提前终止，构成违约，广钢公司向粤新公司主张违约金符合双方约定，粤新公司应赔偿相应的损失。根据《中华人民共和国合同法》第一百一十九条的规定，当事人一方违约后，对方应当采取适当措施防止损失的扩大，没有采取适当措施致使损失扩大的，不得就扩大的损失要求赔偿。在粤新公司已经违约的情况下，广钢公司有止损义务，粤新公司已于2016年3月发生违约行为并停止用气，广钢公司应该及时采取适当措施防止损失的扩大，合同直至2017年5月5日才实际解除，广钢公司有足够的时间完成这些工作。综合考虑广钢公司商业机会成本、工业气体排空等损失、粤新公司的过错程度以及广钢公司在安装、包装、拆回设备中获得的赔偿，法院酌情认定粤新公司给予广钢公司赔偿相当于6个月共计30000元的违约金，参照标准为广钢公司、粤新公司在合同中约定的每月5000元的违约金支付标准。扣除粤新公司多支付的6250元设备租赁费后，粤新公司应向广钢公司支付123750元。

关于原告主张的19000元的律师费，原、被告在合同中约定该费用由败诉方承担，综合原、被告在本案中的费用承担情况，本院对原告主张的律师费中的8062元予以支持。

【案例注解】

可期待利益是契约利益的组成部分，也称为“可得利益”。这种损失包括两部分，即当事人因对方违约而受到的损害和因此所失去的可得利益。罗马法最早将其划分为直接损失和间接损失。《法国民法典》规定，对于非因债务人故意所致不履行，债务人有权就订立契约时所预见或可预见的损害和利益负赔偿责任。因债务上故意所致不履行，债权人现实遭受的损害、丧失可获得的利益所受的赔偿，应以不履行契约直接发生者为限。《德国民法典》也规定应赔偿的损害应包括所失去的利益。

《中华人民共和国合同法》第一百一十三条规定，违约给对方造成损失的，损失赔偿额应当相当于因违约所造成的损失，包括合同履行后可以获得的利益，但不得超过违反合同一方订立合同时预见到或者应当预见到的因违反合同可能造成的损失。

通常而言，违约行为导致可期待利益损失，根据交易的性质、合同的目的等，主要包括生产利润的损失、经营利益损失和转售利润损失等类型，如在买卖合同中，出卖人违约造成买受人可期待利益损失一般可归属于生产利润损失，而在一些存在先后履行顺序的买卖合同中，可期待利益损失也存在转售利润损失等情形；在服务和劳务合同中，一方违约造成的可期待利益损失一般可归属于经营利润的损失。实践中，关于可期待利益损失的判定，应遵循以下规则：

1. 可预见规则。根据《中华人民共和国合同法》第一百一十三条的规定，损失赔偿额不得超过违约方订立合同时预见到或者应当预见到的因违反合同可能造成的损失。受害人的未来利益应当是具备了必要的条件，在正常情况下必然能够实现的未来利益，如果未来利益仅仅是一种设想或者可能，而尚未具备实现的充分条件，则不宜以期待利益损失论。在本案中，广钢公司以上一年的平均供气数量乘以15%的利润系数来计算可期待利益损失，应该说，如果在合同已经有关于每月最低供气量的约定的情况下，这种计算方式是可取的。首先广钢公司的未来利益不是确定的，也不是必然实现的，其实现与否取决于需方实际使用量。在案涉合同并没有对需方每月用气量进行特别约定的情况下，从双方的历史交易来看，均是供方根据需方的需求供气，每个月伴随着需方实际使用的变化而变化，有的月份特别多，有的月份相对较少，因此此种利益不是需方在订立合同时能预见到的或者应当预见到的。

2. 过错原则。作为契约利益的一部分，可期待利益保护既要主要保护守约方的合法权益，使守约方因违法行为而实际遭受的财产损失能够得到应有的充分的补偿；同时也要注意保护违约方的合法权益，使其所承担的责任与所实施的违法行为基本相适应。如果损害后果完全是由违约行为所造成的，那么违约方应承担全部赔偿责任；如果守约方对损害后果也是负有责任的，那么违约方只承担与自己过错相适应的损失部分，而不应全部赔偿。

3. 减损原则。《中华人民共和国合同法》第一百一十九条规定，当事人一方违约后，对方应当采取适当措施防止损失的扩大，没有采取适当措施致使损失扩大的，不得就扩大的损失要求赔偿。

4. 损益相抵原则。在判定可期待利益损失中，需要充分运用利益平衡原则，一是考虑当事人的性质，如果当事人一方或者双方是在国计民生中占据重要地位的法人，要它们承担可期待利益损失的赔偿责任，很有可能影响其正常的生产经营活动，进而影响国计民生。二是考虑当事人的经济状况，充分肯定违约方的赔偿责任，同时要考虑其实际承担能力，根据其经济能力决定是否采取减免措施，以达到实现赔偿的可能性；同时，在存有减免的情况下，做好守约方的安抚工作。

5. 排除原则。在可期待利益损失判定中，还需要把握排除原则，如在法律法规已规定赔偿损失排除范围不包括期待利益损失的，依法对可期待利益损失不予赔偿，如《中华人民共和国合同法》第三百一十条的规定；或对赔偿方法和赔偿数额最高额有规定，应当按照法律法规确定的范围或限额进行赔偿；另外对于欺诈经营等不宜适用可期待利益损失赔偿规则的情形，也应排除在赔偿范围外。

关于可期待利益损失的举证责任分配，一般而言，守约方应当承担其遭受的可期待利益损失的总额的举证责任，违约方应当承担守约方没有采取合理减损措施而导致损失扩大、守约方亦有过失的举证责任。在特殊情况下，可以预见的损失，既可以由守约方举证，也可以由法院根据具体情况依照职权分配。

本案双方签订的《产品供应协议》是典型的“照付不议”合同（Take-or-Pay contract）。“照付不议”合同形式目前被广泛用于天然气等能源供应合同中，其实质是将产品开发方、运输方与市场用户捆绑在一起，共同克服生产、输配和使用中的风险。但该类合同的货款、违约金等核心条款主要和“约定用气量”相关，由于买卖双方信息不对称、力量对比悬殊等因素，易突出强调买方的“照付不议”义务而导致权利义务不对等的情形。为此，在本案审理中，法院从公平合理的角度出发，从合同订立时双方的可期待利益入手，在裁判过程中，结合了可预见规则、过错原则、减损原则、损益相抵原则和排除原则，综合案涉合同约定、合同各相当方在履约过程中的过错程度、合同既得利益、实际损失等实际情况进行裁判，既尊重商业习惯，也不机械适用，而是从合同的履行情况、商业成本、行业利润等多方面因素考虑，妥善平衡双方的权利义务，为今后审理此类案件提供了有益的借鉴样本，具有典型意义。

广州市南沙区松岭管业制品厂诉柳州市渊博贸易有限公司、黄某基、孙某莲买卖合同案*

——夫妻为有限责任公司仅有的股东在财产混同时应作一人公司认定

【关键词】 工体工商户　一人公司　夫妻股东　财产混同

【裁判要旨】

个体工商户变更为有限责任公司，该公司股东为个体工商户经营者夫妻二人，作为有限责任公司仅有的两名股东，夫妻财产未分割时应认定为实质上的一人公司，在夫妻财产与公司财产混同的情况下，该夫妻股东应对公司债务承担连带责任。

【相关法条】

《中华人民共和国公司法》第五十七条第二款、第六十三条。

【案例索引】

广东省广州市南沙区人民法院（2017）粤0115民初4290号民事判决书。

【基本案情】

原告：广州市南沙区松岭管业制品厂（下称松岭管厂）。

被告：柳州市渊博贸易有限公司（下称渊博公司）、黄某基、孙某莲。

原告诉称：松岭管厂于2010年7月15日与柳州市超达建材经营部（下称“超达经营部”）代表黄某基签订购销合同，原告一直为其供应“松岭”牌排水管件、线槽、线管等产品。2012年5月30日黄某基、孙某莲成立渊博公司，松岭管厂要求渊博公司对账核实欠松岭管厂货款332845元，渊博公司在对账单上盖公章确认，并口头承诺在2016年12月31日前归还货款10万元，其余分期归还，但松岭管厂至今未收到渊博公司货款，故诉至法院，要求收回渊博公司货款332845元。原告后将诉请金额减少14066.62元，

---

* 本文被《2019年全国法院年度案例·买卖合同纠纷卷》刊用。

本文编写人：陈文铂，系广州市南沙区人民法院（广东自由贸易区南沙片区人民法院）商事审判庭副庭长；黄俊城，系原广州市南沙区人民法院（广东自由贸易区南沙片区人民法院）商事审判庭法官助理。

诉请金额变更为318778.38元。

被告黄某基辩称：确认案涉欠款，因无支付能力，未能按时支付款项。

被告孙某莲、渊博公司未答辩。

广州市南沙区人民法院经公开审理查明：超达经营部是个体工商户，经营人是黄某基。渊博公司是成立于2012年5月30日的有限责任公司，股东为孙某莲和黄某基，该公司注册时法定代表人为黄某基，2013年5月10日变更为孙某莲。被告黄某基陈述其与孙某莲为夫妻。

2010年7月15日，松岭管厂作为甲方，超达经营部作为乙方，双方签订《经销合同》一份，合同载明双方协商同意订立区域销售总代理合同。《经销合同》第二条约定：代理产品为松岭牌PVC管槽及PVC排水管件系列。第三条、第四条约定：松岭管厂同意将代理产品在广西柳州市的区域销售总代理经营权授予超达经营部，代理期限从2010年5月8日至2011年5月7日，合同期满双方可续约。第五条约定：松岭牌产品价格表见附表。第六条约定：松岭管厂给超达经营部铺货，金额为2万元整，在第一批货时提供，其余货款在装车当天以汇款方式结算完毕。所铺货款于2010年12月30日前结算，2011年1月另作安排相应金额铺货；每次提货货款未到账松岭管厂不安排装车；超达经营部出现3个月（连续90天）不提货的，视为放弃经销权，超达经营部应向松岭管厂结算所欠全部货款。第九条约定：如发生纠纷双方协商不成，由松岭管厂所在地法院解决。合同附产品报价表，该表载明经销管件的规格及价格。合同底部和骑缝处松岭管厂、超达经营部加盖公章，黄某基签名并附其身份证复印件。被告黄某基在庭审中对合同及附表予以确认。

合同签订后，超达经营部向松岭管厂购买管件进行分销。2012年5月渊博公司成立，此后渊博公司与松岭管厂依照前文述及的《经销合同》继续合作至2015年10月。

原告提交的对数表载明了2011年至2015年间松岭管厂与渊博公司交易的日期、单号、货款及欠款等账目，截至2015年10月5日，渊博公司尚欠松岭管厂货款332845元。渊博公司在该对账单底部加盖公章确认，被告黄某基也在庭审中对该对账单予以确认。原告庭后确认渊博公司已退还部分货物，被告同意退货金额14066.62元在本案中予以扣减，原告主张的货款金额变更为318778.38元。

【裁判结果】

广州市南沙区人民法院于2017年12月15日作出（2017）粤0115民初4290号民事判决书，判决：一、被告渊博公司于本判决发生法律效力之日起十日内向原告松岭管厂支付货款318778.38元；二、被告黄某基、孙某莲对上述债务承担连带清偿责任。

判决后，三被告均未提起上诉。

【裁判理由】

广东省广州市南沙区人民法院经审理认为，本案为买卖合同纠纷，超达经营部与原告签订的《经销合同》是双方的真实意思表示，内容没有违反法律法规的禁止性规定，属有效合同，渊博公司成立后继续依据该合同进行货物买卖，合同对原告和渊博公司产生约束力，双方应严格依约履行合同义务。原告向渊博公司供货，已履行其合同义务，渊博公司逾期未支付货款318778.38元，已构成违约，故对原告要求渊博公司支付货款318778.38元的主张应予以支持。

关于黄某基和孙某莲的责任承担问题。原告主张被告黄某基、孙某莲是渊博公司的实际经营人，且是夫妻，应对渊博公司的债务承担连带责任。对此南沙区人民法院认为，首先，超达经营部作为个体工商户，经营者黄某基理应对此期间的债务承担连带责任；其次，在渊博公司成立后，其对与原告的全部账目均予以确认，应该认为其构成债的加入，渊博公司也应对此后的债务承担连带责任，更何况，渊博公司的股东只有被告黄某基、孙某莲夫妻二人，其二人共同出资的“夫妻公司”应视为一人有限责任公司，应当对公司债务承担连带责任，理由如下：

依据《中华人民共和国公司法》第五十七条第二款“本法所称一人有限责任公司，是指只有一个自然人股东或者一个法人股东的有限责任公司”，第六十三条“一人有限责任公司的股东不能证明公司财产独立于股东自己的财产的，应当对公司债务承担连带责任”。

首先，从公司的股东人数来分析。“一人公司”可分为形式意义上的“一人公司”与实质意义上的“一人公司”。后者是指形式上公司股东虽为复数，但公司实际上是由一名股东掌握，即公司的“真正股东”，其余的股东仅仅是为了规避法律，满足法律对股东人数要求而持有较少股份的挂名股东。本案中，被告黄某基、孙某莲作为夫妻双方共同投资设立有限公司，在形式上股东虽为复数，但该公司实际上只有一个股权，作为夫妻双方的黄某基、孙某莲利用夫妻共同财产投资设立公司，并共同行使公司管理权，就是该股权的共同享有人，实际上只是享有一个股权，而非形式上的两个。因此，被告黄某基、孙某莲设立的公司为实质意义上的“一人公司”。

其次，从公司的权利主体来分析。夫妻关系存续期间，除约定财产制以外，夫妻双方对夫妻共同财产为共同共有，且在共同共有关系存续期间，共有财产一般不得在共有人之间进行分割。本案中，被告黄某基、孙某莲在其夫妻关系存续期间同时作为渊博公司的股东，其作为出资的财产在被告黄某基、孙某莲没有证明其存在约定财产制的情况下应认定为共同共有财产，即其二人的出资属于夫妻共同财产，属于一个共同共有的所有权，被告黄某基、孙某莲作为公司唯一股东权的共同享有人，应承担一人有限公司的相应义务。

再次，从公司的财产混同的角度进行分析。一人有限责任公司的设立，其出发点在于节约创业成本，这与我国现阶段倡导的“大众创业、万众创新”不谋而合。鉴于其便利性带来的风险性，公司法同时规定一人公司股东不能证明公司财产独立于股东自己的财产的，应当对公司债务承担连带责任。该条款的设立目的就是避免有限责任公司的财产与个人财产发生财产混同。本案中被告黄某基、孙某莲以其夫妻共有财产作为出资，虽已按照公司法的规定办理了财产转移手续，但该公司财产在只有一个所有权控制的情况下，难以避免公司财产与夫妻共同财产的财产混同。因此，被告黄某基、孙某莲成立的“夫妻公司”亦应适用一人有限责任公司的责任制度。

最后，从法律效果和社会效果来分析，“夫妻公司”对债权人利益的保护存在天然的缺陷，以至于债权人在与“夫妻公司”发生纠纷时，得不到法律的有力保护，而解决问题的关键在于对“夫妻公司”法律适用的完善。本案中，仅有的两个发起人和股东黄某基、孙某莲系夫妻关系，依照法定的夫妻财产制，两个股东的财产构成了不可分割的整体，而该公司则实质上充任了两位股东实施民事行为的代理人，若依法人有限责任制度认定夫妻股东的公司承担有限责任，则与民法的公平原则相悖，且不利于维护交易相对方的合法利益。

被告黄某基、孙某莲在不能证明公司财产独立于股东自己的财产的情况下，应对其公司债务承担连带清偿责任。

【案例注解】

根据公司法的规定，有限责任公司的股东是以其出资额对外承担有限责任，而一人有限责任公司的股东在不能证明公司财产独立于股东自己的财产的时候，应当对公司债务承担连带责任。对于夫妻双方为公司仅有的两个股东时，其如何对外承担责任，公司法对此未有规定。夫妻公司在现实中较常见，在当前认定夫妻共同债务关系比较谨慎的背景下，如何平衡债权人的利益保护和公司股东利益，是直接根据有限责任分配债权人举证股东财产混同，还是倾向认定一人有限责任公司加重夫妻股东的举证义务。本案处理该问题的突破口，一是认定夫妻公司只有一个股权，无论从夫妻出资方面来讲，还是在股权利益享受来讲，公司的财产将指向同一家庭财产，应将夫妻公司视为一人公司处理。二是股东财产混同，夫妻公司财产在只有一个所有权控制的情况下，难以避免股东之间的财产混同，该被告不能举证证明夫妻共同财产已分割或公司财产与股东财产相独立时，则可判定该夫妻股东对公司债务承担连带责任。三是考虑的社会效果，由夫妻股东来举证其家庭财产与公司财产相互独立，客观上也有助于公司加强企业管理，倒逼企业的规范化运作，维护市场秩序，达到保护债权人利益与股东利益的平衡。

朱某诉广州某电子公司劳动合同案*

——怀孕时协议解除劳动关系的效力认定

【关键词】孕期劳动关系　协议解除　经济赔偿金

【裁判要旨】

朱某与广州某公司劳动关系系协商解除。尽管双方的纠纷因广州某公司经营问题导致经济性裁员，但根据双方提交的证据及陈述可知，广州某公司并未采取裁员方式解除与朱某的劳动关系。法律未规定女员工怀孕期间不能与用人单位进行协商解除劳动关系。双方签订了《协商解除劳动合同协议书》，朱某也未提供证据证明广州某公司系在以欺诈、胁迫的手段或者乘人之危，使其在违背真实意思的情况下订立协商解除劳动关系协议书，该协议书内容亦未违反法律禁止性规定。因此，无论朱某当时是否处于妊娠状态，该解除行为不违反《中华人民共和国劳动合同法》第四十二条的规定。

关于双方签订的《协商解除劳动合同协议书》的效力问题。一方面，朱某在与广州某公司签订《协商解除劳动合同协议书》时，应当知道协商解除劳动合同以及签名确认其无怀孕情况的法律后果，对于如此重要的行为需经过谨慎的确认。朱某在合同解除后发现怀孕属于对自身客观情况判断有误，广州某公司更无法预知这一情况，因此朱某主张重大误解不能成立。朱某提出其他怀孕女员工按照“有妊娠”补偿方案获得了补偿金，但《协商解除劳动合同协议书》是广州某公司在依据朱某本人的陈述前提下，根据签订协议时的客观情况而与其达成协议。广州某公司存在“有妊娠”员工补偿方案并据此与已确认怀孕的员工协商解除劳动合同，足以表明广州某公司在与员工协商解除劳动合同时对怀孕职工有额外补偿。朱某若不确定自己是否怀孕可以不在本案的协议书上签字，等待广州某公司以裁员方式解除劳动关系。朱某因自身客观情况的变化主张其与广州某公司签订的《协商解除劳动合同协议书》显失公平不能成立。另一方面，虽然协议书落款处打印日期为2017年1月31日，但该协议的签订时间为

---

* 本文被《2019年全国法院年度案例·劳动纠纷卷》刊用。

本文编写人：胡秋玲，系广州市南沙区人民法院（广东自由贸易区南沙片区人民法院）东涌人民法庭法官；王祝珠，系广州市南沙区人民法院（广东自由贸易区南沙片区人民法院）东涌人民法庭法官助理。

2016年12月29日，双方同意将朱某工资结算至2017年1月31日。朱某实际向广州某公司提供劳动止于签订协议书之日，双方的劳动关系于2016年12月29日终止。

【相关法条】

《中华人民共和国劳动合同法》第三十六条、第四十二条，《中华人民共和国合同法》第三十二条、第四十四条。

【案例索引】

一审：广州市南沙区人民法院（2017）粤0115民初3648号民事判决书（2017年11月9日）。

二审：广州市中级人民法院（2017）粤01民终22911号（2018年1月25日）。

【基本案情】

朱某于2000年10月5日入职广州某公司，此后签订无固定期限劳动合同。2016年12月28日，广州某公司召开会议并发布通告，以经营困难为由，决定对LCD事业部实施经济性裁员。方案如下：（1）经济性裁员涉及人员为LCD事业部员工和其他部门部分职员共96人。（2）2016年12月28日全面停止LCD事业部的生产工作，2017年1月31日遣散员工。（3）工资发放和经济补偿金方案。①于2016年12月28日发布通告后，属本次裁员范围的员工按照公司指示休假或进行其他工作。公司继续发放2016年12月28日至2017年1月31日工资。②属本次裁员范围的员工可自愿申请在2017年1月11日前与公司签订《协商解除劳动合同协议书》，签订后，公司将向员工发放2017年1月份全月工资、经济补偿金、2016年年终奖、代通知金。③属本次裁员范围的员工没有在2017年1月11日前与公司签订《协商解除劳动合同协议书》的，公司将在2017年1月25日向该员工送达《解除劳动合同通知书》，依照经济性裁员解除公司与该员工之间的劳动合同关系，在2017年1月25日向该名员工工资账户发放2017年1月份工资、经济补偿金以及年终奖等。

双方于2016年12月29日签订《协商解除劳动合同协议书》，载明“双方协商一致，于2017年1月31日正式协商解除劳动关系……公司将根据协商结果支付经济补偿金212521.4元、2017年1月份工资6784元、2016年年终奖11058元、代通知金10875.86元……公司支付以上款项后，员工保证不向公司提出任何要求（包括但不限于工资、补偿金、社保、住房公积金)”。落款时间为2017年1月31日。同日，朱某在《不在孕产期确认表》上签字确认未怀孕，确认在签订协议书及离职时并没有怀孕或待产事实。公司称因工资支付到1月，故协议书落款时间为2017年1月31日。

2017年1月21日，朱某经诊断为早期妊娠并向广州某公司邮寄《申请函》和《怀孕诊断证明》，要求重新协商解除或继续履行劳动合同，公司不同意，朱某仲裁及诉讼请求按照经济性裁员时对有怀孕员工的经济补偿标准支付孕期、产期、哺乳期工资及经济赔偿金差额。

【裁判理由】

本案涉及怀孕女职工与用人单位签订协商解除劳动关系的效力问题。从表面上看是由广州某公司经营问题导致经济性裁员而引发，实际上广州某公司并未采取裁员方式解除与朱某的劳动关系。也就是说，在解除劳动关系时，朱某客观上是否怀孕对于本案劳动关系的解除并无影响。但是，如若用人单位采取裁员方式解除与朱某的劳动关系，其在事后发现自己怀孕了则另当别论。基于此，用人单位在实施经济性裁员时需慎之又慎，应当严格按照法律规定进行。

法律规定，用人单位与劳动者协商一致，可以解除劳动合同。对于用人单位在女员工怀孕期间是否能够与之进行协商解除劳动关系并无禁止性规定。劳动法具有私法、公法的双重性，在协商解除劳动关系上，双方可以就是否解除、如何补偿等问题进行磋商，只要不违反法律规定，法律一般不作干涉。从这一角度来讲，双方就劳动关系达成协商解除协议属于私权处分范畴，用人单位在女员工怀孕期间完全可以协商解除劳动关系，而不论女员工在协商过程结束前是否发现自己怀孕。实际上，对于是否知晓女员工是否怀孕的这一情况看，双方明显处于信息不对称状态，员工对于是否怀孕的信息掌握程度明显要多于用人单位，故是否怀孕的状态必须由女员工来确认。本案中，用人单位在协商过程中要求朱某确认是否怀孕并无不妥。如若朱某不能确定自己是否怀孕，完全可以不协商、不签字，另行处理双方合同解除事宜。

至于在已怀孕状态下协商解除劳动关系但事后发现怀孕，是否影响协议的效力。实践中，女职工在签订协议时可能不知道怀孕，事后检查出才发现，其会以属于重大误解为由，要求推翻协议。一般也不应支持，理由如下：第一，怀孕是必须通过行为并经过一定过程才能发现的生理现象。女员工对在怀孕前的同房行为是否会导致怀孕应当有预见性，具体到本案中，朱某的生理周期不规律且有生育一胎的经验，在不采取任何避孕措施情况下的同房行为极有可能会导致怀孕。第二，重大误解的通常理解是行为人因对行为的性质，对方当事人，标的物的品种、质量、规格和数量等的错误认识，使行为的后果与自己的意思相悖，并造成较大损失的。朱某在签订《协商解除劳动合同协议书》时，应当知道协商解除劳动合同以及签名确认其无怀孕情况的法律后果，对于如此重要的行为需经过谨慎的确认。朱某在合同解除后发现怀孕属于对自身客观情况判断有误，广州某公司更无法预知这一情况，并不能构成重大误解。《协商解除劳动合同协议书》是广州某公司在依据朱某本人的陈述前提下，根据签订协议时的客观情况而与其达成协议。广州某公司存在“有妊娠”员工补偿方案并据此与已确认怀孕的员工协商解除劳动合同，足以表明广州某公司员对已怀孕职工有额外补偿，这是建立在公平协商的基础上的，不存在显失公平情形。故朱某主张“三期”工资及恢复劳动关系或经济赔偿金均不能成立。

张某媚诉陈某杰机动车交通事故责任纠纷案*

——反诉与本诉牵连性的判定标准

【关键词】 反诉　核心特征　牵连性

【裁判要旨】

被告陈某杰提出反诉要求撤销其与原告张某媚在公安机关出具的道路交通事故认定书中签订的损害赔偿调解协议是否构成反诉。反诉与本诉应具有牵连性，包括法律上的牵连和事实上的牵连，正是这种牵连性使得反诉能够抵销、动摇或者吞并本诉的诉讼请求。

【相关法条】

《最高人民法院关于适用〈中华人民共和国民事诉讼法〉的解释》第二百三十三条。

【案例索引】

广州市南沙区人民法院（2016）粤0115民初979号民事裁定书。

广州市中级人民法院（2016）粤01民辖终1501号民事裁定书。

【基本案情】

原告张某媚诉称，2015年11月13日中午，张某媚与朋友若干人，无偿搭乘陈某杰驾驶的粤 ×××× 汽车，行至广州某高速东行77公里500米路段，陈某杰因没有确保安全行车而失控碰撞路上防撞沙桶及钢制护栏，致使张某媚受伤。公安机关认定陈某杰承担事故的全部责任。遂张某媚依据公安机关认定的侵权责任诉至法院请求判令被告赔偿原告医疗费、残疾赔偿金、误工费、护理费、住院伙食补助费等费用合计125583.33元。

被告陈某杰反诉称，其与张某媚在公安机关签订损害赔偿调解协议时存在重大误解、显失公平的情况，该损害赔偿调解协议并非陈某杰的真实意思表示，应予以撤销，故反诉请求法院判令撤销其与原告张某媚在公安机关出具的道路交通事故认定书中签

---

* 本文被《2019年全国法院年度案例·道路交通纠纷卷》刊用。
本文编写人：黄志伟，系广州市南沙区人民法院（广东自由贸易区南沙片区人民法院）综合审判庭法官。

订的损害赔偿调解协议。

【裁判结果】

广州市南沙区人民法院于2016年4月12日作出(2016)粤0115民初979号民事裁定书，裁定如下：对被告陈某杰的反诉，本院不予受理。

陈某杰持原审起诉意见提起上诉。广州市中级人民法院法院裁定驳回上诉，维持原裁定。

【裁判理由】

广州市南沙区人民法院经审理认为：被告陈某杰“撤销调解协议”的请求，属于抗辩，不构成反诉。

广州市中级人民法院经审理认为：被上诉人张某媚是依据公安机关作出的道路交通事故认定书所确定的上诉人陈某杰负全部责任而提起诉讼，其诉讼请求是否支持，应根据道路交通事故认定书的责任确定。上诉人陈某杰与被告上诉人张某媚在公安机关订立的交通事故赔偿调解协议撤销与否，不影响上诉人应负的责任，也不吞并被上诉人的本诉请求。上诉人请求撤销其与被上诉人在公安机关订立的交通事故赔偿调解协议的内容只属于抗辩，不构成反诉。

【案例注解】

民事诉讼中的反诉，是指在已经开始的民事诉讼程序中，被告针对原告提出的与本诉有牵连的、独立的反请求。被告反诉的目的，旨在通过反诉抵销、动摇或者吞并本诉的诉讼请求，或者使本诉的诉讼请求失去意义。根据《最高人民法院关于适用〈中华人民共和国民事诉讼法〉的解释》第二百三十三条的规定，“反诉的当事人应当限于本诉的当事人的范围。反诉与本诉的诉讼请求基于相同法律关系、诉讼请求之间具有因果关系，或者反诉与本诉的诉讼请求基于相同事实的，人民法院应当合并审理。反诉应由其他人民法院专属管辖，或者与本诉的诉讼标的及诉讼请求所依据的事实、理由无关联的，裁定不予受理，告知另行起诉”。由此可见，反诉存在三大核心特征。

一、主体特定性和双重性

反诉的当事人应当限于本诉的当事人的范围。反诉是本诉被告对本诉原告提起的，即反诉的原告即本诉的被告，反诉的被告即本诉的原告。

二、反诉请求具有独立性

反诉应具备成立诉的一般要件，是一种独立的诉，并不必然依赖本诉而存在。即使本诉撤回，反诉也能够独立存在。

三、反诉与本诉具有牵连性

所谓牵连性，是指反诉标的及诉讼请求与本诉的标的及诉讼请求具有牵连，这种牵连包括法律上的牵连和事实上的牵连。正是这种牵连性，可通过反诉来抵销、动摇或者吞并本诉的诉讼请求。其牵连性主要表现为：①诉讼请求基于相同法律关系；②诉讼请求之间具有因果关系；③反诉与本诉的诉讼请求基于相同事实。这是判断是否构成反诉的主要标准。

本案中，被告陈某杰提出反诉要求撤销其与原告张某媚在公安机关出具的道路交通事故认定书中签订的损害赔偿调解协议。其反诉称，在公安机关签订损害赔偿调解协议时存在重大误解、显失公平的情况，该损害赔偿调解协议并非被告陈某杰的真实意思表示，故应予以撤销。其中，被告陈某杰提起反诉的一般程序性条件（如管辖法院、诉讼程序、提起期限等）均符合法律规定。因而，反诉与本诉的牵连性成为判定反诉是否成立的决定性条件。

原告张某媚基于公安机关事故认定书作出的责任划分提起侵权损害赔偿之诉，要求被告陈某杰承担因侵权行为引发的过错责任，本质上属于以侵权法律关系为依据提起的给付之诉（本诉）。而被告陈某杰反诉要求撤销双方在公安机关订立的损害赔偿调解协议，本质上属于以合同法律关系为依据提起的形成之诉（反诉）。二者虽然是基于相同事实提起，但是隶属不同法律关系，也不具有因果关系。反诉的请求根本无法达到抵销、动摇或者吞并本诉请求的效果。

综上所述，被告陈某杰提起的反诉与本诉不具有牵连性，只是抗辩请求，应当另案起诉。

广州虎牙信息科技有限公司诉武汉鱼行天下文化传媒有限公司不正当竞争纠纷诉中禁令案*

——全国首例苹果商店投诉行为禁令的司法审查思路

【关键词】全国首例　苹果商店投诉　诉中禁令

【裁判要旨】

本案系全国首例苹果商店投诉行为引发的诉中禁令案，法院主要针对投诉方持续投诉行为的正当性问题和行为保全措施的必要性问题进行审查，该问题正是本案审查的难点，涉及对双方之间是否存在竞争关系、投诉行为的理由、争议权属的效力状态以及投诉方的主观目的、可能产生的后果等方面进行全面分析认定。法院认为，投诉方对于尚无定论的争议事实持续不断地向苹果公司进行投诉的行为不具备正当性，其目的是希望通过持续不断的投诉，最终迫使苹果公司将竞争对手的应用程序直接在苹果商店删除，从而达到清除竞争对手、占领市场份额的目的。而为了规避可能承担的法律责任，苹果公司很可能因为投诉方的持续投诉而将被投诉方的应用程序下架，从而将会给被投诉方带来难以弥补的损害，故本案的行为保全申请具有必要性。

【相关法条】

《中华人民共和国民事诉讼法》

第一百条　人民法院对于可能因当事人一方的行为或者其他原因，使判决难以执行或者造成当事人其他损害的案件，根据对方当事人的申请，可以裁定对其财产进行保全、责令其作出一定行为或者禁止其作出一定行为；当事人没有提出申请的，人民法院在必要时也可以裁定采取保全措施。

人民法院采取保全措施，可以责令申请人提供担保，申请人不提供担保的，裁定驳回申请。

人民法院接受申请后，对情况紧急的，必须在四十八小时内作出裁定；裁定采取保全措施的，应当立即开始执行。

---

* 本文在 2019 年年中市中级人民法院精品案例评选中荣获一等奖。
本文编写人：张志荣，系广州市南沙区人民法院（广东自由贸易区南沙片区人民法院）知识产权审判庭庭长。

第一百零八条　当事人对保全或者先予执行的裁定不服的，可以申请复议一次。复议期间不停止裁定的执行。

第一百五十四条第一款第（四）项　裁定适用于下列范围：……（四）保全和先予执行。

《最高人民法院关于适用〈中华人民共和国民事诉讼法〉的解释》第一百七十一条　当事人对保全或者先予执行裁定不服的，可以自收到裁定书之日起五日内向作出裁定的人民法院申请复议。人民法院应当在收到复议申请后十日内审查。裁定正确的，驳回当事人的申请；裁定不当的，变更或者撤销原裁定。

《最高人民法院关于审查知识产权纠纷行为保全案件适用法律若干问题的规定》

第二条第一款　知识产权纠纷的当事人在判决、裁定或者仲裁裁决生效前，依据民事诉讼法第一百条、第一百零一条的规定申请行为保全的，人民法院应当受理。

第七条　人民法院审查行为保全申请，应当综合考量下列因素：

（一）申请人的请求是否具有事实基础和法律依据，包括请求保护的知识产权效力是否稳定；

（二）不采取行为保全措施是否会使申请人的合法权益受到难以弥补的损害或者造成案件裁决难以执行等损害；

（三）不采取行为保全措施对申请人造成的损害是否超过采取行为保全措施对被申请人造成的损害；

（四）采取行为保全措施是否损害社会公共利益；

（五）其他应当考量的因素。

第八条　人民法院审查判断申请人请求保护的知识产权效力是否稳定，应当综合考量下列因素：

（一）所涉权利的类型或者属性；

（二）所涉权利是否经过实质审查；

（三）所涉权利是否处于宣告无效或者撤销程序中以及被宣告无效或者撤销的可能性；

（四）所涉权利是否存在权属争议；

（五）其他可能导致所涉权利效力不稳定的因素。

第十条　在知识产权与不正当竞争纠纷行为保全案件中，有下列情形之一的，应当认定属于民事诉讼法第一百零一条规定的“难以弥补的损害”：

（一）被申请人的行为将会侵害申请人享有的商誉或者发表权、隐私权等人身性质的权利且造成无法挽回的损害；

（二）被申请人的行为将会导致侵权行为难以控制且显著增加申请人损害；

（三）被申请人的侵害行为将会导致申请人的相关市场份额明显减少；

（四）对申请人造成其他难以弥补的损害。

第十一条第一款、第二款　申请人申请行为保全的，应当依法提供担保。

申请人提供的担保数额，应当相当于被申请人可能因执行行为保全措施所遭受的损失，包括责令停止侵权行为所涉产品的销售收益、保管费用等合理损失。

【案例索引】

广东省广州市南沙区人民法院（2019）粤0115民初1339号民事裁定书。

【基本案情】

原告：广州虎牙信息科技有限公司（以下简称“虎牙公司”）。

被告：武汉鱼行天下文化传媒有限公司（以下简称“鱼行天下公司”）。

虎牙公司及鱼行天下公司共同确认其在涉案苹果公司的平台上所经营的是直播平台的软件，主要是直播游戏。2018年8月30日起至2019年2月15日，鱼行天下公司就相同的事项向苹果公司投诉虎牙公司达23次，投诉内容称：鱼行天下公司与主播张某海、吴某远、喻某签订了经纪合同。根据协议内容，主播在合同有效期内制作的音视频著作权为鱼行天下公司所有。虎牙公司未经授权，擅自对鱼行天下公司享有版权的音视频作品进行传播，侵犯其著作权。每次投诉邮件中鱼行天下公司均明确表示要求苹果公司将虎牙公司的直播程序从苹果应用商店下架。针对鱼行天下公司的投诉内容，虎牙公司均有回应并对投诉内容予以否认，并出示了由三名主播分别出具的《声明》《终止授权声明》等文件，显示该三名主播声明已终止对鱼行天下公司的授权，并将其因进行网络直播、演艺和参与商业活动所产生的各种内容及衍生作品的知识产权和商业利益独家授予虎牙公司使用，目前该项授权仍在有效期内。但鱼行天下公司对虎牙公司的主张不予认可，但其并未选择通过诉讼等途径解决双方之间的纠纷，直至本案诉讼期间，鱼行天下公司仍然坚持就该投诉事项继续向苹果公司进行投诉，要求苹果公司将虎牙公司的直播程序从苹果公司应用商店下架。针对鱼行天下的持续投诉行为，虎牙公司向法院提出行为保全申请，请求：（1）责令鱼行天下公司立即停止针对虎牙公司的苹果应用程序“虎牙直播－游戏互动直播平台”和“虎牙直播 HD－游戏互动直播平台”，就编号 APP101459－A 项下相关事宜向 appstorenotices@apple.com、苹果应用商店 APPSTORE、苹果公司（APPLE INC.）进行投诉；（2）上述行为保全的效力，维持到虎牙公司与鱼行天下公司就本争议判决生效时止；（3）申请费由鱼行天下公司负担。申请人虎牙公司向本院提供由广东泓盛融资担保有限公司出具的《保全担保函》，该公司愿对虎牙公司的行为保全申请提供担保，担保金额为人民币100万元整，承诺如因虎牙公司行为保全申请错误致使鱼行天下公司遭受损失，经法院判决应由虎牙公司承担损害赔偿责任的，该公司将依据与虎牙公司签订的委托担保合同承担担保责任，该保全担保函为不可撤销的连带责任保证担保函。

【裁判结果】

广州市南沙区人民法院于2019年3月15日作出（2019）粤0115民初1339号民事裁定书，裁定：武汉鱼行天下文化传媒有限公司立即停止针对广州虎牙信息科技有限公司的苹果应用程序"虎牙直播－游戏互动直播平台"和"虎牙直播HD－游戏互动直播平台"，就编号APP101459－A项下相关事宜向appstorenotices@apple.com、苹果应用商店APPSTORE、苹果公司（APPLE INC.）进行投诉的行为，直至本案终审法律文书发生法律效力时止。武汉鱼行天下文化传媒有限公司提出复议，广州市南沙区人民法院于2019年4月1日作出复议裁定：驳回武汉鱼行天下文化传媒有限公司的复议申请。

【裁判理由】

根据本案的现有证据，法院认为，虎牙公司的行为保全申请应予支持，理由如下：

1. 关于涉案争议权利的效力状态问题。针对鱼行天下公司向苹果公司的投诉，虎牙公司提交了由三名主播分别出具的《声明》《终止授权声明》等文件，显示该三名主播声明已终止对鱼行天下公司的授权，并将其因进行网络直播、演艺和参与商业活动所产生的各种内容及衍生作品的知识产权和商业利益独家授予虎牙公司使用，目前该项授权仍在有效期内。虽然鱼行天下公司出示了三名主播与其所签订的《解说合作协议》及相关《授权书》《承诺书》《反商业贿赂协议》等文件，但并不能因此直接否定虎牙公司的权利。在双方均持有涉案三名主播出具的授权文件的情况下，如果鱼行天下公司认为虎牙公司取得的授权不具法律效力，应依法向有权机关提起撤销或确认无效的主张，在虎牙公司提交的上述《声明》《终止授权声明》未经有权机关依法予以撤销或确认无效等否定其法律效力的前提下，虎牙公司依据涉案三名主播的授权行使相关权利具有合法性，其知识产权效力目前仍属稳定状态。

2. 鱼行天下公司持续投诉行为的正当性问题。自2018年8月28日起至2019年2月15日，鱼行天下公司就相同的事项向苹果公司投诉虎牙公司达23次。每次投诉邮件中均明确表示要求苹果公司将虎牙公司的直播程序从苹果应用商店下架，并且在2018年

9月14日的邮件中确认其已知悉虎牙公司提交涉案三名主播的授权文件后，仍然继续向苹果公司进行投诉。该行为表明鱼行天下公司对虎牙公司的投诉是持续性进行的，不实现投诉目的不停止的。本院认为，鱼行天下公司上述持续投诉行为不具有正当性。理由如下：(1)鱼行天下公司与虎牙公司都是经营游戏直播平台的运营商，具有竞争关系。鱼行天下公司依据其与涉案三名主播签署的文件向苹果公司投诉虎牙公司，本是合法行使权利的表现。但虎牙公司就鱼行天下公司的投诉内容已经提交涉案三名主播对虎牙公司的授权文件，表明其权利具有合法来源。鱼行天下公司如果认为三名主播对虎牙公司的授权是无效的，应当依法向有关司法机关提起诉讼，请求撤销该授权或确认该授权无效。但鱼行天下公司仍然坚持只通过向苹果公司持续不断地发送投诉邮件，并在邮件中直接声称三名主播对虎牙公司的授权无效，要求苹果公司直接将虎牙公司涉案应用程序从苹果应用商店删除。鱼行天下公司的目的是希望通过持续不断的投诉，不停向苹果公司施压，最终迫使苹果公司将虎牙公司涉案应用程序直接从苹果商店删除，从而达到清除竞争对手，占领市场份额的目的，该行为不具正当性。(2)涉案争议的权利仅限于张某海、喻某、吴某远三名主播授权的范围，而在虎牙公司涉案两个应用程序上进行直播的不仅仅只是该三名主播，但鱼行天下公司的投诉邮件中每次均要求苹果公司将虎牙直播程序予以删除，其目的并非只是要求虎牙公司停止使用涉案三名主播的相关内容，而是要将虎牙公司在苹果商店上的整个直播应用程序予以删除，从而达到清除竞争对手，占领市场份额的目的，该行为不具正当性。(3)在鱼行天下公司起诉喻某、张某海合同纠纷案件及本案正式立案后，鱼行天下公司仍然没有停止其向苹果公司的投诉行为，该行为表明鱼行天下公司在涉案争议权利的效力经法院生效裁判认定之前，仍然希望通过持续不断的投诉行为，不停向苹果公司施压，最终迫使苹果公司将虎牙公司涉案应用程序直接从苹果商店删除，从而达到清除竞争对手，占领市场份额的目的，该行为不具正当性。

3. 行为保全措施的必要性问题。如前所述，由于鱼行天下公司就同一事项持续不断地向苹果公司进行投诉，从苹果公司的角度出发，其很可能因为鱼行天下公司的持续投诉，为了规避可能承担的法律责任，从而先将虎牙公司涉案应用程序从苹果商店予以删除。虽然只是一种可能性，但虎牙公司涉案应用程序被苹果公司删除的危险性是现实存在的、不确定性的、情况较为紧急的一种可能。而一旦虎牙公司涉案应用程序被删除，将会给虎牙公司带来难以弥补的损害，包括：(1)虎牙公司将直接损失涉案应用程序下架期间所有使用苹果公司系统的新增用户。(2)虎牙公司涉案应用程序下架期间，其直播平台的流量势必受到极大的负面影响，部分主播将会向其他直播平台转移，其用户亦随着流失。这将给虎牙公司造成直接的经济损失，并可能影响虎牙公司原有的竞争优势。（3）虎牙公司涉案应用程序被苹果公司下架，必然会对虎牙公司的商誉及行业地位产生负面的影响。主播和用户的流失更会加剧市场相关公众的无端猜测，导致虎牙公司的商誉严重受损、市场份额减少、收入下降以及股价下跌等难以弥补的损害。综上，虎牙公司的行为保全申请具有必要性。

4. 采取行为保全措施的利益平衡考量问题。如前所述，如果不采取行为保全措施，导致虎牙公司涉案的应用程序被苹果公司下架，其所造成的后果是难以弥补的损害。如果采取行为保全措施，则鱼行天下公司不得再就涉案投诉事项向苹果公司持续进行投诉，苹果公司就不会因此而主动将虎牙公司涉案应用程序下架，其结果就是使虎牙公司涉案应用程序仍然能够提供给苹果用户下载使用，不会对虎牙公司造成难以弥补的损害。而对于鱼行天下公司，其主张的涉案权利只是针对张某海、喻某、吴某远三名主播的权利，其可能受到的损害远少于不采取行为保全措施可能给虎牙公司造成的损害。同时，虎牙公司请求行为保全的效力，维持到虎牙公司与鱼行天下公司就本争议判决生效时止。在此期间，暂时禁止鱼行天下公司就尚无定论的争议事项向苹果公司进行投诉，鱼行天下公司仍然可以就涉案争议权利的归属依法向有权机关行使救济权利，其实质性权利并未受到影响。

5. 采取行为保全措施是否会对社会公共利益造成损害的问题。采取行为保全措施的结果是虎牙公司涉案应用程序仍然能够提供给苹果用户下载使用，并不会对社会公共利益造成损害。

6. 虎牙公司已就其行为保全申请提供了相应的担保，提供担保的主体及担保资格条件符合规定，并且提供担保的金额适当，足以为虎牙公司的行为保全申请提供有效的担保。

综上所述，虎牙公司的申请符合法律规定，应予准许。

【案例注解】

《最高人民法院关于审查知识产权纠纷行为保全案件适用法律若干问题的规定》第七条规定：人民法院审查行为保全申请，应当综合考量下列因素：（1）申请人的请求是否具有事实基础和法律依据，包括请求保护的知识产权效力是否稳定；（2）不采取行为保全措施是否会使申请人的合法权益受到难以弥补的损害或者造成案件裁决难以执行等损害；（3）不采取行为保全措施对申请人造成的损害是否超过采取行为保全措施对被申请人造成的损害；（4）采取行为保全措施是否损害社会公共利益；（5）其他应当考量的因素。第八条规定：人民法院审查判断申请人请求保护的知识产权效力是否稳定，应当综合考量下列因素：（1）所涉权利的类型或者属性；（2）所涉权利是否经过实质审查；（3）所涉权利是否处于宣告无效或者撤销程序中以及被宣告无效或者撤销的可能性；（4）所涉权利是否存在权属争议；（5）其他可能导致所涉权利效力不稳定的因素。

本案系不正当竞争纠纷案的诉中禁令申请，针对的是鱼行天下公司就相同事项持续向苹果公司进行投诉的行为。由于引起鱼行天下公司进行投诉的著作权权属之争尚无定论，本案的不正当竞争纠纷亦还在审理过程中。因此，在审查诉中禁令时，不应直接对双方所争议的著作权权属以及鱼行天下公司是否构成不正当竞争行为作出实体认定，而应根据虎牙公司的申请内容，依照上述最高人民法院司法解释的规定，主要审查以下两个问题：（1）鱼行天下公司持续投诉行为的正当性问题；（2）虎牙公司申请行为保全措施的必要性问题。

关于第一个问题。首先，鱼行天下公司依据其与涉案三名主播签署的文件向苹果公司投诉虎牙公司，本是合法行使权利的表现。但在虎牙公司就投诉内容已经提交涉案三名主播对虎牙公司的授权文件，表明其权利具有合法来源的情况下，鱼行天下公司并未向司法机关提起诉讼，请求撤销该授权或确认该授权无效；而是仍然坚持只通过向苹果公司持续不断地发送投诉邮件，要求苹果公司直接将虎牙公司涉案应用程序从苹果应用商店删除。这个时候，鱼行天下公司的投诉行为逐渐超出合法范畴，变成一种无理纠缠的行为。而且，鱼行天下公司投诉请求并不仅限于要求虎牙公司停止使用涉案三名主播的相关内容，而是要将虎牙公司在苹果商店上的整个直播应用程序予以删除；在鱼行天下公司起诉涉案二名主播合同纠纷案件及本案正式立案后，其仍然没有停止向苹果公司的投诉行为。以上事实表明鱼行天下公司的目的是希望通过持续不断的投诉，不停向苹果公司施压，最终迫使苹果公司将虎牙公司涉案应用程序直接从苹果商店删除，从而达到清除竞争对手，占领市场份额的目的，该行为不具正当性。

关于第二个问题。《最高人民法院关于审查知识产权纠纷行为保全案件适用法律若干问题的规定》第十条规定：在知识产权与不正当竞争纠纷行为保全案件中，有下列情形之一的，应当认定属于民事诉讼法第一百零一条规定的“难以弥补的损害”：（1）被申请人的行为将会侵害申请人享有的商誉或者发表权、隐私权等人身性质的权利且造成无法挽回的损害；（2）被申请人的行为将会导致侵权行为难以控制且显著增加申请人损害；（3）被申请人的侵害行为将会导致申请人的相关市场份额明显减少；（4）对申请人造成其他难以弥补的损害。如果鱼行天下公司的持续投诉行为没有得到遏止，其结果很可能导致苹果公司将虎牙公司涉案应用程序从苹果商店予以删除。

虽然只是一种可能性，但这种危险性是现实存在的、不确定性的、情况较为紧急的一种可能。而一旦虎牙公司涉案应用程序被删除，将会给虎牙公司带来难以弥补的损害，包括：(1) 虎牙公司将直接损失涉案应用程序下架期间所有使用苹果公司系统的新增用户。(2) 虎牙公司涉案应用程序下架期间，其直播平台的流量势必受到极大的负面影响，部分主播将会向其他直播平台转移，其用户亦随着流失。这将给虎牙公司造成直接的经济损失，并可能影响虎牙公司原有的竞争优势。(3) 虎牙公司涉案应用程序被苹果公司下架，必然会对虎牙公司的商誉及行业地位产生负面的影响。主播和用户的流失更会加剧市场相关公众的无端猜测，导致虎牙公司的商誉严重受损、市场份额减少、收入下降以及股价下跌等难以弥补的损害。因此，虎牙公司的行为保全申请具有必要性。

这份全国首例针对苹果应用商店投诉行为的禁令，对于规范行业竞争具有独特意义。应用程序入驻苹果商店对于经营者而言往往有着巨大的商业价值，相互间的竞争及利益博弈日趋激烈。有的经营者故意滥用苹果商店的投诉规则，对竞争对手进行持续不断的投诉，以期迫使苹果公司将竞争对手的应用程序下架，从而达到清除竞争对手，占领市场份额的目的，给竞争对手造成难以弥补的损害。本案禁令及时对苹果应用商店中的不正当投诉行为予以制止，维护了应用程序行业的竞争秩序，引导经营者通过合法、正当的途径维护自身合法权益，而非通过不正当投诉等方式损害竞争者的利益。

广州聚美商贸有限公司诉黄某添等侵害网络域名及不正当竞争纠纷案*

——涉网站域名权利及相应侵权行为的认定规则

【关键词】 域名　侵害域名　虚假宣传

【裁判要旨】

公司员工任职期间履行工作职责进行域名注册、空间购买及网站设计的，该网站所有权应归属于公司。离职员工拒绝向公司交还域名、网站空间、数据库等账户及密码，更改网站设置影响网站运营，构成侵权。实现对网站的完整实际控制，需要持有网站空间、域名、后台管理、数据库的账户及密码，故离职员工应返还上述账户及密码。同时，离职员工擅自利用公司注册的其他网站运营与公司主网站相同模式及内容进行经营宣传的，有悖于诚实信用原则，属于引人误解的商业宣传，容易误导消费者，构成不正当竞争。

【相关法条】

《中华人民共和国反不正当竞争法》第二条第一款、第八条第一款，《中华人民共和国侵权责任法》第十五条，《最高人民法院关于审理涉及计算机网络域名民事纠纷案件适用法律若干问题的解释》第三条、第八条。

【案件索引】

一审：广东省广州市南沙区人民法院（2018）粤0115民初1550号民事判决书（2018年9月30日）。

【基本案情】

原告：广州聚美商贸有限公司（以下简称“聚美公司”）。

被告：黄某添，江苏互易信息股份有限公司（以下简称“互易公司”），江苏邦宁科技有限公司（以下简称“邦宁公司”）。

---

*　文在 2019 年年中市中级人民法院精品案例评选中荣获二等奖。
本文编写人：佘丽萍，系广州市南沙区人民法院（广东自由贸易区南沙片区人民法院）知识产权审判庭法官。

原告聚美公司诉称：2015年10月，黄某添入职聚美公司负责网站注册与维护，在此期间，聚美公司委托黄某添以公司名义进行了粤ICP备13066376号网站备案/许可证号备案以及www.020msj.com域名注册。2017年3月，黄某添提出离职，但表示可以继续帮忙维护公司网站。直到2017年5月，因黄某添对聚美公司网站更新不及时，聚美公司与黄某添终止委托关系，要求黄某添返还ICP、域名源代码及相关资料，但是黄某添拒不交出上述资料。后经聚美公司查询得知黄某添在公司任职期间，利用职务便利，在未征得聚美公司同意的情况下，于2016年8月22日利用公司ICP备案信息和公司资质申请注册www.mealsgo.com网站域名。黄某添在该网站上擅自复制聚美公司在www.020msj.com上的经营模式、聚美公司与案外人签订有独家经营协议的产品（如金成潮州酒家团餐等）和图片后直接复制在www.mealsgo.com的网站上进行宣传，但其实际无法提供上述团餐服务。黄某添拒不交出聚美公司粤ICP备13066376号网站备案/许可证号以及www.020msj.com等域名源代码和相关资料，擅自利用聚美公司ICP及资质注册www.mealsgo.com，且擅自复制原告经营模式、产品和图片的行为严重侵犯了聚美公司的经营权益和商誉。聚美公司联系互易公司要求更换域名负责人，但互易公司和邦宁公司均予以推脱。2018年2月春节期间，经客户提醒，聚美公司发现黄某添将聚美公司正在运营的www.020msj.com的域名设置为“本店盘点中，请您稍后再来”，给聚美公司造成重大损失。互易公司、邦宁公司对聚美公司的损失负有连带责任。聚美公司诉请：（1）“判令黄某添停止侵权，停止使用聚美公司粤ICP备13066376-4网站备案/许可证号，返还粤ICP备13066376号网站备案/许可证号下全部域名，包括www.020msj.com的源代码、域名及空间使用、后台管理、数据库相关账号和密码给聚美公司，注销并删除www.mealsgo.com上的侵权内容”；（2）判令黄某添在《广州日报》《广西日报》上公开向聚美公司赔礼道歉；（3）判令黄某添赔偿聚美公司经济损失人民币300000元；（4）判令黄某添承担聚美公司为本案支出的合理费用60000元；（5）判令互易公司、邦宁公司对黄某添第（3）项、第（4）项诉请承担连带清偿责任，且协助办理www.020msj.com联系方式等注册信息变更手续或将其转移至聚美公司账户；（6）诉讼费由黄某添、互易公司、邦宁公司承担。增加诉请：“要求互易公司、邦宁公司协助办理www.ozojsj.com联系方式等注册信息变更手续或将其转移至聚美公司账户。”

被告黄某添辩称：本人于2015年11月4日入职聚美公司网络推广一职，所发布内容也会在公司群上公开讨论，是得到授权的。当时聚美公司口头承诺月薪为8000元，后来到手只有6000元，拒绝与我签订劳动合同、交纳社保。本人于2017年5月正式辞职后，聚美公司无故拖欠本人半个月工资。因为公司现在的网站（设计和源码）是本人用业余时间开发的，与工作无关，网站的空间也是本人花钱购买的，聚美公司在没有给任何经济补偿就想占为己有，不合情、不合法。至于内容侵权，网络都是公开共享的，平台也是开放的，商家可以在平台上注册并上传资料（只要不违法），本人只是提供平台使用而已，不涉及聚美公司所诉的内容侵权。同时，聚美公司侵犯我方网站著作权、名誉权、隐私权，要求其赔偿20万元。综上，请求驳回聚美公司的诉讼请求。

被告互易公司、邦宁公司辩称：（1）诉讼主体错误，互易公司不是本案适格被告。①互易公司与聚美公司不存在买卖关系，没有任何购买域名往来的记录。涉案域名www.020msj.com、www.mealsgo.com是经由用户名hctim2007通过互易公司所属网站www.yuming.top于2010年8月19日注册，该注册时间早于黄某添入职时间。经与黄某添确认，登录用户名权限由黄某添独自持有。用户名hctim2007登记的个人信息中，"联系人"一项内容为黄某添，"手机"一项内容为181××××4276，"email"一项内容为119××××05@qq.com，经过核实该会员账号信息中无聚美公司任何信息。互易公司作为域名注册机构授权的域名注册商，面向全球，开放域名注册的业务，提供域名DNS解析、域名变更过户、域名续费、域名转出等功能。互易公司一直积极协调双方通过合理途径解决争议，不存在聚美公司所说推脱的情况。互易公司不是具有法律效力的仲裁机构，无权无法判定域名的归属权。②关于将"www.020msj.com"域名设置为"本店盘点中，请您稍后再来"，网站程序及其后台账号密码均由黄某添掌握和管理，互易公司没有程序源码及账号密码，无法设置和管理该网站内部任何内容。聚美公司要求互易公司承担连带责任，没有任何根据。（2）聚美公司未反馈过域名"mealsgo.com"侵权的相关情况，互易公司对此不知情。在收到传票后，互易公司发现该域名无法正常访问，无法判定该域名是否侵权。目前，互易公司对涉嫌侵权域名"mealsgo.com"作锁定处理，取消网站备案接入。（3）互易公司无须承担赔偿责任。互易公司对涉案侵权行为不知情，仅仅是域名及ISP接入服务提供商，并不是该域名和网站程序的实际拥有者及使用者，无主观过错。如最终认定该域名属于聚美公司，互易公司将该域名进行所有者变更，转移至聚美公司会员名下，由聚美公司进行管理。综上，请求依法驳回聚美公司的诉讼请求。

法院经审理查明：网站首页网址为www.020msj.com的网站(以下简称"020网站")名称及主办单位均为聚美公司，网站负责人为黄某添。网站首页网址为www.mealsgo.com的网站（以下简称"mealsgo网站"）名称为广东美食捷，主办单位为聚美公司。据"万网"域名注册查询信息显示，020msj.com注册日期为2016年8月13日，域名状态为正常状态；mealsgo.com的注册日期为2016年8月22日，域名状态为正常状态；两个域名注册商均为邦宁公司。广州市番禺区劳动人事争议仲裁委员作出裁决结果，确认双方在2015年11月4日至2017年6月1日期间存在劳动关系。黄某添入职聚美公司负责网站注册及维护工作，聚美公司委托黄某添以公司名义进行了备案登记及域名注册。2017年6月，黄某添离职后未归还020网站的域名、密码、源代码及相关资料，并在2018年2月将聚美公司的020网站域名设置为“本店盘点中，请您稍后再来”。同时，黄某添离职后，仍在利用聚美公司信息登记的mealsgo网站进行经营。经庭审比对，020网站与mealsgo网站的经营模式、经营内容、经营图片相似。

本案中，聚美公司指控涉案域名侵权事实如下：（1）关于020网站，聚美公司指控黄某添侵占和更改020域名信息，侵害聚美公司020网站域名的所有权、占有权、收益权和使用权，对聚美公司经营造成实际损失，要求返还020域名源代码、域名后台管理的账号及密码、空间服务器使用管理的账号及密码、数据库的管理账号及密码。（2）关于mealsgo网站，聚美公司指控：①上述网站提供的产品是聚美公司与商家独家协议确定的，是为了进一步吸引客户采取的经营模式，黄某添在聚美公司不知情的情况下，在工作期间擅自利用聚美公司ICP备案信息注册mealsgo网站，且其经营模式及经营产品通过直接复制020网站信息，进行宣传销售，二者经营模式近似，显示内容相同，但黄某添其实无法提供上述服务。② mealsgo网站运营页面盗用聚美公司ICP备案信息，网站对外名称显示为广东美食捷，“美食捷”属于聚美公司字号。上述行为均构成不正当竞争行为中的混淆行为，侵害聚美公司商誉，要求黄某添停止使用、注销mealsgo网站域名，删除网站信息。

【裁判结果】

广东省广州市南沙区人民法院于2018年9月29日作出（2018）粤0115民初1550号民事判决：一、被告黄某添自本判决发生法律效力之日起立即停止侵权行为，停止使用原告广州聚美商贸有限公司粤ICP备13066376-4网站备案／许可证号，向原告广州聚美商贸有限公司返还粤ICP备13066376号网站备案／许可证号下www.020msj.com域名、网站空间、后台管理、数据库的账号和密码，注销并删除www.mealsgo.com上的侵权内容；二、被告黄某添自本判决发生法律效力之日起七日内赔偿原告广州聚美商贸有限公司经济损失及合理费用共计8万元；三、被告江苏互易信息股份有限公司、江苏邦宁科技有限公司协助办理www.020msj.com注册信息变更手续，将www.020msj.com转移至原告广州聚美商贸有限公司名下；四、驳回原告广州聚美商贸有限公司的其他诉讼请求。宣判后，双方当事人在法定期间内均未提起上诉，该民事判决已发生法律效力。

【裁判理由】

法院生效裁判认为：第一，关于020网站被控侵权事实的认定问题。结合仲裁裁决书、微信聊天记录、委托申明书及庭审中双方共同确认的事实，2015年11月4日至2017年4月10日期间，黄某添与聚美公司存在劳动关系，任职聚美公司网络经理。根据聚美公司的委托，黄某添到互易公司办理020域名注册及相关事项，任职期间黄某添于2016年8月22日注册020域名并支付网站空间费用，且黄某添也认为该费用应由聚美公司支付，也曾向聚美公司要求将其垫付公司网站空间费3000元进行结算。另根据（2018）粤广广州第004388号公证书载明内容，020网站主要内容为宣传推广聚美公司经营的旅游团餐业务，网站下方有"©2015—2016版权归广州聚美商贸有限公司所有"字样。同时，在工业和信息化部网站备案系统查询，020网站名称及主办单位均为聚美公司；在"阿里云"的"万网"查询域名020msj.com的注册信息，显示所有者为Guang Zhou Ju Mei Shang Mao You Xian Gong Si。综合上述事实，本院认定020网站系黄某添在聚美公司任职期间履行工作职责的职务行为，020网站的所有权应归属于聚美公司。

关于020网站被控侵权事实是否存在的问题。首先，聚美公司提交的其与案外人微信聊天记录显示，2018年2月4日至3月2日期间，有案外人向聚美公司反映聚美公司订餐网站链接无法打开，网站显示"本店盘点中，请您稍后再来"；其次，互易公司提交的员工与聚美公司的聊天记录显示，2018年2月23日前后，聚美公司向互易公司询问020网站，互易公司回复称"这个网站（020msj）谁负责的，打开是友情提示：本店盘点中，请您稍后再来，这个是自己程序中设置的""我们公司提供的是空间，程序是当时你们网站负责提供的，自己上传，平时内容之类的都应该是网站负责人更新修改"；再次，互易公司提交的聊天记录内容，3月6日，互易公司员工称"119××××05电话：181××××4276这个人你知道吧，他还在管理你的网站空间，这个就是他设置的，这个空间管理权限在他手里"，庭审中黄某添确认181××××4276是其手机号码；最后，互易公司提交的其员工与用户hctim2007的聊天记录显示，2017年8月28日，互易公司员工问"你好，在吗？ http://www.020msj.com/ 这个网站还是您在负责吗"，用户hctim2007答："是的。"庭审中黄某添确认用户hctim2007是其在互易公司注册的用户名。上述证据内容能够相互印证，对聚美公司诉称黄某添将020网站域名设置为"本店盘点中，请您稍后再来"的事实，本院予以支持。

关于聚美公司主张返还020网站空间、域名、后台管理、数据库、源代码的账户和密码问题。根据聚美公司技术人员与黄某添的陈述，并结合网络技术相关知识，实现对一个网站的完全实际控制，需要持有网站空间、域名、后台管理、数据库的账户与密码。其中，网站空间是能存放网站文件和资料，包括文字、文档、数据库、网站的页面、图片等文件的容量，只有购买网站空间，才能发布网站内容，网站空间的账户和密码构成实际控制网站的核心要素；后台管理可以方便地管理、发布、维护网站内容，如系统管理功能、设置企业信息介绍、新增产品类别及编辑、会员管理等；域名可以将域名和IP地址相互映射的一个分布式数据库，能够更方便地访问互联网；数据库是存储网站数据即图片、文字等数据的空间。虽然网站空间、后台管理系统、域名、数据库并非必须一一对应使用关系，可以分开使用，如网站空间可以另行建立数据库，也可以另外申请域名，但在本案中，任职期间黄某添注册020域名、购买网站空间、建立020网站，并负责020网站的运营管理，理应掌握020域名、网站空间、后台管理及数据库的账户及密码。如上所述，020网站的所有权归属于聚美公司，黄某添的上述行为属于职务行为，其目的是为正常运营相应网站以宣传推广聚美公司的产品业务，即便网站空间、域名、后台管理、数据库并非必须一一对应使用关系，可以分开使用，但黄某添就涉案020网站的返还义务应涵盖网站空间、后台管理系统、域名、数据库的账户和密码，从而使聚美公司能够实现对020网站的完全实际控制。对聚美公司主张黄某添返还网站空间、后台管理系统、域名、数据库的账户和密码，本院予以支持。关于源代码，聚美公司技术人员陈述源代码无需账户和密码，其本人进入互易公司注册的后台上传资料即可更改，故对聚美公司诉请黄某添返还020网站源代码的账户和密码，本院不予支持。

根据双方对域名及网站空间变更流程的陈述，考虑到方便快捷性，聚美公司可在互易公司注册会员，由黄某添向互易公司提出申请，将域名及网站空间的变更转移至聚美公司注册的账户名下。互易公司、邦宁公司作为涉案域名注册商，在黄某添、聚美公司办理上述变更手续时，有义务协助办理020网站域名等注册信息变更手续或将域名转移至聚美公司的注册账号。

第二，关于mealsgo网站被控侵权事实的认定问题。根据《中华人民共和国反不正当竞争法》第二条第一款的规定，经营者在生产经营活动中，应当遵循自愿、平等、公平、诚信的原则，遵守法律和商业道德。第八条第一款规定，经营者不得对其商品的性能、功能、质量、销售状况、用户评价、曾获荣誉等作虚假或者引人误解的商业宣传，欺骗、误导消费者。本案中，黄某添在聚美公司任职期间注册mealsgo网站，根据庭审对020网站、mealsgo网站显示内容的比对，可看出经营模式近似，部分产品内容相同。虽然黄某添提交加盖有聚美公司公章的《网站备案信息真实性核验单》，证明注册 mealsgo 网站是获得聚美公司的授权，但庭审时黄某添亦自认 mealsgo 网站注册后，其未将网站运营信息告知聚美公司。根据域名注册信息查询及网站 ICP 备案信息查询，mealsgo 网站的注册及主办单位均为聚美公司。在 2017 年 4 月 11 日黄某添从聚美公司离职后，其理应将 mealsgo 网站的相应账户和密码返还给聚美公司。离职后，黄某添仍利用 mealsgo 网站发展客户进行经营，其经营业务模式与聚美公司经营业务近似，产品内容部分相同，显然有悖于诚实信用原则，也属于引人误解的商业宣传，容易误导消费者，构成不正当竞争行为。关于聚美公司主张网站上的产品内容属于其与案外人独家代理协议及“美食捷”属于聚美公司字号的主张，提供证据不足，本院不予支持。

【案例注解】

随着互联网信息技术的发展，涉及网络域名的各类案件层出不穷。本案并非典型意义的域名侵权案件，而是员工在任职期间受托注册涉案两个域名，并建立相应网站内容。在员工离职后，因与公司劳务争议，拒不返还上述网站、域名的账户、密码等相关资料，并利用管理员身份将网站设置为不能正常访问状态。在审理期间，因案件涉及网站、域名等专业领域知识，尝试适用了专家辅助人制度，为此类技术事实查明路径提供了很好的思路。

一、涉及网站域名权利人的认定规则

首先，根据网站域名版权显示及注册显示信息，初步认定涉网站域名的权利人。本案中，020 网站主要内容为宣传推广聚美公司经营的旅游团餐业务，网站下方有“©2015—2016 版权归广州聚美商贸有限公司所有”字样，在工业和信息化部网站备案系统查询，020 网站名称及主办单位均为聚美公司，在“阿里云”的“万网”查询域名 020msj.com 的注册信息，显示所有者为 Guang Zhou Ju Mei Shang Mao You Xian Gong Si。其次，结合案件中网站域名注册管理等其他相关事实予以认定。本案中，结合仲裁裁决书、微信聊天记录、委托申明书及庭审中双方共同确认的事实，涉案网站域名是黄某添任职聚美公司期间注册并建立的，黄某添任职为网络经理，网站空间使用费也由聚美公司支付，网站内容主要是宣传聚美公司经营内容。因此，综合上述事实，认定 020 网站域名的权利人为聚美公司。

二、涉及网站域名侵权行为的认定规则

根据《最高人民法院关于审理涉及计算机网络域名民事纠纷案件适用法律若干问题的解释》第四条的规定，人民法院审理域名纠纷案件，对符合以下各项条件的，应当认定被告注册、使用域名等行为构成侵权或者不正当竞争:（1）原告请求保护的民事权益合法有效;（2）被告域名或其主要部分构成对原告驰名商标的复制、模仿、翻译或音译，或者与原告的注册商标、域名等相同或近似，足以造成相关公众的误认;（3）被告对该域名或其主要部分不享有权益，也无注册、使用该域名的正当理由;（4）被告对该域名的注册、使用具有恶意。第七条规定，人民法院在审理域名纠纷案件中，对符合本解释第四条规定的情形，依照有关法律规定构成侵权的，应当适用相应的法律规定；构成不正当竞争的，可以适用民法通则第四条、反不正当竞争法第二条第一款的规定。本案中，首先，黄某添离职后，仍不归还020网站域名的账户、密码等相关资料，在公司经营期间将网站设置为不能正常访问状态，影响公司经营，构成对020网站域名的侵权行为。其次，黄某添在任职期间注册mealsgo网站，经比对mealsgo、020网站内容，可看出经营模式近似，部分产品内容相同。离职后，黄某添仍利用mealsgo网站发展客户进行经营，其经营模式与聚美公司经营业务近似，产品内容部分相同，显然有悖于诚实信用原则，也属于引人误解的商业宣传，容易误导消费者，构成不正当竞争行为。

优秀裁判书

广东龙顺建筑工程有限公司（反诉被告）诉琪宝制药（广州）有限公司（反诉原告）建设工程施工合同纠纷民事判决书

广东省广州市南沙区人民法院
民 事 判 决 书

（2016）粤0115民初4307号

原告（反诉被告）：广东龙顺建筑工程有限公司，住所地略，组织机构代码略。

法定代表人：龙某询，职务总经理。

委托代理人：方某，广东豪昭盈律师事务所律师。

委托代理人：蹇某芳，广东豪昭盈律师事务所实习律师。

被告（反诉原告）：琪宝制药（广州）有限公司，住所地略，统一社会信用代码略。

法定代表人：赖某鹏，职务董事长。

委托代理人：邱某华，北京市盈科（广州）律师事务所律师。

原告（反诉被告）广东龙顺建筑工程有限公司（以下简称龙顺公司）诉被告（反诉原告）琪宝制药（广州）有限公司（以下简称琪宝公司）建设工程施工合同纠纷一案，本院受理后，依法组成合议庭公开开庭进行了审理。原告龙顺公司的委托代理人方某，被告琪宝公司的委托代理人邱某华到庭参加诉讼。本案现已审理终结。

龙顺公司向本院提出诉讼请求：判令琪宝公司向龙顺公司支付工程款622332.48元及其利息（从2015年7月23日起计至琪宝公司清偿之日止，按照中国人民银行同期同类贷款利率计算）。事实和理由：龙顺公司和琪宝公司于2014年10月15日签订《建设施工合同》，琪宝公司将自用厂房的土建、消防、排水排污、防雷工程发包给龙顺公司。固定工程造价为4345608元。签订合同后，龙顺公司于2014年11月1日开始施工，于2015年7月22日完工。当天工程竣工验收，并交付给琪宝公司使用，双方确认增加土建工程面积为456.12平方米，琪宝公司应付工程款4757940.48元。琪宝公司直接将工程款和工程管理费支付给秦某。对于工程款，琪宝公司实际于2014年10月31日支付了

800000元，于2014年12月23日支付了800000元，于2015年2月3日支付了1100000元，于2015年4月17日支付了700000元，于2015年7月22日支付了725608元，先后共支付4125608元，至今尚有622332.48元没有支付。因此，龙顺公司提起诉讼。

琪宝公司辩称，上述工程实际是工人秦某挂靠在龙顺公司施工的，工期为150个日历天。龙顺公司于2014年10月15日开工，于2015年6月中旬就开始陆续退场，于2015年7月完全停工。由于工人未收到工资闹事，故琪宝公司在此后仍继续支付工程款，用以支付工人工资。事实上，琪宝公司于2014年10月22日支付了管理费20000元，于2014年10月31日支付了工程款800000元，于2014年12月23日支付了工程款800000元及管理费20000元，于2015年2月3日支付了工程款1100000元及管理费27500元，于2015年4月17日支付了工程款700000元及管理费17500元，于2015年7月22日支付了工程款725608元及管理费18140.20元，于2015年9月8日支付了工程款292132.48元及管理费7303.31元，共支付工程款项4528183.99元（含4417740.48元工程进度款）。上述款项包括代垫的工人工资，琪宝公司支付的款项已经超过合同约定的进度款，由于龙顺公司并未完成涉案工程，故不同意龙顺公司的诉讼请求。

琪宝公司向本院提出反诉请求：1. 解除双方签订的《建设施工合同》；2. 龙顺公司向琪宝公司支付延期竣工违约金（从2015年3月15日起计至合同解除之日止，以合同约定总价款4345608元为基数，按日1‰的标准计算，暂计至2017年4月2日为4184820元）；3. 龙顺公司支付琪宝公司未完成工程的工程造价损失190830.40元；4. 龙顺公司向琪宝公司支付未安装防盗门差价款9376.82元；5. 本案诉讼费、鉴定费由龙顺公司承担。由于龙顺公司并未按合同约定期限完成施工，尚有部分工程未完工，故要求龙顺公司承担相应责任。

龙顺公司辩称，涉案工程是琪宝公司指定的实际施工人秦某挂靠龙顺公司名下进行施工，实际开始施工的时间为2014年11月1日，现已施工完毕并交付琪宝公司使用。双方在2015年7月22日对增加工程量进行确认，表明涉案工程已经完成。因涉案工程增加了工程量，故工期应该顺延，而且该工程没有报建，也无法开展消防、防雷等验收，属于违法建设，涉案合同应属无效合同，琪宝公司要求支付迟延完工的违约金缺乏依据。同时，琪宝公司主张的违约金的计算基数和计算标准不合理。

本院经审理查明认定事实如下：龙顺公司具备房屋建筑工程施工总承包三级、土石方工程专业承包三级、环保工程专业承包三级资质。

2014年10月15日，琪宝公司（为甲方）和龙顺公司（为乙方）签订合同编号为20140918号《建设施工合同》，甲方将其厂区内厂房土建、消防、排水排污、防雷工程发包给龙顺公司。合同约定：承包范围为施工总承包（包工包料，详细材料品牌、等级要另列清单）。工程总造价4345608元。税金由甲方负责，附工程预算表，如有增加数量及工程项目，根据市场价格协商补价。开工日期由甲方拟定。总工期150天（日历天，如遇不可抗力因素工期顺延）自双方确认的正式开工日期起算。若在施工过程中遇城监及政府部门方面导致停工，经双方书面确认后，工程顺延，双方协商解决。关于工程款的支付与结算，双方约定："1. 签订合同5天内支付工程款：800000元（大写：捌拾万元整）。2. 第一层捣完水泥5天内支付工程款：800000元（大写：捌拾万元整）。3. 捣完天面水泥5天内支付工程款：1100000元（大写：壹佰壹拾万元整）。4. 砌完砖5天内支付工程款：700000元（大写：柒拾万元整）。5. 完工甲方验收合格5天内支付工程款：725608元（大写：柒拾贰万伍仟陆佰零捌元整）。6. 质保期在甲方验收合格算起为期2年，主体结构质保期按国家规定执行，质保金220000元（大写：贰拾贰万元整），在质保期满5天内支付。"关于违约责任，双方约定："若甲方因自身原因未按合同约定付款，乙方在约定付款届满之日起二日后向甲方发出要求支付的书面通知，甲方收到通知后7天内仍不能按要求支付的，乙方可在甲方收到书面通知7天后停止施工，甲方从应付之日起向乙方支付应付款的利息并承担违约责任。乙方延期竣工的，每延期1日，须向甲方支付合同总价款千分之一违约金。"合同附件的工程预算表记载涉案工程的管理费按工程总费用的2.5%计算。

龙顺公司根据合同约定进场施工，但未完成合同约定工程，并于2015年7月退场，没有和琪宝公司办理交接手续。2015年7月22日，双方签订《增加建筑工程款（土建部分）》，确认增加面积为456.12平方米，增加工程款为412332.48元。龙顺公司未向对方提交申请竣工验收的报告，也未办理工程验收和场地交接手续。龙顺公司退出施工场地后，新建的厂房基本空置，琪宝公司未利用该厂房用于生产使用。涉案工程至今未取得建设工程规划许可证和建设工程施工许可证。

2016年7月19日，龙顺公司发函给琪宝公司，表示已经履行合同全部义务，要求琪宝公司支付工程款4345608元及利息。2016年9月30日，琪宝公司发函给龙顺公司，要求该公司继续履行合同，完成涉案工程。

在本案诉讼过程中，双方确认上述工程并未收到主管行政部门的停工通知，另因有增加工程，故工期同意延长20天，共170天。龙顺公司提供了分别于2014年10月31日支付了工程款800000元，于2014年12月23日支付了工程款800000元，于2015年2月3日支付了工程款1100000元，于2015年4月17日支付了工程款700000元，于2015年7月22日支付了工程款725608元，共计工程款为4125608元。收条落款为"秦某"。琪宝公司确认上述款项支付的时间和金额。琪宝公司则提供了下列证据：1.龙顺公司于2014年10月22日出具的800000元工程款收据（编号为0015281）及20000元管理费收据（编号为0015282），于2014年12月23日出具的800000元工程款收据（编号为0015285）和20000元管理费收据（编号为0015286），于2015年2月3日出具的1100000元工程款收据（编号为0015287）和27500元管理费收据（编号为0015288），于2015年4月17日出具的700000元工程款收据（编号为0015289）和17500元管理费收据（编号为0015290），于2015年7月22日出具的725608元工程款收据（编号为0015291）和18140.20元管理费收据（编号为0015292），于2015年9月8日出具的292132.48元工程款收据（编号为0015293）和7303.31元管理费收据（编号为0015294）。收据总金额为4528183.99元（其中工程款4417740.48元，管理费110443.51元）。龙顺公司质证认为上述收据均为连号，是应琪宝公司要求出具的。前五笔工程款是琪宝公司直接支付给实际施工人秦某的，第六笔292132.48元是苏某仪借给秦某支付工人工资的，该笔款项已经在（2016）粤0115民初659号案中作出了处理。六笔管理费双方约定是按工程款的2.5%计收，龙顺公司已经收到。2.（2016）粤0115民初659号民事判决书，证明秦某和欧阳某某在秦某承包琪宝公司厂房工程期间曾于2015年9月28日与苏某仪签订借款788184元的借款合同，琪宝公司根据和苏某仪签订的《代为给付工资协议》于2015年9月28日和2015年10月12日向工人发放工资、劳务费、材料款419837元。苏某仪因民间借贷纠纷向本院起诉秦某、欧阳某某。法院判决秦某、欧阳某某偿还借款419837元，并支付相应利息。双方对该案认定的事实不持异议。3.涉案工程的监理机构广州市云兴建设工程监理有限公司于2015年6月30日出具的监理工作联系单，证明监理合同从2014年11月1日生效，应琪宝公司的要求于2015年6月30日退场，同日合同终止。截至2015年6月30日，涉案工程仍有部分分部分项工程未完工。

另外，根据琪宝公司的申请，本院依法委托珠海德联工程咨询有限公司广州分公司对涉案工程未完成部分造价进行评估。2017年10月18日，该公司出具《琪宝制药（广州）有限公司厂房建设工程造价和未完成工程造价鉴定意见书》，作出如下评估结论：1.本工程建筑面积为4807.69平方米，套用定额按清单综合单价法计算工程总造价为5605864.41元。由于施工合同总价为4345608元，与套用定额按清单综合单价法计算总造价不同，我公司按比例系数计算，比例系数为4345608/5605864.41=0.775。2.套用定额按清单综合单价法计算未完成工程造价为246232.78元。按比例系数计算未完成工程造价为246232.78×0.775=190830.40元，因此委托对涉案工程鉴定的未完成工程造价为190830.40元。另外，涉案工程原建筑工程施工图纸设计是安装不锈钢门的，但工地现场只安装了平开铁门，涉及金额4854.16元。不锈钢门工程造价为14230.98元，差额为9376.82元。评估报告附表中未施工部分综合单价分析表中未包括铁门和不锈钢门项目。琪宝公司预付了鉴定费用78200元。双方对鉴定结论没有异议，确认已经施工部分中以铁门代替了原来双方约定安装的不锈钢门。综合单价法计算未完成工程造价246232.78元未包含不锈钢门和铁门的工程款差额9376.82元，已完成工程的工程款数额为4567110.08元（按4345608元+412332.48元−190830.4元计算）。对于鉴定费的问题，龙顺公司认为该公司只应按190830.40元的5%负担鉴定费用。

本院认为：龙顺公司具备相应的工程施工资质。龙顺公司和琪宝公司签订的《建设施工合同》是双方的真实意思表示，并未违反法律法规的强制性规定，合法有效，双方应予以履行。

关于合同解除的问题，涉案工程未取得建设工程规划许可证和建设工程施工许可证，龙顺公司未按合同约定完成所有工程。龙顺公司表示已经履行其义务，在停工后长期没有继续施工，琪宝公司提出解除合同，本院予以支持。

关于工程款及利息支付的问题，龙顺公司并未按合同约定完成工程，也未向琪宝公司提交申请竣工验收的报告，在未办理验收交接手续的情况下撤出施工场地。由于涉案工程本来就位于琪宝公司的厂区范围内，龙顺公司撤场自然使其落入琪宝公司的管控范围，不足以之证明琪宝公司接收使用该工程。涉案工程未完工，新建厂房内基本空置，琪宝公司实际并未将该厂房用于生产使用，龙顺公司认为琪宝公司擅自使用缺乏事实依据。因此，本院对龙顺公司在涉案工程未经验收的情况下，请求按合同全额计付工程款，并支付拖欠款项利息的主张不予采纳。解除合同后，对龙顺公司施工完成的部分，琪宝公司应支付相应的工程款。工程款数额为4567110.08元（按4345608元+412332.48元−190830.4元计算）。琪宝公司已付工程款应为4417740.48元，故还应支付工程款149369.6元（按4567110.08元−4417740.48元计算）。龙顺公司主张其中292132.48元是苏某仪借给实际施工人用以支付工人工资的款项，实际上确认了该款已用以垫付了工人工资。由于相关款项收据出具时间为2015年9月8日，而苏某仪签订借款合同和支付借款的时间为2015年9月28日，不能证明上述292132.48元是琪宝公司代苏某仪支付的借款，故本院对龙顺公司相应主张不予采纳。至于琪宝公司支付的管理费110443.51元，双方在合同附件的工程预算表中已经约定按工程款的2.5%计算。该公司提供的收据也显示管理费是按合同约定支付进度款数额2.5%的比例，与进度款是同时支付的，双方在履行合同中形成的按比例支付管理费的交易习惯，故管理费不属于工程款。本院对琪宝公司将管理费计入已付的工程款内的主张不予采纳。

对于延期竣工违约金问题，合同约定开工时间由琪宝公司拟定，工期从双方确认开工时间起算，琪宝公司并未提供证据证明其拟定2014年10月15日开工经龙顺公司确认。本院根据龙顺公司的陈述结合《监理工作联系单》的记载，确定龙顺公司实际进场施工的时间为2014年11月1日。双方确认工期为170天，故工期至2015年4月19日届满。龙顺公司未完成工程，应从2015年4月20日起支付违约金。由于龙顺公司在未完成工程的情况下在2015年7月退场，没有与琪宝公司进行交接。琪宝公司从2015年9月8日就垫付工人工资，琪宝公司在龙顺公司不履行合同的情况下，没有及时向龙顺公司主张权利和采取补救措施，扩大了损失，故本院酌情确定违约金计算至2015年9月8日。合同约定违约金的计算标准过高，酌情确定以4345608为本金，从2015年4月20日起计至2015年9月8日止（共142天），酌情按中国人民银行制定的同期同类贷款基准利率上浮30%的标准计算。

对于未完成工程的损失问题，因计付工程款时，已经扣除龙顺公司未施工部分的工程款项，所以琪宝公司再另行要求龙顺公司赔偿相应工程款损失缺乏依据，本院不予支持。

对于不锈钢门和铁门差价问题，因为按约定安装不锈钢门导致的差价损失应予补偿。鉴定报告中未完成工程造价并未将上述差价计算在内，故酌情按鉴定报告核算的比例系数计算应补偿的数额，具体为7267.04元（按9376.82元 ×0.775计算）。

综上所述，依照《中华人民共和国合同法》第六十条第一款、第九十四条、第九十七条的规定，判决如下：

一、解除原告（反诉被告）广东龙顺建筑工程有限公司和被告（反诉原告）琪宝制药（广州）有限公司于2014年10月15日签订的《建设施工合同》；

二、被告（反诉原告）琪宝制药（广州）有限公司应于本判决发生法律效力之日起十日内一次性支付149369.6元给原告（反诉被告）广东龙顺建筑工程有限公司；

三、原告（反诉被告）广东龙顺建筑工程有限公司应于本判决发生法律效力之日起十日内以4345608为本金，酌情按中国人民银行制定的同期同类贷款基准利率上浮30%的标准计算，支付从2015年4月20日起计至2015年9月8日止的违约金给被告（反诉原告）琪宝制药（广州）有限公司；

四、驳回原告（反诉被告）广东龙顺建筑工程有限公司和被告（反诉原告）琪宝制药（广州）有限公司的其他诉讼请求。

如果未按本判决指定的期间履行给付金钱义务，应当依照《中华人民共和国民事诉讼法》第二百五十三条之规定，加倍支付迟延履行期间的债务利息。

本案诉讼费109506元（受理费31306元，鉴定费用78200元），由原告（反诉被告）广东龙顺建筑工程有限公司负担86522元，被告（反诉原告）琪宝制药（广州）有限公司负担22984元。

如不服本判决，可在判决书送达之日起十五日内，向本院递交上诉状，并按对方当事人的人数提出副本，上诉于广州市中级人民法院。当事人上诉的，应在递交上诉状的次日起七日内向广州市中级人民法院预交上诉案件受理费，逾期不交的，按自动撤回上诉处理。

审　判　长　陈　健
审　判　员　王　健
人民陪审员　吴树永
二〇一七年十一月十五日
法官助理　陈艺艺
书　记　员　陈洁莹

广州嘉煌品牌策划有限公司（反诉被告）诉广西金花茶业有限公司（反诉原告）委托创作合同纠纷民事判决书

广东省广州市南沙区人民法院

民　事　判　决　书

（2016）粤0115民初5498号

原告（反诉被告）：广州嘉煌品牌策划有限公司，住所地略。

法定代表人：乔某洋，该公司董事长。

委托代理人：陈某山，广东天穗律师事务所律师。

委托代理人：卓某锦，广东天穗律师事务所实习律师。

被告（反诉原告）：广西金花茶业有限公司，住所地略。

法定代表人：翁某彬，该公司董事长。

委托代理人：梅某扬、谢某政，广西君桂律师事务所律师。

原告（反诉被告）广州嘉煌品牌策划有限公司（以下简称嘉煌公司）与被告（反诉原告）广西金花茶业有限公司（以下简称金花公司）委托创作合同纠纷一案，本院于2016年12月6日立案后，依法适用普通程序公开开庭进行了审理。原告（反诉被告）嘉煌公司的法定代表人乔某洋以及委托代理人陈某山、卓某锦，被告（反诉原告）金花公司的委托代理人谢某政到庭参加诉讼。本案现已审理终结。

原告（反诉被告）嘉煌公司起诉称：2015年12月4日，嘉煌公司与金花公司签订书面合作协议，由嘉煌公司为金花公司提供品牌策划与设计服务，金花公司需向嘉煌公司支付服务费30万元，分三次付清。双方的合作期限为半年，即从2015年12月4日起至2016年6月4日止。按照协议规定，协议签订后三个工作日之内，金花公司向嘉煌公司支付5万元。市场调查结束后，金花公司向嘉煌公司支付10万元。但协议签订后12日，金花公司才向嘉煌公司支付5万元。市场调查于2016年1月10日结束，金花公司于3月7日才向嘉煌公司支付5万元。前两次付款拖延60多天，超出合同有效期的三分之一，影响了嘉煌公司的工作进度。4月18日，金花公司又向嘉煌公司支付10万元。嘉煌公司的设计工作于6月30日结束，金花公司于7月8日再向嘉煌公司支付2万元。策划工作于7月20日结束。至此，嘉煌公司的全部工作已结束。金花公司总共向嘉煌公司支付4次费用，共计22万元。在嘉煌公司讨要8万元尾款时，金花公司向嘉煌公司提出一些无理要求，如凭空编造宝华茶庄（金花公司金花茶业的前身，诞生于清朝，无任何史料记载）的故事，编辑校对《老横州故事》（金花公司的朋友所编写的一本书稿，和双方的合作项目毫无关系），嘉煌公司除了对《老横州故事》的前言和序言作了校对之外，其他予以拒绝。金花公司又要求嘉煌公司修改包装设计，嘉煌公司又对包装设计作了两轮修改（部分为重新设计）。修改工作于9月26日结束，但金花公司仍以种种借口拒绝支付尾款。由于金花公司的拖款和不合理要求，嘉煌公司的工作时间超出合同有效期3个月零22日，工作量也远超合同规定。策划和文案超出合同规定的部分有：《招商手册》（PPT）、《招商手册》（印刷品）的语言文字修改、《文化手册》文字部分、百度百科、软文一篇、对被告错误营销思路的批判、《老横州故事》的前言和序言的校对等等。设计方面，工作量也非常大，远超出一般客户的要求。Logo、VI、SI、卡片、网站效果图、广告、产品手册、招商手册、文化手册、十余款包装等。凡是品牌设计所涉及的内容，全部都有。协议第四条约定，在合同有效期内，“单方不得自行利用”方案，但未经嘉煌公司同意，金花公司已经利用嘉煌公司方案，并取得了良好的经营效果。比如组建了营销团队，已经加盟和正在加盟的连锁店已经有二三十家。新产品包装袋泡茶已经在市场上有销售，并深受年轻人喜爱，其销售公司总经理在接受媒体采访时，讲述的营销目标即为嘉煌公司所制定。综上，现请求判令：1. 金花公司向嘉煌公司支付所欠款项8万元；2. 金花公司补偿嘉煌公司多工作3个月零22天的费用共9万元（2016年6月4日至9月26日）；3. 金花公司支付尾款8万元的利息，从2016年6月7日起至起诉之日即2016年12月6日止，按同期贷款利率四倍计算为7846.22元；上述款项合计177846.22元；4. 嘉煌公司承担本案诉讼费。

被告（反诉原告）金花公司答辩称：一、嘉煌公司没有按照合同约定在规定的时间内完成设计工作，应当退还相应服务费。双方签订合同的目的在于在2016年9月下旬至10月上旬之间，开展的东盟博览会上以新的形式展现金花公司的企业文化、战略布局以及产品。但嘉煌公司在合同约定的6个月期限内并没有向金花公司提交相关的工作成果，致使金花公司在博览会之前的2016年7月16日与第三方签订包装设计合同。委托第三方对产品外包装进行设计，以便在博览会上使用新的外包装形式。从嘉煌公司方提交的证据中可以看出，在2016年6月份以前，也就是合同履行期限内，金花公司多次与嘉煌公司就产品外包装设计进行沟通，但嘉煌公司依然未能设计出合格有效的产品。根据双方合同约定，嘉煌公司需向金花公司提交的方案包括营销设计方案、品牌设计方案，并且该方案的提交需金花公司的确认，由嘉煌公司进行方案的发布。综合整个案件事实，我们归纳出品牌策划包括：1. 市场调查（企业内部调查、消费者及竞争对手调查），但嘉煌公司并没有开展相应的市场调查，而是简单进行一个市场调查说明，所提供的调查问卷没有调查对象的身份信息及调查结果。2. 品牌战略规划（品牌定位、品牌命名、品牌文化、品牌诉求、品牌核心价值、品牌故事、品牌延伸及品牌个性）。但嘉煌公司所提交的材料里并没有包含品牌战略规划的任何内容，其所谓的营销策划方案只是简单罗列一些普通群众都能知悉的茶叶市场情况，没有包含嘉煌公司的核心创意及思想。3. 品牌创意（logo 设计、品牌包装设计、海报、画册、dm 平面设计、影响广告创意拍摄等），但嘉煌公司并没有就金花公司企业的 logo 进行设计，金花公司方所使用的 logo 是20世纪八十年代就已经使用并且注册的金花商标。相关包装设计并没有完成。4. 品牌营销策划（产品、价格、渠道、促销），嘉煌公司向金花公司提供的所有文件里面都没有包含罗列金花公司相应的产品名目及产品的定位价格，更没有产品渠道及拓展方式和促销方式。5. 整合营销传播（网站的设计发布、微信公众号的创建及完善等）。合同2.2.3条约定嘉煌公司有义务对策划方案进行发布，但纵观嘉煌公司提供的所有证据材料，都没有任何网站、微信公众号已创建及发布内容。嘉煌公司没有按照合同约定履行义务，致使双方合作目的不能实现，理应解除双方签订的协议，并退还金花公司相应的策划费用。二、委托创作合同性质应定性为承揽合同，金花公司作为定做人有权要求嘉煌公司完成工作任务，并交付相应工作成果。合同履行过程中金花公司数次要求嘉煌公司交付工作成果，但直至合同履行期限届满，嘉煌公司依然未能按照合同约定交付工作成果，金花公司有权提出解除合同，并要求返还相应款项。委托创作合同的合同定性依据是1999年11月11日国家版权局《关于快乐大本营一案给长沙市开福区人民法院的答复》，称委托作品为在民法的委托或承揽关系下创作的作品。因此委托创作人为定做人，受托人为承揽人。三、嘉煌公司没有按照合同约定履行合同义务交付工作成果，无权要求支付剩余合同价款。四、嘉煌公司迟延履行合同义务，反而要求金花公司支付相应的赔偿费用没有事实和法律依据。五、嘉煌公司迟延履行合同义务致使金花公司行使不安抗辩权，即不支付相应的价款。之后，在金花公司提出合理的期限内，嘉煌公司依然未能提供策划方案成果，只是草草地在网上摘抄了一些所谓的策划方案。该方案并没有包含嘉煌公司的主观创意，只是一些宏观的事项，包括拓展全国市场，招收加盟商、代理商这些人尽皆知的形式敷衍了事，且该方案没有得到金花公司的认可，不能成为有效的工作成果，其要求支付利息没有事实和法律依据。且根据相关法律规定，支付利息应该按照银行同期贷款利率计算。综上，请求驳回嘉煌公司的诉讼请求。

被告（反诉原告）金花公司反诉称：2015年12月4日，金花公司与嘉煌公司签订的《品牌营销策划委托协议书》约定：乙方（嘉煌公司）根据甲方（金花公司）的需要，为甲方提供专业化、高水准的品牌策划营销服务。同时，协议第2.2条对嘉煌公司的义务进行了明确约定，要求嘉煌公司应勤勉尽责、保质保量完成合同约定的义务，并在金花公司的意见反馈之下进行调整，最终方案须经金花公司确认。合同明确约定嘉煌公司需将完整的策划方案提供给金花公司，并有义务对策划方案进行发布。协议签订后，金花公司依约履行了合同义务，先后向嘉煌公司累计支付款项合计22万元，但嘉煌公司并没有按合同约定向金花公司提交具有核心创意、符合金花公司的经营目标以及具有实际品牌利用价值的品牌策划报告。嘉煌公司仅仅是从互联网上下载、摘抄一些资料再进行简单拼凑后提供给金花公司，根本无法满足金花公司的合同目的。更为可笑的是，嘉煌公司居然要求金花公司更换具有三十年注册历史的“金花”标志。之后金花公司多次与嘉煌公司沟通，要求修正、更改策划方案以满足合同目的，但嘉煌公司均拒绝配合工作，更没有将完整的策划方案发布并交付给金花公司。万般无奈之下，金花公司不得不与其他企业签订策划合同，以满足企业经营需要。嘉煌公司经多次催告后，在合理的期限内仍未能将完整、有效的策划方案提供给金花公司，已经构成根本违约致使合同目的不能实现，根据《中华人民共和国合同法》及相关法律规定应当解除合同，并向金花公司返还相应价款。故请求判令：1. 解除双方签订的《品牌营销策划委托协议书》；2. 嘉煌公司退还金花公司已支付服务费22万元；3. 本案本诉、反诉的诉讼费用由嘉煌公司承担。

原告（反诉被告）嘉煌公司对反诉答辩称：1. 该协议属于附期限的合同，其有效期限已经届满，不存在解除的问题。首先，从委托协议的目标成果来看，这种创造性的策划成果属于智力成果，本身就具有时效性和复杂性。在价值评判上也存在多种维度，在这种情况下，合同的效力无期限延伸，既没有实际意义也容易产生纠纷。其次，根据协议的条款也可以确认，协议是有效力期限的。协议第一条明确了服务期限，第二条第1.1.1款提到金花公司应在合同有效期内对嘉煌公司的工作提出意见或建议。因此可以推断协议是有效力期限的。最后，该协议的效力最迟在2016年7月20日届满。根据嘉煌公司提供的证据（往来邮件及短信记录），嘉煌公司在2016年7月1日提交了全部设计作品，在2016年7月20日提交了全部策划作品。并且金花公司通过短信确认了嘉煌公司告知工作项目完成并结束的事实。2. 嘉煌公司完成协议约定的策划成果，是金花公司以各种理由拒不付尾款。首先，从一开始金花公司就没有按照约定支付项目款项，导致嘉煌公司缺少资金推进项目，造成项目延迟。其次，金花公司实际使用了嘉煌公司的成果。最后，金花公司通过支付款项确认了嘉煌公司的策划成果。3. 金花公司对嘉煌公司提交的最终策划成果，并没有表示任何异议，金花公司没有在本案提供就嘉煌公司最终提交的成果有异议的证据。4. 金花公司是在整个项目结束后的一个多月才提出各种理由，这不符合约定的在合同有效期限内提出建议的约定。5. 嘉煌公司始终不遗余力与金花公司进行沟通、设计、修改，整理及当面指导。这些都可以由嘉煌公司提供的短信及邮件记录证实，不存在金花公司所说的嘉煌公司拒绝配合工作。并且金花公司没有提供嘉煌公司拒绝配合工作的证据，其提供的修改建议及问题汇总，嘉煌公司都有回应及修改并发送给金花公司。

经审理查明：

一、合同约定情况

2015年12月4日，金花公司（甲方）与嘉煌公司（乙方）就金花公司委托嘉煌公司为其提供品牌营销策划服务事宜，订立《品牌营销策划委托协议书》，约定："一、服务流程。乙方根据甲方的需要，为甲方提供专业化、高水准的品牌营销策划服务。项目服务的期限为六个月。1.1第一阶段：项目调查。1.1.1在本协议签订及甲方支付相关服务费用之后，乙方开始具体的项目调查。1.1.2项目进入调查阶段，即视为项目正式启动。1.1.3调查期间，甲方应给予积极配合，向乙方提供企业真实状况及相关资料。如因资料不真实，由甲方承担由此产生的相应责任。1.2第二阶段：策略研究。1.2.1第一阶段结束后，项目进入研究策略阶段。该阶段的主要任务是，根据第一阶段的调查报告和甲方的经营目标，构思解决方案，寻求有效策略，提出核心创意。1.2.2在研究策略阶段，乙方会和甲方保持经常沟通，就相关问题进行磋商。1.3第三阶段：方案形成。1.3.1第二阶段结束后，乙方进行创意表现，制定具体策略，完成方案和设计。1.3.2在撰写方案阶段，甲乙双方可以相互联系，就相关问题交换意见。1.4第四阶段：方案提交。1.4.1在甲乙双方约定的时间和地点，由乙方成员向甲方提交策划与设计方案。1.4.2在提交方案的同时，乙方成员对方案进行讲解说明，对甲方相关负责人进行指导。1.4.3乙方向甲方提交的方案包括品牌营销策划方案、品牌设计方案。二、甲乙双方的权利与义务。1. 甲方的权利和义务。1.1甲方的权利。1.1.1甲方在本合同有效期内有权对乙方的工作进度和质量提出意见或建议。1.1.2甲方有权向乙方索取与本合同项目相关的策划、设计和摄影资料。1.1.3甲方对乙方提供的服务不满意时，有权提出更换乙方团队成员。1.1.4甲方有权向乙方专家成员咨询服务过程中的相关问题及执行过程中存在的问题。1.2甲方的义务。1.2.1甲方要根据合作需要，配合乙方做好配合工作，提供乙方服务所需的真实资料。1.2.2甲方应按本合同约定的方式及时付清乙方的服务费。1.2.3甲方对乙方所提意见或建议应客观具体。2.乙方的权利和义务。2.1乙方的权利。2.1.1在双方合作过程中，乙方有权要求甲方提供真实、全面的资料，并提供人员协助。2.1.2若甲方在经营过程中有严重违反国家法律法规的行为，乙方有权要求甲方予以纠正，或拒绝接受该策划项目的委托服务，由此产生的后果与乙方无关。2.1.3乙方有权要求甲方按本合同的约定支付乙方服务费。2.2乙方的义务。2.2.1乙方在接受甲方的委托之后，应勤勉尽职、保质保量完成本合同约定的服务。2.2.2乙方有义务向甲方提供完整的策划方案，并在甲方的意见反馈之下进行调整，进而得到甲方的确认。2.2.3乙方有义务对策划方案内容进行发布，并对甲方的相关人员进行指导。三、服务费用与付款方式。1.项目费用。总计人民币叁拾万元整。这是甲方需支付乙方的项目服务总费用。2.付款方式。双方签订本协议后三个工作日内支付5万元，市场调查结束后支付10万元，金花品牌策划设计完毕之后三个工作日内支付15万元。以上项目费用不包含媒体购买、宣传品印刷、物料制作等费用。四、版权及保密约定。1.版权归属。甲乙双方均拥有对合作中产生的策划设计方案、流程支持要件的著作权，未经任何一方同意，另一方不得以商业目的向其他单位或个人进行出售或扩散。2.保密条款。甲乙双方在合作过程中所产生的所有信函、文件、资料、协议、报价、讲义、建议、方案等，均属双方的保密范畴。在本合同有效期内，未经双方许可，单方不得自行利用或向第三方泄露。如因一方不恰当使用或透露上述信息，给对方造成经济损失，违约方必须赔偿对方因此所造成的实际损失。”

二、合同履行情况

（一）市场调查部分

嘉煌公司其后开展了相关的市场调查活动，并于2016年1月3日、10日陆续向金花公司的员工翁某源之QQ邮箱发送了市场调查成果，包括照片、要求金花公司提供的资料、茶业市场分析、金花内部市调小结、市场调查说明等。

（二）嘉煌公司向金花公司提交的服务情况

嘉煌公司于2016年4月1日至9月26日陆续向金花公司的员工翁某源之QQ邮箱发送了《金花茶业品牌营销策划方案》、《金花招商手册（金花新征程财富宣言书）》、《金花产品线》、《金花茶叶的品牌推广》、《金花百度百科》、软文、《保留“金花茶业”现有厂区的意义》、《茶语》、《金花圣茶谷》、《对错误营销思路的批判》、《〈招商手册〉

的修改说明》、《老横州故事》前言与序言的校对、《标志设计与说明》、VI（视觉识别系统）、《产品手册（第一稿）》、《产品手册（第二稿）》、《文化手册（第一稿）》、《文化手册（第二稿）》、《招商手册（印刷品）》、广告、网络效果图、五款包装设计、九款包装设计、卡片、SI（标准识别系统）等营销策划文案与设计方案。上述电子邮件往来还显示有双方在合同履行中一直保持通过邮件进行沟通，双方并有交换对相关文件的修改、整改建议等。

（三）金花公司的付款情况

金花公司于2015年12月16日向嘉煌公司支付5万元，2016年3月7日支付5万元，2016年4月18日支付10万元，2016年7月8日支付2万元。

（四）双方通过电子邮件、手机短信进行沟通的部分情况

2016年1月10日，乔某洋向翁某源发送《说明》的电子邮件，对市场调查报告进行了说明，其中提及“第一部分《茶叶市场分析》为挑选整合的文字，内容稍多，已超出本次市调的范围……第二部分为网上原文，内容稍多。可以作为营销人员的阅读材料……第四部分简明扼要地列举了本次策划需要解决的问题。定性描述”。

2016年5月5日、7日，乔某洋向翁某源发送关于《招商手册》回复的电子邮件，对《招商手册》进行了两次调整和修改。

2016年5月15日中午、晚上，乔某洋向翁某源发送关于《logo提交》《回复》的电子邮件，提交了其设计的金花标志与修改意见。

2016年5月21日，乔某洋向翁某源发送关于《包装》的电子邮件，提交了其设计的金花产品包装。

2016年6月30日12:26，乔某洋向翁某源发送手机短信，内容为：翁董：招商手册、文化手册、产品手册、包装、网页和卡片发您邮箱了。如果有修改意见，请尽快发来，争取再改一遍。在12:14又发送短信称：翁董，这个金茶花的包装设计发您邮箱了。翁某源在12:15回复称：ok我先看一下。

2016年7月1日上午10:47，乔某洋向翁某源发送手机短信，内容为：翁董：抹去万科杯三个字的文化手册发您邮箱了。设计师们今天白天有些事情，明天离校，今天可否把款安排一下？

2016年7月7日上午11:14，乔某洋向翁某源发送手机短信，内容为：如果一周内安排起来还有困难，可以把您公司的两万元打过来，先安抚一下他们。他们催得比较急。

2016年7月8日下午3:16，翁某源向乔某洋发送手机短信，内容为：乔老师，现在

先跟您确认一下内容：在嘉煌公司与金花茶业签订的合作协议中，金花茶业已支付20万元款项。现金花茶业临时决定由销售公司（梓源商贸有限公司）代支付2万元款项。支付后金花茶业已向嘉煌公司支付总共22万元款项。梓源商贸有限公司代支付2万元款项后，嘉煌公司应全数交付设计师设计的源文件，并在两个工作日内完成支付。请您确认。乔某洋回复说：可以。

2016年7月8日晚上10:03，乔某洋向翁某源电子邮箱发送了“金花项目所有源文件(平面)”，内容包括：1. 文化手册(40页)；2. 招商手册(22页)；3. 产品手册(78页)；4. 企业介绍折页；5. 泡茶卡片（5个）；6. 包装（12套内外包装共24个）；7. 金花网页；8. 企业VI形象系统（基础元素16项、应用元素29项）；9. 海报广告（4张）。

2016年7月19日上午11:08，翁某源向嘉煌公司的法人代表乔某洋发送手机短信，内容为：乔老师您好！上次跟您说过的那个老横州故事事实上只需要我们在里面添加一些公司的简介和图片，我父亲的意思是让您看看应该如何插入这些内容。乔某洋回复说：好的，我看一下。一方面，那本书写的都是旧时代的事，却没有提及宝华茶庄。另一方面，公司资料中几乎找不到有关宝华茶庄的内容。所以我觉得衔接有点困难。我再看看，尽量插进一点内容。乔某洋还回复说：圣山景区和圣山茶要不要宣传一下？这本书的读者可能主要在横县，宣传一下圣山会不会对圣山旅游和圣山茶销售有好处？我觉得首选是推广圣山，拉动横县和周边人去圣山观光消费。其次是宣传金花庄园、人间一香和六堡茶。

2016年7月20日，乔某洋向翁某源发送手机短信，内容为：翁董：修改后的金花招商PPT、新百度百科、两篇文章、一段圣山文字共五个邮件已发您邮箱。圣山如有材料，发来我再整理一下。这样，文案策划就结束了，整个合作项目也就结束了。以后我们可就有关问题进行交流。如有需要，嘉煌一些廉价的媒体资源可供金花使用。请让金花安排一下尾款8万元，嘉煌将统一出具发票。翁某源回复说：好的。

2017年7月31日，乔某洋向翁某源发送手机短信，内容主要为：翁董：我刚和您父亲通了电话，他希望我能够编一段有关宝华茶庄的故事，那就只能乱编了，编出来也许会太离谱。翁某源回复说：实在不行也不要乱编，毕竟假故事对我们也没有好处。

2016年8月6日，乔某洋向翁某源发送手机短信，内容为：翁董：金花掠影源文件发您邮箱。老横州的故事前言序言校出的问题也发您邮箱了。昨天看了前言序言，今天又有新的合同任务，要连续忙一个多月。校对工作本不是我们的任务，但作为合作过的客户，我也愿意帮忙看一看，只是接下来的日子会很忙，怕难以抽出时间。另外，设计师的工资还欠一部分，税还未缴，一些急事要办，公司也有各种开支，希望能把尾款尽快安排一下。多谢。翁某源回复说：好的，我先看看。

2016年8月29日，乔某洋向翁某源发送手机短信称：翁董：纸质文件已全部寄到金花总部了，请尽快把尾款结一下。翁某源回复说：纸质文件已收到。翁某源还回复：整个设计基本都不合规格，现在同事都正在商讨，提出具体意见。

2016年8月29日，翁某源向乔某洋发送手机短信称：乔老师您好，我弄了一份问题反馈到您的邮箱，您查收一下。

2016年9月1日，乔某洋向翁某源发送手机短信称：翁董：回复已发您邮箱了，请查收。

2016年9月1日，乔某洋向翁某源的电子邮箱发送了回复，主要内容为对金花公司所提出的七个问题的分析，还提道：包装设计修改的问题，嘉煌把设计只能做到7月初（设计师离校）的情况提前几周告诉了贵方。设计工作于6月30日中午结束，我们下午5点多询问贵方：如果需要修改，请尽快通知我们。一般来说三天之内应该回复，但当时没有提出任何修改意见。现在，设计师离校后又该回校了，不过嘉煌和他们关于金花项目的协议在7月初已经到期。再找他们修改，还要增加报酬，前面的费用已全部用完。所以希望金花能够先把尾款结一下，修改工作肯定会完成。贵方还需要做的是，把需要修改的包装和问题列出来，以便于设计师工作。合同中嘉煌的义务是策划和设计，所整理的《金花：200年茶香铸就经典》一文和新百度百科是额外送给金花的。嘉煌和金花于2015年12月4日签订合同，合作期限为半年，至2016年6月4日结束。与合同规定相比，金花前两次付款总共延迟近70天，超过合作期限的三分之一。这一问题直接导致我们的工作延迟到7月20日，延长约一个半月，增加了我们的成本，使本来够用的费用变得紧张。但是我还是本着合作、宽容的态度把工作全部做完了。所以，我们希望金花能尽快把尾款结一下，我们会安排设计师把包装修改完，为双方的合作画上一个圆满的句号。

2016年9月4日，翁某源向乔某洋发送手机短信称：乔老师您好，我们这边整理了一份包装设计的整改建议，已经发送到您邮箱，请查收！

2016年9月4日晚上，乔某洋向翁某源电子邮箱发送了对于金花公司整改建议的回复，主要内容为希望对方尽快结款，并表示“这11款包装设计马上就可以安排。收到尾款，我们肯定会把这11款包装设计好，并负责修改”。

2016年9月18日，乔某洋向翁某源发送手机短信称：翁董，包装设计已发您邮箱，请查收。如需修改，请尽快告知。

2016年9月21日，翁某源向乔某洋发送手机短信称：乔老师您好，整改建议已经发送到您的邮箱，请查收。

2016年9月26日，乔某洋向翁某源发送手机短信称：翁董，包装设计修改稿已发您邮箱，一个邮件也一同发去了。请看一看，尾款是否可以结了。翁某源回复说：好的，我先看包装。

2016年9月26日晚，乔某洋向翁某源电子邮箱发送了“金花9款包装0926.pdf”的文件。

2016年10月14日，金花公司向嘉煌公司发送手机短信，内容为：由于你们整个策划设计方案存在严重问题，我感觉到你们套用了网络上的通用资料，改了一下我公司的名称！学生的设计根本就没法落地！到现在你的整个方案，我们都用不上！造成了严重的损失！我已经委托律师近期会关于本案和你对接！如果不能解决我们就法庭上解决！嘉煌公司回复：我们已经在邮件中把相关问题解释清楚，策划和设计方案不存在网上抄袭，希望贵公司能尽快结款。

庭审中，嘉煌公司认为其在2016年7月1日前交付了设计部分的成果，在7月1日至20日交付了策划部分的成果。全部成果的交付时间是在2016年7月20日，讼争合同届满时间亦在此日。

（五）双方对于讼争合同中金花公司委托的内容，以及所委托的内容是否属于合同约定的归纳情况

庭审中，嘉煌公司认为，其与金花公司的权利义务由总的合同约定，至于具体工作内容是在合同履行期内由双方动态协商；金花公司对此予以确认，并认为双方在签订合同时有对工作内容进行协商，但没有书面证据。同时，嘉煌公司认为，金花公司没有具体工作内容，由其根据金花公司的需要提交策划方案，由金花公司提出修改意见；在修改过程中，双方沟通以邮件及短信形式进行。双方对于修改意见的回复时间没有达成书面或口头协议。

诉讼过程中，双方对于讼争合同中金花公司委托的内容，以及所委托的内容是否属于合同约定归纳5项意见如下：

1. 市场调查。包括企业内部调查、茶业专家调查、消费者调查、竞争对手调查、市场调查分析。

嘉煌公司认为，上述市场调查的过程部分均不属于合同明确约定的项目，系由其公司根据项目调查的需要，自行选择开展的工作。市场调查的过程是其最终作出市场分析的依据，其提交给金花公司的创作成果是市场分析，不包括市场调查的过程在内。金花公司认为，上述事项包含在讼争合同中，讼争合同第一条第一项明确列明第一阶

段的服务流程为项目调查，只有进行项目调查才能收集与企业品牌策划有关的各种信息，是品牌营销策划的基础。

2. 品牌战略规划。包括品牌命名、品牌定位、品牌形象、品牌文化、品牌诉求、品牌营销、品牌管理、品牌核心价值、品牌故事、品牌个性、品牌延伸、品牌传播。

嘉煌公司对除了“品牌故事”以外的事项均予以认可，并认为已经全部完成，具体体现其证据三之“原告向被告提交的作品：策划与文案部分”中。对于“品牌故事”，嘉煌公司认为根据其证据三第12份，在合同期限届满后，金花公司仍要求其进行校对，故该品牌故事的校对不属于合同内容。

金花公司认为，嘉煌公司未完成“品牌个性”，且“品牌故事”中的“老横州故事”也包括企业的文化和故事，属于品牌故事的一部分。

3. 品牌创意。包括logo设计、企业名称字体设计、广告语设计、品牌包装设计、厂区规划设计、海报、画册、VI视觉识别系统（包含标志设计、标准字设计、标准色设计、标志和标准色的组合设计；办公用品、企业外部建设环境、企业内部建设环境、交通工具、服装服饰、广告媒体、产品包装、公务礼品、陈列展示、印刷品等）、SI专卖店形象设计（包含总平图、空间设计、平面系统、天花板、地坪系统、配电及照明、展示系统、壁面、招牌、材料、说明、估价、专卖店管理等）。

嘉煌公司认为，（1）对于厂区规划建设，超出本项目的范围，不属于讼争合同约定的内容。关于厂区规划本身是不属于本次策划的内容，嘉煌公司仅提供调查总结及建议，但厂区是否必须修改，属于金花公司自身对厂区的认识，嘉煌公司仅提供初步的建议，厂区规划属于建筑规划，不包含在讼争合同中。（2）对于企业内外部的建设环境，讼争合同没有约定，合同履行过程中金花公司亦没有提出相应要求，不属于品牌策划内容。（3）对于地坪系统、地坪照明、材料，不属于讼争合同约定的内容，地坪系统的用料是金花公司选择的，嘉煌公司不可能把用料也固定下来。（4）对于估价与专卖店管理，不属于讼争合同约定的内容，材料的价格无法固定不能进行估价，专卖店管理属于金花公司经营事项，不属于品牌策划的内容。嘉煌公司认为其他事项属于讼争合同约定事项并已经完成。

金花公司认为，（1）对于厂区规划建设，在嘉煌公司提供的证据二市场调查说明部分指出，列举本次策划调查需要解决的问题包含厂区规划设计，企业内部道路、环境和茶馆装饰关乎企业品牌形象的塑造和传播，是策划内容的重要组成部分。（2）对于企业内外部的建设环境，在“金花内部市调小结”中第四点有关于企业内外部建设环境的内容。（3）对于地坪系统、地坪照明、材料，讼争合同中虽然没有约定，但地坪系统和材料属于形象店设计的部分，属于行业惯例，没有书面证据证明。（4）对于估价与专卖店管理，讼争合同中虽然没有约定，但估价和专卖店管理属于形象店设计的部分，属于行业惯例，没有书面证据证明。

4. 品牌营销策划，包含有产品、价格、渠道、推广。

嘉煌公司认为，价格、渠道、推广不属于品牌营销策划内容。具体为：关于价格，产品的定价应当是金花公司综合考虑运营成本来决定最终的销售价格，同时嘉煌公司也建议维持现有的价格。关于渠道、推广，嘉煌公司证据三第1“营销策略”部分针对渠道策略有详细介绍和建议，但不能认为由嘉煌公司代替金花公司提供并开展渠道营销、推广。至于产品，属于品牌营销策划内容。

金花公司认为，关于价格，金花公司提交的证据第37~46页明确要求嘉煌公司对产品的价格和定位进行定夺，但嘉煌公司并未给出具体的方案。关于渠道、推广，是品牌营销策划的内容，属于行业惯例，并且在嘉煌公司提供的金花茶叶品牌营销策划方案中，也有关于渠道策略的分析。

5. 整合营销传播，包含有网站开发与建设、微商城、网络软文推广、创建百度百科、搜索引擎优化、户外招牌、Pop广告、电视、广告创意拍摄。

嘉煌公司认为，（1）对于网站开发与建设，在其证据四第9份证据中有效果图，是针对金花公司原有网站排版提供的建议，网站本身的开发与建设，并不属于约定事项。网站的建设与开发涉及网站托管的问题。（2）对于微商城，嘉煌公司证据三第1份证据中的“渠道策略”提到微商城作为渠道的策略，但是该建议的执行不属于嘉煌公司的合同义务，微商城的运作不能认为由嘉煌公司开展。（3）关于网络软文推广，在嘉煌公司提供的证据三第1份证据“品牌策略”中的“媒介策略”，建议金花公司在媒介部分可以通过网络软文的方式推广，但具体的软文编写及推广是金花公司的工作，不能认定为该工作由嘉煌公司来开展。（4）关于创建百度百科，在嘉煌公司证据三第1份证据“品牌策略”中的其他事项，建议创建百度百科作为创立品牌的方式，但具体创建百度百科的内容不属于嘉煌公司的工作。（5）关于搜索及优化，在嘉煌公司证据三第1份证据“品牌策略”中“媒介策略”提到建议金花公司进行搜索引擎优化作为媒介策略，也不能认为搜索引擎的具体工作由嘉煌公司开展。（6）关于电视，属于嘉煌公司建议的媒介策略，但是电视访谈的具体开展不属于合同约定内容，不能认为由嘉煌公司提供。（7）关于广告创意拍摄，同样属于建议的媒介策略，但具体的广告创意拍摄工作不能认为由嘉煌公司提供。嘉煌公司认为其他事项属于讼争合同约定事项并已经完成。

金花公司认为，整合营销传播部分的内容是嘉煌公司提供的金花茶叶品牌营销策划方案中的具体事项，是其策划内容及成果，根据讼争合同第1.4.2.2.3条的规定，嘉煌公司有义务对策划内容进行发布，但其仅仅只是简单罗列了策划的方式，并未就策划方案进行具体实施及发布，如对策划内容进行完善和托管，对搜索引擎进行优化，拍摄电视广告等。嘉煌公司对此认为，策划成果属于知识产权成果，发布的意思是同意该成果向金花公司发布，由金花公司使用执行，并对该成果进行讲解。

（六）嘉煌公司主张之增加工作内容的情况

庭审中，嘉煌公司明确，其主张增加的工作内容具体包括下列8项：

1. 嘉煌公司于2015年12月23日向金花公司员工翁某源之QQ邮箱回复的对金花公司错误营销方案的批判，在金花公司提交的证据，邮件往来内容第10页，原因是：营销方案是金花公司营销总监的成果，不属于嘉煌公司本次营销策划的成果，这是在合同期内的。

2. 金花公司于2016年5月4日向嘉煌公司发送的《金花茶业招商手册》，在金花公司提供的证据第48页，嘉煌公司于2016年5月5日、5月7日分别予以回复，原因是：这是金花公司发来的招商手册，不属于嘉煌公司本次营销策划的成果，这是在合同期内的。

3. 嘉煌公司于2016年6月14日向金花公司发送的《茶语》(包含茶文化的哲理性的语言)，在嘉煌公司证据三第8份，原因是：这不属于策划、设计，这是在合同期内的。

4. 嘉煌公司于2016年7月20日向金花公司发送的《金花百度百科》，在嘉煌公司证据三第5份，原因是：不属于嘉煌公司本次营销策划及设计的成果，这是在合同期内的。

5. 嘉煌公司于2016年7月20日向金花公司发送的软文一篇（《金花：200年茶香铸就经典》)，在嘉煌公司证据三第6份，原因是：不属于嘉煌公司本次营销策划及设计的成果，这是在合同期内的。

6. 嘉煌公司于2016年7月20日向金花公司发送的修改校对的文章一篇（《保留“金花茶业”现有厂区的意义》)，在嘉煌公司证据三第7份，原因是：不属于嘉煌公司本次营销策划及设计的成果，这是在合同期内的。

7. 嘉煌公司于2016年8月6日向金花公司发送的《老横州的故事》校对，在嘉煌公司证据三第12份，原因是：不属于嘉煌公司本次营销策划及设计的成果，这是超出合同期的。

8. 嘉煌公司于2016年9月18日、26日向金花公司发送的11款包装设计，在嘉煌公司证据五电子邮件，原因是：不属于嘉煌公司本次营销策划及设计的成果，这是超出合同期的（于2016年9月18日及26日邮件提交）。

金花公司则认为，上述8项内容都是在订立合同之初，嘉煌公司向金花公司承诺的工作内容，不属于额外增加的工作量。此外，对于第8点的11款包装设计，金花公司认为其于2016年9月5日发送给嘉煌公司的手机短信中已经提到是对之前设计内容的整改；嘉煌公司亦在庭审中确认没有证据证实之前与之后其主张新增的11款包装设计内容存在不一样之处。

（七）嘉煌公司主张金花公司已经实际使用其设计方案的情况

庭审中，关于嘉煌公司主张金花公司已经实际使用其设计方案，嘉煌公司认为主要体现在以下方面：

1. 其证据七微信朋友圈的截图以及证据十四的视频材料，最后一个视频（金花公司在五年内开300家连锁店），与其证据三第一份证据“品牌营销策划方案”中第三部分“营销策略”的“5. 渠道策略”第一渠道“加盟连锁”一样，是对其该加盟连锁的应用，尤其是其提出的“加盟连锁力争五年内在全国发展300家以上连锁店”是一模一样的。

2. 其证据七第10页金花公司微信朋友圈的截图，金花公司从南宁对外扩张，与证据三第一份证据“策划方案”第三部分“营销策略”的“5. 渠道策略”的第一渠道“加盟连锁”的第二步“由省会向四周扩张”的设计是一样的。

3. 其证据七第12页金花公司微信朋友圈的截图（2016年11月9日下午5:15）提及，“公司新推出的袋泡茶很受年轻人欢迎”，与其证据三第一份证据“策划方案”第二部分“品牌策划”的“5. 品牌延伸”的“（2）袋泡茶”一致。

4. 其证据十四视频材料中金花公司接受专访的形式，与其证据三第一份证据“策划方案”第二部分“品牌策略”的“11. 媒介策略”第（6）（7）点，建议对方接受电视采访一致。

5. 其证据十一第12页，金花公司在邮件中决定主打“六堡茶及茉莉花茶”，与其证据三第一份证据“策划方案”第三部分“营销策略”的“2. 产品线规划”提到的“把茉莉花茶作为主导”，以“六堡系列作为金花的产品类别”一致。

金花公司对此认为：这五点并非其使用的内容，而是双方形成的共同意见。

1. 对于加盟的问题，是在双方合同之前已经进行，金花公司把方案与思路告知嘉煌公司，开展加盟店并不属于嘉煌公司具有创造力的独立智力成果。金花公司在2013年就有加盟店，在2016年之前已经有六家加盟店，其他是以经销商的形式经营的。

2. 对于以省会为中心向四周覆盖的问题，金花公司的注册地址及营销中心是在省会，这是其一直以来的经营方案。

3. 对于袋泡茶的问题，金花公司在合同前告知嘉煌公司，金花公司已经进行研发。

从嘉煌公司的方案可以看出，第一个延伸步骤属于定制茶，其次才到袋泡茶的延伸。但金花公司并没有生产销售定制茶，而是直接进行袋泡茶的研制及开发，明显与嘉煌公司的策略不一致。

4. 对于媒介策略的问题，金花公司每年都会接受媒体的采访，嘉煌公司提供的该次采访是在2016年金花公司获评为中国茉莉花茶品牌企业时接受人民网的采访，并非以中央电视台为主进行的文化宣传片，与嘉煌公司的媒介策略不一致。

5. 对于以茉莉花茶为主导的问题，名优花茶畅销茶综合发展是金花公司长期以来就已经进行的产品线规划，金花公司所生产的茉莉花茶属于企业主打产品，并且在2014年至2016年连续获评为中国茉莉花茶十大品牌企业，以茉莉花茶为主导兼顾其他名优茶，是嘉煌公司直接引用金花公司的产品规划，不属于嘉煌公司独创的智力成果。

（八）其他情况

金花公司与案外人于2016年7月16日订立了《金花茶业包装设计合同书》，约定金花公司委托案外人负责“金花”品牌产品包装设计事项，服务时间为2016年7月26日至2017年7月25日。金花公司并支付了相应的广告制作费。

本院认为：嘉煌公司、金花公司于2015年12月4日订立之服务期限为六个月的《品牌营销策划委托协议书》系双方真实意思表示，内容没有违反法律、法规的禁止性规定，为合法有效。在合同的履行期限内，双方应根据合同的约定，全面、适当履行各自的合同义务。

在民事诉讼中，当事人对自己提出的诉讼请求所依据的事实有责任提供证据加以证明，没有证据或者证据不足以证明当事人的事实主张的，负有举证责任的当事人应承担不利的后果。本案应根据双方当事人提交的证据，确定存在的法律事实与法律关系。

一、本案讼争合同之性质

《中华人民共和国合同法》第三百五十六条第一款规定：技术咨询合同包括就特定技术项目提供可行性论证、技术预测、专题技术调查、分析评价报告等合同。第三百五十七条规定：技术咨询合同的委托人应当按照约定阐明咨询的问题，提供技术背景材料及有关技术资料、数据；接受受托人的工作成果，支付报酬。第三百五十八条规定：技术咨询合同的受托人应当按照约定的期限完成咨询报告或者解答问题；提出的咨询报告应当达到约定的要求。《最高人民法院关于审理技术合同纠纷案件适用法律若干问题的解释》第三十条规定：合同法第三百五十六条第一款所称“特定技术项目”，包括有关科学技术与经济社会协调发展的软科学研究项目，促进科技进步和管理现代化、提高经济效益和社会效益等运用科学知识和技术手段进行调查、分析、论证、评价、预测的专业性技术项目。本案中，根据讼争合同的约定，嘉煌公司根据金花公司的需要为其提供专业化、高水准的品牌营销策划服务，以提高金花公司的管理现代化水平；金花公司接收工作成果，并向嘉煌公司支付相应服务费作为对价。结合双方的履行特征，讼争合同的性质应属于技术咨询合同。至于金花公司抗辩称讼争合同性质为承揽合同的依据特征不明显，本院不予采纳。

二、关于本诉部分

（一）金花公司应否依约向嘉煌公司支付未付服务费8万元的问题

1. 金花公司提出之委托要求的范围确定

根据技术咨询合同的性质，讼争合同中嘉煌公司应履行的合同义务，是依照书面合同的约定或双方以其他形式形成的合意，由金花公司依约提出并阐明委托要求，即需要咨询的问题，由嘉煌公司根据其要求提供相应服务。因此，本案首先应当确定的是，金花公司提出的委托要求是否在讼争合同约定的范围内。

根据双方在诉讼中归纳确认的金花公司委托之市场调查、品牌战略规划、品牌创意（品牌设计）、品牌营销策划、整个营销传播等5项内容，结合双方提供的证据与在庭审中的陈述，本院认为如下：（1）对于双方认可的属于讼争合同约定的事项，本院予以确认。（2）对于双方存在异议的“市场调查”事项，嘉煌公司已经提交了最终的市场调查结果，履行了讼争合同第1.1.1条约定之施行“具体项目调查”的义务；至于金花公司认为还需要提供相应的调查问卷等调查过程的资料，没有合同依据，本院不予采纳。（3）对于双方存在异议的“品牌战略规划”事项，嘉煌公司仅对“品牌故事”有异议。对此，翁某源曾在2016年7月19日向乔某洋发送手机短信提及希望在“老横州故事上插入公司的简介和图片”，乔某洋对此进行了回复并在此后提及“圣山景区和圣山茶要不要宣传一下”，于2016年7月20日向金花公司发送了圣山文字。因此，该“品牌故事”，即“老横州故事”的相关委托事项在合同期内发生，且与讼争合同约定的品牌营销策划之服务性质具有密切关联性，应属于讼争合同内容。（4）对于双方存在异议的“品牌创意”中的“厂区规划建设、企业内外部建设环境、专卖店地坪系统、配电及照明、材料、估价、专卖店管理”，“品牌营销策划”中的“价格、渠道、推广”，“整合营销传播”中的“网站开发建设、微商城、网络软文推广、创建百度百科、搜索引擎优化、电视、广告创意拍摄”等事项，根据讼争合同的性质，嘉煌公司提供品牌营销策划服务的功能是辅助金花公司优化其商业运营模式，至于金花公司如何将嘉煌公司所提供的成果运用至其实际经营活动中并达到一定的商业目的，属于金花公司自主性的经营行为。嘉煌公司对上述事项均提出了相关建议，其在提供相关成果后，金花公司如何利用上述成果进行推进与运营，应由金花公司自行根据公司实际经营状况进行调整与适用。金花公司现将嘉煌公司在所提交成果中提到的所有建议内容均列为嘉煌公司须每项细化并实行的内容，实质上混淆了嘉煌公司提供策划的辅助性服务行为与其自身的自主经营行为，且等同于将嘉煌公司的服务内容无限延伸，该主张并不符合讼争合同的约定。若将金花公司的经营行为全部归咎于嘉煌公司提供服务的行为，以及以此作为支付服务费的要件，将导致讼争合同权利义务的明显失衡，亦与讼争合同约定不符。因此金花公司认为“品牌创意”“品牌营销策划”“整合营销传播”的上述争议内容属于讼争合同约定的内容没有依据，本院不予采纳。

2. 嘉煌公司交付的成果符合讼争合同之约定

讼争合同约定的付款条件为“金花品牌策划设计完毕之后三个工作日内”。由于双方在本案中对“金花品牌策划设计完毕”的标准没有进行约定，即该品牌策划设计质量并没有约定客观的验收标准，从而导致嘉煌公司、金花公司在本案中对于嘉煌公司所提交的成果是否符合付款条件产生争议。根据《中华人民共和国合同法》第六十二条第（一）项之规定，“当事人就有关合同内容约定不明确，依照本法第六十一条的规定仍不能确定的，适用下列规定:(一) 质量要求不明确的，按照国家标准、行业标准履行；没有国家标准、行业标准的，按照通常标准或者符合合同目的的特定标准履行”。根据上述法律规定，结合讼争合同约定与从事相关咨询服务行业的一般理性人标准，其检验法可从以下主、客观因素综合考虑:（1）该成果的内容与性质应符合讼争合同约定之品牌营销策划服务的要求；以及（2）嘉煌公司作为受托人，履行合同时应秉持谨慎、专业态度，并与其所在行业的一般合理水平相符。

首先，根据嘉煌公司向金花公司提交的《金花茶业品牌营销策划方案》、《金花招商手册（金花新征程财富宣言书）》、《金花产品线》、《金花茶叶的品牌推广》、《金花百度百科》、软文、《保留“金花茶业”现有厂区的意义》、《茶语》、《金花圣茶谷》、《对错误营销思路的批判》、《〈招商手册〉的修改说明》、《老横州故事》前言与序言的校对、《标志设计与说明》、VI(视觉识别系统)、《产品手册(第一稿)》、《产品手册(第二稿)》、《文化手册（第一稿）》、《文化手册（第二稿）》、《招商手册（印刷品）》、广告、网络效果图、五款包装设计、九款包装设计、卡片、SI（标准识别系统）等营销策划文案与设计方案，除了部分《茶叶市场分析》等内容为网上原文，作为营销辅助阅读材料外，其他并没有证据显示属于金花公司抗辩的“只是草草地在网上摘抄了一些所谓的策划方案”之情形。至于金花公司抗辩称提交的成果没有包含嘉煌公司的核心创意及思想，根据嘉煌公司提供的证据显示，其提供的成果是对金花公司的商业经营活动进行了一定的调查、分析、论证、评价、预测等行为，其提交的成果具有一定的智力创造高度，能够体现其一定的智力判断与选择。审视嘉煌公司提交的成果，已经足以体现嘉煌公司利用其自身经验与技术作出的富有个性的判断和选择，故所交付成果符合讼争合同约定的基本功能性要求。现金花公司仅以单方主观判断不满意为由拒绝支付剩余服务费，但对于成果是属于一般质量问题还是重大问题且无法通过修改完成，金花公司未能举证证明，也未能向本院作出合理解释，故金花公司该抗辩事实和法律依据不足，本院不予支持。

其次，根据双方提交的电子邮件、手机短信等证据，嘉煌公司在合同签订后，依约向金花公司交付了相应成果，并长期保持与金花公司的沟通，亦依照金花公司的要求提供服务，如对意见进行及时反馈、对提交成果进行及时修改、对金花公司的经营活动进行指导等，足以认定嘉煌公司履行讼争合同义务的行为，与其所在行业的一般合理水平相符。

3. 本案已满足讼争合同约定之付款条件

首先，根据讼争合同第二条第1.1.1、1.2.3、2.2.2之约定，金花公司在合同有效期内有权对嘉煌公司的工作进度和质量提出意见或建议，该意见或建议应客观具体；同时，嘉煌公司有义务根据金花公司的意见反馈进行调整，进而得到金花公司的确认。据此可见，履行讼争合同的特殊性在于需要双方当事人的相互协助，即当事人双方的义务之间具有较高的依赖性。嘉煌公司按照约定提供合格的服务成果是其合同义务，但该义务不可能单独完成，还必须依赖于金花公司履行义务符合约定，即按照约定布置工作任务、对交付成果提出修改意见并予以确认。金花公司在履行上述义务时，履行时间与履行方式均应具有合理性，即履行义务时间应在合同期内，要求嘉煌公司对成果进行调整修改的区间应在合理期限内，且该要求的方式应为客观具体。

现嘉煌公司于2016年7月20日通过电子邮件发送了相关成果，并在手机短信中表示“文案策划就结束了，整个合作项目也就结束了”，金花公司的员工对此亦予以确认。此后，双方主要就“老横州故事”、企业宣传等其他事宜进行沟通，但没有证据显示金花公司对嘉煌公司所提交的成果，尤其是产品设计部分提出过异议或客观具体的修改意见、建议等。直至2016年8月29日金花公司才首次提出嘉煌公司“整个设计基本都不合规格”，并在此后提出相关具体修改意见，后再至2016年10月14日，金花公司才对整个策划、设计方案提出异议。纵观双方在合同正常履行期间的成果提交、建议、回复等沟通十分紧密，多在一周左右时间完成，审视嘉煌公司在2016年7月20日提交成果，至8月29日金花公司对设计部分提出异议，再到2016年10月14日金花公司对整个成果予以否定的过程，由于金花公司在2016年7月20日已经对成果进行了接收，并结合其在当时及其后的合理期限内没有表示任何异议或使用客观具体的方式提出修改意见的情况，嘉煌公司主张其于2016年7月20日交付了相应服务成果，且讼争合同于此时届满具有一定的合理性，本院予以认可。此外，结合嘉煌公司提供的证据与庭审中的陈述显示，金花公司已经实际使用了部分成果，该行为亦可进一步印证其对上述成果已经予以接收。

其次，结合金花公司与案外人于2016年7月16日订立的《金花茶业包装设计合同书》，可显示早在2016年7月16日，金花公司已经另行委托他人设计其产品包装用于东盟博览会。由此可推断，金花公司若对嘉煌公司提交的产品包装设计质量之异议真实存在，其产生异议并提出的时间应在2016年7月16日之前，但未有证据显示金花公司在上述B期前曾经向嘉煌公司提出过任何异议，或者根据法律规定解除全部或部分合同，尤其是关于产品包装设计方面的合同约定。现金花公司直至2016年8月29日才对设计部分提出异议，至10月14日才否定嘉煌公司的整个策划方案，该行为既不符合双方履行合同中形成的交易习惯，也不具有合理性。

综上，由于讼争合同约定的“金花品牌策划设计完毕之后三个工作日内”之付款条件已经于2016年7月20日成就，故金花公司应依约于2016年7月25日前向嘉煌公司支付剩余的服务费8万元。

（二）金花公司应否向嘉煌公司支付余下服务费8万元之利息的问题

根据《中华人民共和国合同法》第一百零七条之规定，当事人一方不履行合同义务或者履行合同义务不符合约定的，应当承担继续履行、采取补救措施或者赔偿损失等违约责任。金花公司存在逾期支付服务费之违约行为，故依法应承担相应的违约责任。考虑到双方对该项违约责任的赔偿数额或计算方式没有约定，以及金花公司未如期付款的客观原因在于双方对嘉煌公司提交的成果是否符合付款条件存在争议。结合嘉煌公司的主张，本院将该逾期付款违约金调整为以8万元为计算基数，从2016年7月26日起计至2016年12月6日止，按中国人民银行同期同档次贷款基准利率标准计算。

（三）嘉煌公司能否向金花公司主张增加工作量的费用9万元的问题

首先，根据嘉煌公司主张，其增加的工作内容之第1~6项均在合同期内发生，且与讼争合同约定的品牌营销策划之服务性质具有密切关联性，尤其是对于第4.5项，嘉煌公司亦在邮件中表示为“额外送给金花的”，故上述成果并不能认定为超出讼争合同约定的范围，不属于增加的工作量。

其次，对于嘉煌公司主张的第7~8项。该两项工作虽然发生在合同期届满后，但关于《老横州故事》校对，嘉煌公司的法定代表人乔某洋在2016年8月6日向翁某源发送的手机短信中提及该校对工作，并表示“愿意帮忙看一看”，没有提出过索要额外报酬的要求。关于产品包装，嘉煌公司在2016年9月4日晚上向金花公司发送的电子邮件中，表示“这11款包装设计马上就可以安排。收到尾款，我们肯定会把这11款包装设计好，并负责修改”，亦没有提出过索要额外报酬的要求。《老横州故事》的校对及11款包装设计工作没有全部完成，金花公司亦没有进行确认、接收、使用，故亦无须支付相应对价。因此，结合嘉煌公司在合同履行期间对上述工作内容自行作出的意思表示，以及工作完成、接收的实际情况，嘉煌公司现主张金花公司支付增加工作量的报酬缺乏依据，本院不予支持。

三、关于反诉部分

金花公司能否以根本违约为由解除讼争合同的问题。金花公司在本案中主张嘉煌公司存在违约行为并要求解除合同之依据为：嘉煌公司没有按合同约定在合理期限内提交合格的品牌策划报告，无法满足其合同目的。金花公司并在庭审中表示，双方订立合同的目的在于在2016年9月下旬至10月上旬之间开展的东盟博览会上，使用新的设计形式展现其公司的企业文化、战略布局、产品等，但嘉煌公司未能如期提交产品外包装设计等成果。

首先，基于合同是双方一致合意的协议，故合同目的应为双方协商一致的共同目的，而非任何一方主张的单方目的。讼争合同仅约定合同目的为嘉煌公司提供专业化、高水准的品牌营销策划服务，而无论是合同约定，还是双方履行过程中的多种形式的沟通往来中，均未体现有金花公司须将成果用于某个时间举行的东盟博览会中，亦未体现有嘉煌公司对此情况知晓。因此，金花公司认为其合同目的为将嘉煌公司的成果用于东盟博览会，该交付成果的时间具有一定时效性之主张没有依据。

其次，由于金花公司在合同履行过程中存在迟延付款之情形，双方对所交付的成果亦存在多次交换修改意见，最终方案需双方进一步协商确定。结合上述因素，扣除了金花公司的延期付款，以及提出修改、确认方案周期，合同履行时间区间的延长不能归因于嘉煌公司一方的原因，故不能据此认定嘉煌公司存在逾期交付成果的行为。

再次，如前所述，结合金花公司所提交的证据以及庭审陈述，尚不足以证实嘉煌公司交付的成果存在影响合同履行的根本性质量问题。嘉煌公司依约向金花公司交付了相应的成果，该成果亦基本满足了为金花公司提供品牌营销策划服务的需求。现金花公司仅以单方主观判断不满意，未达到其合同目的为由主张嘉煌公司根本违约，其事实和法律依据不足，本院不予支持。

综上所述，依照《中华人民共和国民事诉讼法》第六十四条第一款，《中华人民共和国合同法》第五条、第八条、第四十五条第一款、第六十一条、第六十二条第（一）项、第九十四条、第九十七条、第一百零七条、第一百零九条、第一百一十三条第一款、第三百五十六条第一款、第三百五十七条、第三百五十八条，《最高人民法院关于审理技术合同纠纷案件适用法律若干问题的解释》第三十条之规定，判决如下：

一、被告（反诉原告）广西金花茶业有限公司应于本判决生效之日起立即支付原告(反诉被告)广州嘉煌品牌策划有限公司服务费人民币8万元及利息(利息以8万元为本金，从2016年7月26日起计至2016年12月6日止，按中国人民银行同期同档次贷款基准利率标准计算)；

二、驳回原告（反诉被告）广州嘉煌品牌策划有限公司的其他诉讼请求；

三、驳回被告（反诉原告）广西金花茶业有限公司的全部诉讼请求。

如果未按本判决指定的期间履行给付金钱义务，被告应当依照《中华人民共和国民事诉讼法》第二百五十三条之规定，加倍支付迟延履行期间的债务利息。

本案受理费3857元，由原告（反诉被告）广州嘉煌品牌策划有限公司负担2122元，被告（反诉原告）广西金花茶业有限公司负担1735元；反诉费2300元，由被告（反诉原告）广西金花茶业有限公司负担。

如不服本判决，可在判决书送达之日起十五日内，向本院递交上诉状，并按对方当事人的人数提出副本，上诉于广州知识产权法院。

审　判　长　张志荣
审　判　员　梁　颖
人民陪审员　吴伯南
二〇一七年十二月十四日
法官助理　肖晓雪
书　记　员　李燕云

罗某超诉广州岭南电缆股份有限公司劳动合同纠纷民事判决书

广东省广州市南沙区人民法院
民 事 判 决 书

（2017）粤0115民初1344、1482号

原告［（2017）粤0115民初1482号案被告］：罗某超，男，出生日期略，汉族，住址略，公民身份号码略。

委托代理人：韩某、龙某敏，均系广东天穗律师事务所律师。

被告［（2017）粤0115民初1482号案原告］：广州岭南电缆股份有限公司，住所地略，统一社会信用代码略。

法定代表人：汪某峰，职务：董事长。

委托代理人：刘某东、谢某，均系国信信扬律师事务所律师。

原告罗某超诉被告广州岭南电缆股份有限公司（以下简称岭南电缆公司）劳动合同纠纷一案以及原告岭南电缆公司诉被告罗某超劳动合同纠纷一案，本院分别立案受理后，依法组成合议庭，公开开庭并案进行了审理。罗某超及其委托代理人韩某、龙某敏，岭南电缆公司的委托代理人刘某东、谢某到庭参加了诉讼。本案现已审理终结。

罗某超起诉称：2009年3月2日起，罗某超与岭南电缆公司共签订四份书面劳动合同，期限分别自2009年3月2日至2009年5月25日，自2009年5月26日至2010年5月25日，自2010年5月26日至2013年5月25日，自2013年5月26日至2016年5月25日。2015年9月17日起，岭南电缆公司不安排罗某超工作，让罗某超自2015年9月17日放假至2016年2月20日。罗某超在放假期间继续完成之前为岭南电缆公司销售的催款、收款工作。岭南电缆公司营销管理制度规定销售经理的基本工资为2000～3000元／月，通讯费补贴200元／月，汽车补贴800元／月，即最低每月工资为3000元。岭南电缆公司2016年1月只支付罗某超1301.64元，2016年2月岭南电缆公司未支付罗某超工资。2016年12月，广州市番禺区人民法院（以下简称番禺法院）判决岭南电缆公司应向罗

某超支付2014年7月23日至同年12月9日期间代表岭南电缆公司与广州智光电气股份有限公司（以下简称智光电气公司）所签订21份合同的提成款212076元，加上岭南电缆公司在此期间向罗某超已支付的提成款124641.9元、扣留保证金33677.19元，合计370395.09元。2014年8月至2015年7月，岭南电缆公司向罗某超发基本工资30965.10元。2014年10月9日，罗某超代岭南电缆公司与广州协鑫蓝天燃气热电有限公司（以下简称协鑫蓝天公司）签订买卖合同，合同总额8841303元（8339400元+501903元），岭南电缆公司负责人批准按照4‰给付罗某超提成35365.21元（8841303元×4‰），该合同货款于2016年2月2日全部收齐；罗某超代岭南电缆公司与智光电气公司签订的编号为ZG1405J096、ZG1405J125、ZG1406J052、ZG1407J051、ZG1406J078五份合同差价37519.11元；2015年4月10日，罗某超代岭南电缆公司与常州西电变压器有限责任公司（以下简称常州西电公司）签订买卖合同，合同金额7150元，差价提成1170元；2015年4月22日，罗某超代岭南电缆公司与广州港股份有限公司签订买卖合同，合同金额48338.65元，差价提成939元；上述四个单位的销售差价提成合计74993.32元（35365.21元+37519.11元+1170元+939元）被岭南电缆公司扣留至今未支付。2015年度罗某超完成825.6万元销售业绩，按照岭南电缆公司2015年的销售制度包干2%的提成计算，岭南电缆公司应支付罗某超2015年度销售提成165120元。罗某超在岭南电缆公司收入超过广州地区2015年度职工月平均工资为6764元的三倍，赔偿金应按照上一年职工月平均工资的三倍计算。2016年2月16日，岭南电缆公司在未提前一个月通知罗某超的情形下，违法解除与罗某超之间的劳动关系，故岭南电缆公司应按照《劳动合同法》第四十七条、第四十八条、第八十七条的规定支付罗某超自2009年3月2日至2016年3月15日7年1个月赔偿金为304380元（6764元/月×3倍×7.5个月×2倍）。岭南电缆公司未提前一个月通知罗某超就在2016年2月16日擅自解除与罗某超的劳动关系，应发给罗某超一个月工资的代通知金20292元及2016年1月份、2月份未发的工资39282.36元（20292元/月×2个月—1301.64元）。综上所述，岭南电缆公司违法解除与罗某超的劳动关系，应该支付罗某超工作期间的工资、未提前一个月通知解除劳动关系的代通知金、赔偿款以及提成款。罗某超因不服广州市劳动人事争议仲裁委员会（以下简称广州市仲裁委）于2017年2月16日作出的穗劳人仲案〔2017〕151号仲裁裁决，依法提起诉讼，罗某超的诉讼请求为：1.判令岭南电缆公司支付罗某超2016年1月1日至2016年2月28日的工资39282.36元；2.判令岭南电缆公司支付罗某超代通知金20292元；3.判令岭南电缆公司支付罗某超2014年7月1日至2014年12月31日的风险金33677.19元；4.判令岭南电缆公司支付罗某超2015年1月1日至2015年12月31日的包干提成款165120元；

5. 判令岭南电缆公司支付罗某超2014年1月1日至2016年2月28日的未发销售差价提成74993.32元；6. 判令岭南电缆公司支付罗某超2009年3月2日起至2016年3月15日止非法解除劳动关系的赔偿金304380元；7. 本案诉讼费用全部由岭南电缆公司承担。

岭南电缆公司答辩称：一、针对罗某超的第一项诉讼请求。根据岭南电缆公司提交的2016年工资支付凭证，可以证明岭南电缆公司已足额发放罗某超2016年1月（含1月份）之前的工资，因罗某超与岭南电缆公司存在提成以及借款结算问题，而且罗某超在离职后未与岭南电缆公司办理离职手续，故2月份工资未进行结算，但结合其应当承担的包干提成等费用，岭南电缆公司也不存在拖欠其2月份的工资。二、针对罗某超的第二项和第六项诉讼请求。1. 根据岭南电缆公司提交的证据18、19、20、23，可以证明罗某超在跟进业务的过程中存在严重违反公司规章制度的行为，对此罗某超已向岭南电缆公司作出深刻检讨，承认错误，根据罗某超签署的《员工手册》第5.5.3.2条的规定，岭南电缆公司有权辞退罗某超；2. 仲裁裁决书裁决岭南电缆公司需要支付赔偿金的原因是认为岭南电缆公司没有对主张的损失承担举证责任，岭南电缆公司对此不予认可，岭南电缆公司在仲裁庭审时已明确告知仲裁庭，智光电气公司的30多万元是在货款中直接抵扣的，因此岭南电缆公司没有办法举证证明，也明确告知仲裁庭岭南电缆公司可以与智光电气公司对账，庭后岭南电缆公司也找到智光电气公司对账确认30多万元在货款中进行抵扣，见岭南电缆公司提供的证据23；3. 根据罗某超提交的番禺法院的一审民事判决书，该案还在上诉中，一审判决认为罗某超在跟进智光电气公司的业务中存在过错，需要承担30%的责任，即使按照一审判决认定，岭南电缆公司也是可以按照《员工手册》第5.5.3.2条的规定辞退罗某超，岭南电缆公司作出辞退的决定符合劳动法的规定。三、针对罗某超的第三项诉讼请求。首先，根据2014年《营销管理制度》第五条第（八）项的规定，支付风险金的条件必须是离职且办完所有手续后一次性予以返还；其次，根据岭南电缆公司提交的第三组证据可以证明在扣除罗某超需要承担的工资和报销费用、偿还公司的借款及扣除罗某超提到的智光电气公司的五份合同所产生的差价，岭南电缆公司无须支付该风险金33677.19元。四、针对罗某超的第（4）项诉讼请求。罗某超计算提成款的方式是错误的，其提到的合同总额825.6万元，其中有部分的合同是2014年的合同，根据2014年《营销管理制度》第六条第2款的规定，业务提成是按公司领导批准的4‰计算，而不是罗某超提及的2%计算，在罗某超提交的合同中也有载明是按4‰计算提成。根据2014年《营销管理制度》第四条的规定，业绩提成的计算是以业绩回款为依据，而根据罗某超提交的证据在2015年8月25日前，上述回款金额为3260759.85元，结合岭南电缆公司提交的证据12，罗某超2015年提成总额为13899.85元。根据2015年《营销管理制度》第十一条第2.6款和第5.2款的规定，最低工资之外的部分由罗某超承担，其借用的备用金5000元也应当予以扣除。五、针对罗某超的第五项诉讼请求。1.其中智光电气公司的五份合同在番禺法院审理的(2016)粤0113民初1078号案件中已经作为证据提交；2.事实上该五份合同本身也不存在差价，对于其跟进的智光电气公司的十多份合同中，其擅自降低标准，导致交货不符合合同约定的标准，购买方已经将差价款315062.43元在货款中予以抵扣，见岭南电缆公司提交的证据23。罗某超跟进的智光电气公司的十多份合同中，差价已经在货款中进行冲抵，这批货物没有了差价，如果岭南电缆公司再给罗某超发差价，会导致岭南电缆公司遭受两次损失，无论原因和过错是罗某超一人造成还是岭南电缆公司亦需要承担一定的过错，但支付差价的前提条件是上述合同有差价，如果没有差价，就不存在差价分担的问题，番禺法院在（2016）粤0113民初1078号案件中认为罗某超承担30%，岭南电缆公司承担70%的认定是错误的。罗某超主张常州西电公司的差价也是没有依据的，根据《营销管理制度》的规定及罗某超提交的有差价的订单的惯例，必须有公司财务领导审批的《内部结算单》，如果有差价罗某超手上会有《内部结算单》，本案中罗某超没有提交常州西电公司的《内部结算单》，故罗某超提出要支付该部分的差价提成是没有依据的。

岭南电缆公司不服同一仲裁裁决向本院提起诉讼，岭南电缆公司起诉称：罗某超自2009年与岭南电缆公司建立劳动关系，在职期间，因罗某超的过错导致岭南电缆公司的供货不符合约定，购货方智光电气公司从应付给岭南电缆公司的货款中，扣除了问题订单的差价共计315062.43元。岭南电缆公司收到智光电气公司的处罚通知后，向罗某超出具处罚通报，没收罗某超经办的智光电气公司业务的所有未结算部分的差价，并对已结算部分的差价进行追缴。罗某超收到处罚通报后，认可处罚内容，并向岭南电缆公司出具《检讨书》。2015年9月，罗某超向广州市仲裁委申请仲裁，提出要求岭南电缆公司支付智光电气公司订单的差价等仲裁请求，岭南电缆公司为调查相关事实，对罗某超发出放假通知，放假期间一直按规定发放工资。在广州市仲裁委作出驳回罗某超仲裁申请的裁决后，岭南电缆公司根据《劳动合同法》及公司规章制度的规定对其作出辞退处理。2016年12月20日，罗某超再次向广州市仲裁委提出仲裁申请，广州市仲裁委作出穗劳人仲案〔2017〕151号仲裁裁决书，岭南电缆公司认为，广州市仲裁委在认定事实和适用法律方面存在以下错误，应予纠正：一、岭南电缆公司辞退罗某超的行为，无论在法律规定还是公司规章制度的层面上，都是合法的，不应视为违法解除，也无须支付赔偿金。广州市仲裁委认定岭南电缆公司违法解除劳动合同，属事实认定错误，应予纠正。1. 罗某超在处理智光电气公司订单过程中存在过错，是客观事实。罗某超在《检讨书》中自认其违反公司规定，存在过错，穗劳人仲案〔2015〕3391号仲裁裁决书也对上述事实进行了认定。2. 根据法律和公司规章制度的规定，岭南电缆公司有权辞退罗某超，本案不应认定为违法解除劳动关系。罗某超存在的前述过错行为严重违反公司规章制度，且对公司造成严重损失，根据《员工手册》第5.5.3.2条第（9）项之以及《劳动合同法》第三十九条第二款、第三款之规定，岭南电缆公司有权辞退罗某超。二、穗劳人仲案〔2017〕151号裁决书的第二项关于支付差价的裁决内容，属于对另案已处理事项的重复裁决，且该五份合同事实上也没有差价，法院应撤销该项裁决。1. 相关订单本身不存在差价。罗某超在智光电气公司的业务中擅自降低生产标准，导致岭南电缆公司交付的货物不符合标准，智光电气公司已将差价款315062.43元冲抵了货款，若岭南电缆公司向罗某超支付该批货物的差价，岭南电缆公司将遭受两次损失，显然不公平。2. 岭南电缆公司不发放相关订单的差价、对已发放的差价予以追缴，是罗某超已经认可的处理方式。智光电气公司提出异议后，岭南电缆公司发出了没收差价的处罚通报，该处罚针对与智光电气公司相关的全部订单，罗某超也出具亲笔签名的《检讨书》，对过错事实及处罚结果予以认可。3. 罗某超关于差价的请求已在另案中予以处理，属重复起诉。罗某超针对该五份合同主张差价的请求，与罗某超在穗劳人仲案〔2015〕3391号仲裁案中主张差价的请求重复，罗某超在穗劳人仲案〔2015〕3391号提交的证据中包括该五份合同，根据一事不再理的原则，关于差价的请求也不应予以支持。三、常州西电公司的销售合同没有差价提成。根据《营销管理制度》的规定及公司惯例，有差价的订单都有经公司领导审批同意的《内部结算单》，而常州西电公司的销售合同不存在差价，因此也没有相应的《内部结算单》。广州市仲裁委以岭南电缆公司“未提交任何证据证明该业务不存在差价提成”为由，支持罗某超关于差价的请求，属于举证责任分配错误。根据举证规则，对于主张法律关系存在的一方，也即罗某超应当举证证明该业务存在差价提成。四、根据《营销管理制度》的规定，罗某超已超额提取2015年的业绩提成，多提取的金额足以抵扣其主张的风险金、工资，故广州市仲裁委关于岭南电缆公司向罗某超支付风险金33677.19元、工资906元的内容错误。罗某超2015年提成总额为13899.85元，已报销费用共计9042元，应承担工资为5807元，罗某超向岭南电缆公司借备用金5000元，根据《营销管理制度》的规定，应于离职时一并结算归还。加上罗某超已收取的智光电气公司差价43714.18元应予追缴。故岭南电缆公司非但不需要向罗某超支付任何款项，罗某超还应向岭南电缆公司归还49663.33元。综上，原裁决部分错误，请求法院依法查明事实，支持岭南电缆公司的全部诉讼请求，岭南电缆公司的诉讼请求：1. 判令岭南电缆公司无须向罗某超支付2016年2月1日至2016年2月16日的工资906元；2. 判令岭南电缆公司无须向罗某超支付智光电气公司五份合同（合同编号：ZG1405J096、ZG1405J125、ZG1406J052、ZG1407J051、ZG1406J078）的差价提成37519.11元；3. 判令岭南电缆公司无须向罗某超支付常州西电公司一份销售合同（2015年4月10日签订）的差价提成1170.92元；4. 判令岭南电缆公司无须向罗某超支付自2014年7月1日至2014年12月31日期间的风险金33667.19元；5. 判令岭南电缆公司无须向罗某超支付违法解除劳动关系赔偿金31388元；6. 判令本案全部诉讼费用由罗某超承担。

罗某超答辩称：1. 穗劳人仲案〔2015〕3391号仲裁裁决结果已被番禺法院作出的（2016）粤0113民初1078号民事判决书予以改变，同时依据岭南电缆公司2015年《营销管理制度》第二条第4款对营销人员行为规范的规定以及第四条第2.3.3款对销售经理岗位责任的规定，罗某超并无下单权，因此，岭南电缆公司主张罗某超擅自降低生产标准造成其损失与事实不符。根据2015年《营销管理制度》第七条第3款的规定并结合番禺法院的认定，罗某超不可能擅自降低生产标准，罗某超所有行为均是按照岭南电缆公司的规章制度进行和得到岭南电缆公司的许可。2. 岭南电缆公司在2015年9月给予罗某超放假处理，罗某超不可能在2016月1月4日还向岭南电缆公司借支5000元备用金，借支单上借款人罗某超的签名是岭南电缆公司其他人员签署的，该证据也证明岭南电缆公司在整个经营过程中存在变造、伪造相关证据的事实。3. 依据岭南电缆公司主张的证据第92页至第113页智光电气公司的订购合同及统计表，上面的交货日期均为2014年4月至9月之间，而《订购合同》第八条明确注明需方在收货地按标准检验合格后收货，所列21份合同在备注中均有注明合同和电缆的实际使用单位，该组证据证明智光电气公司向岭南电缆公司主张罗某超在其签订合同过程中，实际使用客户发现电缆质量缺陷，但是岭南电缆公司没有举证证明实际使用单位，也就是第93页、第94页上注明的相关单位向智光电气公司发出质量异议的书面材料，同时岭南电缆公司与智光电气公司在2015年4月份作出相关联络单，距离合同履行一年之久，恰恰是发生在2015年智光电气公司收购岭南电缆期间，智光电气公司认为上述21份合同有差价异议，纯属岭南电缆公司与智光电气公司自编自导的骗局，也与岭南电缆公司《营销管理制度》中明确规定相关的合同签订生产的流程不相符。4. 依据21份合同和罗某超主张的智光电气公司五份合同中，有岭南电缆公司主张的21份合同中有五份合同相吻合，该五份合同的编号是7—11，罗某超在情况表中看到岭南电缆公司统计的罚款金额为315062.43元，罗某超主张的未付差价提成是37519.11元，在罗某超主张的番禺法院民事判决中认定的差价提成为230325元，从这组证据中可以证实罗某超主张的智光电气公司37519.11元的差价并不包含在番禺法院处理的上一个案件中，岭南电缆公司主张罗某超重复主张差价是与上述证据不相符。5. 依据罗某超提交岭南电缆公司的2015年《营销管理制度》第十一条第2.6款中明确注明了市场部人员的工资指发放给销售人员的工资，如属于公司员工都享有的福利、社保、住房公积金及当地政府规定最低工资标准，不纳入费用包干计算，列入公司开支，这与岭南电缆公司主张的所有的订单都应该由公司领导审批的内部结算单是相符的，证明岭南电缆公司向员工发放的只有最低工资、社保、住房公积金而没有其他费用，其他费用均来自其他差价提成，这也证明所有差价提成均属公司行为，而不属于罗某超的个人行为，岭南电缆公司的主张与岭南电缆公司的公司制度和销售情况是不相符的，应当驳回岭南电缆公司的诉讼请求。

经审理查明：岭南电缆公司于1995年12月19日成立，类型为其他股份有限公司(非上市)，营业期限1995年12月19日至长期。

罗某超于2009年3月2日入职岭南电缆公司，入职初期担任司机，2013年5月26日起岗位变更为采购部管理人员，双方分别签订了期限从2009年3月2日至2009年5月25日的试用期协议书，2009年5月26日至2010年5月25日、2010年5月26日至2013年5月25日、2013年5月26日至2016年5月31日的劳动合同，最后一份劳动合同约定罗某超实行标准工时制，正常工作时间工资为1550元/月。罗某超的工资由基本工资、绩效工资、通讯补贴、车补、差价及提成构成；其中基本工资、绩效工资总额为2500元，另有通讯补贴200元、车补800元；差价及提成根据销售情况计算，岭南电缆公司每月中旬通过中国工商银行、中国建设银行转账发放上月基本工资，另通过中国银行转账发放上月提成款。

岭南电缆公司为规范其销售业务，制订了《营销管理制度》。岭南电缆公司制订的2014年版《营销管理制度》第五条第（五）项第1小点规定，有差价销售：由综合部统一制单，逐级审核，并在次月15日前完成差价提取，分批回款分批结算，如有质保金部分，最多结至总差价的80%；第五条第（六）项第1小点规定，年度销售任务按《年度销售任务分解表》执行，并以月实际回款为准；第五条第（八）项规定，业务经理的保证金为10万元，每次从差价或提成中提取20%，直到积满为止，离职时待所有手续办完后一次性无息返回；第六条第1款规定，中低压电缆公司公布面价，以面价下浮38%为业务经理的权限，市场总监在此基础上具有下浮2%的权限……第六条第2款规定，高压超高压产品暂不公布价格，由总监以上领导根据公司指导价、区域、竞争对手、客户情况等进行综合报价，并确定经办人的差价或提成。《公司价格表》反映了岭南电缆公司各种型号电缆产品价格。《公司价格表补充说明》第3点规定“生产标准调整：原标准为90折：按国标生产加价10%，按85折生产下调5%，按80折生产下调10%；原标准为85折：按国标生产加价15%，按90折生产加价5%，按80折生产下调5%”；第4点载明了各类产品的企业现行生产标准（均为打折生产）。2015年版《营销管理制度》第四条第2.3.3款规定，销售经理负责所辖客户公司产品的销售及市场推广、销售服务和抽样送检工作，对合同洽谈到货款回收全过程的所有营销有关工作负责；第十一条第1.2款规定，业绩提成比例由部门开发、签订的市场业务，按合同回款总额提成2%费用包干；第十一条第2款规定，费用包干包含业务招待费、通讯费、办公费、差旅费、汽车费用、市场部人员工资；第十一条第3款规定，差价公司以最低限价销售，超出限价部分为差价，差价扣除个人所得税及风险承担原则；第十一条第4.1款规定，差价及提成由财务部计算，营销中心复核，财务总监审核，总经理审批；第十一条第4.2款规定，差价在合同货款回齐后结算，如有质保金，要从差价中扣除质保金，若差价少于质保金的，要待质保金全额到公司后结算，合同货款回齐及时完成差价计提；第十一条第4.3款规定，业绩提成每月根据部门实际回款金额按规定提成比例计算，扣除已先期报销所有费用、开支及奖罚后，得出市场各部应得提成总额。

2015年5月5日，岭南电缆公司作出《关于对营销中心业务人员罗某超的处罚通报》，处罚通报主要内容为：2014年7月23日，营销中心业务人员罗某超代表公司与智光电气公司签订了一份中低压电缆的供货合同，在下生产计划时，罗某超擅自通知降低标准生产，导致岭南电缆公司被需方要求更换产品并赔偿损失60830元；罗某超为谋取占有所谓的差价，擅自降低生产标准，给岭南电缆公司带来经营风险，造成极其恶劣影响；岭南电缆公司决定没收罗某超经办的智光电气公司业务的所有未结算部分的差价，并对已结算的差价进行追缴。

2015年5月11日，罗某超向岭南电缆公司递交《检讨书》作出书面检讨，罗某超表示知悉岭南电缆公司于2015年5月5日对其作出的处罚通报，承认自己的错误行为并表示愿意改正。

2015年8月10日，罗某超向广州市仲裁委申请仲裁，请求确认双方自2013年5月26日起存在无固定期限劳动关系，岭南电缆公司支付未签订无固定期限劳动合同二倍工资差额、提成款及风险金等。广州市仲裁委于2016年1月28日作出穗劳人仲案〔2015〕3391号仲裁裁决书，裁决驳回罗某超全部仲裁请求。罗某超不服该仲裁裁决，已向番禺法院提起诉讼，案号为（2016）粤0113民初1078号。

岭南电缆公司先后于2015年9月16日、2015年10月19日、2015年11月17日、2015年12月31日向罗某超发出《员工放假通知》4份，安排罗某超从2015年9月17日至2015年10月16日以及从2015年10月19日至2016年2月20日放假。岭南电缆公司已支付罗某超2016年1月份工资1301.64元（应发工资1676元，实发工资1301.64元），未支付罗某超2016年2月份工资。

2016年2月16日，岭南电缆公司向罗某超作出《关于辞退罗某超的通知》，岭南电缆公司以罗某超与智光电气公司洽谈业务期间，为谋取占有差价，擅自降低生产标准，给公司带来极大的经营风险和造成极其恶劣的影响为由，根据《营销管理制度》第二条第5款和《员工手册》的规定，对罗某超作出辞退处理。

因发生劳动争议，2016年12月20日，罗某超以岭南电缆公司为被申请人向广州市仲裁委申请劳动仲裁，请求："1. 被申请人支付2016年1月1日至2016年2月19日期间工资40584元；2. 被申请人支付解除劳动关系代通知金20292元；3. 被申请人支付2014年7月1日至2014年12月31日期间的风险金33677.19元；4. 被申请人支付2015年1月1日至2015年12月31日的包干提成款165120元；5. 被申请人支付2014年1月1日至2016年2月19日的未发销售差价提成74993.32元；6. 被申请人支付2009年3月2日至2016年3月15日违法解除劳动关系赔偿金304380元。"2017年2月16日，广州市仲裁委作出穗劳人仲案〔2017〕151号仲裁裁决书，裁决："一、本裁决书生效之日起三日内，被申请人一次性支付申请人2016年2月1日至2016年2月16日的工资906元；二、本裁决书生效之日起三日内，被申请人一次性支付申请人与广州智光电气股份有限公司五份合同（合同编号：ZG1405J096、ZG1405J125、ZG1406J052、ZG1407J051、ZG1406J078）的差价提成37519.11元；三、本裁决书生效之日起三日内，被申请人一次性支付申请人与常州西电公司一份销售合同（2015年4月10日签订）的差价提成1170.92元；四、本裁决书生效之日起三日内，被申请人一次性支付申请人自2014年7月1日至2014年12月31日期间的风险金33677.19元；五、本裁决书生效之日起三日内，被申请人一次性支付申请人违法解除劳动关系赔偿金31388元；六、驳回申请人的其他仲裁请求。本仲裁裁决为非终局裁决。"罗某超和岭南电缆公司均不服该仲裁裁决，在法定期限内向本院提起诉讼。

罗某超主张岭南电缆公司未支付风险金33677.19元，岭南电缆公司对未支付风险金及其数额予以确认，但认为在扣除罗某超需要承担的工资和报销费用、偿还公司借款及扣除智光电气公司五份合同的差价后，岭南电缆公司无须向罗某超支付风险金。

罗某超主张其2015年销售业绩、实际回款额均为825.6万元，按照岭南电缆公司

2015年《营销管理制度》包干提成按2%计算，岭南电缆公司应支付其2015年提成款165120元。为此，罗某超向本院提供了《2015年市场部业务员销售指标完成统计》复印件1份予以证明。《2015年市场部业务员销售指标完成统计》中显示罗某超“销售目标指标：786万元；销售目标折算指标：699.50万元；实际完成数值：825.6万元；完成比例：118.0%”。岭南电缆公司对上述证据的真实性予以确认，亦确认提成是按实际回款计算，但认为2014年合同的提成是按4‰计算，2015年合同的提成是按2%计算。岭南电缆公司主张罗某超在2015年8月25日前的实际回款额为3260759.85元，罗某超2015年应得提成为13899.85元。为此，岭南电缆公司向本院提供了《2015年业务员发货与回款明细》打印件1份，协鑫蓝天公司合同原件2份、送货单原件7份、回款凭证原件5份，电话订货记录表、送货单、业务回单原件各1份，智光电气公司订购合同原件3份、送货单原件3份、银行承兑汇票原件1份，电话订货记录表、送货单、收据原件各1份，产品销售合同、送货单、业务回单原件各1份，《2015年8月20日止未回应收款》原件1份，《2015年业绩统计表》打印件1份，《2015年业绩提成表》原件1份予以证明。《2015年业务员发货与回款明细》其中记载送货数量合计8460米，发货金额总计8256385.55元，发货时间从2015年1月5日至2015年4月29日，2014年11月12日分别回款50190.30元、833940元（注明2014年已计提），2015年1月4日回款7750元，2015年4月10日回款7150元，2015年5月27日回款48338.65元，2015年5月29日回款3197521.20元，2015年12月15日回款2863798.80元，2016年2月2日回款401522.40元，2016年3月25日分别回款2700元、9210.60元、12263.30元、5670元（注明承兑抵减）；两份协鑫蓝天公司与岭南电缆公司签订的买卖合同约定的合同总价款合计8841303元；七份送货单记载的购货单位为协鑫蓝天公司，送货数量合计7635米；五份回款凭证包括两份网上银行电子回单和三份业务回单，由协鑫蓝天公司通过银行转账方式向岭南电缆公司支付货款，其中2014年11月12日转账50190.30元、833940元，2015年5月29日转账3197521.20元，2015年12月15日转账2863798.80元，2016年2月2日转账401522.40元；电话订货记录表记载的订货单位为佛山市达润机电设备有限公司，金额7750元；送货单记载的购货单位为佛山市达润机电设备有限公司，送货金额7750元；业务回单记载佛山市达润机电设备有限公司于2015年1月4日通过银行转账方式向岭南电缆公司支付货款7750元；三份智光电气公司与岭南电缆公司榄核分公司签订的订购合同编号分别为ZG1501C102、ZG1501C131、ZG1502C011，合同总金额合计29843.90元；三份送货单记载的购货单位为智光电气公司，送货金额合计29843.90元；银行承兑汇票出票人为涞源县奥宇钢铁有限公司，出票日期2015年12月1日，出票金额35万元，该承兑汇票被连续背书，最后被背书人为岭南电缆公司榄核分公司；电话订货记录表记载订货单位为常州西电公司，金额7150元；送货单记载的购货单位为常州西电公司，送货金额7150元；收据记载岭南电缆公司2015年4月10日收到常州西电公司电缆款7150元；广州港集团有限公司新风港务分公司与岭南电缆公司签订产品销售合同的金额为48338.65元；送货单记载的购货单位为广州港集团有限公司新风港务分公司，送货金额48338.65元；业务回单记载广州港集团有限公司新风港务分公司于2015年6月3日通过银行转账方式向岭南电缆公司支付货款48338.65元；《2015年8月20日止未回应收款》记载罗某超未回应收款合计4083832.01元；《2015年业绩统计表》中记载罗某超提成总额13899.85元，已报销费用9042元，应承担工资5807元，提成结余"-949.15元"，追缴智光电气公司已发差价43714.18元，备用金5000元，合计"-49663.33元"，未回应收款4083832.01元；《2015年业绩提成表》中记载罗某超经办常州西电公司合同业务（合同编号:YX012015041001）应发提成为143元，经办协鑫蓝天公司合同业务[合同编号:GCL/GZLT-GKCG/CL-2014-001（1）]应发提成为12790.08元，经办广州港集团有限公司新风港务分公司合同业务（合同编号:YX012015042402）应发提成为966.77元，合计13899.85元。

经庭审质证，罗某超对《2015年8月20日止未回应收款》《2015年业绩统计表》《2015年业绩提成表》的真实性、合法性、关联性不予确认；罗某超对《2015年业务员发货与回款明细》中的合同金额、发货时间予以确认，对回款金额、计提金额不予确认；罗某超对其余证据的真实性、合法性、关联性予以确认，但认为岭南电缆公司仅提供了其部分业绩的资料，并没有提供其全部业绩的资料。

罗某超主张岭南电缆公司未发2014年1月1日至2016年2月28日的销售差价提成合计74993.32元，具体包括：1.2014年10月9日，罗某超代岭南电缆公司与协鑫蓝天公司签订的两份买卖合同，合同总额8841303元（8339400元+501903元），岭南电缆公司负责人批准按照4‰给付罗某超提成35365.21元（8841303元×4‰）；2. 2014年5月22日至2014年7月15日期间，罗某超代岭南电缆公司与智光电气公司签订的编号为ZG1405J096、ZG1405J125、ZG1406J052、ZG1406J078、ZG1407J051五份合同差价37519.11元；3.2015年4月10日，罗某超代岭南电缆公司与常州西电公司签订电话订货记录表，合同金额7150元，差价提成1170元；4.2015年4月24日，罗某超代岭南电缆公司与广州港股份有限公司新风港务分公司签订买卖合同，合同金额48338.65元，差价提成939元。为此，罗某超向本院提供了协鑫蓝天公司买卖合同原件2份、智光电气公司订购合同复印件5份、销售提成发放表复印件1份、电话订货记录表原件2份、销售差价发放表原件1份、产品销售合同复印件1份、内部结算单原件2份予以证明。两份协鑫蓝天公司与岭南电缆公司签订的买卖合同约定的合同总价款分别为8339400元和501903元，在两份买卖合同的尾部有如下手写体文字“业务员按4‰计提，孙某群（签名）2014.10.9”；五份智光电气公司订购合同的编号分别为ZG1405J096、ZG1405J125、ZG1406J052、ZG1406J078、ZG1407J051，合同金额分别为260790.80元、109254.30元、45765元、97080元、18392.64元，除编号为ZG1405J125的买卖合同外，其余四份买卖合同的抬头分别有如下手写体文字：“下38%，总监2%，孙某群（签名），2014.5.26”“下38%，总监2%，孙某群（签名），2014.6.17”“下38%，总监2%，孙某群（签名），2014.6.20”“下35%，总监2%，孙某群（签名），2014.7.15”；销售提成发放表上合同编号为ZG1405J096、ZG1405J125、ZG1406J052、ZG1407J051、ZG1406J078五份合同对应的应发提成分别为：25753.89元、10814.71元、4518.05元、2153.93元、10140.45元，应扣款分别为6943.94元、3867.6元、1455.33元、507.91元、3087.14元，实发提成分别为18809.95元、6947.11元、3062.72元、1646.02元、7053.31元，合计37519.11元；两份电话订货记录表记载订货单位为常州西电公司，联系人分别为戴生和陈工，金额均为7150元；销售差价发放表记载的业务员为罗某超，购货单位为常州西电公司，送货金额、收款金额均为7150元，入库时间2015年4月10日，收款时间2015年4月15日，结算底价5795元，扣款/罚息184.08元，实发差价1170.92元，营销中心复核、财务审核、总经理审批栏均空白；产品销售合同是罗某超代岭南电缆公司与广州港集团有限公司新风港务分公司签订的产品销售合同，合同金额为48338.65元；其中一份内部结算单收件单位为广州港集团有限公司新风港务分公司，发件人为罗某超，由罗某超向广州港集团有限公司新风港务分公司报价，其中产品名称为电力电缆，数量265米，报价单价182.41元/米，金额48338.65元，结算金额47399元，差价939元；另一份内部结算单收件单位为协鑫蓝天公司，发件人为罗某超，由罗某超向协鑫蓝天公司报价，其中产品名称为电力电缆，数量50米，报价单价143元/米，金额7150元，结算金额5795元，差价1355元。

经庭审质证，岭南电缆公司对联系人为戴生的电话订货记录表、销售差价发放表、收件单位为广州港集团有限公司新风港务分公司的内部结算单、销售提成发放表，认为上述证据没有岭南电缆公司盖章或签名确认，也没有原件核对，因而对其真实性、合法性、关联性不予确认。岭南电缆公司对其余证据真实性没有异议，但认为，智光电气公司的五份合同本身不存在差价，且属于重复起诉，对于罗某超跟进的智光电气公司的21份合同中，其擅自降低标准，导致交货不符合合同约定的标准，购买方已经将差价款315062.43元在货款中予以抵扣，这批货物已经没有了差价，而且，岭南电缆公司不发放相关订单的差价、对已发放的差价予以追缴，是罗某超已经认可的处理方式；常州西电公司的销售合同不存在差价，也没有相应的内部结算单，因此，没有差价提成。

诉讼中，双方确认，2014年签订的合同在2015年回款，按照2014年《营销管理制度》计算并作为2014年的提成。

岭南电缆公司主张提成费用包干，费用包干包含业务招待费、通讯费、办公费、差旅费、汽车费用、市场部人员工资，主张罗某超已报销费用9042元、岭南电缆公司已支付罗某超最低工资标准以外的工资5807元、罗某超向岭南电缆公司借款5000元、追缴智光公司合同业务中的已发差价43714.18元，并主张上述款项应从提成中扣除。

庭审中，罗某超对岭南电缆公司主张已报销费用9042元以及借款5000元在提成中扣除没有异议，但不同意由其承担工资5807元并在提成中扣除，而且，认为岭南电缆公司主张的工资5807元计算错误，并应将司龄补贴计入应承担工资中，扣除司龄补贴的工资应为4767元；认为已经发放的差价不应追缴。岭南电缆公司为证明罗某超应承担工资5807元，岭南电缆公司向本院提交了《2015年1—8月罗某超工资明细》原件1份予以证明。其中记载岭南电缆公司应发罗某超2015年1月至8月的基本工资合计13780元、司龄补贴合计1040元、通讯费补贴合计1400元，应发工资合计19587元。罗某超对岭南电缆公司提供的上述证据予以确认。岭南电缆公司为证明应追缴罗某超经办智光电气公司合同业务中的已发差价43714.18元，岭南电缆公司向本院提交了《罗某超经办智光电气业务实际履行情况表》打印件1份、智光电气公司订购合同原件21份、《关于对营销中心业务人员罗某超的处罚通报》原件1份、《检讨书》原件1份、《供方处理联络单》原件2份、《企业往来询证函》原件1份予以证明。其中《罗某超经办智光电气业务实际履行情况表》显示智光电气公司的21份合同中，送货金额合计2367173.65元，扣罚金额合计315062.43元，扣罚后实际结算金额合计2052111.22元；编号为ZG1405J077、ZG1406J052、ZG1406J078、ZG1407J096、ZG1407J080、ZG1407J107的智光电气公司订购合同上部空白处有“2R印字，下38%，总监2%，孙某群”及“按企标生产”或“85折企标”的手写字迹，编号为ZG1407J051的智光电气订购合同上部空白处有“下35%，总监2%，孙某群”的手写字迹，编号为ZG1404C027、ZG1405C038、ZG1405J125、ZG1407J113、ZG1408J060的智光电气订购合同显示“企标”或“85折企标”的手写字迹；要求回复日期为2015年4月22日的《供方处理联络单》反映智光电气公司称岭南电缆公司供应的高压电缆截面积偏小，要求更换，价差为60830元；要求回复日期为2015年7月16日的《供方处理联络单》反映智光电气公司对岭南电缆公司2014年3月至12月所供的电缆进行了全面的检查，仍发现有电缆截面积偏小的情况，认为降低标准差价共计315062.43元（其中60830元已处理）；《企业往来询证函》载有："截至2017年2月28日，根据合同、送货金额及回款金额，贵单位欠本公司的货款共计3565202.77元，根据《供方处理联络单》扣除电缆截面积偏小的异常单号（201504001、201507001）差价款315062.43元，最终欠款3250140.34元。"

经庭审质证，罗某超对《罗某超经办智光电气业务实际履行情况表》、智光电气公司订购合同21份的真实性、合法性、关联性予以确认；罗某超对《关于对营销中心业务人员罗某超的处罚通报》《检讨书》的真实性予以确认，合法性、关联性不予确认；罗某超对《供方处理联络单》《企业往来询证函》的真实性、合法性、关联性均不予确认，认为智光电气公司与岭南电缆公司是关联公司，因而认为《供方处理联络单》《企业往来询证函》是两公司自编自导制作的材料。

岭南电缆公司主张罗某超在处理智光电气公司订单过程中违反公司规章制度，岭南电缆公司有权辞退罗某超。为此，岭南电缆公司除向本院提供了上述的《罗某超经办智光电气业务实际履行情况表》、智光电气公司订购合同、《关于对营销中心业务人员罗某超的处罚通报》《检讨书》《智光电气供方处理联络单》外，还提供了《员工手册》、签收单原件各1份予以证明。其中，《员工手册》第5.5.3.2条载有："立即辞退，是指公司对严重违反公司规章制度的相关规定或因严重失职等行为给公司造成重大损害的员工，决定解除其劳动合同从而终止劳动关系的行为……"

经庭审质证，罗某超对《员工手册》及签收单的真实性均没有异议，但认为降低生产标准是岭南电缆公司企业的行为，不是罗某超个人能够决定的。

另查明：罗某超在（2016）粤0113民初1078号案件中要求岭南电缆公司支付差价提成230325元是2014年7月23日至同年12月期间代表岭南电缆公司与智光电气公司所签订的订购合同的差价提成。2016年11月11日，番禺法院作出（2016）粤0113民初1078号《民事判决书》，该民事判决认定事实部分其中包括"原告主张其应得的提成是2014年7月23日至同年12月9日期间代表被告与智光电气公司所签21份订购合同的差价提成"；同时，该民事判决认定提成总额为243544.28元是依据17份订购合同计算所得，该17份订购合同的编号分别为：ZG1407J096、ZG1407J080、ZG1407J107、ZG1407J113、ZG1408J060、ZG1408J080、ZG1409J034、ZG1409J079、ZG1410J015、ZG1410J062、ZG1410J093、ZG1411J013、ZG1411J049、ZG1411C048、ZG1411C060、ZG1412C009、ZG1412C032。"本院认为"部分其中包括"原告主张的数额（230325元）

略低于计得金额，属其自主权利的处分，本院予以采纳。鉴于原告签署了《检讨书》，反映其知悉《处罚通报》的内容并承认在工作中存在过错导致公司损失，故应对《处罚通报》上载明的公司损失（60830元）承担一定的责任。综合双方的陈述及举证，本院酌情认定原告应承担该损失的30%，即18249元（60830元 ×30%）”。判决：“一、被告广州岭南电缆股份有限公司应于本判决发生法律效力之日起五日内向原告罗某超支付提成212076元；二、驳回原告罗某超的其余诉讼请求。”岭南电缆公司不服该民事判决已向广州市中级人民法院提起上诉。2017年6月12日，广州市中级人民法院作出(2017)粤01民终3766号《民事判决书》，该民事判决“本院另查明”部分其中包括“上诉人二审提交上诉人向智光电气公司发出的《企业往来询证函》，拟证明智光电气公司已从上诉人的应收货款中扣除差价315062.43元”。“本院认为”部分对岭南电缆公司主张罗某超擅自降低标准供货，导致其事后损失315062.43元是否成立问题，仅确认其中损失60830元，对其余损失，认为不足以证明该损失的存在以及难以证明罗某超下单时擅自降低标准的事实而不予确认。遂判决：“驳回上诉，维持原判。”

本院认为：罗某超与岭南电缆公司建立了劳动关系，并签订了劳动合同，双方均应合法、诚信地履行合同义务，双方的合法权利均受法律保护。

一、关于2016年1月份、2月份工资的问题

根据《广东省工资支付条例》第三十九条的规定，非因劳动者原因造成用人单位停工、停产，未超过一个工资支付周期（最长三十日）的，用人单位应当按照正常工作时间支付工资。超过一个工资支付周期的，可以根据劳动者提供的劳动，按照双方新约定的标准支付工资；用人单位没有安排劳动者工作的，应当按照不低于当地最低工资标准的百分之八十支付劳动者生活费，生活费发放至企业复工、复产或者解除劳动关系。2015年9月16日至2015年12月31日，岭南电缆公司共向罗某超发出四份《员工放假通知》，安排罗某超从2015年9月17日至2015年10月16日以及从2015年10月19日至2016年2月20日放假，因双方的劳动合同于2016年2月16日解除，而且，罗某超主张的2016年1月份、2月份工资属于非因劳动者原因造成停工超过一个工资支付周期的工资，因此，岭南电缆公司应当按照2016年度广州市最低工资标准的80%支付罗某超工资至2016年2月16日。其中，2016年1月1日至2016年1月31日的工资应不低于1516元（计算公式：1895元／月 ×80%），2月份工资不应低于906元（计算公式：1895元／月 ×80%÷21.75天／月 ×13天）。岭南电缆公司已实发罗某超2016年1月份工资1301.64元，而实发工资1301.64元是应发工资1676元与代缴代扣款项后的差额，岭南电缆公司已足额支付罗某超2016年1月份工资，岭南电缆公司还应向罗某超支付2016

年2月份工资906元。

二、关于罗某超要求岭南电缆公司支付风险金问题

罗某超主张岭南电缆公司未支付风险金33677.19元，岭南电缆公司对未退风险金及其数额没有异议，本院予以确认。2014年《营销管理制度》第五条第（八）项规定，保证金在离职时待所有手续办完后一次性无息返回，罗某超与岭南电缆公司的劳动合同已经解除，因此，岭南电缆公司应当将收取罗某超的风险金33677.19元返还给罗某超。

三、关于罗某超要求岭南电缆公司支付包干提成款问题

1. 罗某超主张其2015年销售业绩、实际回款总额均为825.6万元，而岭南电缆公司则认为罗某超在2015年8月25日前的实际回款额为3260759.85元，罗某超2015年应得提成为13899.85元。本院认为，罗某超主张提成的，应当就实际回款总额的事实承担举证责任。

2. 罗某超对其主张事实向本院提供了《2015年市场部业务员销售指标完成统计》复印件1份予以证明。虽然，《2015年市场部业务员销售指标完成统计》记载罗某超实际完成数值为825.6万元，罗某超主张该实际完成数值就是其实际回款总额，但是，罗某超只提供了《2015年市场部业务员销售指标完成统计》，却没有提供对应的合同、内部结算单等证据。根据2015年《营销管理制度》第四条第2.3.3款“销售经理负责所辖客户公司产品的销售及市场推广、销售服务和抽样送检工作，对合同洽谈到货款回收全过程的所有营销有关工作负责”，以及第十一条第4.1款“差价及提成由财务部计算，营销中心复核，财务总监审核，总经理审批”的规定，罗某超作为销售负责人，根据其岗位责任，就包含了从合同洽谈到货款回收全过程的所有营销的有关工作。而且，既然对提成的审批规定了严格的流程，罗某超对其完成的销售指标应当持有相应的凭证并应当知悉相关内容，罗某超并没有提供除上述证据的其他证据予以证明，其提供的证据不足以认定其主张实际回款总额为825.6万元的事实，根据岭南电缆公司提供的《2015年业务员发货与回款明细》，列明该825.6万元对应的业务及回款情况，该证据可信度较高，本院对于处理结果有利于罗某超的部分予以采信。根据《2015年业务员发货与回款明细》，其中两笔款项（50190.30元和833940元）填写的回款时间均为2014年11月12日，而发货时间却分别为2015年2月13日和2015年3月25日，回款时间在发货时间之前，明显不合理，但是，对于《2015年业务员发货与回款明细》确认的回款总金额7440055.25元本院予以确认。由于《2015年业务员发货与回款明细》涉及的协鑫蓝天公司买卖合同和佛山市达润机电设备有限公司的电话订货记录表是2014年签订的合

同，2014年罗某超只有差价提成，没有差价的合同经批准才可以按照批准的比例享受差价提成。从罗某超提供的其代表岭南电缆公司与协鑫蓝天公司签订的买卖合同尾部注明了按4‰计提，而佛山市达润机电设备有限公司的电话订货记录表则没有此约定，因此，协鑫蓝天公司的买卖合同应以合同回款7346972.70元按4‰比例计算的包干提成为29387.89元（7346972.70元 ×4‰），罗某超要求佛山市达润机电设备有限公司的电话订货记录表按合同回款的2% 支付包干提成，依据不足，本院不予支持；其余合同回款金额合计85331.95元按照2% 计算的包干提成为1706.64元（85331.95元 ×2%），上述提成款合计31094.53元。

3. 2015年《营销管理制度》第十一条第2款规定，费用包干包含业务招待费、通讯费、办公费、差旅费、汽车费用、市场部人员工资；发放给销售人员的工资，如属于公司员工都享有的福利、社保、住房公积金及当地政府规定最低工资标准，不纳入费用包干计算。根据岭南电缆公司提供的《2015年1—8月罗某超工资明细》，显示罗某超的工资由“基本工资 + 浮动工资 + 司龄补贴 + 通讯费补贴”构成，通讯费补贴为200元 / 月、司龄补贴为120元 / 月，其中的通讯费明确属于费用包干范畴，而司龄补贴则应属员工享有的福利，不应纳入费用包干计算，因此，岭南电缆公司应发罗某超2015年1—8月工资总额19587元，扣除基本工资总额13780元以及司龄补贴总额1040元，差额4767元属于费用包干范畴并应在包干提成中予以扣除；同时，罗某超已报销费用9042元、向岭南电缆公司借支备用金5000元亦应从包干提成中予以扣除，扣除上述三项费用后，岭南公司应支付罗某超包干提成款12285.53元（31094.53元—4767元—9042元—5000元）。

四、关于罗某超要求岭南电缆公司支付差价提成款问题

1. 关于罗某超代表岭南电缆公司与智光电气公司签订编号为ZG1405J096、ZG1405J125、ZG1406J052、ZG1406J078、ZG1407J051五份合同的差价是否属于重复处理问题。根据已经发生法律效力的（2016）粤0113民初1078号《民事判决书》，该民事判决认定提成总额为243544.28元是依据17份订购合同计算所得，该17份订购合同的编号分别为：ZG1407J096、ZG1407J080、ZG1407J107、ZG1407J113、ZG1408J060、ZG1408J080、ZG1409J034、ZG1409J079、ZG1410J015、ZG1410J062、ZG1410J093、ZG1411J013、ZG1411J049、ZG1411C048、ZG1411C060、ZG1412C009、ZG1412C032，上述17份订购合同并没有包含本案所涉的上述五份合同，因此，不属于重复处理。

2. 罗某超代表岭南电缆公司与协鑫蓝天公司签订的两份买卖合同，涉及的合同总额8841303元（8339400元 +501903元）的提成已经在包干提成中予以处理，罗某超又请

求差额提成，依据不足，本院不予支持；对其余差价提成，罗某超提供了智光电气公司订购合同复印件5份、销售提成发放表复印件1份、电话订货记录表原件2份、销售差价发放表原件1份、产品销售合同复印件1份、内部结算单原件2份等证据予以证明，其计算方法符合合同约定和2014年、2015年《营销管理制度》的相关规定，本院予以采信，岭南电缆公司应支付罗某超差价提成合计39628.11元。

3. 关于罗某超在经办智光电气公司的业务中是否存在擅自降低生产标准，导致岭南电缆公司损失315062.43元，应否没收未结算差价并对已经结算的差价进行追缴问题。根据已经发生法律效力的广州市中级人民法院（2017）粤01民终3766号《民事判决书》，该民事判决对岭南电缆公司主张罗某超擅自降低标准供货，导致其事后损失315062.43元是否成立问题，仅确认其中损失60830元，对其余损失，认为不足以证明该损失的存在而不予确认。本案中，岭南电缆公司亦未能进一步举证证明，应承担举证不能的不利后果，本院对岭南电缆公司认为即使存在差价亦应当予以没收、追缴的主张不予采纳。

五、关于岭南电缆公司解除与罗某超的劳动合同是否违法以及应否支付赔偿金问题

（一）岭南电缆公司以罗某超在处理智光电气公司订单过程中，擅自降低生产标准，谋取差价，违反公司规章制度

根据《员工手册》第5.5.3.2条“立即辞退，是指公司对严重违反公司规章制度的相关规定或因严重失职等行为给公司造成重大损害的员工，决定解除其劳动合同从而终止劳动关系的行为……如有发现公司将立即辞退，不须提前一个月通知，并不支付任何经济补偿：……（9）玩忽职守或违犯操作规程，造成直接经济损失达1000元以上者……”的规定，认为有权解除与罗某超的劳动合同。根据已经发生法律效力的广州市中级人民法院（2017）粤01民终3766号《民事判决书》，该民事判决对岭南电缆公司主张罗某超擅自降低标准供货，导致其事后损失315062.43元是否成立问题，仅确认其中损失60830元，对其余损失，认为不足以证明该损失的存在以及难以证明罗某超下单时擅自降低标准的事实而不予确认；而对涉及的损失60830元，认为原审根据岭南电缆公司《营销管理制度》规定“由经办人或所属部门”承担因合同签订不当带来的纠纷和损失的全部责任，及岭南电缆公司未能提供相应下单材料证明罗某超下单时未经主管审核的证据，而认定罗某超根据其过错程度对上述60830元承担30%的责任，并无不当，而维持原审判决。由此可见，罗某超尽管要对60830元损失承担30%的责任，但是，该损失是由罗某超、岭南电缆公司共同过错造成的，罗某超承担责任的原因是因合同签

订不当造成的损失，而且，罗某超仅承担次要责任，并不属于《员工手册》规定的"玩忽职守或违犯操作规程"可以立即辞退的情形。因此，岭南电缆公司解除与罗某超的劳动合同属于违法解除。依照《中华人民共和国劳动合同法》第八十七条的规定，岭南电缆公司应向罗某超支付违法解除劳动合同的赔偿金。

（二）关于罗某超解除劳动合同前十二个月的平均工资问题

1. 罗某超的劳动合同于2016年2月16日被解除，其解除劳动合同前十二个月的平均工资可从2016年1月倒推12个月计算，即从2015年2月计算至2016年1月；计入解除劳动合同前十二个月平均工资包括：最低工资、福利、包干提成、差价提成，其余属于费用包干范畴，由罗某超承担而不应计入。

2. 从2015年2月至2015年8月，罗某超按最低工资标准收取的工资、司龄补贴分别为12230元和920元；罗某超从2015年9月17日起被安排放假，9月份工资按最低工资1895元/月计算，2015年10月至2016年1月工资按最低工资标准的80%计算的工资为6064元；罗某超从2015年2月至2016年1月的工资（含司龄补贴）合计21109元。

3. 罗某超被认定的包干提成合计31094.53元，该包干提成由以合同回款7346972.70元按4‰计算包干提成29387.89元和以合同回款85331.95元按照2%计算包干提成1706.64元构成，前者属于2014年的合同并应计入2014年包干提成，后者属于2015年包干提成。

4. 罗某超被认定的差价提成合计39628.11元，除其中2109元（1170元+939元）属于2015年2月至2016年1月期间的差价提成应计入外，其余部分应该剔除。罗某超解除劳动合同前十二个月的月平均工资为2077.05元[（21109元+1706.64元+2109元）÷12个月]。

（三）罗某超工作年限为6年11个月，故岭南电缆公司应支付罗某超违法解除劳动合同的赔偿金29078.70元（2077.05元/月×7个月×2倍）

六、关于代通知金的问题。罗某超要求岭南电缆公司支付解除劳动合同代通知金不符合法定应当支付的情形，其诉讼请求本院不予支持

综上所述，依照《中华人民共和国劳动法》第四十七条、第五十条，《中华人民共和国劳动合同法》第四十条、第四十七条、第八十七条，《最高人民法院关于审理劳动争议案件适用法律若干问题的解释》第十三条，《中华人民共和国民事诉讼法》第六十四条第一款的规定，判决如下：

一、广州岭南电缆股份有限公司应于本判决发生法律效力之日起三日内支付罗某超2016年2月1日至2016年2月16日的工资906元；

二、广州岭南电缆股份有限公司应于本判决发生法律效力之日起三日内返还罗某超风险金33677.19元；

三、广州岭南电缆股份有限公司应于本判决发生法律效力之日起三日内支付罗某超包干提成12285.53元；

四、广州岭南电缆股份有限公司应于本判决发生法律效力之日起三日内支付罗某超差价提成39628.11元；

五、广州岭南电缆股份有限公司应于本判决发生法律效力之日起三日内支付罗某超违法解除劳动合同的赔偿金29078.70元；

六、驳回罗某超的其余诉讼请求；

七、驳回广州岭南电缆股份有限公司的诉讼请求。

如果未按本判决指定的期间履行给付金钱义务，应当依照《中华人民共和国民事诉讼法》第二百五十三条之规定，加倍支付迟延履行期间的债务利息。

两案的案件受理费20元，由广州岭南电缆股份有限公司负担。

如不服本判决，可在判决书送达之日起十五日内，向本院递交上诉状，并按对方当事人的人数提出副本，上诉于广东省广州市中级人民法院。

当事人上诉的，应按《诉讼费用交纳办法》的有关规定向广东省广州市中级人民法院预交上诉案件受理费。逾期不交的，按自动撤回上诉处理。

审　判　长　郭志峰
人民陪审员　张帮明
人民陪审员　陈　女
二〇一七年八月二十一日
书　记　员　陈绮琴

苏某喜诉湛江市第一建筑工程公司、关某邦、第三人中国科学院南海海洋研究所合同纠纷民事判决书

广东省广州市南沙区人民法院
民　事　判　决　书

（2017）粤0115民初1708号

原告：苏某喜，男，出生日期略，汉族，住址略，公民身份号码略。

委托诉讼代理人：曹某梅，广东格林律师事务所律师。

被告：湛江市第一建筑工程公司，住所地略，统一社会信用代码略。

法定代表人：陈某保。

被告：关某邦，男，出生日期略，汉族，住址略，公民身份号码略。

委托诉讼代理人：周某强，广东理治律师事务所律师。

委托诉讼代理人：张某旗，女，出生日期略。

第三人：中国科学院南海海洋研究所，住所地略，统一社会信用代码略。

原告苏某喜与被告湛江市第一建筑工程公司（下称湛江公司）、关某邦、第三人中国科学院南海海洋研究所（下称南海研究所）合同纠纷一案，本院于2017年3月23日立案后，依法适用普通程序，于2017年10月12日、2017年11月16日两次公开开庭进行了审理。原告苏某喜及其委托诉讼代理人曹某梅，被告关某邦的委托诉讼代理人周某强、张某旗到庭参加诉讼。被告湛江公司、第三人南海研究所经本院传票传唤无正当理由拒不到庭参加诉讼。本案现已审理终结。

原告苏某喜向本院提出诉讼请求：一、被告关某邦支付拖欠的1337686.41元劳务费；二、被告湛江公司对第一项诉讼请求承担连带责任；三、两被告按照银行贷款利率支付利息（利息从2017年1月1日起到两被告支付劳务费之日止，暂计算到3月底止为80261元）；四、两被告承担本案的诉讼费。事实和理由：被告湛江公司作为施工单位，将第三人南海研究所开发的南海深海实验研究平台（自编1#科研主楼）工程的总

施工发包给被告关某邦。2015年4月15日，原告作为26个劳务工人的代表与关某邦签订了工程劳务分包合同。合同约定承包总价为302万元，并约定了单价、工程量计算规则及结算方式，且对于增加或者减少工程量约定按照实际完成工程量计算。签订合同后，关某邦提供了一份建筑设计总说明的图纸，要求原告按照建筑设计总说明第七条“内装修设计”的要求来施工，该要求的第2点约定：（1）大堂、走廊、电梯厅、卫生间等公共位置：一步装修到位；（2）其他各功能房墙面及顶棚刷乳胶漆，地面为原结构面清理（双白落地）。各功能房并不包含铺地砖这个项目。在合同履行过程中，湛江公司应南海研究所的要求增加了原来没有的内装修和钢筋制作和安装项目。后关某邦与原告在2015年8月15日签订增加钢筋工作的补充合同，补充合同要求原告按照关某邦提供的“南海海洋研究所1#楼装修平面图”施工，把以前不在合同铺地砖范围内的其他功能房也铺上地砖，以及一些拆墙、砌砖、批荡、打构造柱、消防过梁等项目增加到了原告的工作项目里。原告答应了可以增加项目，不过一定要按照实际的工作量按照合同约定的单价进行计算，关某邦也同意了，并且在每个程序完毕都有关某邦的工地负责人在签证确认表上签名认可。增加的劳务费经过关某邦发布的水工班签证认可的费用数额为477686.413元。按照合同劳务费总价302万元加上增加工程的劳务费477686.413元合计关某邦应该支付给原告的劳务费为3497686.41元，减去其已支付的劳务费2160000元，还需支付的劳务费是1337686.41元。可是关某邦一直以湛江公司没有支付承包费为由不支付劳务费，后来直接否认增项这一事实。湛江公司作为南海深海实验研究平台工程的施工单位，违规把整个工程的施工发包给了不具备用工主体资格的关某邦，未尽到监督管理责任，应与关某邦承担清偿拖欠劳务费的连带赔偿责任。湛江公司是在南海研究所的要求下进行增加内装修项目，增加项目数量和工作量南海研究所应该是最清楚的，希望由南海研究所提交增加项目的具体数额，和自己实际已经支付的内装修款项，不要让原告的劳动没有得到相应的报酬。综上所述，两被告严重侵犯了原告的合法权益，致使付出的劳动没有得到相应的报酬。

被告关某邦辩称，我方不同意原告的诉请，我方最终结算数额是2844404元，已付款216万元，扣除10万元质保金，故应付原告的数额为584404元。一、原告主张的增加工程量属于合同内项目，并不是增加工程，其依据是2015年4月15日签订的《工程劳务分包合同》（下称《原合同》）第一条的约定，包括内墙砌砖、内外墙批荡、砌砖，做法按照双方确定的施工图及规范施工。当时的房间做法对照表要求其地面二次装修，而2015年8月签订的合同，原告的承包范围及工作内容约定范围是植筋制作、安装，钢筋安装后的现场清理、场内二次运输等及结构建筑蓝图［《南海深海实验研究平台工程工程劳务分包合同》(下称《补签合同》)第一条约定的内容]所表达的内容。补签合同的约定并不是增加铺设地砖的内容，故地砖的铺设是合同约定的工程量范围。二、合同的项目既有增加又有减少，按照补签合同第四条第8项的约定，按照原合同总价302万元增加了水工班39756元、踢脚线49939元、植筋28635元；扣减墙砖219582元及地下室墙砖砂浆64052元、地下室底部素水泥结合层10292元，实际的工程款为2844404元。我方同意支付584404元及质保期到期后再支付10万元给原告，由于与原告无法达成一致意见，所以原告没有领取该笔款项。

被告湛江公司、第三人南海研究所没有到庭，也没有提交答辩意见。

本院经审理查明以下事实：位于广州市某区科技资讯园区内，工程名称为南海深海试验研究平台的建设项目(下称案涉工程)，是由南海研究所开发建设。2014年10月，南海研究所(发包人)与湛江公司(承包人)签订了《广州市建设工程施工合同》，约定南海研究所将案涉工程发包给湛江公司，承包范围：按照招标单位提供的全套施工图、工程量清单和有关资料及说明的范围内所有项目；工程规模：南海深海试验研究平台1幢，总面积约为20000 m^2……2015年4月15日，关某邦(甲方)以自己的名义与苏某喜(乙方)签订原合同，约定把案涉工程的部分施工工作分包给苏某喜。该合同约定："一、承包范围及工作内容：实验楼的内墙砌砖、内外墙面批荡及贴砖、踢脚线、地面找平及贴砖。做法按双方确认的工程施工图及相关施工规范施工。二、承包方式 1. 承包方式：本工程在承包范围内以包工、包斗车及砂浆机以外的施工机具、包进度、包工期、包质量、包安全、包工人宿舍及宿舍水电费、包文明施工(须工完场清)、包工程验收质量达到国家验收规范及甲方验收合格标准、包施工中工人劳动安全保护用品、工伤保险和劳保福利在内的综合单价包干形式由乙方承包。2. 各项工程内容包括但不限于：(包干价内容)a. 本属乙方工作范围若乙方因故不能施工或在限定时间内未能完成，导致甲方安排他人完成时，所发生的费用及损失由乙方承担……d. 甲方以书面通知形式要求增加或修改的工程内容，产生的费用按合同条款约定执行，乙方不得拒绝，且必须在甲乙双方协商的完工的期限内完成……(新增工程单价计算方式：如有对应约定综合单价的按约定综合单价；如无对应约定综合单价，甲乙双方协商)。三、承包单价、工程量计算规则及结算方式：1. 总价包干：302万(150元/㎡，面积约20140/㎡)。另外变更增加或减少的工程量按以下综合单价按实际完成工程量计算。如果工程出现开裂时，乙方无条件负责维修；出现露骨空鼓等其他问题时，乙方无条件无责维修，甲方有权要求乙方赔偿损失。2. 承包单价。综合单价为：①砌砖施工综合包干单价27.5元/㎡(包顶砖)；②批荡施工综合包干单价13.8元/㎡(包挂网)；③楼地面贴地板砖施工综合包干单价35元／㎡；④电梯大堂墙面砖施工综合包干单价55元／㎡；⑤楼梯墙面步级批荡及贴砖施工综合包干单价42元／㎡；⑥外墙面打底贴砖施工综合包干单价60元／㎡）；⑦砂井660元／座（包砌砖，批荡）；⑧墙面脚线施工综合包干单价10元／㎡；⑨堵门洞综合包干单价5元／㎡；⑩砌灰砂砖施工综合包干单价0.35元／个；⑪ 水泥沙施工综合包干单价12.5元／㎡。3. 工程量计算规则及结算方式：①工程量计算规则：按总价包干价结算，增加或减少工程量按实际完成量计算，价格依照条款三中第二条规定。②结算方式：结算总价 = 总价包干价＋增减工程量 × 合同综合单价，由施工班组提交结算书至施工项目部，由施工管理人员初审后，由甲方预算部预算人员接收后根据施工图纸计算工程量复核初审结果，当复核工程量及造价无误后须甲乙双方签名确认，并保证并提交已发放所有应发工人工资的工资表（须工人本人签名盖手指模）原件我司备案、审核后方可作最后结算审批。四、工程进度款和结算款支付方式：1. 双方约定按以下方式支付工程款：……④经甲乙双方及政府质检部门验收合格移交甲方结算后，付款至总工程款的292万元，剩余10万元作为质保金，待质保金满2年后一次性无息返还乙方……⑧工程如出现施工图纸以外的变更导致工程增减的，乙方必须无条件完成该增加部分工程，增减部分工程量需经业主、监理签证确认，其单价需双方协商一致并签订补充协议或书面确认方可结算……5. 结算款支付方式：全部完成所有施工图及合同内约定的工程施工作业内容，分部分项工程经验收达到结构优良后并向甲方移交，乙方自行编制工程制安结算清单，呈交甲方施工项目部，由施工管理人员初审后，经甲方预算合同部审定结算并甲乙双方于结算表上签字确认后办理结算手续，经甲方及建设方等有关单位进行最终验收达到现行施工规范及合同要求并书面认可竣工报告后，可拨付余款……七、工程设计变更 ……（三）签证管理 1. 因乙方自身原因导致的工程变更及工作量、费用增加，乙方无权要求追加合同价款或签证……2. 如发生合同外签证部分的时工单价另行商定……合同外增加项目的单价原则上按合同单价结算，如无则应经甲乙双方及项目经理协商确定并签订补充协议，办理签证单时原则上不允许体现包干价金额或单价，如有应通过签订补充协议作为结算依据，如必须确定价格的亦应该一概视为暂定价，一切未经甲乙双方及项目经理协商确定的价格均为无效价格，具争议的价格应通过参考市场价格由甲乙双方共同协商确定，协商不定的按市场最低价处理……”合同签订后，苏某喜组织施工班组入场施工。2015年8月15日，就案涉工程的植筋一事，关某邦（甲方）又与苏某喜（乙方）另行签订了补签合同，约定：“一、承包范围及工作内容：工程中全部设计要求植筋的制作、安装，钢筋安装后的现场清理、植筋用材料、机械装卸车，场地内的二次运输等及建筑、结构蓝图、蓝图所索引的大样图、相应的图集及设计变更、图纸会审记录所表达的工作内容。二、承包方式：本工程在承包范围内以包工包机械、包所有铺材：工具、不包（胶水，钢筋）、包进度、包工期、包质量、包保修、包工人宿舍及宿舍水电费、包安全、包文明施工、包工程验收质量达到国家验收规范及甲方验收合格标准、包施工中工人安全保护用品、工伤保险和劳保福利在内的形式由乙方承包……"

在本案诉讼中，关某邦确认苏某喜已按合同约定完成施工内容，苏某喜确认收到关某邦以其个人或其公司名义支付的施工款项216万元。苏某喜主张，其班组除完成原合同约定的工作量外，还完成了关某邦增加的合同外的工作量，该部分的工程劳务费为477686.413元，扣减关某邦已经支付的劳务费外，其还需支付的劳务费是1337686.41元（3020000元+477686.413元−2160000元）。关某邦对苏某喜的上述主张表示，苏某喜主张的大部分合同外施工，实质均属于在合同范围内的工作，合同的项目既有增加又有减少，实际的工程款为2844404元，除已支付的劳务费外，其同意向苏某喜支付劳务费584404元，在质保期到期后再支付10万元。

苏某喜为证明存在增加合同外的工作量的主张，提交了在订立合同时，及施工过程中关某邦向其送达的3份施工图纸予以说明。一是于2014年1月制定的建筑设计总说明，在第七项内装修设计中明确了各部分的装修标准，即"①大堂、走廊、电梯厅、卫生间等公共位置：一步到位。②其他各功能房墙面及顶棚刷乳胶漆，地面为原结构面清理（双白落地）"。二是于2014年1月制定的装修材料做法表，对各部分的装修标准进行了明确。三是于2015年11月18日制定的装修平面图，其中最后的装修平面图与原建筑设计总说明不同，苏某喜认为其可证明增加了合同外的工作内容。关某邦主张上述装修平面图属于对装修材料做法表的细化，不认可是在合同外增加了工作内容。此外，苏某喜为证明存在合同外的施工内容，还向本院提交了23份时工签证确认表（其中2份时工签证确认表附有手写件，1份时工签证确认表的内容是植筋），且为便于统计将其标记分类为29项（第23项属于植筋）。经核查，23份时工签证确认表的格式一致，载明的施工单位为湛江公司，记载了"签证事由及原因，工作内容、具体部位，附图或计算式及照片，工程量计算式，估工或时工数量"等内容，主管施工员伍某强、工长李某丰、项目经理麦某新均在表格中对应位置签名并书写日期；手写件记载的施工内容与对应的2份时工签证确认表的内容一致，手写件明确记载了工程量，由伍某强、李某丰、麦某新签名，且麦某新签署了"情况属实"的意见。上述证据，均进行了质证。关某邦确认麦某新为其项目经理。由于苏某喜在庭审中对其提交的时工签证确认表经整理后，已相对应地将表中的29项施工内容、单价、价款等制成名为"水工班签证"

表，而关某邦亦已针对苏某喜提交的时工签证确认表及“水工班签证”表所列的各项内容提交书面的“水工班签证质证意见”，因而根据苏某喜提供的证据，结合关某邦提交的“水工班签证质证意见”和庭审质证意见，本院对苏某喜在本案中提出其已完成而关某邦予以确认的工程量及未予确认的工程量分析认定如下：（一）关于双方都对“水工班签证”表中的工程量和价款无异议并予以确认的部分，本院直接予以确认，具体如下：“水工班签证”表中第1项800元、第3项中的批荡1987.2元、第4项1000元、第9项4171.05元、第10项中砌砖288.75元、第11项931元、第12项286.42元、第13项中的砌砖693元、第17项4868.64元、第20项3000元、第24项7840元、第25项中“马路砖拆除及铺贴”部分的1071元、第27项3196.3元、第28项4125元，上述合计34258.36元。（二）关于关某邦认可工程量且同意支付价款，但不认可苏某喜主张的价款计算方式的部分。本院对该部分苏某喜完成的工程量确认如下：“水工班签证”表中的第3项拆墙108㎡，第10项拆墙10.5㎡，第13项拆墙25.2㎡，第25项拆墙75㎡、围铁皮75㎡（苏某喜主张围铁皮按口头协商好的单价12元计算，关某邦主张按单价10元计算），第26项钉人货梯平台木板工日12个。对于上述争议，苏某喜主张拆墙、拆砖（包括拆除、清理垃圾）的单价32元、每工日250元均是双方口头协商好的，也是按照之前在珠海工地双方合作时所约定的价格确定的，但其未能提交充分证据予以证明；关某邦不予认可，主张按照拆墙的单价25元、每工日参照广东省发布的定额价102元/工日计算，但其亦未提交证据予以证实。（三）关于苏某喜称合同外增加的工作量已由其完成，但关某邦称苏某喜未能提交证据证明是其他班组破坏等原因造成的，该部分按合同约定是由苏某喜返修而产生的工作量，故而不予认可的部分。本院根据苏某喜提供的时工签证确认表，对苏某喜所主张的该部分工程量认定如下：1.“水工班签证”表中的第8项内容。时工签证确认表明确记载了“其他班组打烂”，故本院确认该部分的工程量为拆地砖45.44㎡、补砖45.44㎡（时工签证确认表中确认工程量为71块，苏某喜按照81块计算有误，本院予以纠正）。2.“水工班签证”表中第16项、第18项，在对应的序号为16—18的时工签证确认表中记载了“签证事由及原因：一楼电箱、排气口、消防箱；工作内容、具体部位：四周墙面砖破损维修”。3.“水工班签证”表中第22项，在对应的序号为22的时工签证确认表中记载了“签证事由及原因：电梯防火卷帘墙面砖破损维修（4—8层）；工作内容、具体部位：10处地方，每处3块砖”。上述两张时工签证确认表虽无直接记载是其他班组打烂，但有主管施工员、工长和项目经理的签字确认，故本院确认该工程量是实际发生的，本院认可该工程量如下：第16项墙面破损维修46.6㎡，第18项地板砖拆除7.68㎡、贴地砖7.68㎡，第22项贴墙砖9.6㎡、拆砖9.6㎡。

(四)关于关某邦以项目经理仅确认了工作内容及增加的工程量而未经其审核而不予认可的部分，本院根据时工签证确认表的内容，对苏某喜完成的该部分的工程量认定如下：1.“水工班签证”表第2项卫生间刷防水1370㎡。该项工程量在序号为2的时工签证确认表中记载了“协商1600元”。2.“水工班签证”表第5.6.7项砌砖76.33㎡、批荡96.96㎡、工日12个。该项工程量在序号为5、6、7的时工签证确认表的附件中记载施工原因是“挖机挖电梯井压塌返工”“轴基坑边坡塌方导致档土墙垮塌返工”“轴基坑塌方挖土把已完成基坑地模砖挖毁”等，关某邦亦确认是暴雨导致塌方。3.“水工班签证”表第14项砌砖27.02㎡、拆墙27.02㎡、批荡54.04㎡。该项工程量在序号为14的时工签证确认表上记载：“砌一垛1.65×2.10砖墙用于实验检测”，苏某喜称是将原墙拆除后再用好的材料砌以用于政府检测。4.“水工班签证”表第15项：打构造柱、拆除42.5㎡。该项工程量在序号为15的时工签证确认表上记载：消防箱更改，因图纸改变。苏某喜主张是因图纸变更而重做。5.“水工班签证”表第21项，预留铁板批荡1921㎡。该项工程量在序号为21的时工签证确认表上记载“是否增加由造价定”，苏某喜称是在做好后被拆除再进行重做。6.第29项沙井28个。关于苏某喜主张的“水工班签证”表第19项砌砖12.2㎡、抹灰24.4㎡的工程量。该项工作量苏某喜同用“水工班签证”第17项的时工签证确认表予以证明。关某邦称该项内容与“水工班签证”第17项是重复计算，且时工签证确认表没有砌砖内容，故其不予认可。苏某喜称虽没有砌砖，但实际上是存在的，但其未能提供证据。因苏某喜在“水工班签证”表第17项内容中，已用序号为第17项的时工签证确认表作证据使用，而该时工签证确认表不足以证明其“水工班签证”表中第19项的主张，故本院不予认可。

除上述时工签证确认表以外，苏某喜就“踢脚线、增加功能房地砖、增加铜丝、扣减墙砖”的增减工程内容向本院提交了1份书面材料，该材料由伍某强、李某丰、麦某新、苏某喜签名，由潘某光签名并签署了确认工程量的意见。对此，苏某喜、关某邦的意见如下：(一)关某邦确认踢脚线属于增加工程并同意支付价款49938.95元。(二)“增加功能房地砖”项目的具体范围为“地砖楼地面(二次装修)首层至9层、地砖楼面(二次装修)(上飘板)首层至8层”，工程量为11178.11㎡，苏某喜主张按照单价35元计算。关某邦主张为合同内项目，不同意支付。(三)“增加铜丝”项目的内容为“釉面砖防水墙面(大堂)首层至3层、釉面砖防水墙面(电梯厅)首层至9层”，工程量为1836.82㎡，苏某喜主张按照单价15元计算，是为了增加墙砖的牢固度而增加的项目。关某邦主张是由原墙砖专用胶更改为铜丝，故费用不应作增减，但对苏某喜主张的单价没有提出异议。(四)“扣减墙砖”项目的内容为“扣墙面和门窗二层至九层”(走廊)，工程量为

3992.4㎡。苏某喜主张按照楼地面贴地板砖施工综合包干单价35元／㎡计算予以扣除，关某邦主张按照电梯大堂墙面砖施工综合包干单价55元／㎡计算予以扣除。经本院行使释明权，苏某喜不申请鉴定，同意按照单价42元计算予以扣除，关某邦不认可该单价。此外，关某邦另行主张因苏某喜未施工而由其他班组施工，故要求扣除合同内的价款，包括一是地下室墙柱砂浆找平抹灰64052元（13.8元×4641㎡），二是地下室自流平楼面底部素水泥结合层一遍10292元（4元×2573㎡）。苏某喜不予确认，关某邦亦未提交由其他班组施工的证据。

对于增加植筋工程量的问题，苏某喜提交了一份时工签证确认表，主张增加植筋工程量的价款为28635元，关某邦对此予以确认。

在诉讼过程中，苏某喜向法庭提供了一份其与麦某新及第三人南海研究所的工程项目现场代表孙某的电话录音及该录音的文字记录。在上述电话录音中，苏某喜向上述双方通话人提及因二次装修增加工程量的情况。孙某在通话中承认功能房增加了贴砖的工作，麦某新在通话中承认苏某喜的班组在功能房二次装修中增加了工程量的事实。此外，南海研究所在诉讼中向本院提交如下证据：一、于2015年10月13日的项目监理工程会议纪要1份。会议纪要中记载有“7.涉及现场变更的问题：①公共走道部分的墙砖改为乳胶漆加踢脚线，走道地面砖加波打线，至于波打线的踢脚线的颜色到时确定；大堂、电梯厅及各功能分区用波打线分隔。②二至八层的功能房间吊顶取消，做法按图纸要求进行施工，顶棚刷白漆……”等内容。二、于2017年6月28日湛江公司向南海研究所出具的承诺书1份。承诺书中记载有“我司与南海研究所签订的《建设工程施工合同》……由关某邦作为施工负责人。关某邦根据施工需要，与第三人签订劳务合同。关某邦所签合同在履行过程中，对应的合同责任由我司与关某邦依约承担。特此承诺”等内容。关某邦在庭审中陈述其未与湛江公司订立合同，但签订过委托书，其是作为案涉工程总承包建设工程项目的施工负责人，与苏某喜签订的合同是以其个人名义，应由其独立承担责任。三、建筑工程竣工验收报告1份。显示案涉工程于2017年1月18日通过竣工验收。

因关某邦未按时支付劳务费用一事，双方曾由南沙劳动部门予以调解，但调解不成。苏某喜在诉讼中向本院申请财产保全，要求查封冻结关某邦名下价值1337686.41元的财产。本院经审查后予以准许，于2017年4月20日裁定：查封、冻结关某邦名下价值1337686.41元的财产。关某邦向本院提出变更保全申请，并提交了其名下中国工商银行股份有限公司广州江湾支行××××账户1337686.41元现金作为等值担保财产。本院经审查后于2017年9月25日依法裁定予以准许，并冻结了上述财产。

在本案诉讼期间，湛江公司向本院提出管辖权异议，提出本案应由广东省湛江市坡头区人民法院管辖，本院于2017年6月23日作出（2017）粤0115民初1708号之三民事裁定，驳回了湛江公司的管辖权异议。湛江公司不服向广州市中级人民法院提起上诉，该院于2017年8月7日作出（2017）粤01民辖终2156号民事裁定，驳回湛江公司的上诉。

本院在审理本案期间，曾组织当事人双方到案涉现场进行勘查，并要求关某邦提供工程现场照片。在庭审中，苏某喜、关某邦对被告提供的工程项目现场照片没有异议。

本院认为，苏某喜（班组）为自然人，其与关某邦于2014年4月15日及2015年8月15日就案涉工程的实验楼的内墙砌砖、内外墙面批荡及贴砖、踢脚线、地面找平及贴砖、植筋等劳务施工而订立的工程劳务分包合同，因苏某喜（班组）不具备劳务分包资质，依据《最高人民法院关于审理建设工程施工合同纠纷案件适用法律问题的解释》第一条第（一）项“建设工程施工合同具有下列情形之一的，应当根据合同法第五十二条第（五）项的规定，认定无效：（一）承包人未取得建筑施工企业资质或者超越资质等级的”之规定，应当认定上述合同无效。依据上述司法解释第二条“建设工程施工合同无效，但建设工程经竣工验收合格，承包人请求参照合同约定支付工程价款的，应予支持”之规定，因案涉工程已经竣工验收合格，故苏某喜主张按照双方之间订立的合同约定结算施工价款，本院予以支持；因苏某喜未与湛江公司建立合同关系，故对其要求湛江公司承担施工价款支付的连带责任，本院不予支持。

本院依据当事人双方的诉辩意见和已经庭审质证的相关证据，现对本案作评析如下：

一、关于苏某喜主张做踢脚线的工程劳务费49938.95元，关某邦予以认可，本院予以确认。

二、关于增加做功能房地砖工程劳务费的问题。依据2014年1月制定的建筑设计总说明中第七项内装修设计中约定的各功能房的装修标准为“墙面及顶棚刷乳胶漆、地面为原结构面清理（双白落地）”，又依据2015年10月13日的项目监理工程会议纪要“二至八层的功能房间吊顶取消，做法按图纸要求进行施工，顶棚刷白漆”的约定，结合2015年11月18日制定的装修平面图，以及由项目经理麦某新及潘某光等人的签名确认的书面材料，可以认定功能房的施工明显与原施工要求不一致，苏某喜主张功能房做地砖的劳务属于原合同外的施工内容有理，本院予以支持。关某邦主张上述功能房做地砖的劳务属于原合同内的施工，其劳务费包在合同总价内的主张，理据不足，本院不予采纳。苏某喜提供的由项目经理麦某新及预算员潘某光等人签名确认的书面材料，已明确了其所做功能房地砖的工程量，现本院参照双方所签订的原合同中有关贴地砖的单价，确定该项工程劳务价款为391233.85元（11178.11㎡×35元/㎡）。

三、关于“增加铜丝”项目的问题。依据原合同“二、承包方式 2. 各项工程的内容包括但不限于（包干价内容）……d. 甲方以书面通知形式要求增加或修改的工程内容，产生的费用按合同条款约定执行……（新增工程单价计算方式：如有对应约定综合单价的按约定综合单价；如无对应约定综合单价，甲乙双方协商）”之约定，如前所述，项目经理麦某新已经签名确认该工程量，故本院对该部分的内容予以支持，确定价款为27552.3元（1836.82㎡×15元/㎡）。

四、关于补签合同增加植筋工程量的问题，苏某喜提交了一份时工签证确认表，主张增加植筋工程量的价款为28635元，关某邦对该价款予以认可并同意支付，因而本院对此予以确认。

五、关于合同内价款的扣除问题。1. 苏某喜、关某邦对应当扣除“二层至九层贴墙面和门窗墙砖（走廊）”项目的价款及该项目的工程量3992.4㎡均没有异议，但对计算单价各执一词。由于双方未在合同中对该扣除项目的单价予以明确约定；而双方主张的单价均是参照合同约定的类似施工内容的单价，双方主张的单价标准基于其各自利益而忽视了参照标准的施工内容与扣减项目的施工内容的难易程度。故此，本院根据施工项目的难易程度，并参照双方签订的合同中有关贴墙面的价格综合确定。苏某喜与关某邦签订的原合同约定，电梯大堂墙面砖施工综合包干单价55元/㎡；楼梯墙面步级批荡及贴砖施工综合包干单价42元/㎡。目前双方争议的扣减工程项目为二层至九层贴墙面和门窗墙砖（走廊）。而从现场照片及现场勘查可知，电梯大堂墙体较高，施工难度明显较大。关某邦要求按电梯大堂墙面砖施工综合包干单价55元/㎡去扣减明显不合理。鉴于楼梯的墙体相对于二层至九层走廊的墙体要高，贴砖施工难度相应亦大，而苏某喜在庭上表示愿意按楼梯墙面步级批荡及贴砖施工综合包干单价42元/㎡去扣减上述争议项目价款，本院予以认可。该扣减项目的款项应为167680.8元（3992.4㎡×42元/㎡）。2. 关某邦主张扣除由其他班组施工的原合同范围内的地下室墙柱砂浆找平抹灰64052元、地下室自流平楼面底部素水泥结合层一遍10292元，苏某喜不予确认，关某邦亦没有提交由其他班组施工完成的证据，故本院不予支持。故本院确认合同内施工扣减的价款为167680.8元。

六、关于时工签证确认表（水工班签证）的原合同外施工价款的问题。（一）关某邦对时工签证确认表无异议部分的34258.36元，本院予以确认。（二）关于当事人对工程量无异议但双方无法就单价达成一致意见的合同外施工价款。本院认为，因苏某喜未能举证证明双方已经就单价达成一致意见，依据原合同“合同外增加项目的单价原则上按合同单价结算，如无则应经甲乙双方及项目经理协商确定并签订补充协议……具争议的价格应通过参考市场价格由甲乙双方共同协商确定，协商不定的按市场最低价处理”的约定，该价款应当按照市场最低价处理，但未对何为市场最低价予以明确，故该约定不明。同时，双方在本案中未对如何确定市场最低价予以明确或达成一致意见，关某邦亦未对其主张的价格即合同约定的市场最低价提供证据证明。经本院核实亦无相关权威机构公布本地区类似施工内容的市场最低价格，故本院将参照本案合同的相关约定，以及现行同行业在岗职工年平均工资标准，并从公平角度出发，酌情予以确定价格如下：一是关于拆除围墙、地砖和围铁皮的价格。拆除围墙、地砖包括拆除、清理两项任务，故可以参照双方签订的原合同中关于砌砖施工综合包干单价27.5元／㎡计算。二是关于每天人工的价格。结合本案的施工时间，可以参照《广东省2016年度人身损害赔偿计算标准》中“建筑装饰和其他建筑业国有同行业在岗职工年平均工资56700元”计算，即155.34元／工日。三是围铁皮的价格，苏某喜主张以12元／㎡计算，关某邦主张以10元／㎡计算，由于该工程量目前没有可参考的价格标准，故本院认为酌情按照双方的中间价格即11元／㎡予以计算为宜。故该部分的工程价款经计算合计为8703.33元［“水工班签证”表第3项拆墙（108㎡ ×27.5元／㎡ =2970元）+ 第10项拆墙（10.5㎡ ×27.5元／㎡ =288.75元）+ 第13项拆墙（25.2㎡ ×27.5元／㎡ =693元）+ 第25项拆墙（75㎡ ×27.5元／㎡ =2062.5元）、围铁皮（75㎡ ×11元／㎡ =825元）+ 第26项钉人货梯平台木板12个工日 ×155.34元／工日）=1864.08元］。（三）关于关某邦有异议的合同外施工的问题。本院分析如下：1. 依据《建筑施工企业项目经理资质管理办法》第二条的规定，建筑施工企业项目经理是指受企业法定代表人委托对工程项目施工过程全面负责的项目管理者，是建筑施工企业法定代表人在工程项目上的代表人。故项目经理麦某新的行为即视为关某邦的行为。2. 根据关某邦在本案中确认部分合同外施工的情况可知，双方对合同外施工均以“时工签证确认表”的方式进行，由当事人填写好签证事由及原因、工作内容、工程量等，再由主管施工员伍某强、工长李某丰和项目经理麦某新签字确认，其虽与合同约定形式有所不同，但从其形式、内容及使用次数等方面来看，本院认为此方式应属于工程劳务的发包者对劳务承包者完成双方约定的工程量后的一种确认形式，其具有一定的习惯性。从关某邦认可的时工签证确认表分析，与其不认可的时工签证确认表在格式、形式、内容书写方式上均一致，现其认可其一而否定其他，不符合常理，该否认的辩解难于自圆其说，且缺乏事实依据予以反驳。综合上述分析，结合麦某新在通话中承认苏某喜的班组在功能房二次装修中存在增加了工程量的这一事实判断，本院认定苏某喜的班组存在合同外增加工程量的事实，时工签证确认表即为合同外的施工内容。根据苏某喜提供的时工签证确认表等证据，本院认定该争议部分的工程量价款如下：（1）关于苏某喜主张的因其他班组原因导致返工而要求计算的工程量的问题，其已经提交了时工签证确认表，由项目经理麦某新签名确认，其已经完成了举证责任；关某邦对此予以否认，应当由其予以证实属于苏某喜返工的问题，但其未能提交证据，故本院对该部分的价款予以支持，确定价款为：第8项2840元（拆地砖45.44㎡×27.5元/㎡=1249.6元+补砖45.44㎡×35元/㎡=1590.4元）；第16项1631元（墙面破损维修46.6㎡×35元/㎡）；第18项480元（地板砖拆除7.68㎡×27.5元/㎡=211.2元+贴地砖7.68㎡×35元/㎡=268.8元）；第22项600元（贴墙砖9.6㎡×35元/㎡=336元+拆砖9.6㎡×27.5元/㎡=264元），合计5551元。（2）关于苏某喜在水工班签证表第2项中其进行了卫生间刷防水1370㎡的问题，表中记载了“协商1600元”，符合《工程劳务分包合同》“合同外增加项目的单价原则上按合同单价结算……具争议的价格应通过参考市场价格由甲乙双方共同协商确定”的约定，本院予以采信为1600元。（3）如前所述，因关某邦未能提交证据否定时工签证确认表属于合同内的范围，故其应当承担举证不能的法律责任，故本院确认以下苏某喜主张的合同外施工价款：第5、6、7项5497.17元[（砌砖76.33㎡×27.5元/㎡）+（批荡96.96㎡×13.8元/㎡）+（工日12个×171.67元/工日）]，第14项2231.85元（砌砖27.02㎡×27.5元/㎡+拆墙27.02㎡×27.5元/㎡、批荡54.04㎡×13.8元/㎡），第15项1168.75元（打构造柱、拆除42.5㎡×27.5元/㎡），第19项336.72元（抹灰24.4㎡×13.8元/㎡），第21项38420元（预留铁板批荡1921㎡×20元/㎡），第29项18480元（沙井28座×660元/座），合计66134.49元。因此，时工签证确认表（水工班签证）的合同外施工价款合计116247.18元。

综上所述，苏某喜的合同外施工价款共计为445927.38元（49939.85元+391233.85元+27552.3元+28635元+116247.18元—167680.8元），故本院确定苏某喜的案涉合同施工款项为3465927.38元（3020000元+445927.38元）。案涉工程于2017年1月18日竣工验收，尚未经过2年的质保期，故本院确认在扣除10万元质保金后，关某邦在扣除已经支付的2160000元外还应向苏某喜支付劳务款项1205927.38元（3465927.38元－2160000元－100000元）。因原合同对于逾期付款未进行约定，依照《最高人民法院关于审理建设工程施工合同纠纷案件适用法律问题的解释》第十七条“没有约定的，按照中国人民银行发布的同期同类贷款利率计息”的规定，苏某喜主张的利息标准有理，本院予以支持。同时，依据原合同关于“工程进度款和结算款支付方式”的约定，苏某喜在案涉工程于2017年1月18日验收合格移交关某邦结算审核后支付，但对于关某邦审核结算的时间没有明确。经庭审可知，双方曾就结算价款产生分歧且由劳动部门予以调解，故本案应以起诉之日作为起算利息之日为宜。

湛江公司、南海研究所经本院合法传唤未到庭参加诉讼，视为其放弃相关诉讼权利，本院依法作缺席审理。

综上，依照《中华人民共和国合同法》第六十条，《中华人民共和国民事诉讼法》第六十四条第一款，《最高人民法院关于审理建设工程施工合同纠纷案件适用法律问题的解释》第一条、第二条、第十七条，《最高人民法院关于适用〈中华人民共和国民事诉讼法〉的解释》第二百四十条、第二百四十一条之规定，判决如下：

一、原告苏某喜与被告关某邦于2014年4月15日签订的《工程劳务分包合同》、于2015年8月15日签订的《南海深海试验研究平台工程工程劳务分包合同》无效；

二、被告关某邦应于本判决发生法律效力之日起十日内向原告苏某喜支付劳务款项1205927.38元及利息（利息以1205927.38元为本金，按照中国人民银行同期同类贷款利率标准从2017年3月23日开始计付）；

三、驳回原告苏某喜的其他诉讼请求。

如果未按本判决指定的期间履行给付金钱义务，应当依照《中华人民共和国民事诉讼法》第二百五十三条的规定，加倍支付迟延履行期间的债务利息。

案件受理费17562元，由原告苏某喜负担1728元，由被告关某邦负担15834元。财产保全费5000元，由被告关某邦负担。

如不服本判决，可以在判决书送达之日起十五日内，向本院递交上诉状，并按对方当事人或者代表人的人数提出副本，上诉于广东省广州市中级人民法院。

审　判　长　徐广钧
人民陪审员　郭顺潮
人民陪审员　陈润彰
二〇一八年一月十八日
书　记　员　梁凤茵

广州市唐居服饰有限公司诉广州市佳昌服装有限公司侵害商标权纠纷民事判决书

广东省广州市南沙区人民法院
民 事 判 决 书

（2017）粤0115民初2122号

原告：广州市唐居服饰有限公司，住所地略，统一社会信用代码略。

法定代表人：吴某喜，该公司总经理。

委托代理人：邱某斌，广东翰锐律师事务所律师。

被告：广州市佳昌服装有限公司，住所地略，统一社会信用代码略。

法定代表人：王某，该公司总经理。

委托代理人：潘某娟，广东金本色律师事务所律师。

原告广州市唐居服饰有限公司诉被告广州市佳昌服装有限公司侵害商标权纠纷一案，本院于2016年10月18日作出（2016）粤0115民初3414号民事判决，原告广州市唐居服饰有限公司不服提起上诉，广州知识产权法院于2017年4月19日作出（2016）粤73民初1085号民事裁定：撤销原审判决，发回重审。本院于2017年5月2日立案登记，依法另行组成合议庭适用普通程序公开开庭进行了审理。原告的委托代理人邱某斌，被告的委托代理人潘某娟到庭参加了诉讼。本案现已审理终结。

原告诉称：原告“唐居服飾”1996年始创于中国台湾地区，公司经过十多年的发展，现已成为一家集设计、生产、销售、售后服务为一体的大型服装企业。公司在设计上以中国简约优雅的传统风格为主。融合西方的时代感，开发了唐居服装系列、沐雅系列、民族风系列等六大系列服装，并不断地创新生产工艺与探索传统服装与时尚元素的结合。原告于2009年9月28日与朱某仪（涉案商标持有人）签订《商标使用许可合同》，取得涉案第5345124号“唐居 +TANG-JU+ 图形”组合商标在第25类商品上的许可使用权及以原告名义提起民事诉讼以维护涉案商标专用权的权利。涉案第5345124号“唐居 +TANG-JU+ 图形”组合商标注册的有效期限及原告的许可使用期限均自公元2009年09月28日至2019年09月27日止。经原告调查发现，被告未经许可擅自生产、销售带有“在走唐居”商标的侵权产品，并在大连春季国际茶业博览会暨紫砂陶瓷工艺品博览会等大型展会现场对侵权商标及商品进行大量宣传。而被告生产并销售侵权服装产品的包装袋、标签及吊牌上均带有“在走唐居”商标。该商标与原告获得许可使用的涉案第5345124号“唐居 +TANG-JU+ 图形”组合商标极其相似。根据《中华人民共和国商标法》第五十七条的规定，被告的这种行为构成了对原告商标专用权的严重侵犯，给原告造成了重大经济损失；同时，被告也由其侵权行为攫取了高额的非法利益。鉴于以上事实，原告为了维护合法权益，故请求判令：1. 被告立即停止侵犯原告商标专用权的行为，包括但不限于停止生产、销售侵犯原告商标专用权的产品，以及销毁库存的侵权产品、用于生产侵权产品的工具等；2. 被告赔偿原告经济损失及原告为调查、制止侵权行为所支出的合理费用共计人民币50万元；3. 判令本案诉讼费由被告承担。

原告提交了下列证据。第一组证据：1. 第5345124号商标注册证，证明（1）涉案“唐居 +TANG+ 图形”组合商标已获注册;（2）注册有效期限自公元2009年9月28日至2019年9月27日止;(3) 核定使用商品（第25类）：服装、戏装、鞋、帽、披巾、钱带（服装用）等。2.《商标使用许可合同》，证明（1）原告获得涉案商标的许可使用权，许可期限自公元2009年9月28日至2019年9月27日止;（2）原告获得涉案商标单独提起民事诉讼以维护合法权益的权利。第二组证据：3.（2016）粤广广州第118652号《公证书》。4.2016年大连春季国际茶业博览会暨紫砂陶瓷工艺品博览会现场照片。5.2016年春季中国厦门国际佛事用品展览会现场照片，共同证明被告生产、销售带有“在走唐居”的侵权产品。第三组证据：6. 唐居服饰简介。7.《亚太经济时报·禅文化周刊》(2011年10月18日、2012年2月6日、2012年11月28日，共三期），共同证明（1）涉案商标经原告多年的使用、经营，已具有较高的知名度和良好的商誉;（2）原告投入大量的资金用于涉案商标的宣传与推广。8. 购货收据，证明侵权产品销售单价为人民币350~400元。9. 公证费发票，证明原告为维护合法权益的合理支出：公证费人民币1650元。原一审第一次补充证据：10. 被告企业注册信息，证明（1）被告经营规模大;（2）被告经营范围包括服装制造、批发等，有生产、销售侵权产品的可能及能力。11. 被告股东张某艳的名片，证明“在走唐居”系列是被告的主要经营业务。12. 会刊（第八届中国厦门国际佛事用品展览会）。13. 媒体采访影像（附光碟)，共同证明涉案商标通过原告的使用、宣传获得较高的知名度及良好的商誉。14. 第1641284.3876094号“巨式国际”商标查询信息。15. 欣贺股份有限公司企业注册信息。16. 欣贺股份有限公司官方网站截图。17.“巨式”百度搜索资料。共同证明被告向来有攀附他人商誉、恶意注册近似商标，侵犯他人商标专用权及不正当竞争的行为。18.原告产品实物，证明被告在款式设计上模仿原告涉案商标产品，其侵权性质恶劣。19.2016年华臣巨茶博会全国大联展参展指南及宣传手册，证明被告突出使用了“唐居”商标并生产、销售侵权产品，被告经营规模大，经营范围广。【证据4、6、7（2012年11月28日一期），10、14、15、16、17没有证据原件】原一审第二次补充证据：1.朱某仪的台湾地区身份证及来往大陆通行证。2.广州市海珠公证处（2015）粤广海珠第22343号公证书，证明朱某仪授权的有效性。3.原告分别于2014年、2015年与马晓慧、张娟签订的《直接加盟店合同书》及加盟商的个体营业执照，证明原告商标的知名度和良好信誉。原二审补充证据：1.亚太经济时报禅文化周刊的10份报刊；2.臻品杂志的宣传页2014年4月关于对原告商标的报道；3.丽江旅游度假商业中心宣传册，有对原告加盟店的介绍；4.原告的产品宣传册列明原告在全国加盟店的地址；5.第九届厦门佛事用品参展用品表；6.2016年中国国际茶业博览会现场图片、参展指南和相关产品票据；7.在证据6博览会上购买的侵权实物。证据1至5证明涉案商标具有较高的知名度，证据6、7证明被告在2016年11月展会上仍然在继续使用涉案商标并销售侵权产品。

被告辩称：一、我方未侵犯原告的商标专用权。（一）我方已于2016年1月20日向国家工商行政管理总局商标局提出“ZAIZOUTANGJU在走唐居”商标的注册申请（申请号：18941681），2016年5月17日该局出具了受理通知（发文编号：TMZC18941681ZCSL01）。我方是在收到商标局的受理通知后，才尝试进行品牌经营，并不存在侵犯商标权的故意。（二）我方使用的商标与原告注册商标形状、外观均有明显不同，相关公众不会误认我方和原告之间存在某种关联，也不会导致相关公众对商品的来源产生混淆。二、即使我方被认定商标侵权成立，原告诉请我方赔偿人民币50万元的诉讼请求没有事实和法律依据，依法不应得到法院的支持。首先，被答辩人要求答辩人赔偿50万元经济损失费用，但并未提供任何依据说明其损失赔偿额是如何计算而来，因此，其应当对自己的主张承担举证不能的不利后果，50万元的损失赔偿费用因没有任何依据而不应得到法院的支持。原告所述我方的行为构成了原告的重大经济损失，因没有提供具体的证据来证明其声誉受到何种损害，损失又是多少，因此对于原告的此主张，法院应当不予支持，也不应当作为赔偿的计算依据。其次，我方有自己主营的经商标局注册的“TS-5”“巨式·欧美亚”两个品牌，“ZAIZOUTANGJU在走唐居”只是我方在2016年5月17日申请注册后的新品牌，并未大量在市场上推广，而且原告购买的有绣制的“在走唐居”商标的产品，也只是打版所用，并没有在市场上销售。最后，从原告提交的证据中也可以证实，“唐居”也并非知名品牌：“祝贺唐居服饰有限公司网站成功上线”的新闻，自2007年6月3日发布至今的阅读量仅为501次。试问，如果是知名品牌及规模大的公司，近十年的时间里，不可能创下如此低的阅读量。三、原告并非涉案商标的权利人，无权向被告提出涉案商标的主张。关于服装款式模仿的问题，原告产品无申请外观专利，唐装服饰自古代流传至今，有其特定的款型、样式。另外，关于原告提出的购买费用不是800元，而是700元，公证书有列明费用。

被告提交了下列证据：证据一：1.《商标注册申请受理通知书》(发文编号：TMZC18941681ZCSL01)。证明“在走唐居”商标的注册申请已被国家工商行政管理总局商标局受理，类别为第25类。2.“在走唐居”吊牌。3.第5780297号商标注册证。4.“TS-5”系列吊牌及服装。5.“TS-5”系列(2016年夏季推广图册)。6.“TS-5”系列(推广图册)。证据4-6共同证明“TS-5”商标已获注册，为被告主营自有品牌。7.第3965136号商标注册证。8.“巨式·欧美亚”系列OPP袋、吊牌及服装。证据7-8共同证明“巨式·欧美亚”商标已获注册，为被告主营自有品牌。9.营业执照(广州市番禺区广隆绣花厂)。10.送货单，共同证明“在走唐居”的绣花字样只是样板，没有大量生产。证据二：1.营业执照(广州市番禺区南村贤企服装辅料店)；2.证明；3.交通银行网上转账电子回执；4.送货单；5.送货单；6.居民身份证；7.居民身份证。共同证明“TS-5”“巨式·欧美亚”商标已获注册，为被告主营自有品牌。原一审补充证据：2016年8月30日结束的展会现场照片复印件，证明被告主营的是“TS-5”“巨式·欧美亚”品牌。(证据一的证据9，证据二的证据1、6、7没有原件)

经审理查明：朱某仪是第5345124号“唐居 TANG-JU”商标注册人，核定使用商品为第25类，包括服装、婴儿全套衣、戏装、鞋、帽、袜、披巾、婚纱、钱带(服装用)、雨衣等，注册有效期限自2009年9月28日至2019年9月27日。该商标图样为黑底竖长方形，中有竖写的“唐居”二字，二字的周边为竖长方形边框，呈S形装饰花纹，边框下有横写的“TANG-JU”拼音。朱某仪是台北市人，台湾地区身份号码S22109××××，台湾地区居民来往大陆通行证号码0062××××。

2009年9月28日，朱某仪与原告签订商标使用许可合同，许可原告在中国大陆范围内使用5345124号商标，许可方式为普通许可，许可使用费为无偿许可，许可期限为2009年9月28日至2019年9月27日，并授权原告有权单独对侵犯前述商标权的行为采取维权措施，包括但不限于进行行政投诉和提起民事诉讼。

被告质疑该授权的真实性，但未提交相反证据。原告称该合同是在广州签订的，原告与朱某仪有合作关系，并补充提交了朱某仪的台湾身份证件、来往大陆通行证及广州市海珠公证处（2015）粤广海珠第22343号公证书，该公证书载明：2015年9月21日因原告法定代表人不在广州，原告委托朱某仪为代理人办理公司房屋租赁、与员工签订劳动合同、缴纳税款等事宜。

原告明确主张被告生产、销售的商品及在广告宣传中使用与原告上述商标相近似的标识构成侵权。

2016年6月16日，原告的代理人彭某龙到广州市广州公证处申请对其公司购买过程进行公证。2016年6月16日下午，该处公证员谢某与该处工作人员陈某琪、申请人彭某龙来到广州市某区某大道，进入巷口有“龙山大道42”字样门牌，外墙有“佳昌服饰有限公司”字样招牌的一幢建筑内三楼，在公证员及工作人员的面前，彭某龙在该公司购买了上衣两件，共支付了价款人民币柒佰元整，并取得由该公司的人员出具的货单一张（该货单上的人名为彭某龙购物时使用的化名，该货单上的日期为该公司人员填写，实际日期为2016年6月16日）及购物环保袋一个。购物完成，彭某龙将上述所购产品及取得的物品交由该处公证员保管。随后，该处公证员对该公司所在位置外观拍摄了照片后，将上述产品物品带回该处拍照并封存，并将封存后的上述所购产品及物品交由彭某龙保管。广州市广州公证处对此作出（2016）粤广广州第118652号公证书证明上述事实。原告为此支出公证费1650元，取证消费700元。

庭审中，双方确认被控侵权产品封存完好，并当庭拆封打开，取得被控侵权产品。内有一个印有“在走唐居”标识的包装袋、一张“TS-5巨式·欧美亚”显示货号“2075.2906”金额共计700元的收据、一件挂牌显示品牌“TS-5”的衣服、一件挂牌显示品牌“在走唐居”的衣服，吊牌上有被告公司的名称。原告还提交了其在2016年中国国际茶业博览会自行购买的被告“在走唐居”衣服一件，被告否认该衣服为被告生产、销售。

原告主张上述公证封存的“在走唐居”衣服和其自行购买的“在走唐居”衣服都在领标、两个吊牌、产品合格证、购物袋的侧边五处有侵权标识。经查，公证购买的“在走唐居”衣服和原告自行购买的“在走唐居”衣服在产品的领标的地方有绣制的“在走唐居”商标“”，商标为近正方形，边框是与原告商标相似的S形装饰花纹，边框内将“在走”和“唐居”分两列排列，左边是“唐居”，右边是“在走”；产品的一个吊牌上一面有宣传文字，下有一近正方形标识，边框为直线，内有“在走”和“唐居”分上下排列，“在走”在上，“唐居”在下；另一面为合格证，上有横写的“品牌：在走唐居”，没有边框；另外一个吊牌上有横写排列的“在走唐居”标识，四字下方有拼音“ZAIZOUTANGJU”，两侧是近似括号形状的边，上下是花草形状的边；在购物袋的侧面有“在走唐居”标识，与前述第二个吊牌上的标识一致。

原告认为被控侵权产品使用了与原告注册商标相同的花纹和图案，突出了“唐居”的字体，与原告的注册商标字体、排列、花纹构成相似。被告则认为被控侵权产品使用的标识与原告的注册商标形状不一样、用料不一样及底色也不一样，衣服几乎都在同一位置设置领标，不足以说明被告进行模仿，两者并不构成近似。

关于原告指控被告在广告宣传中使用与原告商标相似的标识，原告提交了2016年大连春季国际茶业博览会暨紫砂陶瓷工艺品博览会和2016年春季中国厦门国际佛事用品展览会指南及现场照片，以及2016年华臣巨茶博会全国大联展参展指南及被告宣传单张。被告对这三份证据的真实性均不予确认。经查，2016年大连春季国际茶业博览会暨紫砂陶瓷工艺品博览会资料无原件；2016年春季中国厦门国际佛事用品展览会指南有被告参展铺位，所附被告宣传布景照片虽有使用“在走唐居”四字，但该照片无原件；2016年华臣巨茶博会全国大联展参展指南仅有“在走唐居”的铺位，所附被告宣传单张有“在走唐居”文字，但无证据证明该宣传单张是在该展览会上使用的。

庭审中，原告明确诉讼请求第二项的合理开支共计2350元，包括购买费用700元，公证费1650元。经济损失没有证据，请法院考虑以下因素酌情确定：一是原告的涉案商标具有较高的声誉度、被告的经营规模大；二是被告具有主观恶意，被告经营多款服装系列，唯独在唐装系列服饰使用与原告涉案商标近似的“在走唐居”的商标。

原告还提交了第八届中国厦门国际佛事用品展览会的会刊、臻品杂志的宣传页、丽江旅游度假商业中心宣传册，原告的产品宣传册、《亚太经济时报》2011—2012年对原告商标及加盟店的宣传报道、两份《直接加盟店合同书》等证据，以证明原告商标的知名度及良好商誉。被告认为相关证据不足以证明原告具有较高知名度，被告的行为没有对原告造成损失及影响。

被告还提交了国家商标局2016年5月17日《商标注册申请受理通知书》，证明“在走唐居”商标的注册申请已被国家商标局受理，类别为第25类；商标标识有上下两行，下面是“在走唐居”，上面是这四个字的拼音。原告无异议。该申请目前尚未有审查结果。

原告还提交了一些案外人的经营资料的证据，被告也提交了有关其另一商标的证据，均与本案无关，本院对相关事实不作认定。原告未就被告库存的侵权产品、用于生产侵权产品的工具提交证据证明。

另查明，原告成立于2006年9月30日，注册资本10万元，经营范围为批发业。被告成立于2011年9月26日，注册资本100万元，经营范围为服装批发、鞋批发、帽批发、机织服装制造、针织或钩针编织服装制造、服饰制造、服装零售等。

本院认为：原告是第5345124号注册商标的许可使用人，该注册商标处于有效保护期内，应受法律保护。根据上述商标注册人的授权，原告有权以自己的名义提起诉讼。被告虽质疑授权书的真实性，但未提交相反证据，而原告提交了商标权人的身份证据资料及原告委托商标权人代办公司事宜的公证委托书，因此，虽然商标权人为台湾地区居民，本院确认商标授权的真实性。

根据《中华人民共和国商标法》(以下简称《商标法》)第五十七条第(二)项的规定，未经商标注册人的许可，在同一种商品上使用与其注册商标近似的商标容易导致混淆的属于侵犯注册商标专用权的行为。《最高人民法院关于审理商标民事纠纷案件适用法律若干问题的解释》第九条规定，商标近似是指被控侵权的商标与注册商标相比较，其文字的字形、读音、含义或者图形的构图及颜色，或者其各要素组合后的整体结构相似，易使相关公众对商品的来源产生误认或者认为其来源与原告注册商标的商品有特定的联系。本案原告在被告处公证购买了被控侵权产品，产品吊牌上有被告名称，本院认定被告生产、销售了被控侵权产品衣服。被告生产、销售的被控侵权产品衣服是与原告主张权利的注册商标核定使用商品是同种商品。经比对，被控侵权产品包装、衣领、吊牌、合格证上使用的“在走唐居”标识中，“唐居”二字与第5345124号注册商标中的“唐居”二字相同，且被告标识有时使用的边框亦与原告商标图案的花纹边框一致。尽管被控侵权产品上使用的标识是“在走唐居”四字，但从文字意义上看，上述标识主体应当是“唐居”二字。原告提交的证据中有《亚太经济时报》2011—2012年对原告商标的宣传，“唐居”注册商标有一定的显著性和知名度，故本院认定被控侵权标识与原告注册商标构成相似，易使相关公众对被控侵权商品的来源产生误认，认为其来源与原告注册商标的商品有特定的联系，足以导致一般公众对两者的混淆。本院依法认定被告生产、销售被控侵权商品侵犯了第5345124号注册商标的专用权，被告应承担停止侵权、向原告赔偿损失的民事法律责任。被告称其已停止生产、销售但未提交证据证明，本院不予采信。被告应立即停止生产、销售侵权商品。至于原告还请求判令被告销毁库存的侵权产品、用于生产侵权产品的工具，因原告未就被告库存侵权产品和生产侵权产品的工具提交证据证明，本院对原告这项诉请不予支持。

至于原告还指控被告的广告宣传使用侵权标识的侵权事实，因原告提交的被告在相关展览会宣传“在走唐居”标识的照片无原件，被告宣传单张也不能证明是在展览会上使用，被告又不予确认；因原告证据不足，故本院不认定被告这方面的侵权事实。

关于赔偿金额的确定问题。鉴于原告因被告侵权行为所受损失和被告因侵权行为所获利润均无足够证据证实，本院综合考虑被告侵权行为主观过错程度、侵权行为性质、侵权持续时间、后果、涉案注册商标知名度及原告为制止侵权行为所付出的合理费用等因素，酌情认定被告承担的赔偿数额为80000元（含原告为制止侵权行为所产生的合理开支费用），原告请求赔偿数额超过上述酌定部分的诉讼请求，本院不予支持。

综上所述，依照《中华人民共和国民法通则》第一百一十八条，第一百三十四条第一款第（一）项、第（七）项；《中华人民共和国商标法》第五十七条第（二）项、第六十三条；《最高人民法院关于审理商标民事纠纷案件适用法律若干问题的解释》第九条，第十条，第十六条第一款、第二款，第十七条以及《最高人民法院关于民事诉讼证据的若干规定》第二条之规定，判决如下：

一、被告广州市佳昌服装有限公司自本判决发生法律效力之日起立即停止生产、销售侵犯第5345124号注册商标专用权的商品的行为；

二、被告广州市佳昌服装有限公司自本判决发生法律效力之日起十日内赔偿原告广州市唐居服饰有限公司经济损失80000元（包括原告广州市唐居服饰有限公司支出的维权合理费用在内）；

三、驳回原告广州市唐居服饰有限公司的其他诉讼请求。

如果未按本判决指定的期间履行给付金钱义务，应当依照《中华人民共和国民事诉讼法》第二百五十三条之规定，加倍支付迟延履行期间的债务利息。

案件受理费8800元由原告广州市唐居服饰有限公司负担7392元，被告广州市佳昌服装有限公司负担1408元。

如不服本判决，可在判决书送达之日起十五日内，向本院递交上诉状，并按对方当事人的人数提出副本，上诉于广州知识产权法院。

审　判　长　李　胜
审　判　员　张志荣
人民陪审员　张帮明
二〇一七年六月三十日
书　记　员　马雪丽

中航（沈阳）高新科技有限公司（反诉被告）诉广州中国科学院工业技术研究院（反诉原告）技术委托开发合同纠纷民事判决书

广东省广州市南沙区人民法院
民 事 判 决 书

（2017）粤0115民初3332号

原告（反诉被告）：中航（沈阳）高新科技有限公司，住所地略。

法定代表人：刘某军，系该公司经理。

委托诉讼代理人：曹某军，辽宁良友律师事务所律师。

委托诉讼代理人：夏某，辽宁良友律师事务所实习律师。

被告（反诉原告）：广州中国科学院工业技术研究院，住所地略。

法定代表人：谢某，系该院理事长。

委托诉讼代理人：李某，国信信扬（南沙）律师事务所律师。

委托诉讼代理人：王某周，国信信扬（南沙）律师事务所实习律师。

原告中航（沈阳）高新科技有限公司（以下简称中航公司）诉被告广州中国科学院工业技术研究院（以下简称广州中科院），以及反诉原告广州中科院诉反诉被告中航公司技术委托开发合同纠纷一案，本院于2017年7月20日立案后，依法适用普通程序，公开开庭进行了审理。中航公司委托代理人曹某军、广州中科院委托代理人李某到庭参加诉讼。本案现已审理终结。

中航公司向本院提出诉讼请求：请求法院判令：1. 解除双方签订的《技术开发合同》（合同编号：KF-201510-001）；2. 广州中科院返还中航公司已支付的研究开发经费和报酬116820元；3. 广州中科院赔偿中航公司损失9386.97元（按同期银行贷款利率，从2015年11月3日起至2017年7月4日止）；4. 鉴定费用49488元由广州中科院承担；5. 本案诉讼费用由广州中科院承担。事实和理由：2015年10月中航公司与广州中科院签订了一份《技术开发合同》（合同编号：KF-201510-001），现中航公司于2015年11月3日已支付完30%的研究开发经费和报酬，但广州中科院未能在合同约定期限内完成，且提供的系统相关技术参数不符合合同要求。根据《中华人民共和国合同法》第九十四条的相关规定，现中航公司请求与广州中科院解除合同，返还中航公司已付技术服务费，并赔偿中航公司损失。据此，为维护中航公司的合法权益，特诉至本院。

广州中科院辩称：1.我方已经完成了合同约定的系统，并且交付了完整的系统设备，因此无须退还已支付的费用，并且对方还应当向我方支付合同的尾款；2.中航公司未能证明我方提交的设备不符合合同标准；3.技术开发合同中约定开发的产品并不是现成和制式的，含有风险开发的性质，即技术开发方面存在一定的风险。在我方交付该设备之后的两年内，中航公司均没有与我方联系并指明该产品存在问题，也没有给我方任何对该产品进行改进的机会，在收到鉴定结论之前，我方也并不清楚该设备的具体问题，导致原技术团队现在已经解散。根据《技术开发合同》第八条的约定，“在本合同履行中，一方发现存在技术风险并有可能致使研究开发失败或部分失败的情形时，应当在7日内通知另一方，并采取适当措施减少损失”，因此，中航公司亦存在违约行为。

广州中科院向本院提出反诉请求：请求依法判令：1.中航公司支付拖欠的研究开发经费及质保金272580元；2.中航公司支付违约金19470元；3.本案诉讼费由中航公司承担。事实和理由：2015年10月29日，广州中科院与中航公司签订技术开发合同，合同约定中航公司委托广州中科院完成“铆钉自动检测整形系统”（以下简称“系统”），并约定了具体付款方式。广州中科院根据合同约定以及《技术协议》的要求，设计、调试并组装了系统，并于2016年1月22日交付到中航公司指定的地点。但中航公司仅按照《技术开发合同》第四条第2款第（1）项的约定，向广州中科院支付研发经费116820元，之后再未向广州中科院支付剩余研发经费以及质保金。广州中科院交付系统时，设备外观完整，系统软硬件正常运行，符合《技术开发合同》第四条第2款第（2）项关于系统预验收的要求，中航公司应向广州中科院支付研发经费116820元。中航公司自2016年1月接受系统后，至2017年7月，从未对系统的质量和性能提出过异议，也从未要求过广州中科院指派技术人员对该系统进行进一步的调试和修改完善，理应视为对系统的性能质量进行了确认，广州中科院已按要求履行了《技术开发合同》的主要义务。符合《技术开发合同》第四条第2款第（3）项、第（4）项的要求，中航公司应向广州中科院支付研发经费116820元及质保金38940元。综上，中航公司应向广州中科院支付研发经费及质保金，共计272580元。中航公司拖欠广州中科院研发经费以及质保金的行为构成严重违约。

中航公司辩称，按照技术开发合同的约定，广州中科院并没有依照技术协议的要求将合格的产品提供给我司。《技术开发合同》第四条第2款第（2）项明确约定，在系统预验收后，由甲方向乙方支付116820元。由于现该设备预验收没有合格，故我司不应继续支付其他尾款。

经审理查明：2015年10月28日，中航公司（委托方，甲方）与广州中科院（受托方，乙方）订立有效期为合同生效后两年的技术开发（委托）合同（以下简称开发合同），约定：本合同甲方委托乙方研究开发“铆钉自动检测整形系统”项目，并支付相应研发经费和报酬，乙方接受委托并对此项目进行研究开发工作。双方经过平等协商，在真实、充分地表达各自意愿的基础上，根据《中华人民共和国合同法》的规定，达成如下协议，并由双方共同恪守。第一条：本合同研究开发项目的要求如下：1. 技术目标：完成一套“铆钉自动检测整形系统”。2. 技术内容：见附件《技术协议》。第二条：乙方应按附件《技术协议》完成研究开发工作：项目以预付款收到后为合同生效。（1）合同生效后，30天内完成关键采购部件的选型，控制系统的元器件清单，机械加工零件的工程图。（2）合同生效后，60天内完成系统软件和机械机构安装。（3）合同生效后，75日内，依据附件《技术协议》中“主要技术指标及验收标准”完成逐项的测试，形成测试报告。发货到甲方指定的地点。第三条：乙方向甲方提供符合《技术协议》要求的研制成果：1. 铆钉自动检测整形系统原理及控制系统图；2. 铆钉自动检测整形系统测试报告；3. 系统控制框图、接线图，易损件的工程图纸；4. 铆钉自动检测整形系统。第四条：甲方应按以下方式支付研究开发经费和报酬：1. 研究开发经费和报酬总额为：人民币叁拾捌万玖仟肆佰元整（含6%增值税）。2. 研究开发经费由甲分期支付乙方。具体支付方式和时间如下：（1）合同生效后一周内，甲方向乙方支付研究开发经费人民币：壹拾壹万陆仟捌佰贰拾元整；（2）系统预验收后，甲方向乙方支付研究开发经费人民币：壹拾壹万陆仟捌佰贰拾元整。（3）系统验收合格试运行无故障后，甲方向乙方支付研究开发经费人民币：壹拾壹万陆仟捌佰贰拾元整。（4）剩余叁万捌仟玖佰肆拾元整作为合同质保期限内的质保金，质保期满后按合同约定支付。第五条：本合同的研究开发经费由乙方以自主支出的方式使用。甲方有权以双方协商的方式检查乙方进行研究开发进度等工作，但不得妨碍乙方的正常工作。第六条：本合同的变更必须由双方协商一致，并以书面形式确定。第七条：未经甲方同意，乙方不得将本合同项目部分或全部研究开发工作转让第三方承担。第八条：在本合同履行中，一方发现技术风险存在并有可能致使研究开发失败或部分失败的情形时，应当在7日内通知另一方并采取适当措施减少损失，逾期未通知并未采取适当措施而致使损失扩大的，应当就扩大的损失承担赔偿责任。乙方因出现在现有技术水平和条件下难以克服的技术困难，导致研究开发失败或部分失败，并造成甲方损失的，双方按如下约定承担风险损失：乙方自行承担已付出的人员投入，甲方承担已投入的硬件经费，且硬件归甲方所有。双方确定，本合同项目的技术风险共同协商解决……第十七条：双方确定：任何一方违反本合同约定，造成研究开发工作停滞、延误或失败的，按以下约定承担违约责任：1. 乙方违反本合同第二条的约定，应当支付违约金为本合同额的0.5%/ 天，赔偿总额不超过合同额的5%（支付违约金或损失赔偿额的计算方法）。如因甲方原因项目拖期，乙方不承担拖期违约责任。如乙方提供的系统相关技术参数等不符合合同要求，乙方应当积极地配合甲方进行整改优化，且乙方承担相应的违约责任，违约金为合同总价的0.1%／天，最多不超过合同总价的5%。2. 甲方违反本合同第四条的约定，应当支付违约金为本合同额的0.5%/ 天，赔偿总额不超过合同额的5%（支付违约金或损失赔偿额的计算方法）。甲方付清全部合同款之前所开发的系统及相关成果归乙方所有。第十八条：双方确定，甲方有权利用乙方按照本合同约定提供的研究开发成果，进行后继改进。由此产生的具有实质性或创造性技术进步特征的新的技术成果及其权利归属，由甲方享有。乙方有权在完成本合同约定的研究开发工作后，利用该项目研究开发成果进行后续改进。由此产生的具有实质性或创造性技术进步特征的新的技术成果，归乙方享有。第十九条：双方确定，在本合同有效期内，甲方指定蔡某华为甲方项目联系人，乙方指定卢某成为乙方项目联系人。项目联系人承担以下责任：1. 项目的组织实施；2. 双方沟通实施。一方变更项目联系人的，应当及时以书面形式通知另一方。未及时通知并影响本合同履行或造成损失的，应承担相应的责任……第二十二条：与履行本合同有关的《技术协议》，经双方以签字盖章方式确认后，为本合同的组成部分，具有同等法律效力。

2015年10月29日，双方就上述订立的“铆钉自动检测整形系统”合同的技术标准和规范，订立了铆钉自动检测整形系统技术协议（以下简称技术协议），其中，第一条约定了主要技术指标及验收标准；第二条约定：质保期（验收合格后一年）内在接到用户故障信息后要求24小时内响应，2个工作日内排除故障；第三条约定：本协议作为合同附件，经双方签字盖章后与合同同时生效，并与合同具有相同的法律效力。

2015年11月2日，双方就上述订立的技术协议中的“系统预验收”和“系统验收”有关事宜订立了补充协议（以下简称补充协议），约定：一、系统预验收。1. 系统预验收应在甲方指定的工作现场进行。2. 主要技术指标及验收标准：（1）系统外观无损伤，零部件无缺损；（2）系统软、硬件配置基本齐全；（3）系统提供钉单元、分钉盘、整形运动机构工作正常，显示、操作和设置功能正常。二、系统验收。三、本协议是双方签订“铆钉自动检测整形系统”技术协议的补充，具有与其相同的法律效力。

2015年11月3日，中航公司向广州中科院支付了116820元。

为证明其已经履行合同并交付了研制成果，广州中科院提供了以下证据：铆钉帽缺陷检测、铆钉缺陷检查视觉报告、邮件（P系列相机）、电控逻辑框图、分拣整形机接线图、邮件（铆钉筛选图纸）、采购物资清单、购销合同、设备图片、零件清单、易损零件图、清单、设备工程图，以及（2017）粤广南沙第10684公证书等。其中（2017）粤广南沙第10684公证书显示，发件人“王某”于2016年1月27日向收件人为159××××@163.com的电子邮箱发送了内容为“你好，贺工！这是铆钉筛选设备的图纸及电器原理图，请查收！”的电子邮件。中航公司对除（2017）粤广南沙第10684公证书以外的证据真实性均不予认可，并否认收到上述铆钉筛选设备的图纸及电器原理图，亦不确认上述电子邮箱为159××××@163.com的收件人“贺工”为其公司员工。

此外，广州中科院还申请了证人王某出庭作证。王某在庭审中根据双方的提问陈述：涉案设备是双方定制的，国家和行业对此均没有质量标准。参加设备研发的有两个工程师加上其本人，还有一个辅助人员，采购硬件花费的费用超过合同总金额的百分之三十。铆钉自动检测整形系统原理及控制系统图已经作出并通过邮件发送给“贺工”。铆钉自动系统测试报告没有完成，因为该报告要在双方交付成果并验收时，在第三方沈飞生产线现场安装后才能进行测试。双方没有组织过该产品的验收。

就广州中科院所交付的整形系统是否符合技术协议第一条所有指标的问题，中航公司在案件审理过程中向本院申请鉴定，广州中科院则表示不申请鉴定，同时请求法院考虑：1. 如果是对设备的实物进行鉴定，该设备是经过一年多的时间，很可能存在零件的缺失，并且在未进行成品保护的条件下，有可能存在部分零件的失灵；2. 在鉴定的过程中希望能够由其提供相应的资料、技术人员供鉴定参考。

经双方指定，本院于2017年9月12日委托深圳市质量技术监督评鉴事务所对铆钉自动检测整形系统是否符合技术协议第一条“主要技术指标及验收标准”约定之指标的问题进行鉴定。2017年11月29日，专家组与中航公司代表前往涉案设备所在地进行鉴定，广州中科院经本院及鉴定机构通知，未派员到场。2017年12月15日，深圳市质量技术监督评鉴事务所作出鉴定报告，鉴定意见为：在广州中科院未按通知要求到场配合鉴定及设备系统缺少触摸控制屏的情况下，根据法院提供的《铆钉自动检测整形系统预验收报告》，专家组认为该铆钉自动检测整形系统不符合技术协议第一条“主要技术指标及验收标准”约定。中航公司对此支付鉴定费49488元。

庭审中，中航公司明确其在本案中主张解除合同的依据为广州中科院根本违约而导致其合同目的无法实现，解除合同的时间为起诉之日。具体事实依据为：1. 开发合同第11条；2. 技术协议第1条第2.3款，在实际使用过程中，该系统无法达到协议约定的检测精度，导致残次品也能通过检测。

广州中科院明确，反诉第1项诉请是依据开发合同的第3.4条，由于其已经按照约定向中航公司交付了全部研制成果，且所交付设备符合合同约定，故该公司应当支付开发合同第四条第2款第（2）项、第（3）项、第（4）项中约定的款项；第2项诉请是依据开发合同第17条第2款，以开发合同总金额389400元的5% 计算，违约行为从2016年1月27日起算至中航公司实际付清款项止，按照开发合同条款每天0.5% 计算，超期10天已经超过5%。

本院认为：中航公司与广州中科院订立的开发合同、技术协议、补充协议属于技术委托开发合同性质，上述协议系双方真实合意，未违反法律规定，合法有效，双方均应严格履行。

技术合同是科技成果商品化的主要法律形式，其融合了普通民商事合同的共性与科技成果的特性，是一种特殊的民商事合同。基于技术委托合同标的物以及知识产权类合同的特殊性，技术委托开发合同不同于买卖、承揽等标的物相对明确的合同，科技成果的开发具有天然的技术风险。合同的特征决定，合同双方在合同订立之初通常仅能对开发事项作出大致的、方向性的约定，而在合同实际履行过程中则需要通过协商不断调整。因此，双方在合同履行期间，应根据合同的性质、目的和交易习惯合理地履行通知、协助等义务，本着诚信原则协商解决争议，最终实现订立合同的目的。上述通知、协助义务，在开发合同中均有明显的体现，如开发合同的第五条、第六条、第八条、第十七条、第十九条等。因此，虽然在开发合同中，双方的合同主要义务分别为交付研究开发经费、研制成果，但双方之间履行必要的通知、协助等合同的从义务，对积极推进与实现双方共同的合同目的亦起着重要的作用。当事人在发生争议后，若均未遵循诚实信用的原则为促成合同目的的实现作进一步努力，则应各自承担相应的责任。

一、广州中科院未能提供符合合同约定的系统构成违约

本案中，中航公司主张广州中科院未能提供符合合同约定的系统构成违约，广州中科院抗辩并反诉称其向中航公司提供的设备达到了合同约定的技术指标，已完成合同约定的设计、调试、组装系统等义务。然而，其一，广州中科院抗辩其于2016年1月27日通过电子邮箱向中航公司提供相关系统图纸，但该电子邮箱的收件人并非开发合同约定的联系人，中航公司否认该收件人为其公司员工，亦否认收到上述资料，故

广州中科院该抗辩依据不足。其二，中航公司确实已经收到设备，但根据对该系统进行的质量鉴定结论可知，该系统并不符合技术协议第一条“主要技术指标及验收标准”的约定。因此，根据现有证据显示，广州中科院未能提供符合合同约定的系统，该行为已经构成违约，应承担相应的违约责任。同时，由于系统尚未进行预验收、验收等程序，故广州中科院无权依据开发合同第二条主张相应的研究经费、质保金、违约金等，因此，对于广州中科院的反诉请求，本院均不予支持。

二、中航公司主张广州中科院构成根本违约并据此解除合同的依据不足

本案中，中航公司该项请求权的基础应为广州中科院构成根本违约行为导致合同目的无法实现，且中航公司对此并不存在任何违约行为。如前所述，根据技术合同的性质与开发合同的约定，中航公司、广州中科院之间应相互负有通知、协助的义务，一方当事人履行义务不适当，将造成另一方的义务难以履行。根据开发合同的约定，合同的履行顺序分为完成安装测试、发货、预验收、验收、试运行等阶段，若在合同履行中，一方发现技术风险存在并有可能致使研究开发失败或部分失败，须在7日内履行通知义务，对于技术风险共同协商解决。在广州中科院向中航公司交付了设备实物后，此时若双方能履行上述通知、协助义务，可进行下一步的验收、整改优化等工作，推动合同正常履行，从而实现双方的合同目的。然而，没有证据显示其时双方有履行过上述合同义务。此外，依照合同法的规定，当事人可以在对方迟延履行主要债务，经催告后在合理期限内仍未履行的情况下行使解除权。由于该设备当时已经交付并放置于中航公司指定的地点，处于中航公司控制之下，中航公司没有举证证实其在收到设备后，履行过任何通知、协助等义务，亦未进行过催告要求广州中科院履行合同义务。广州中科院在交付设备后，亦同样没有催告过中航公司开展验收工作、履行交付研究开发经费等义务。因此，虽然根据目前证据显示，广州中科院未能提供符合合同约定的系统，但致使合同履行处于僵局，双方的合同目的最终均不能实现的原因，不能仅归咎于广州中科院单方的原因。故此，中航公司据此主张广州中科院构成根本违约从而行使合同解除权，依据不足，本院不予支持。

三、双方对合同解除的后果应各自承担相应的责任

由于开发合同的有效期为合同生效起的两年，即从2015年11月3日起，现双方合同终止履行已为既成事实，故本院对解除合同的结果予以确认。《中华人民共和国合同法》第九十七条规定：合同解除后，尚未履行的，终止履行；已经履行的，根据履行情况和合同性质，当事人可以要求恢复原状、采取其他补救措施并有权要求赔偿损失。第一百二十条规定：当事人双方都违反合同的，应当各自承担相应的责任。如前所述，

本案中，双方均未遵循诚实信用的原则为促成合同目的的实现作进一步努力，故均应承担相应的责任，各自承担相应的损失。广州中科院作为委托开发合同的受托方，在合同中承担着推进合同履行并完成开发成果的主义务，现由于其经本院通知未能配合进行鉴定，故对其不利的法律后果应由其自行承担，相应的研究开发经费亦应退还给中航公司。同时，中航公司亦应在广州中科院返还研究开发经费后，将设备返还给广州中科院。中航公司作为委托方，其义务为提供适当的协助、通知义务，现其未履行相应的合同义务，故亦应对合同解除的后果承担相应的责任，因此对其主张的利息，本院不予支持。至于所产生的鉴定费用49488元，由广州中科院负担34642元，其余由中航公司自行负担。

综上所述，依照《中华人民共和国合同法》第六条、第八条、第六十条、第九十一条、第九十四条、第九十七条、第一百零七条、第一百二十条之规定，判决如下：

一、被告（反诉原告）广州中国科学院工业技术研究院应于本判决生效之日起十日内返还原告（反诉被告）中航（沈阳）高新科技有限公司研究开发经费116820元；

二、被告（反诉原告）广州中国科学院工业技术研究院应于本判决生效之日起十日内赔偿原告（反诉被告）中航（沈阳）高新科技有限公司鉴定费34642元；

三、驳回原告（反诉被告）中航（沈阳）高新科技有限公司的其他诉讼请求；

四、驳回被告（反诉原告）广州中国科学院工业技术研究院的全部反诉请求。

如果未按本判决指定的期间履行给付金钱义务，应当依照《中华人民共和国民事诉讼法》第二百五十三条之规定，加倍支付迟延履行期间的债务利息。

本案本诉受理费3814元，由原告（反诉被告）中航（沈阳）高新科技有限公司负担526元，由被告（反诉原告）广州中国科学院工业技术研究院负担3288元；本案反诉受理费2840.4元，由被告（反诉原告）广州中国科学院工业技术研究院负担。

如不服本判决，当事人可在判决书送达之日起十五日内，向本院递交上诉状，并按对方当事人的人数提出副本，上诉于广州知识产权法院。

审　判　长　梁　颖
人民陪审员　张帮明
人民陪审员　梁金志
二〇一八年三月二十一日
法官助理　肖晓雪
书　记　员　李亚玲

刘某瑜诉广州南沙交通发展有限公司劳动争议纠纷民事判决书

广东省广州市南沙区人民法院
民 事 判 决 书

（2017）粤0115民初3739号、3745号

3739号案原告（3745号案被告）：刘某瑜，女，汉族，出生日期略，住址略，公民身份号码略。

委托代理人：别某，广东华誉律师事务所律师。

委托代理人：梁某诚，广东华誉律师事务所实习人员。

3739号案被告（3745号案原告）：广州南沙交通发展有限公司，住所地略。

法定代表人：匡某盛，总经理。

委托代理人：王某，广东金桥百信律师事务所律师。

委托代理人：杨某茜，广东金桥百信律师事务所律师。

刘某瑜、广州南沙交通发展有限公司（以下简称交通公司）不服广州市南沙区劳动仲裁委员会作出穗南劳人仲案字（2017）512号仲裁裁决书，分别在法定期限内向本院提起诉讼。本院于2017年8月15日立案受理后，依法由审判员胡名态独任审判，并于2017年9月5日对两案公开开庭合并审理。王某、杨某茜，别某、梁某诚等到庭参加诉讼。两案现已审理终结。

刘某瑜诉称：刘某瑜于2006年4月10日入职交通公司（原名为广州市东引道道路发展有限公司）处，双方于2012年签订无固定期限的劳动合同。刘某瑜因十年前在广州市东引道道路发展有限公司任职期间涉嫌违纪问题被采取强制措施，于2014年7月25日正式被南沙区纪委和海珠区检察院依法审查，于2014年8月20日被海珠区检察院立案，于2014年8月26日被取保候审。经过审查后海珠区检察院于2016年2月依法对刘某瑜作出不起诉决定，南沙区纪委于2016年5月20日作出留党察看一年的决定，并建议由广州南沙经济技术开发总公司作出免职处理。交通公司从2014年8月开始按1550元／月发放基本生活费，停缴社保和住房公积金。自2015年8月起，交通公司停

发2015年7月至2016年5月的基本生活费，直至劳动合同解除未支付任何工资等。

在刘某瑜结束审查，有关部门作出不予起诉的决定后，交通公司应依法补齐审查期间的生活费。现交通公司支付的生活费远远低于原基本工资的75%，并没有及时补缴公积金及社保，及未按公司规定在年底兑现2014年度1月至7月绩效年薪，未发放“南沙区2013—2015年度连续三年计划生育达标奖励金”及2014年度计生奖金。刘某瑜从2016年6月开始多次与交通公司沟通后续工作安排和要求补齐相关工资待遇等，交通公司一直强调已经上报总公司，需由总公司来最终决定，一直未能有效回复，拖延至今。

2017年5月3日刘某瑜再次书面催促，请求交通公司安排工作岗位、补齐生活费、临时工资、绩效、奖金待遇等并补缴社保和住房公积金；交通公司经过催告仍不予回复，2017年5月10日刘某瑜被迫向交通公司提出解除劳动合同。

2017年7月，广州市南沙区劳动仲裁委员会作出穗南劳人仲案字（2017）512号仲裁裁决书。该裁决部分支持了刘某瑜请求，但对于刘某瑜工资待遇、奖金等裁决不公。特提起诉讼，请求：1. 判决交通公司支付自2014年7月起至2016年5月的基本生活差额80860.56元（5765.83元／月 ×75%×23个月 −1550元／月 ×12个月 =80860.56元）。2. 判决交通公司支付自2016年6月至2017年5月10日的工资99062元（8740.83元／月 ×12个月 −8740.83元／月 ×20天 /30天 =99062元）。3. 判决交通公司补发2014年1月至7月基本工资差额12459.18元。4. 判决交通公司补发2014年1月至7月绩效工资差额62938.27元。5. 判决交通公司支付2014年度计生奖金3485元及“南沙区2013—2015年度连续三年计划生育达标奖励金”9064元（412元／月 ×22个月）。6. 判令交通公司支付解除劳动合同的经济补偿金145200元。7. 本案诉讼费由交通公司承担。

交通公司针对起诉，辩称：交通公司无须支付刘某瑜任何款项。理由如下：一、刘某瑜严重违反交通公司管理制度，双方劳动关系已于2014年9月11日终止。刘某瑜因涉嫌违纪被审查，并于2014年8月26日被取保候审。自2014年8月27日起，刘某瑜一直未上班，亦未以任何方式向公司请假或反馈信息。根据劳动合同，刘某瑜属自动离职，劳动关系在其自动离职15天后即2014年9月11日自动终止。二、双方劳动关系已于2014年9月11日终止，交通公司自2014年9月12日起无须支付刘某瑜生活费，为其缴纳公积金和社保。三、交通公司无须支付刘某瑜2016年6月至2017年5月的工资，理由是劳动合同已于2014年9月11日自动终止。即使该段时期劳动合同存续，鉴于刘某瑜未提供劳动，根据《广东省工资支付条例》第二十五条、第二十七条、第二十八条的规定，交通公司可以不支付工资。四、交通公司无须支付刘某瑜2014年绩效奖金。绩效奖是根据公司生产经营状况，按月、季、年进行考核，该待遇不属法律强制性规定用人单位支付的待遇。刘某瑜在2014年涉及重大违法违纪案件，且自2014年8月开始离职，并未完成2014年度全年经济指标。五、交通公司无须支付2014年度计生奖金3485元。首先，该部分奖金并非企业应发的强制性福利待遇；其次，该奖金以员工一整年均在企业任职为前提，而刘某瑜履职到2014年8月；最后，该奖金的发放以员工配合完成生殖健康检查为前提，而刘某瑜自2014年8月开始旷工。六、交通公司无须支付经济补偿金。刘某瑜严重违反公司规章制度，交通公司解除合同无须支付经济补偿金。

交通公司诉称：广州市南沙区劳动人事争议仲裁委员会作出的穗南劳人仲案（2017）512号裁决书认定事实错误，适用法律不当。一、刘某瑜于2006年4月10日入职交通公司，双方于2012年签订无固定期限劳动合同。2014年7月25日，刘某瑜因涉嫌违纪被广州市南沙区纪委和海珠区检察院依法审查，并于2014年8月26日被取保候审，但刘某瑜自2014年8月27日起一直未回交通公司上班，亦未以任何方式向交通公司请假或反馈信息。根据双方签订的劳动合同，刘某瑜属自动离职，双方签订的劳动合同在刘某瑜自动离职15天后自动终止，即双方自2014年9月11日已自动终止劳动关系。二、根据《劳动合同法》第三十九条第一款第二项规定和交通公司的《员工手册》规定，刘某瑜严重违反交通公司的规章制度，交通公司有权解除劳动合同。且根据《广东省工资支付条例》，劳动者因涉嫌违法犯罪被采取司法强制措施或者行政拘留期间，未提供劳动的，用人单位可以不支付工资。因此，交通公司无须支付被告生活费、薪酬及经济补偿金。三、根据《劳动争议仲裁法》第二十七条第三款的规定，刘某瑜应自劳动关系终止之日起一年内申请仲裁。刘某瑜的仲裁申请已过诉讼时效。综上，交通公司特提起诉讼，请求：1. 判决确认双方已于2014年9月11日终止劳动合同关系。2. 判决交通公司无须支付刘某瑜2015年5月1日至2016年5月31日生活费及差额18435元。3. 判决交通公司无须支付刘某瑜2016年6月1日至2017年5月10日临时薪酬21542.01元。4. 判决交通公司无须支付刘某瑜解除劳动关系经济补偿金115456.58元。5. 本案诉讼费由刘某瑜承担。

刘某瑜针对起诉，辩称：交通公司应支付2014年7月起至2016年5月的基本生活差额、2016年6月至2017年5月10日的工资、2014年1月至7月基本工资差额、2014年1月至7月绩效工资差额、2014年度计生奖金3485元及“南沙区2013—2015年度连续三年计划生育达标奖励金”9064元、经济补偿金145200元。主要理由如下：1. 刘某瑜违纪案件审查结束后，交通公司一直不安排工作、补发待遇，刘某瑜被迫解除劳动合同，双方劳动关系直至2017年5月10日才解除，交通公司应支付经济补偿金。2. 劳动关系存续期间，交通公司应按《事业单位工作人员处分暂行规定》《关于事业单位工作人员和机关工人被采取强制措施和受行政刑事处罚工资待遇处理有关问题的通知》补发生活费、工资、绩效奖金、计生奖等。

经审理查明，交通公司是由南沙经济技术开发总公司、广州乾信经济发展有限公司、南沙港口开发总公司共同出资组建的国有资产有限责任公司，旨在整合各种资源优势，打造成一家在南沙区交通领域内实施多元化经营管理的投资性企业。2006年4月10日，刘某瑜入职交通公司（当时名称为广州市东引道道路发展有限公司）。2010年起，刘某瑜担任交通公司副总经理，并担任交通公司分公司的负责人。2012年2月29日，刘某瑜与交通公司签订无固定期限劳动合同，约定：合同期限自2012年2月29日起至法定的终止条件出现时止，每月15日前发放上月工资，《劳动合同法》规定的终止条件出现终止劳动合同;《员工手册》是该劳动合同的一个组成部分；等等。

2014年7月25日，刘某瑜因涉嫌违纪被广州市南沙区纪委立案调查。2014年8月20日，刘某瑜被广州市海珠区人民检察院立案调查，当日被刑事拘留。2014年8月26日，刘某瑜被取保候审。经该院审查，刘某瑜在广州市东引道道路发展有限公司担任规划部经理期间，伙同他人虚构工程，并收受他人贿赂，已经构成受贿罪，但犯罪情节较轻，有自首情节。2016年2月1日，该院对刘某瑜作出不起诉决定。2016年5月20日，南沙区纪委作出《关于给予刘某瑜同志留党察看一年处分的决定》[穗南纪（2016）26号]，决定给予刘某瑜留党察看一年处分，并由广州市南沙区经济技术开发总公司对其作出免职处理。2016年6月22日，交通公司在收到南沙区纪委上述文件后作出《解除劳动关系决定书》，部分摘录如下："……刘某瑜在公司任职期间利用职务便利，存在严重违反国家法律法规的行为，为工程承包商提供帮助，并非法收受利益……刘某瑜严重违反国家法律法规以及公司管理制度，构成解除劳动合同的情形，且其现已旷工超过十五日。根据……2012年2月29日签订的《劳动合同》第十三条第（一）款之约定；我司《员工手册》第七章第十条，第八章第1条、第1.2条、第1.3条规定……决定：解除我司与刘某瑜于2012年2月29日签订的《劳动合同》，终止双方劳动合同关系……"该《解除劳动关系决定书》作出后没有及时向刘某瑜送达。刘某瑜自2016年6月起，多次要求交通公司重新安排工作、补发相关待遇，均未得到交通公司明确有效答复。刘某瑜于2017年5月3日邮寄快递，再次书面要求交通公司安排工作、补齐生活费、临时工资、绩效、奖金待遇并补缴社保、住房公积金，并于2017年5月10日以交通公司没有缴纳社保、拖欠工资、生活费为由提出解除劳动合同。交通公司收到上述快递，仍然没有作出回应。

随后，刘某瑜向广州市南沙区劳动人事争议仲裁委员会提起仲裁。刘某瑜认为其与交通公司存在劳动关系，并受广州市南沙区经济技术开发总公司直属管理，故请求：1. 确认刘某瑜与交通公司在2006年4月10日至2017年5月10日存在劳动关系；2. 交通公司支付2014年7月至2016年5月的基本生活费差额80860.56元；3. 交通公司支付2016年6月至2017年5月10日的工资104889.96元；4. 交通公司支付2014年1月至7月绩效奖58638.97元；5. 交通公司支付2014年度计生奖金3485元、南沙区2013年—2015年度连续三年计划生育达标奖励金9064元；6. 交通公司支付解除劳动关系经济补偿金145200元；7. 交通公司出具解除劳动合同的证明，办理档案转移，变更出入境登记备案；8. 广州南沙经济技术开发总公司与交通公司承担连带支付责任等。该委员会于2017年7月21日作出穗南劳人仲案（2017）512号仲裁裁决书，裁决如下：一、确认刘某瑜与交通公司在2006年4月10日至2017年5月10日存在劳动关系；二、交通公司支付刘某瑜2015年5月1日至2016年5月31日生活费及差额18435元；三、交通公司支付刘某瑜2016年6月1日至2017年5月10日临时薪酬21542.01元；四、交通公司支付刘某瑜解除劳动关系的经济补偿金115456.58元；五、驳回刘某瑜其他请求。交通公司、刘某瑜均不服该裁决，遂提起诉讼。

另查明：（一）刘某瑜正常劳动至2014年7月24日，自2014年7月25日起至2017年5月10日，刘某瑜均没有上班；刘某瑜自2014年8月26日被取保候审到2016年5月20日南沙区纪委对其作出处分决定前，没有和交通公司联系或主张任何权利。

（二）刘某瑜每月工资由基本工资和月绩效工资组成。基本工资、月绩效工资随广州市上一年度职工平均工资的公布进行调整。交通公司在每年下半年按广州市新颁布的上一年度职工平均工资，对已发放的基本工资、月绩效工资不足新颁布社平工资部分一次性补发差额。月绩效工资每月固定发放，占绩效年薪的50%。另有50%由交通公司根据刘某瑜当年考核结果在年终一次性发放差额。

（三）2013年8月至2014年7月，刘某瑜基本工资为5765.83元/月、月绩效工资为2975元/月，共8740.83元（未扣除个人应缴纳的公积金、社保、个人所得税、工会经费等）。上述月份基本工资、月绩效工资均已正常发放。后，交通公司按1550元/月标准继续发放刘某瑜2014年8月至2015年7月共12个月基本生活费，停缴社保及公积金，自2015年8月起不再发放生活费。

（四）交通公司已在2014年11月工资中按广州市2013年度职工平均工资47767元/年的标准，一次性补发除刘某瑜外的其他人员2014年1月至10月的基本工资及月绩效工资的差额。根据交通公司制作的2014年11月工资表，刘某瑜2014年1月至7月共7个月的基本工资差额为7008.19元{［47767×2×1×0.85（副总经理的系数）÷12−5765.83］×7}，2014年1月至7月共7个月的月绩效工资差额为5630.55元{［47767×2×1×0.85×1.117（绩效工资系数）×50%（预发50%）÷12−2975］×7}。

（五）刘某瑜主张交通公司发放的2014年度计划生育奖金数额为3485元，交通公司不予认可，但没有向本院提供证据。

本院认为，根据查明事实，刘某瑜与交通公司订立《劳动合同》，双方建立劳动关系，权利义务应受劳动法律法规调整。刘某瑜有获取劳动报酬的权利，同时应为交通公司提供劳动，并遵守公司规章制度、接受公司管理；交通公司接受刘某瑜的劳动，并应支付工资报酬。虽然刘某瑜要接受交通公司的劳动管理，但双方是法律地位平等的民事主体。本案为劳动者与用人单位之间产生的劳动争议纠纷。

关于适用的法律法规。《中华人民共和国劳动法》第二条规定“在中华人民共和国境内的企业、个体经济组织和与之形成劳动关系的劳动者，适用本法。国家机关、事业组织、社会团体和与之建立劳动合同关系的劳动者，依照本法执行”。刘某瑜系通过劳动合同与交通公司建立劳动关系的劳动者。其并非参照公务员进行管理的由行政机关任命的企业领导人员，故本案不适用省纪委、省组织部、省监察厅、省财政厅、省人力资源和社会保障厅、省政府国有资产监督管理委员会联合颁发的《企业领导人员受行政纪律惩戒、刑事处罚相关待遇处理暂行办法》[粤纪发（2012）6号]有关规定。其亦非财政供养的编制内公务员、事业单位工作人员或机关工人，故本案亦不适用中共中央组织部、人力资源社会保障部、监察部联合颁发的《关于事业单位工作人员和机关工人被采取强制措施和受行政处罚工资待遇处理有关问题的通知》[人社部发（2012）69号]。本案应根据劳动法律法规及双方签订的《劳动合同》，对刘某瑜、交通公司各方诉讼请求进行审查。

关于劳动合同解除时间。交通公司主张刘某瑜于2014年8月26日被取保候审后没有上班，应按其自动离职于2014年9月11日解除劳动关系。本院对该主张不予采纳，理由如下：1. 刘某瑜被取保候审，属于被司法机关采取强制措施。其是否存在违法犯罪事实，有关部门尚未得出结论。其不到岗情有可原，交通公司按其自动离职处理欠妥。2. 刘某瑜被取保候审后没有和交通公司联系，有所不当。但其并无自动离职意愿。3. 交通公司主张刘某瑜于2014年9月11日离职，后又于2016年6月22日作出《解除劳动关系决定书》，前后矛盾且不能作出合理解释。刘某瑜主张其被审查结束后交通公司不安排工作、拖欠有关款项等，其被迫根据《劳动合同法》第三十八条于2017年5月10日提出解除劳动合同。本院对该主张亦不采纳，理由如下：1. 刘某瑜在交通公司任职期间，伙同他人虚构工程，收受他人贿赂，确有违法犯罪行为，严重违反交通公司规章制度，严重损害交通公司利益。2. 在有关部门审查结束前，双方劳动关系实际处于待定状态。且刘某瑜被取保候审后，一直没有提供正常劳动。交通公司并非无故不支付其报酬、不缴纳社保。根据劳动法律法规及《劳动合同》，交通公司亦无须为刘某瑜安排新的工作岗位。故本案并不符合《劳动合同法》第三十八条规定的用人单位存在过错，劳动者单方解除的情形。本院确认双方劳动关系存续期间为2006年4月10日至2016年6月22日，理由如下：1.如前所述，在有关部门审查结束前，双方劳动关系实际处于待确定状态。经有关部门审查核实，刘某瑜确有违法犯罪行为。交通公司有权在审查核实后，根据《劳动合同法》第三十九条的规定，单方决定终止劳动关系。交通公司已于2016年6月22日作出《解除劳动关系决定书》，该决定书已经在仲裁阶段及本院诉讼阶段向刘某瑜送达。该决定书一经送达，自2016年6月22日作出之日起即发生效力。2.《劳动合同法》第五十条规定“用人单位应当在解除或者终止劳动合同时出具解除或者终止劳动合同的证明，并在十五日内为劳动者办理档案和社会保险关系转移手续。劳动者应当按照双方约定，办理工作交接。用人单位依照本法有关规定应当向劳动者支付经济补偿的，在办结工作交接时支付”。交通公司有权单方终止劳动关系，除作出上述决定书外，还应出具有关证明，并及时向刘某瑜送达。刘某瑜如果认为交通公司存在过错、给其造成损失的，可根据《劳动合同法》第八十九条等规定，要求劳动行政部门责令交通公司改正或赔偿其损失。本案不作处理。

关于刘某瑜主张的2014年7月至2016年5月的生活费差额。刘某瑜最后工作至2014年7月24日，交通公司已按基本工资5765.83元/月、月绩效工资2975元/月支付7月劳动报酬。2014年8月至2016年6月22日劳动关系存续期间，刘某瑜未提供正常劳动，也不能视为提供了正常劳动。《广东省工资支付条例》第二十七条规定“劳动者被人民法院判处管制、拘役适用缓刑或者有期徒刑适用缓刑，被假释、取保候审、监外执行期间，为用人单位提供正常劳动的，用人单位应当支付工资”，第二十八条规定“劳动者因涉嫌违法犯罪被采取司法强制措施或者被行政拘留期间，未提供劳动的，用人单位可以不支付工资”。据此，交通公司可以不支付劳动报酬。刘某瑜根据《关于事业单位工作人员和机关工人被采取强制措施和受行政处罚工资待遇处理有关问题的通知》主张交通公司支付生活费差额，无法律依据，不予采纳。交通公司自愿按1550元/月标准支付2014年8月至2015年7月的生活费，本案不作处理。

关于刘某瑜主张的2016年6月至2017年5月10日的工资。劳动关系已于2016年6月22日终止。刘某瑜上述主张缺少事实与法律依据，不予支持。

关于2014年1月至7月基本工资差额。刘某瑜于2014年1月至7月提供正常劳动，交通公司应补发其基本工资差额。根据交通公司2014年12月份制作的11月份的工资表，刘某瑜7个月基本工资差额为7008.19元。

关于2014年1月至7月月绩效工资差额。月绩效工资虽属预发，但每月均固定发放，实乃劳动报酬的一部分。根据交通公司2014年12月份制作的11月份的工资表，应支付刘某瑜7个月的月绩效工资差额为5630.63元。刘某瑜有违法犯罪行为且自2014年7月被查处后就一直未提供劳动，其主张超出5630.63元部分不予支持。

关于刘某瑜主张的2014年度计生奖金3485元。根据劳动法律法规精神，该奖金性质应视为用人单位发放的劳动者福利，属于劳动争议处理范围。刘某瑜没有违反计划生育政策，对其该主张予以支持。

关于刘某瑜主张的“南沙区2013—2015年度连续三年计划生育达标奖励金”。经查，南沙区人口和计划生育局对该奖金的发放单位、单位性质、发放范围、各单位的发放人数、发放人员、发放标准等均作了特别界定，且需经南沙区卫生和计划生育局审核后才能发放。本案不作处理。

关于经济补偿金。刘某瑜虽没有被追究刑事责任，但确实存在伙同他人虚构工程，收受贿赂等损害交通公司利益的违法犯罪行为，交通公司有权根据法律规定，单方解除劳动合同且无须支付经济补偿金。

综上，依据《中华人民共和国劳动合同法》第三十九条第（二）项、《广东省工资支付条例》第二十八条的规定，判决如下：

一、确认刘某瑜与广州南沙交通发展有限公司于2016年6月22日解除劳动合同；

二、广州南沙交通发展有限公司应于判决发生法律效力之日起十日内，一次性支付刘某瑜2014年1月至7月基本工资差额7008.19元；

三、广州南沙交通发展有限公司应于判决发生法律效力之日起十日内，一次性支付刘某瑜2014年1月至7月月绩效工资差额5630.55元；

四、广州南沙交通发展有限公司应于判决发生法律效力之日起十日内，一次性支付刘某瑜2014年度计生奖金3485元；

五、驳回刘某瑜其他诉讼请求；

六、驳回广州南沙交通发展有限公司其他诉讼请求。

两案诉讼受理费共20元，刘某瑜、广州南沙交通发展有限公司各负担10元。

如不服本判决，可在判决书送达之日起十五日内向本院递交上诉状，并按对方当事人的人数提出副本，上诉于广东省广州市中级人民法院。

审　判　员　胡名态

二〇一七年十一月十日

法官助理　马稷良

书　记　员　黄桂欢

郭某荣诉刘某成、广州市奥心通电子有限公司，第三人李某、广州市精通模具有限公司、广州市安宜迅精密科技有限公司租赁合同纠纷民事判决书

广东省广州市南沙区人民法院
民　事　判　决　书

（2017）粤0115民初2217号

原告：郭某荣，男，出生日期略，汉族，住址略，香港永久性居民身份证号码略。

委托代理人：李某伟 、杨某玉，广东法制盛邦律师事务所律师。

被告：刘某成，男，出生日期略，汉族，住址略，公民身份号码略。

委托诉讼代理人：车某君，广东格林律师事务所律师。

被告：广州市奥心通电子有限公司，住所地略，统一社会信用代码略。

法定代表人：刘某成。

委托诉讼代理人：张某权，广东格林律师事务所律师。

第三人：李某，男，出生日期略，汉族，住址略，公民身份号码略。

第三人：广州市精通模具有限公司，住所地略，统一社会信用代码略。

法定代表人：王某南。

第三人：广州市安宜迅精密科技有限公司，住所地略，统一社会信用代码略。

法定代表人：余某周。

原告郭某荣与被告刘某成、广州市奥心通电子有限公司（下称奥心通公司），第三人李某、广州市精通模具有限公司（下称精通公司）、广州市安宜迅精密科技有限公司（下称安宜迅公司）租赁合同纠纷一案，本院于2017年5月9日立案受理后，依法适用普通程序，公开开庭进行了审理。原告郭某荣及其委托诉讼代理人李某伟和杨某玉、被告刘某成及其委托诉讼代理人车某君、被告奥心通公司的法定代表人刘某成及其委托诉讼代理人张某权、第三人精通公司的法定代表人王某南到庭参加诉讼。第三人李某、安宜迅公司经本院合法传唤未到庭参加诉讼。本案现已审理终结。

郭某荣向本院提出诉讼请求：一、刘某成、奥心通公司连带支付租赁合同期间欠缴的22个月租金466400元及相应的滞纳金（滞纳金暂计至2017年3月31日为141669元，具体计算方式如下：1. 2014年9月1日至2016年7月1日期间滞纳金，以466400元为本金，按照每日万分之五，乘以常数0.5计算，即466400×669天 ×0.05%/天 × 常数0.5=78005.4元；2. 2016年7月1日至实际清偿之日止的滞纳金，以466400元为本金，按照每日万分之五计算）。二、刘某成、奥心通公司连带支付场地使用费及相应的滞纳金（场地使用费按照租赁合同21200元/月的标准，从2016年7月1日开始计算至清还场地之日止，暂计算至2017年3月31日为9个月共计190800元；滞纳金以实际应当支付的场地使用费为本金，从2016年7月1日开始计算至清偿之日止，按照每日万分之五的标准，乘以常数0.5计算，暂计至2017年3月31日为190800元 ×273天 ×0.05%× 常数0.5=13022.1元）。三、刘某成、奥心通公司即日退出租赁场地，将房屋归还给我方。四、刘某成、奥心通公司承担本案诉讼费用。事实和理由：位于广州市某区某镇某村某路西侧的四处房地产［权证号码分别为：粤房地产权证穗字第 ×××× 号、粤房地产权证穗字第 ×××× 号、粤房地产权证穗字第 ×××× 号、粤房地产权证穗字第 ×××× 号］（下称案涉房产）为我方与刘某成、李某按份共有。2015年1月28日，我方与刘某成签订了《房屋租赁协议》（下称案涉合同），约定由我方将在案涉房产所享有的26.5%份额出租给刘某成，租赁期限从2014年7月1日至2016年6月30日止，房租为每月21200元。合同同时约定在租赁期间，刘某成应及时支付房租及其他应支付的一切费用，如延迟支付，我方有权按迟延支付的租金每日百分之五计收滞纳金，逾期三个月视为根本违约，我方有权解除合同没收保证金。自2014年7月1日起，刘某成和奥心通公司共同使用案涉房产，并以奥心通公司名义向我方支付了2015年7、8月房租，其余22个月的租金共计466400元均未按时支付。案涉合同到期后，我方要求收回房屋，但刘某成未按合同约定撤出租赁场地且至今没有支付任何费用。因此，我方要求刘某成按照合同约定支付场地使用费及滞纳金。因奥心通公司和刘某成共同使用了我方的房屋，故奥心通公司应承担连带责任。

刘某成辩称：不同意原告的诉讼请求，理由是：1. 对于租金的诉求。我方与郭某荣存在交易习惯。由于同一栋建筑物是我与郭某荣及第三人李某三人共有，而我方与郭某荣及李某签订的租赁合同由我方及郭某荣作为承租方租赁李某的共同份额，该合同项下的租金本应由我方及郭某荣分别承担，但实际上均由我方垫付给李某，并在我方向郭某荣租赁的合同租金中扣减。因为该交易习惯的存在，我方没有单独支付2015年7、8月的租金，2015年8月以后交易习惯仍然存在，但是郭某荣没有出具新的收据。

2015年7月至2016年6月，我方每月为郭某荣垫付租金20000元共垫付了240000元，加上我方在2015年4月3日一次性支付的270000元租金，足以支付该期间的所有租金，并且还超出了15600元。对于超出部分郭某荣应予返还，我方对此保留追索的权利，不在本案就此提出反诉。综上可见，郭某荣是想获取非法利益才提起本案租金的诉请。2.对于场地使用费及其滞纳金的诉求。在案涉合同到期后，应以相关场地实际可租赁的价格来计算场地使用费，合同约定的租金及滞纳金均不能再适用。根据我方对于租赁市场价格的了解，案涉房产周边的大面积厂房租赁价格非常低且难以找到承租人，因此我方认为场地使用费应以每月5000元为计算依据。由于场地使用费不存在约定的滞纳金条款，郭某荣也从未提起过相关的诉求，因此不存在需要支付滞纳金的问题。3.对于退出租赁场地的诉求，首先，我方无法退出，因为租赁场地的实际使用人为奥心通公司；其次，郭某荣只占涉案房产26.5%的产权份额，不能对清退承租人事项发表决定性的意见，我方及李某均同意维持建筑物现在的使用状况不变，因此应驳回郭某荣要求我方退出租赁场地的请求。4.对于承担连带责任的诉求。本案应根据合同相对性原则，由我方承担租赁合同期内的法律责任，由实际使用人奥心通公司承担租赁合同期满后的法律责任。

奥心通公司辩称：1.本案系因案涉合同所引发的纠纷，在该合同中，我公司与合同双方当事人没有发生任何法律关系，郭某荣现依据该合同起诉我公司，没有事实和法律依据，我公司不是本案适格的被告。2.我公司使用部分案涉房产是基于2014年4月16日与李某、刘某成、郭某荣签订的《租赁合同》，租赁期限从2014年4月16日至2022年4月15日，故我公司使用相关场地与本案无关，不属于本案的审理范围。

精通公司辩称，我公司与案涉房产的所有权利人签订了租赁合同并按月支付租金，其他答辩意见与被告刘某成的答辩意见一致。

李某、安宜迅公司均没有答辩，也没有向本院提供证据材料。

当事人围绕诉讼请求依法提交了证据，本院组织当事人进行了证据交换和质证。对当事人无异议的证据，本院予以确认并在卷佐证。对当事人有争议的证据，本院认定如下：1.郭某荣提交的证据快递单、律师函，拟证明其曾向刘某成、奥心通公司追讨过租金。该快递单有原件且记载邮寄的文件名为“律师函”，收件人为刘某成，收件地址为奥心通公司的住所地，寄件人信息、时间亦与律师函一致或不存在矛盾，故本院予以采信。2.郭某荣提交的奥心通公司、精通公司、安宜迅公司的工商登记资料，虽为打印件，但其来源于国家企业信用信息公示系统，本院予以采信其真实性。3.郭某荣提交的李某于2017年7月11日出具的证人证言为原件，其作为本案第三人未出庭，而刘某成认为应当作为第三人的陈述。该证人证言与其他证据、当事人陈述基本相一致，本院对此予以采信。4. 当事人提交的其他证据，对方均认可其真实性而不予认可其关联性，本院予以确认其真实性，结合证据之间的相互印证关系和当事人陈述对其关联性作出认定。

根据证据并结合庭审陈述，本院认定事实如下：案涉房产属于郭某荣、刘某成和李某按份所有，三人各占案涉房产的份额分别为26.5%、23.5%、50%。郭某荣、刘某成和李某于2013年5月13日签订了《租赁合同》，由刘某成、郭某荣承租李某所有的案涉房产50%的份额，租赁期限六年，从2013年7月23日至2019年7月23日，租金前三年按照40000元/月计算，后三年按照50000元/月计算。在诉讼过程中，刘某成主张依据交易习惯，其代郭某荣向李某支付了2014年4月至2016年10月期间的租金应当予以抵销，为此提交了银行流水。银行流水显示，在2014年4月10日至2016年10月期间，刘某成按照每月40000元的标准向李某（账号为××××）转账支付租金。同时，刘某成另行向本院提交了部分月份李某出具的已经收到租金的收据，收据内容均为“今收到刘某成某月份租金肆万元整”。郭某荣对此不予确认，也不同意进行抵销，认为其属于另一法律关系。郭某荣向本院提交了李某2017年7月11日出具的《证人证言》。《证人证言》的内容如下：“……二、本人于2013年7月23日将标的房屋所持有的份额以月租人民币4万元租赁予刘某成及郭某荣，并签订了《租赁合同》。2013年7月至2013年11月的租金由郭某荣支付，共支付5个月，金额20万元。三、2014年4月，刘某成及郭某荣口头通知本人，告知郭某荣不再使用本人标的房屋所占份额。此后，本人标的房屋所占份额的实际使用人为刘某成、奥心通公司及刘某成通过妻子王某南持有的精通公司，每月房租由刘某成缴纳。”庭审中，郭某荣、刘某成确认双方未就租金支付事宜达成相关抵销协议。

2015年1月28日，郭某荣与刘某成签订案涉合同，由刘某成承租郭某荣在案涉房产中所有的26.5%的份额，约定：“租赁期为2年，从2014年7月1日起至2016年6月30日止，若续租则应在租赁期满前三个月书面提出；租金在当月5日前支付，标准为21200元/月，如果延迟支付，则郭某荣有权按延迟支付的租金每日百分之五计收滞纳金，逾期三个月则视作刘某成根本违约处理，郭某荣有权单方解除本合同。”合同签订后，刘某成分别于2015年8月4日、2015年9月6日向郭某荣转账各支付了28200元，郭某荣出具了相应收款收据，收据内容为“今收到奥心通七月份租金21200元”和“今收到奥心通八月份租金21200元”。郭某荣陈述转账超出的7000元属于其出借给刘某成100万元而收取的利息。刘某成则主张其于2015年4月3日向郭某荣转账支付了270000

元租金。郭某荣确认收到该270000元但不认可其租金性质，并主张该款是刘某成向其所偿还的借款。2016年3月24日，郭某荣委托广东法制盛邦律师事务所向刘某成催收租金。2016年12月1日，郭某荣向本院提起诉讼[案号（2016）粤0115民初5419号]，要求刘某成退出租赁场地，将房屋归还。本院对该案作撤诉处理。

奥心通公司于2003年4月25日成立，经营地址自成立开始未发生过变更。精通公司于2007年6月19日成立。安宜迅公司于2014年9月17日成立。

本院于2017年8月11日组织双方到涉案房产进行现场勘查。经勘查，案涉房产分为两栋厂房、一栋宿舍、一间电房，其中一处二层厂房大门上挂有精通公司、安宜迅公司且正在营业，另一处三层厂房为奥心通公司办公场所。

庭审中，郭某荣明确其主张的租金为2014年7月1日至2015年6月30日、2015年9月1日至2016年6月30日期间的租金。经本院行使释明权，刘某成不就2016年7月1日之后的场地使用费申请司法评估，同意按照21200元/月的标准计算，郭某荣则称若被告不腾退案涉场地并继续使用，则应按照市场价格支付场地使用费。

诉讼过程中，郭某荣向本院申请诉讼保全，本院经审查后作出（2017）粤0115民2217号民事裁定书，裁定查封、冻结刘某成、广州市奥心通电子有限公司价值900000元的财产，及郭某荣提供的其名下位于广州市某区某镇某村某路西侧（宿舍）26.5%的房产份额（权证号码：粤房地权证穗字第××××号）。

本院认为，郭某荣是香港特别行政区居民，本案属于涉港涉外纠纷。案涉房产位于广州市南沙区，故依照《中华人民共和国民事诉讼法》第二百六十五条之规定，本院对本案有管辖权。同时，依照《中华人民共和国涉外民事关系法律适用法》第三十六条规定："不动产物权，适用不动产所在地法律。"因案涉房产在中华人民共和国内地，故本案应适用中华人民共和国内地法律作为准据法。案涉《房屋租赁协议》是当事人的真实意思表示，未违反法律和行政法规的强制性规定，合法有效，当事人应当诚信履行。

关于奥心通公司是否应当承担本案责任的问题。奥心通公司在案涉合同签订时已经成立，且其登记的经营场所为案涉房产。虽然刘某成作为奥心通公司的法定代表人，但是本案不存在刘某成以成立奥心通公司为目的而承租郭某荣的案涉房产份额的问题。同时，郭某荣、刘某成在明知由奥心通公司实际使用承租的案涉房产份额的情况下，依然未约定奥心通公司作为合同当事人或由奥心通公司承担合同义务，奥心通公司亦未在其后的合同履行过程中承诺承担合同义务，两次租金亦由刘某成个人支付给郭某荣。本院认为，合同关系具有相对性，其只发生在特定的合同当事人之间，合同效力也只及于合同当事人。郭某荣、刘某成在签订案涉合同时并没有让奥心通公司承担合同义务的真实意思表示，故郭某荣在本案中主张由奥心通公司承担合同义务有违合同意思自治和合同相对性原则，且法律亦未规定此种情形可以由实际使用人承担合同义务，故本院认定奥心通公司在本案中无须承担责任。而刘某成与实际使用人的奥心通公司之间的关系问题，应另循法律途径解决。

关于案涉合同租赁期内未付租金及相应滞纳金的问题。郭某荣在诉讼中仅确认刘某成支付了2015年7月和8月的租金。对此，刘某成辩称：一是其于2015年3月4日转账270000元属于租金，但是该证据为单一证据，转账记录未显示任何与租金有关，亦没有其他证据可以辅助证实转账系租金性质，也与合同约定的租金支付方式(按月支付)和租金数额不符（2014年7月至2015年3月的租金仅为190800元），且郭某荣亦不予确认；二是其依据交易习惯代郭某荣向李某支付租金而要求予以抵销部分租金，但双方并未对抵销租金事宜作出约定，郭某荣对此不予确认且不同意抵销，故是否存在代付租金的问题亦不宜在本案中处理。结合上述两点，本院对刘某成的抗辩意见不予采信，刘某成已经构成违约，其应依据案涉合同的约定支付2014年7月1日至2015年6月30日、2015年9月1日至2016年6月30日期间的租金共计466400元（21200元 ×22个月）以及迟延支付租金的滞纳金。郭某荣主张按照每日万分之五的标准计付滞纳金，该标准低于案涉合同约定的标准，属于对其权利的自行处分。故本院确认案涉合同期内所欠租金的滞纳金以当月所欠租金21200元为标准，按照每日万分之五的标准从当月6日计算至实际清偿之日止，每月的滞纳金应以租金21200元为限，结合郭某荣的主张，该部分租金在2016年6月30日前的滞纳金应以78005.4元为限。

关于案涉合同到期后的场地租赁使用费及相应滞纳金的问题。1. 刘某成在合同到期后继续使用原租赁场地，郭某荣亦直至2016年12月1日才向本院起诉向刘某成主张租金及要求收回租赁场地，根据《中华人民共和国合同法》第二百三十六条“租赁期间届满，承租人继续使用租赁物，出租人没有提出异议的，原租赁合同继续有效，但租赁期限为不定期”之规定，应视为双方在2016年7月1日至同年11月30日期间形成了事实上的不定期租赁关系，双方应当按照案涉《房屋租赁合同》履行。郭某荣于2016年12月1日向本院起诉要求腾空房屋，应视为其要求解除合同，根据《中华人民共和国合同法》第二百三十二条的规定，对于不定期租赁，当事人可以随时解除合同，但出租人解除合同应当在合理期限之前通知承租人，故结合本案情况，本院酌情确定1个月的合理期。综上，郭某荣主张2016年7月1日至同年12月31日期间的租赁使用费属于租金性质，之后属于场地使用费，场地使用费参照租金标准计算。由此，刘某成应当支付2016年7月1日至同年12月31日期间的租金127200元（21200元/月 ×6个月）。同时，因刘某成未及时支付租金，应当按照每日万分之五的标准支付滞纳金（以当月所欠租金21200元为标准，按照每日万分之五的标准从当月6日计算至实际清偿之日止，每月的滞纳金应以租金21200元为限）。至于2017年1月1日之后的场地使用费，因双方未进行约定，故郭某荣主张滞纳金无事实依据，本院不予支持。2.物的价值在于利用，共有权人在共有基础丧失的情形下应当尽快明确各自对共有物的具体内容、归属等。本案郭某荣、刘某成与李某三人未对案涉房产完成析产处理，也未就案涉房产的使用权分割达成一致意见，共有人之间仅有共有物案涉房产的所占比例而对具体内容、归属等没有确定，故其应通过协商或诉讼等方式对案涉房产作析产处理或就使用权分割达成协议等，以使得物尽其用。而对于案涉房产而言，一方面如作析产处理或就使用权分割达成协议等需要由共有人积极提出并得到其他共有人的积极配合，何时完成存在极大的不确定性；另一方面考虑到房屋租赁市场亦瞬息万变而存在不确定性，若按照固定不变的场地使用费金额，会导致对一方当事人的不公平。且郭某荣亦表示若被告不腾退案涉场地并继续使用，则应按照市场价格支付场地使用费。因此，本院认为，本案中的场地使用费宜计算至本判决书生效之日，至于其后的场地使用费，可由当事人协商或另行提起诉讼解决。

关于交还案涉房产的问题。如前所述，因案涉房产由郭某荣、刘某成和李某分别按照26.5%、23.5%、50.0%的比例按份所有，至庭审法庭辩论终结前，三人尚未就案涉房产作析产处理或就使用权分割达成协议，也未就案涉房产如何使用作出约定，而案涉合同亦只针对案涉房产的份额而未明确具体的使用位置，故郭某荣要求腾空交还的案涉房产不具有可执行性，本院对该诉请不予支持。

第三人李某、安宜迅公司经本院合法传唤未到庭参加诉讼，本院依法作缺席审理。

综上，依照《中华人民共和国合同法》第六十条、第一百零七条、第二百三十六条，《中华人民共和国涉外民事关系法律适用法》第三十六条，《中华人民共和国民事诉讼法》第六十四条第一款、第二百六十五条，《最高人民法院关于适用〈中华人民共和国民事诉讼法〉的解释》第二百四十条之规定，判决如下：

一、被告刘某成于本判决发生法律效力之日起十日内支付2014年7月1日至2015年6月30日、2015年9月1日至2016年6月30日、2016年7月1日至2016年12月31日期间的租金共593600元以及迟延支付租金的滞纳金（滞纳金以当月租金21200元为标准，按照每日万分之五的标准从当月6日计算至实际清偿之日止，滞纳金的总额应以每月租金21200元为限，其中2014年7月1日至2015年6月30日、2015年9月1日至2016年6

月30日期间的租金在2016年6月30日前的滞纳金以78005.4元为限）给原告郭某荣。

二、被告刘某成于本判决发生法律效力之日起十日内支付2017年1月1日起至本判决发生法律效力之日止的场地使用费（场地使用费按照每月21200元的标准计算）给原告郭某荣。

三、驳回原告郭某荣的其他诉讼请求。

如果未按本判决指定的期间履行给付金钱义务，应当依照《中华人民共和国民事诉讼法》第二百五十三条之规定，加倍支付迟延履行期间的债务利息。

案件受理费11919元、财产保全费5000元，由被告刘某成负担。

如不服本判决，原告郭某荣可在判决书送达之日起三十日内，被告刘某成、广州市奥心通电子有限公司在判决书送达之日起十五日内，向本院递交上诉状，并按对方当事人的人数提出副本，上诉于广东省广州市中级人民法院。

审　判　长　何彤文
审　判　员　老善涵
审　判　员　王　健
二〇一七年九月三十日
书　记　员　钟秀娟

童某、吴某海、童某勇、曾某英、吴某明、吴某康犯非法运输制毒物品罪刑事判决书

广东省广州市南沙区人民法院
刑　事　判　决　书

（2017）粤0115刑初578号

公诉机关广东省广州市南沙区人民检察院。

被告人童某，男，××年××月××日出生于××省××县，汉族，初中文化，个体户，住址略。因本案于2017年5月1日被羁押，次日被刑事拘留，同年6月8日被逮捕。现被羁押在广州市南沙区看守所。

辩护人赖某华，广东名成律师事务所律师。

被告人吴某海，曾用名吴某琳，男，××年××月××日出生于××省××县，汉族，高中文化，个体户，住址略。因本案于2017年8月10日被羁押并刑事拘留，同年9月1日被逮捕。现被羁押在广州市南沙区看守所。

辩护人王某军，广东易恒律师事务所律师。

被告人曾某英，曾用名良某，男，××年××月××日出生于××省××县，汉族，初中文化，无业，住址略。因本案于2017年5月1日被羁押，次日被刑事拘留，同年6月8日被逮捕。现被羁押在广州市南沙区看守所。

指定辩护人陈某锷，广东颜伊泰律师事务所律师。

被告人童某勇，男，××年××月××日出生于××省××县，汉族，初中文化，务工人员，住址略。因本案于2017年5月1日被羁押，次日被刑事拘留，同年6月8日被逮捕。现被羁押在广州市南沙区看守所。

辩护人曾某明，河北姜钟律师事务所律师。

被告人吴某明，男，××年××月××日出生于××省××县，汉族，初中文化，个体户，住址略。因本案于2017年5月1日被羁押，次日被刑事拘留，同年6月8日被逮捕。现被羁押在广州市南沙区看守所。

辩护人杨某君，广东仁美律师事务所律师。

被告人吴某康，男，×× 年 ×× 月 ×× 日出生于 ×× 省 ×× 县，汉族，初中文化，个体户，住址略。因本案于2017年5月1日被羁押，次日被刑事拘留，同年6月8日被逮捕。现被羁押在广州市南沙区看守所。

辩护人杨某，广东仁美律师事务所律师。

广东省广州市南沙区人民检察院以穗南检公刑诉[2017]643号起诉书指控被告人童某、吴某海、童某勇、曾某英、吴某明、吴某康犯非法运输制毒物品罪，于2017年9月26日向本院提起公诉。本院受理后，依法组成合议庭，公开开庭审理了本案。广东省广州市南沙区人民检察院指派检察员黄丽君出庭支持公诉，被告人童某、吴某海、曾某英、童某勇、吴某明、吴某康及其各自的辩护人赖某华、王某军、陈某锷、曾某明、杨某君、杨某等到庭参加诉讼。现已审理终结。

广东省广州市南沙区人民检察院指控被告人童某于2017年4月，为获取高额报酬，应允台湾人“海哥”“阿蔡”（另案处理）从山东运输一批制毒物品至广州市某区。随后，被告人童某找被告人吴某海商量共同运输并平分获利，被告人吴某海应允。被告人童某纠集被告人童某勇、曾某英帮助开车运输，被告人吴某海纠集被告人吴某明、吴某康帮助开车运输。4月25日，被告人童某、吴某海、童某勇、曾某英到福建省厦门市租用粤 ×××× 别克商务车、京 ×××× 别克商务车、闽 ×××× 大众小汽车用于运输。次日，由被告人童某驾驶闽 ×××× 大众汽车搭载“海哥”“阿蔡”等人，被告人童某勇、曾某英驾驶粤 ×××× 别克商务车从广东省深圳市出发，由被告人吴某海驾驶租赁的小汽车，被告人吴某明、吴某康驾驶京 ×××× 别克商务车从福建省某县出发，至江苏省某市四车会合后，于4月30日晚到山东省境内装载46包制毒物品，于5月1日运至广州市某区某镇，放置于某街某铺内。同日，公安机关将被告人吴某明、吴某康、童某勇抓获，并在被告人童某勇的帮助下抓获被告人童某、曾某英。次日，公安机关对某街某铺进行搜查，缴获制毒物品46包（共净重996.55千克，均检出羟亚胺成分）。8月10日，公安机关将被告人吴某海抓获。公诉机关向本院列举了扣押清单，手机通话清单，租车资料，GPS行车轨迹，称量取样笔录，理化检验报告，证人林某某、张某某、冯某某的证言，被告人童某、吴某海、童某勇、曾某英、吴某明、吴某康在公安机关的供述等证据，用以证实其起诉指控的犯罪事实。公诉机关认为被告人童某、吴某海、童某勇、曾某英、吴某明、吴某康的行为构成非法运输制毒物品罪，且属情节特别严重；被告人童某勇、曾某英、吴某明、吴某康是从犯，应当从轻、减轻或者免除处罚；被告人吴某海、曾某英、吴某明、吴某康有坦白情节，依法可从轻处罚；被告人童某勇有立功情节，依法可从轻或减轻处罚。提请本院对被告人童某判处十年以上十二年以下有期徒刑，并处罚金；对被告人吴某海判处九年以上十一年以下有期徒刑，并处罚金；对被告人童某勇、曾某英、吴某明、吴某康判处四年以上六年以下有期徒刑，并处罚金。

被告人童某对起诉书指控的犯罪事实和罪名没有异议，认为公诉机关提出的量刑建议太重，当庭表示其自愿认罪；提出其是因为对法律的无知及轻信他人，当时不知道运输的物品是羟亚胺，也不知道要负法律责任，当时以为不需要负法律责任才答应台湾人帮助运输的，没想到会害人害己，其愿意接受国家法律处罚的辩解意见。其辩护人提出从庭审表明本案六被告人在运输前是不知道所运输的物品是制毒物品，庭审中曾某英作出合理解释，吴某海的供述没有其他证据佐证应当不予采信；公诉机关用推定的方式推定六被告人知道所运输的物品是制毒物品，辩护人认为该推断没有达到法律要求的证明标准，商务车不能拉货是常识，被告人租车用实名制且是刷自己的信用卡，并非用假冒的身份证件，装货是在人流较密集的地方进行而不是在隐秘的环境下进行，在整个过程中并没有采用不合常理的运输方式；童某与童某勇的行为，其主观上没有采用逃避、隐瞒等方式来逃避打击，相反是以一个常人的心态住酒店，因此辩护人认为公诉机关推定的证据是比较薄弱的。如果法院认为公诉机关的推定符合法律规定，辩护人请法院考虑以下事实：公诉机关采用的标准是2009年的标准，该案涉及的罪名是2015年刑法修正案（九）颁布后适用，公诉人适用毒品类的推定标准来推定本案的货物是制毒物品；辩护人认为被告人童某、吴某海是在台湾人的支配、唆使的策划下完成行为，是台湾人雇佣他们，无论他们的报酬是否合理均不能排除他们只是打工的角色，在整个运输过程中，他们没有主动权、支配权，均是在台湾人的要求下完成，他们的行为只是辅助性的行为，他们并不是主犯，应当认定为从犯；被告人童某归案后认罪、悔罪；涉案物品被全部扣押，没有流入社会，社会危害性得到控制，被告人童某没有犯罪前科，属初犯，被告人童某已将其所知晓的台湾人的情况均告知公安机关。综上，请法院对被告人童某从轻处罚，对其在有期徒刑三年以上七年以下量刑的辩护意见。

被告人吴某海认为起诉书对其的指控部分属实，当庭表示其认罪；辩称其在案中不应属于主犯，其没有与被告人童某平分利润，如果其是主犯，就不存在被告人童某借其信用卡租车这一说法，本案所有的支出都不是其支付的，最后发工资也不是其支付的，被告人童某曾说过给6万元被告人吴某明、吴某康工资，后来又说是让他们带给其，前后矛盾，其与被告人童某及台湾人是第一次交往的辩解意见。其辩护人提出关于定罪部分，其认为被告人吴某海的行为不构成犯罪，理由如下：1. 被告人吴某海对涉案的羟亚胺是否是制毒物品并不明知，其是在事后才知道羟亚胺是制毒化学品，在其印象中羟亚胺就是制药原材料，本案六被告人均是被台湾人所蒙骗，其均不约而同地对相关的涉案物品是制毒物品予以否认，这恰恰就使他们被蒙骗，依照相关的司法解释，不应当承担刑事责任。2. 公诉人在作主观上是否明知的推定时引用了两个司法解释，其中一个是关于毒品犯罪中明知的认定，另一个是2009年最高人民法院的司法解释，该司法解释是对于走私或者非法买卖制毒物品的行为，没有包括运输在内的，所以公诉人引用的解释司法虽然有参照意义，但刑法是不能扩大使用，所以公诉人的推定没有法律依据，相关的司法解释也没有明确说运输制毒物品的主观，明知的推定的标准，刑法无明文规定。根据《刑法》第350条的规定，该罪是以违反国家规定为前提的，但公诉人一直没有指出六被告人是违反了哪一国家规定，公诉人提到公安部关于易制毒物品的购销及运输办法，该办法第18条规定“运输易制毒的化学品应当由货主向公安机关申请许可进行备案”，本案的货主是没有在案的台湾人，六被告人均是帮其运输，无法确认本次台湾人是否已备案或申请许可，公诉机关的证据链条有缺陷，所以在本案台湾人没有到案的情况下，辩护人认为本案证据不足，六被告人均是被蒙骗的。如果本案构成犯罪，被告人吴某海在本案中是属于从犯，因为犯意的提起是台湾人；关于货源的问题，因被告人童某说司机不够，被告人吴某海才给他介绍司机，并不是被告人吴某海雇佣的司机；关于出资的问题，法庭调查查明租车出资人是被告人童某，被告人吴某海刷信用卡后被告人童某已向其支付了大部分现金，剩余的也答应之后给其，不存在被告人吴某海出资的行为；关于分钱的问题，被告人吴某海没有分到任何酬劳；关于在运输途中谁在前面开路的问题，多数被告人均陈述车辆的顺序没有规定，被告人吴某海并没有开路；关于贴膜及手机的问题，贴膜是台湾老板的意思，对买手机的问题，各被告人的供述有矛盾，不能推定是被告人吴某海下令买手机；被告人吴某海在中途离开，没有按原来约定的分成，实际上也没有可能实现这一目标，如果被告人吴某海构成本罪，其行为属犯罪中止，其应当是从犯。根据司法解释，犯罪集团的首要分子对总数量承担责任，本案是无固定搭配的集团，应当按照组织的数额来认定，本案分两部车，46包中有21包在吴某康、吴某明的车上，另外的在曾某英的车上，被告人吴某海只按其参与的21包数量承担责任，数量低于500千克的，对其量刑应在七年以下，请合议庭综合考虑给予其从轻处罚的辩护意见。

被告人童某勇对起诉书指控的犯罪事实和罪名没有异议，但认为检察机关的量刑建议太重。其辩护人提出如下辩护意见：本案的焦点是被告人童某勇在案发前主观上是否明知或者应当知道运输的是制毒物品，被告人童某勇虽然参与了开车，但由于主客观不统一，起诉书指控的事实不清，证据不足，应当认定其无罪，理由：童某勇文化程度低，没有去过生产制毒物品的厂家，对制毒物品的种类根本不了解；其没有搬运，租车没有隐瞒身份，没有索取高额报酬，在开车过程中没与曾某英谈过运输制毒物品的事，开车过程中使用个人电话。公诉机关采取推定的方式推定童某勇明知，但未对童某勇系主观明知充分举证，童某勇的行为并不符合最高人民检察院公诉厅《毒品犯罪案件公诉证据标准指导意见（试行）》，最高人民法院、最高人民检察院、公安部《办理毒品犯罪案件适用法律若干问题的意见》《全国部分法院审理毒品犯罪案件工作座谈会纪要》关于推定明知的情形，童某勇的行为不符合以上规定的情形，也没有其他证据证实其明知，希望法庭基于客观实际出发，根据其主观上不明知的情况，对其作出无罪判决。

被告人曾某英对起诉书指控的犯罪事实和罪名没有异议，当庭表示自愿认罪。其指定辩护人提出被告人曾某英是从犯，归案后如实供述自己的行为，应当从轻处罚，其归案后如实供述了自己的行为，主观上的犯意是不明显的，不知道运输的物品是制毒物品，认罪态度良好，请法院考虑上述情节，对其从轻处罚，建议判处其有期徒刑四年以下的辩护意见。

被告人吴某明认为其有驾车运输涉案物品，但其对具体情况不知情，其认为公诉机关的量刑建议太重，其自愿认罪。其辩护人提出被告人吴某明在公安机关侦查阶段已经认罪认罚，由于同案人未认罪而无法与检察机关签署认罪认罚协议，但不应影响被告人吴某明适用认罪认罚从轻处罚的适用，公诉人的量刑建议过重，建议对被告人吴某明判处有期徒刑三年以下的辩护意见。

被告人吴某康供认其做过起诉书指控的事，但其不知道所运的物品是什么东西，其自愿认罪。其辩护人提出被告人吴某康在本案中的地位和作用与被告人吴某明是一致的，其归案后也希望适用认罪认罚程序，请法庭考虑其有坦白情节，且是从犯主观恶性较小，对其判处有期徒刑三年以下的刑罚。

经审理查明，2017年4月，被告人童某为获取人民币23万元的运输报酬，答应台湾人“海哥”“阿蔡”（均在逃）从山东省将一批制毒物品用汽车运送到广州市南沙区，被告人童某找被告人吴某海商定运输事宜并约定平分获利。随后，被告人童某找被告人童某勇、曾某英，被告人吴某海找被告人吴某明、吴某康为此次运输驾驶车辆并承诺给予高额报酬。4月25日，被告人童某、吴某海、童某勇、曾某英到福建省厦门市某租车（厦门）有限公司由被告人吴某海以其银行信用卡刷预授权和支付租车款，分别以被告人童某的身份证和驾驶证租用粤××××别克商务车、以被告人吴某海的身份证和驾驶证租用京 ×××× 别克商务车、以被告人童某勇的身份证和驾驶证租用闽 ×××× 大众帕萨特小轿车用于此次运输，被告人童某当即以现金支付给被告人吴某海租车款；随后，被告人童某吩咐被告人吴某海、童某勇、曾某英分别将租来的别克商务车进行贴膜，叫被告人吴某海购买3台小手机和手机卡用于途中联系。次日，被告人童某驾驶闽 ×××× 大众帕萨特小轿车搭载“海哥”“阿蔡”，被告人童某勇、曾某英驾驶粤 ×××× 别克商务车从广东省深圳市出发；被告人吴某海驾驶自己租用的白色小轿车，被告人吴某明、吴某康驾驶京 ×××× 别克商务车从福建省某县出发，双方在江苏省徐州市会合。4月30日晚，上述人员驾驶车辆到山东省境内的马路边，将46包用纤维袋包装并有刺激性气味的物品平均装载在2辆别克商务车上，然后上述4辆车一起从高速路连夜返回广州市，被告人吴某海在到江西省境内时独自驾车返回福建省长汀县，被告人童某、童某勇、曾某英、吴某明、吴某康和“海哥”、“阿蔡”驾驶和乘坐车辆于5月1日到达广州市南沙区大岗镇，“海哥”“阿蔡”安排他人驾驶上述2台别克商务车到大岗镇 ×× 街某铺卸货后驾驶车辆返回现场，“海哥”“阿蔡”交给被告人童某巨额运费，被告人童某给被告人吴某明、吴某康共人民币6万元，被告人吴某明、吴某康随后驾驶京 ×××× 别克商务车返回福建省长汀县，在路上被公安机关抓获，公安机关从被告人吴某明身上缴获上述6万元和手机1台；被告人童某驾驶闽 ×××× 大众帕萨特小轿车搭载“海哥”“阿蔡”，被告人童某勇、曾某英驾乘粤 ×××× 别克商务车到深圳市，被告人童某在深圳市给被告人童某勇、曾某英各人民币1万元，被告人童某勇随后被公安机关抓获并协助公安机关抓获被告人童某、曾某英，公安机关从被告人童某勇身上缴获人民币5800元和手机1台、从被告人童某身上缴获人民币262000元和手机3台、从被告人曾某英身上缴获人民币10080元和手机2台。公安机关于5月2日到广州市某区某镇某街某商铺搜查，查获上述46包物品，经鉴定净重共996.55千克，均检出羟亚胺成分。8月10日，公安机关在福建省某县将被告人吴某海抓获，被告人童某、吴某海、童某勇、曾某英、吴某明、吴某康归案后向公安机关如实供述其犯罪事实。

上述事实，有下列经法定程序公开举证、质证的证据证实，足以认定：

1. 公安机关制作的现场勘验笔录和搜查笔录、提取笔录、称量取样笔录、扣押清单，证实2017年5月2日11时许，公安机关对某区某镇某街某商铺进行勘验，在房内发现麻袋包46个，表面有“FOOD GRADE”字样，提取并扣押了疑似制毒物品46包，经称量共净重996.55千克，从中取样20包检材备检。

2. 广东省广州市公安司法鉴定中心出具的穗公（司）鉴（理化）理化字 [2017]01051

号检验报告，证实提取的20包检材均检出羟亚胺成分。

3. 广州市公安局南沙区分局禁毒大队出具的情况说明，证实现场46包制毒物品其中20包外包装为白色蛇皮袋，26包外包装为透明密封袋，公安人员分别从20包、26包中各抽取10包取样，现场有被告人曾某英、吴某明在场见证。

4. 证人陈杰锋的证言，证实其是神州租车的工作人员，2017年4月25日，4名男子到厦门市神州租车服务点租3台车，车牌闽××××帕萨特车是用童某勇身份证和驾驶证登记租的、车牌京××××别克车是用吴某海身份证和驾驶证登记租的、车牌粤××××别克车是用童某身份证和驾驶证登记租的，由吴某海共付押金人民币18000元。

5. 涉案的租车资料和涉案车辆的GPS轨迹，证实车牌京××××别克车租车登记信息为吴某海，该车于4月25日从厦门出发到长汀县，27日到达徐州附近，30日折返，5月1日到南沙大岗；车牌闽××××帕萨特车租车登记信息为童某勇，25日从厦门出发，26日到深圳，之后北上，27日到徐州附近，30日折返，5月1日到南沙大岗；车牌粤××××别克车租车登记信息为童某，25日从厦门出发，26日到深圳、南沙大岗，27日到徐州附近，30日折返，5月1日到南沙大岗。

6. 被告人童某在公安机关的供述，证实2017年4月20日前后，其认识了六年的台湾人"阿蔡"要其帮朋友拉辅料，其问是什么辅料，他说用在医药方面的辅料，这种辅料是国家管控的，他还问是否有运输团队，其说没有，其问他帮什么人拉货，"阿蔡"说帮"海哥"运输，还说如果碰到关卡检查时，要其和司机不要紧张，不然就会比较麻烦，其就意识到这是国家禁止运输的物品。"阿海"说运输46包物品，给其回报是按照5000元/包的价格，46包就是23万元，其想短时间有这么高的回报，待去运货时看看是否是白色类似毒品的物品，如果是就不运。到山东境内搬运货物时，其发现不是白色的物品就运输了。其苹果手机里装了语音通话软件，是通过该软件和"海哥""阿蔡"联系的，台湾人"阿陈"说这个软件需要付费，大概50000美元/年。其找到吴某海商量说台湾人有批货要从徐州拉到港口，具体细节等和"海哥""阿蔡"见面再谈。"海哥"和"阿蔡"在4月24日到龙岩考察其和吴某海是否值得信任，在龙岩万达广场西餐厅，其4个人边吃东西边聊天，"海哥""阿蔡"问是否能够搞到3.5吨的货车，其答没有，其问要运多重的货？"海哥"说运46包货物、重量大概一吨多，吴某海说用商务车也可以，"海哥"说用1辆商务车拉不了，2辆商务车就可以。接着双方谈价钱，"海哥"当时说2000元/袋，"阿蔡"说这些货现在没人拉，其就说5000元/袋，"海哥"立即打电话后就答应了，"海哥"拿3万元现金（1沓1万元人民币）交给其说这是租车和路上的前期费用并叫其明天租好车等他通知，“海哥”还对其和吴某海说叫用心做，以后会有很多生意做的。其和吴某海就先回长汀，“海哥”“阿蔡”就回广东。其回到长汀就先打电话给曾某英要他帮忙出车去徐州拉货，时间两三天并问他是否有人，曾某英说有个人但没有驾驶证。其打电话给童某勇要他帮忙去徐州拉货，童某勇说现在还欠外债5000元，其说回来后会帮他还上、到时还带他去赚钱，童某勇就答应了。第二天，其和吴某海、童某勇、曾某英从长汀坐车到龙岩再到厦门，到厦门的神州租车点租了3台车，深蓝色粤A别克商务车是用其名字租、黑色闽D帕萨特小轿车是用童某勇的名字租、深蓝色京Q别克商务车是吴某海名字租的，是用吴某海的信用卡刷卡给押金。租了车后，其用软件联系“海哥”告诉他已经租好车，“海哥”叫其去惠州淡水会面，其开闽D车搭着曾某英走在前面、童某勇开粤A车跟着其，吴某海开京Q车回长汀接2个司机，粤A别克车配备的1台小手机是租车时吴某海给其的。18时许，其2台车到惠州淡水的一个街口，其单独去与“海哥”见面，“海哥”让其第二天去深圳龙华接“阿蔡”。第二天早上，吴某海打电话说其手上的别克车车窗很大，从外可以看得很清楚，他手上的那辆京Q商务车已贴膜了，叫其给粤A商务车也贴膜，其就找附近的汽车装潢店给粤A车牌的别克GL8做全车检查并给车窗都贴上深色贴膜并给童某勇1000元，叫他看贴膜；期间，其和曾某英驾驶帕萨特车到电子城买2个汽车导航，让曾某英带回汽车装潢店，这时“阿蔡”用软件问其在哪里，其告诉他住的地方，“阿蔡”就搭地铁到其住的酒店附近，其就驾驶闽D帕萨特车去接他，“阿蔡”要其一起去惠州淡水接“海哥”，“海哥”带拉杆箱上车，其打电话通知童某勇、曾某英，叫他俩来惠州博罗会面，然后搭着“阿蔡”和“海哥”到惠州博罗附近接上“海哥”的小弟和1个住在东莞虎门的台湾人，“海哥”的小弟和那台湾人都带1个拉杆箱，去接他们之前海哥说去拿钱，其估计这2个拉杆箱里都装有现金。与童某勇、曾某英在惠州博罗集中后，其7人就直接往徐州出发，但那个住东莞虎门的台湾人临时有事需到广州，其2辆车就先往广州方向开到广州一个高速路口把那个台湾人放下（他没有把带来的拉杆箱拿走，还放在车的后备厢）后，就从广州出发往江苏徐州方向开。第二天16时许，其2台车到江苏徐州的高速路口下，在转右的路口看到吴某海戴着墨镜站在路边，双方聊了一会儿，吴某海拿出3台新手机给其1台、曾某英1台、京Q商务车1台，吴某海让大家记下3台新手机的号码，其和童某勇、曾某英到万达广场旁的某酒店住下，那辆闽D帕萨特小轿车交给“海哥”、“阿蔡”和“海哥”的小弟使用，吴某海他们3人不与其住在一起。“海哥”说厂家的货未做好没出厂，大家在徐州住了3晚。到第3晚，“海哥”说货已经做好了，“阿蔡”“海哥”小弟开着闽D小轿车去交钱（其不清楚具体地点），其打电话给吴某海要他们3人到其住的酒店会面，当晚其和吴某海、4个司机、“海哥”共7个人一起吃饭。吃完饭后，吴某海驾驶1辆白色闽D小轿车搭其和“海哥”往山东枣庄方向开，另外2辆别克商务车跟在后面，其给童某勇2000元、给吴某海4000元，说是路上的花费。20时许从山东枣庄高速出口下，2辆商务车向左边方向开，吴某海则向右边方向开，有名胖子在高速路口附近等，胖子上车后，“海哥”问胖子要等多久，胖子说很快就可以，“海哥”对胖子说他们用这些辅料量很大。约20分钟后，有电话打入通知胖子货已到了，其通知2辆别克车跟着其车，开了约10分钟，其3辆车到1间小店门口附近，货是放在小店门口，“海哥”和胖子先验货，“海哥”用剪刀剪开其中1包，发现里头有水就再检验几包，发现符合要求后就叫大家搬货上车。其看到这些货是黑褐色或是棕色的，有呛鼻的味道，外包装是蛇皮袋、上面有黑色字体，当时先叫粤A商务车装23袋后开到一边等候，然后京Q商务车再过来装剩下的23包。货装好后，吴某海驾驶白色闽D小轿车搭其和“海哥”先上高速公路离开，童某勇和曾某英问其去哪里，因吴某海说先去安徽合肥和闽D帕萨特小轿车会合，其就告诉他俩往安徽合肥方向开。开了约7个小时，在安徽的1个服务区和闽D帕萨特车会合，其和“海哥”上了闽D帕萨特车，其开车搭着“海哥”、“阿蔡”和“海哥”的小弟往广州方向走，吴某海在江西的1个服务区与其会面后说不用这么多人，他独自驾驶白色闽D小轿车先回长汀。在距离广州几十公里的服务区，其驾驶的帕萨特和那2辆别克商务车会合，京Q商务车的其中一个司机对其说不熟广州的路线不愿开车，其就叫曾某英到京Q商务车上驾驶，其和童某勇、“海哥”、“海哥”的小弟和“阿蔡”5个人留在服务区吃东西，京Q商务车的2名司机不愿意吃饭就与曾某英先走。期间，京Q商务车的司机不断打电话叫其不要吃饭快跟上来带路。距离大岗镇30公里左右，其追了上来并由帕萨特在前面带路。“海哥”的小弟用语音软件接了指令说去广州大岗，其就从高速到大岗，到达大岗时大概16点，京Q别克商务车的2个司机下车，曾某英开着这辆车跟在帕萨特后面、童某勇驾驶粤A别克商务车也跟在后面，其则驾驶帕萨特搭着“海哥”、“海哥”的小弟和“阿蔡”在前面带路。开了约10分钟，其将帕萨特停在路边，2辆别克商务车也停在路边，等了几分钟，“海哥”让其去叫童某勇和曾某英下车，由迎面过来的2个手臂上文有龙形文身约20岁的男子先把其中1辆别克车开走，20分钟后卸完货，他们把别克车开回原来停车位置，然后再将另1辆别克商务车开走，20分钟后卸完货，他们把别克车开回原来停车位置。他们回来后，其通知童某勇和曾某英回来开车。他俩回来后，童某勇驾驶粤A商务车、曾某英驾驶京Q商务车，“海哥”从帕萨特车的后备厢里把1个拉杆箱拿到帕萨特后座打开，从箱里拿出两沓（十万一沓）钱给其，其把这20万元装进了蓝色单肩帆布包，“海哥”的小弟下车跟那两个文身男子离开，“海哥”和“阿蔡”还在闽D帕萨特车上，其问曾某英和童某勇先回家还是先把车洗下，还对曾某英说5月5日还需要他回来把这些货拉到码头装船，曾某英说还早并说他想先去深圳龙华找朋友玩，其就去路边接京Q别克商务车的2个司机，“海哥”和“阿蔡”说不和其一起走就叫了滴滴离开，其1个人开着帕萨特和京Q商务车会合，其中1个司机说“童总，先借我1万元，我路上要用”，其答应并让他多带点钱回去，其在帕萨特车的后备厢拿了人民币5万元（都是百元钞票，一沓一万）给他，这个司机又说可不可以多给1万元，其就再从帕萨特车后备厢拿了1万元给他们，其用新手机联系吴某海的新手机告诉他先给他6万，并说由司机带回去给他，吴某海对其发脾气说给那么多他们就挂电话。“阿蔡”打电话得知其要去深圳龙华就要其接他，其接上“海哥”和“阿蔡”后就往深圳龙华方向去，约19点，其在龙华某酒店附近的路口把“海哥”和“阿蔡”放下就打电话给童某勇和曾某英问他们在哪，三人在龙华会合。曾某英对其说想买衣服和换1部手机，其从帕萨特车的后备厢拿1万元给他，当时童某勇也在一旁，其就顺手拿1万元给童某勇。其后和曾某英在宾馆办理入住手续，期间多次打童某勇电话都没有人接听，其开了2间房，后其和曾某英被警察抓了。其当时和吴某海约好是扣除租车费用、加油费、路费、住宿费等费用后再平分，一人一半。

7. 被告人吴某海在公安机关的供述，证实2017年4月初，童某说他有2个台湾朋友想买点羟亚胺回去做药（具体做什么药没说，就说要四五十桶，1桶约25公斤），其就对童某说可以帮他问能不能找到。4月下旬，有名叫“大屌”的男子说他认识江苏人“二子”有羟亚胺出售还给其电话号码，让其自己联系他。其就买个新号码打电话给“二子”联系购买事宜，经多次电话沟通，“二子”打电话告知其有46桶的羟（在电话里双方管羟亚胺说羟），还要其开车去徐州运，谈好价钱14万元/桶。其就找童某说上面有46桶羟亚胺，价钱是每桶14万元，这个价钱能否接受，童某没有答复就离开了，当天他回复说台湾人认为价钱没问题，双方就商量怎么上去运回来，童某提出去厦门神州租车租3台车，司机由他叫，但他只叫了2个司机，因考虑徐州太远，每台车1个司机不够，其就帮他叫1个司机，工钱由他们自己谈，童某还说他朋友驾驶证被吊销，要用其驾驶证帮他租1辆车。4月24日，其与童某、童某叫的2名司机坐滴滴打车到厦门神州租车点租了3台车，1辆是大众帕萨特、2辆别克商务车，因童某没有信用卡而租车一定要用信用卡刷预授权，他就让其刷3辆车的预授权共1.8万元，刷完后童某就给其1万元因现金不够，8000元迟点再给其。拿到车后，童某说开帕萨特和1辆商务车与台湾人会合，其就开另1辆商务车回长汀等童某消息，其开车在路上接到童某电话说这些车没贴膜，他那2辆都在广州贴了，让其在长汀贴膜，童某还说没贴膜太亮了能看到车里放的物品，贴膜就看不到，其就在长汀找地方贴膜，用了300元，童某让其先记数，到时再统一支付。说完贴膜这事，童某还让其回长汀买3台手机放在3辆车里联系，电话卡就买不记名的号码（170/130等号段的），其就在长汀的小店买了3台手机、4张电话卡，手机150元/台、电话卡100元/张，共用去850元，这个钱童某让其先付，到时再算数。做好这些准备后，其就叫了吴某康、吴某明当司机在长汀等消息。4月25日或26日，童某打电话说他们2辆车从广州出发，要其从长汀出发，其考虑自己运输回来后不跟他们一起就又租了1辆白色小轿车。其2辆车从长汀出发开了1天1夜到徐州下高速与童某共4辆车会合，其用买来的小电话打“二子”电话联系，“二子”让其在路边等他过来，“二子”来后，童某带2名台湾人对“二子”说要先看货，“二子”说对方没准备好要等等，后来“二子”说等他电话就离开。过了1个多小时，童某不耐烦就一直催其联系“二子”，其再打电话给“二子”，他说要等等。其再等了2个小时，“二子”过来说那46桶太湿不行，其问“二子”怎么办，因为之前谈好如果上去后他没有羟出售，则上去的费用均由他付，“二子”让其一行人先找地方吃饭再等等看。其就找地方吃饭，吃完饭后一直等“二子”消息并在徐州住下来，童某与2个台湾人没跟其一起住，他们自己找地方住。第二天，再打电话给“二子”，“二子”说没办法不好意思，其很生气，“二子”就说问他朋友那里有没有，他将他朋友“二狗”的电话告诉其让其联系“二狗”，其打电话给“二狗”，“二狗”让其等一天。第二天，童某一直在催，其再打电话给“二狗”，“二狗”就说再等一等。4月30日，“二狗”打其电话说有货了，让其往山东方向第一个高速路口往右拐100多米的地方等，其马上出发，到了该处已是晚上八九点，“二狗”又让其往相反方向开几百米的路边小空地，其看到有一堆用编织袋装着的物品在路边，童某与2个台湾人验货，验完后，台湾人就让其将物品装到2台商务车上，共46袋。装货时，周边没有其他人，其中1个台湾人跟“二狗”一起去交钱。装完货后，其4台车一起上高速往徐州、安徽方向开，到江西时，其就驾驶小车回长汀，他们继续往广州方向开，其不知道具体去广州哪里。他们去广州的过程中，其打过1次电话给吴某康问他们到哪里，他说已经进入广东境内，其后来再次打电话给吴某康，他说童某给了他们工钱，因为童某之前说事成后4名司机都给2万元以上的酬劳，其就没问他俩带回多少酬劳。其随后再次打电话给他们，他们的电话没人接听，其就感觉出事了，马上把跟他们联系的电话和电话卡扔到河里。8月10日下午，其在长汀县某楼某房内被公安机关抓获。

8. 被告人童某勇在公安机关的供述，证实2017年4月底的一天，童某找其说要其陪他去深圳出差，后来又说帮他开车运塑料米，其对他说如果时间长就去不了，童某说就两三天而已，其说现在负担重、欠高利贷5000元，童某就说到时会帮其还这5000元并给其一两万元放贷赚钱，其就答应了他。第二天早上，童某和后来与其一起开车的曾某英、光头男子一起过来接其到厦门的一家公司租了3台车，2台是深蓝色的别克GL8 商务车，分别悬挂粤 A 和京 Q 车牌，还有1台挂闽 D 车牌的黑色大众帕萨特小汽车。童某给其一两千元做路费，然后直接到深圳龙华，期间经过惠州停了一下，童某和1名男子见面。第二天早上，童某找了间汽车装潢店给那辆悬挂粤 A 车牌的别克GL8 贴膜，曾某英和童某买了2个汽车导航，童某给其1000元叫其支付贴膜等汽车费用。到徐州后，其看到那光头男子还有那辆一起租来的悬挂京 Q 车牌的别克商务车和1辆白色闽 D 车牌的小轿车。光头男子把1部新手机交给童某叫童某把之前用的那台黑色手机收走，童某在车外递给曾某英1台新手机和1张新的电话卡并告知曾某英3个新手机号码，叫其以后用新手机联系，之后在徐州找酒店住下。住到第三天19时许，童某说可以出发去拿东西了，其就上高速开了40分钟在高速路口下高速，在路边的1间店铺门口把塑料米装上车，2辆别克 GL8 商务车都有装货往广州方向出发。5月1日15时许到南沙，其和曾某英将2辆别克商务车开到路边停下，童某叫其下车并把车钥匙交给他，然后有人将车开走把货卸下来并把车停在原来位置不远的地方，其和童某、曾某英一起去深圳开房，之后被公安机关抓获。其觉得这次运输有点不正常，童某把新手机交给曾某英并让其用新手机联系；在装完货回来的路上，童某没有告诉具体去哪里，其觉得这不太正常，但没有细想。在搬货时其用手接触过这些货，卸完货到深圳后，童某给其1万元，其将4400元存到农业银行账户上，童某也给曾某英1万元。经辨认照片，证实被告人曾某英就是与其一起开车的男子。

9. 被告人曾某英在公安机关的供述，证实2017年4月26日10时许，童某问其有没有时间帮他开趟车拉货，其问他拉什么货，童某说是一批原材料，其追问是什么原材料，他说是生产麻黄素的原料，其就对他说是不是运输麻黄素成品，如果是成品就不去，童某说不是成品、是原材料，其就说原材料就考虑一下，童某问其拉1000多公里要多少钱，其说没有干过不知道，童某对其说给四五万元行吗？其说考虑一下就分开了。当天23时许，童某打电话说明天早上9点出发，其说可以就挂了电话，后其想起自己没有驾照就打电话告诉童某，他说没关系，车上还有另一人是有驾照的，而且前面有车带路，其就答应了。第二天，童某叫其和光头男子、“阿勇”一起坐车到厦门，由童某和光头男子电话联系租车，后在厦门神州租车点，他们3人分别以自己的名字各租了1台车，2台深蓝色别克 GL8商务车分别悬挂粤 A 和京 Q 车牌，1台帕萨特小汽车挂闽D车牌，光头男子用信用卡交了押金，光头男子将京Q别克商务车开回长汀，其3人开另外2辆车到惠州载上1名男子一起到深圳龙华；在车上童某和该男子说去江苏徐州拿货的事，该男子说货款还没有到账。到龙华后，童某让其和“阿勇”去“金色巴黎”入住，他和该男子开车走了，后他1个人回来入住。其和“阿勇”在房间相互问童某给多少钱，都说童某没有说清楚，其和“阿勇”都说当初不知道来广东，如果知道就不来了，广东对毒品查得比较严。第二天早上8时许，童某到旁边的汽车装潢店给悬挂粤A车牌的别克GL8做全车检查和除前车窗外的车窗都贴上深色贴膜，他给其1台带电话卡的黑色诺基亚直板手机并吩咐其和“阿勇”出发时就关闭自己的手机，有事就用这台工作手机联系。14时许，到惠州在某酒店会合，童某带着2名男子过来，一个是昨天在惠州上车的男子，另一个不认识，他俩带3个拉杆行李箱，当晚一起到广州市南沙区，随后从南沙上高速往徐州开，第二天18时许到达徐州，其在距离高速出口几百米的地方看到那光头男子和那辆租来的挂京Q的别克商务车及1辆白色挂闽D车牌的标致小轿车，光头男子站在路边等其一行人，京Q别克商务车上坐着其第一次见面的男子，光头男子走到其驾驶的粤A车牌别克GL8前，在车外递给1部新手机和1张新电话卡并给其1张纸，上面写了3个新手机号码并告诉其这新号码分别是童某、光头男子和京Q别克商务车使用。其就把原来使用的诺基亚工作手机递到车窗外，童某和光头男子都在车窗外接诺基亚手机。其把3个手机号码记到新手机里没有存储，记下后拨打一下就挂了，把写有号码的纸条扔了。之后，童某和光头男子叫其和“阿勇”开车离他们远点，“阿勇”将车开到离他们100米处停下来。22时许，童某打新手机电话说这边的卖家不给货让其先找地方住下等电话，其开租来的3辆车到徐州市区某酒店住下，其和“阿勇”住一房间、童某和在惠州某酒店上车的2名男子都住在别处，吴某明、吴某康和光头不住这里。第二天、第三天下午，童某说还要续房。4月30日15时许，光头男子、童某、吴某明和吴某康到其房间坐，光头和童某一起出去。19时许，所有人在一起吃晚饭，童某和光头男子说吃完饭就出发接货，叫所有司机吃完饭后将车加满油并给其2000元加油费和路费，加完油后，童某打电话叫其跟着白色标致车走，白色标致车开第一、京Q别克商务车开第二、其驾驶的粤A别克商务车在后，上高速开到约22时许到达山东境内下高速，在离高速路口不到一公里的路边停下，按照童某的意思让2辆别克商务车在路边等，那标致车就开走了。等了半小时，童某打电话叫其去找前面那辆京Q别克商务车，当时京Q别克商务车停在路边的绿化带里，其也把车倒入绿化带里，这时看见绿化带里有一小堆用白色编织袋和白色透明塑料袋装着的货物，童某、光头男子、某酒店上车的其中1名男子及这次第一次见面的男子在场，童某和光头男子清点了货物就叫大家把货物分别搬上2辆别克商务车，每辆别克商务车都装20包以上，这次第一次见面的男子清点完货物就离开。搬完后，童某就叫大家往安徽方向开，还是白色标致车开第一、京Q别克商务车开第二、其粤A别克商务车跟在最后。经安徽、江西到广州，其因为中途走错了路口跟丢了京Q别克商务车，途中不断联系，跟丢1个小时后与京Q别克商务车在高速上见面，这时没有看到标致车和帕萨特车，其继续跟京Q别克商务车，到距离南沙目的地还有60公里时，童某叫大家在服务区集中。在服务区，童某、某酒店上车的2名男子在帕萨特车上，童某对其说吴某明和吴某康出了高速就不开车，要其到京Q别克商务车坐，到大岗后他们停在路边，由其开车去目的地，其就坐上京Q别克商务车，童某他们4人留在服务区吃东西，吴某明和吴某康不愿意吃，其3人先走。当时是吴某康开车导航到离大岗30公里处他们追了上来，帕萨特在前面带路出了高速路口到大岗，到大岗的时间是15时左右，吴某明和吴某康下车，其就开京Q别克商务车跟着帕萨特车、“阿勇”驾驶粤A别克商务车跟在其后面，帕萨特车在前面带路。开了约10分钟，童某把帕萨特车停在路边，2辆别克商务车也停在路边，童某叫其和“阿勇”都下车离开一会儿，其和“阿勇”去买水时看到1个小腿上文身、年约20岁偏瘦、高约165厘米的男子朝童某走过去先把粤A别克车开走，10多分钟后，粤A别克车开回来停原来位置，然后再把京Q别克商务车开走，10多分钟后又有把京Q别克商务车开回来停在原来位置。其见2辆车都卸完货就和“阿勇”回到童某那里，童某把粤A别克商务车钥匙给“阿勇”，在惠州上车的男子把京Q别克商务车钥匙给其，在某酒店上车的男子从帕萨特车后面的1个行李箱里拿出两三沓（十万一沓）的钱给童某，童某把钱放进他自己的袋子里。童某问其和“阿勇”先回家还是先把车洗下，其说“很累，想先去深圳”，童某说“休息1晚，第二天再走”。其和“阿勇”开别克商务车去接吴某明和吴某康，见面后，其把京Q别克商务车交给吴某明、吴某康后就到粤A别克商务车和“阿勇”在一起。童某自己开帕萨特车跟过来，其见童某从帕萨特车的后备厢里拿约人民币5万元（都是百元钞票，一沓一万）给吴某明和吴某康，过了一会儿童某又返回帕萨特车后备厢拿了1万元给他们，吴某明和吴某康就驾驶京Q别克商务车离开，其3人就往深圳龙华方向开，20点许，其3人在龙华会合，其对童某说要买衣服但没有带钱，童某就从帕萨特车的后备厢拿1万元给其，后听“阿勇”说他去银行还钱给别人。当晚10时许，其和童某去宾馆办理入住手续时被警察抓获，“阿勇”也被抓获。经辨认照片，证实被告人童某勇就是与其一起驾驶别克车运输制毒物品原料来广东的“阿勇”；被告人吴某明、吴某康就是驾驶京Q别克车的男子。

10. 被告人吴某明在公安机关的供述，证实2017年4月25日14时许，吴某海问其有没有空帮他开车去外省，其说如果有时间就可以，过了15分钟吴某康也过来。4月26日11时，吴某海打电话让其当天帮他开车并告知还有吴某康一起开。其到吴某海指定的地方见到吴某海驾驶1辆别克GL8（车牌是京Q开头的），他将车钥匙给其说车已经租好，要其在车上等，到出发时就会通知，要其开车不要用自己的手机，吴某海给钱让其去买3台新手机和4张SIM卡。下午4时许，吴某海开1辆白色标志3008（车牌是闽D开头）过来说可以出发了，开车不要带手机，并将其手机放在他那里，联系用车上的手机，要其跟着他的车就行。这时吴某康也上了别克车的副驾驶位，其就驾驶别克GL8跟着吴某海的车经江西往江苏走（在瑞金服务区看到吴某海车上有2名男子），出发时听到吴某海和吴某康说给商务车贴膜的事，吴某海交代其新手机只能用于这次运输联系，不要拨打其他电话。4月27日16时许，其到江苏徐州北收费站下高速开到徐州毛村附近的空地，有名男子上了吴某海的车，他们4人在车上聊，其和吴某康在车上睡觉。4月30日20时许，吴某海要其开车跟他车往济南台儿庄方向开，其跟着他车往前走，还发现后面有辆别克GL8（车牌粤A开头）跟着其车。其3辆车到台儿庄收费站下高速，吴某海让2台别克车在高速旁边等他，约过了30分钟，吴某海打电话让其车往前开200米，其驾驶车往前开了200米看到吴某海的车停在路边，路旁放了约40袋货物（有些是用白色纺织袋装的、有些是用透明塑料袋装的），其几人就往2台别克车上装货，其驾驶的车装了约21袋货物，每袋约重40斤、长40公分，是白色粉末有难闻的气味。装好货物后，吴某海让其上高速往广东方向跟着他的车走。从台儿庄上高速时大概是21时，到第二天5月1日早上9时快到江西省瑞金，其接到吴某海的电话说他的车到江西瑞金就直接回福建省龙岩市，有1辆帕萨特车在江西瑞金附近接应。过了一会儿，其接到陌生电话，电话里说他车在前面，是草绿色的帕萨特，车牌是闽D开头的让其跟他车走，接完电话就看到这辆帕萨特，2辆别克车就一直跟着帕萨特往广东开，途中有名男子打电话让其导航到南沙区大岗镇庙贝沙出高速，有人在高速出口等。5月1日15时左右，其开的别克车在广州市南沙区庙贝沙高速收费站出高速，出高速后看到另外1台别克车的司机已在路边，其驾驶车到男子旁边，那名男子要其和吴某康在原地等，他开车去卸完货就回来，等了约1小时，3名男子驾驶车牌京Q开头的别克GL8、车牌粤A开头的别克GL8、车牌闽D开头的帕萨特回来，其见车上的货已经搬空，那名男子对其和吴某康说开这一趟车每人的费用是人民币30000元，就给其和吴某康每人人民币30000元，其和吴某康开车往福建方向走，其觉得收3万元不合理，就开始怀疑运的货可能有问题。20时15分，其和吴某康在沥林服务区被民警查获带回派出所。

11. 被告人吴某康在公安机关的供述，证实2017年4月25日，吴某海打电话说介绍其帮人开车，其答应了。26日16时许，吴某海到其服装店说手机不要带，由他提供1台手机跟他去江苏拉货，19时许，吴某海叫其去长汀县的汽车美容店，其到那看到1辆悬挂京Q车牌的别克GL8商务车正在贴膜，吴某海叫其等这辆别克商务车贴完膜后就把车开回其店铺里，第二天出发。第二天，其没有问拉什么货就跟他出发，当时是吴某明驾驶吴某海租的京Q开头商务车，一路开往江苏省徐州市。27日17时许在徐州北下高速，到一不知名的空地在路口里等货（在高速途中有电话进来，有时是吴某明接、有时是其接，主要告诉对方车辆到达的地点）。22时许，吴某明接电话，对方告知没货让其俩人找地方休息，其俩人就边休息边等。在休息期间，其见有个叫"童总"的男子和他的几个朋友，其问"童总"要运什么东西，他说是化学品。28日，"童总"说有货让其往济南台儿庄方向走。20时许，在台儿庄下高速并在附近等电话。约1小时后，接到电话让其去一个饭店路口等，其见到路边有1台粤A商务车和1台小轿车（号牌不清楚）停着，旁边放着一堆货物（有用白色纺织袋装的，有用透明的塑料袋装的，约40袋，每袋约重40斤，有点刺鼻的味道），其车装了21袋后和对方的2台车一起往广东省方向走。5月1日早上，在一个服务区，从他们车上下来1个人到其车上一起往广州南沙走，16时许到南沙区大岗镇的高速路口，该男子让其在路边等并开着其驾驶的车走了。过了1个多小时，该名男子开空车回来，"童总"也开小车过来，"童总"就给其和吴某明每人人民币30000元。其和吴某明就开那台京Q商务车回福建，在虎门高速的服务区被抓。

12. 证人冯柏良的证言，证实2017年5月1日下午，其看见蓝兴路某档口外停放着2辆装着很重货物的蓝色GL8别克商务车，其中一辆车牌是"京"开头的。经辨认照片，证实涉案京××××别克商务车就是其见到的车辆。

13. 证人林怡彤的证言和××街某铺的租赁合同复印件，证实2017年4月27日，××街某铺业主张某英委托地产公司将铺出租给1个外省人，决定租铺的人和最后签合同的非同一人，签合同的人签名"汪某刚"。

14. 证人汪某刚的证言及入职申请表、监控录像截图，证实2017年4月27日，汪某刚在位于宁波市的公司上班，无作案时间，其身份证曾遗失过。

15. 公安机关出具的抓获经过和被告人童某、吴某海、童某勇、曾某英、吴某明、吴某康的户籍材料，证实被告人童某、吴某海、童某勇、曾某英、吴某明、吴某康的归案经过及其基本情况。

16. 深圳市公安局龙华分局出具的情况说明，证实被告人童某勇归案后配合公安机关抓获被告人童某、曾某英。

被告人童某、吴某海、童某勇、吴某明、吴某康提出的公诉机关提出的量刑建议过高的辩解意见，经核查，本案六被告人均是受雇于台湾人“海哥”和“阿蔡”运输涉案的制毒物品，根据相关规定，对此行为可以酌情从轻处罚，公诉机关的量刑建议未充分考虑这一量刑情节，故五被告人提出的辩解意见，本院予以采纳。

被告人童某、吴某海、童某勇的辩护人提出的关于本案被告人主观上不明知是制毒物品而运输的辩护意见，经核查，参照《全国部分法院审理毒品犯罪案件工作座谈会纪要》（简称大连会议）列举的可推定被告人主观“明知”的具体情形，具有下列情形之一，被告人不能作出合理解释的，可以认定其“明知”：……（5）为获取不同寻常的高额、不等值报酬为他人携带、运输物品，从中查获毒品的……（10）有其他足够证据足以认定行为人应当知道的规定。从现有证据可以认定各被告人主观上是“明知”而参与运输涉案制毒物品的，具体依据如下：

（1）被告人童某在公安机关的供述证实“阿蔡”要其帮朋友拉医药方面的辅料，这种辅料是国家管控的，还说如果碰到关卡检查时，要其和司机不要紧张，不然就会比较麻烦，其就意识到这是国家禁止运输的物品了。“阿海”说运输46包物品，给其回报是按照5000元／包，46包就是23万元，其想短时间有这么高的回报，待去运货时看看是否是白色类似毒品的物品，如果是就不运，到山东境内搬运货物时，其发现不是白色的物品就运输了；且其在运输前为租来的汽车贴膜和在各人已有手机的情况下还购买手机和手机卡用于运输途中联系，由此可见，被告人童某是在明知所运输的物品是国家管控的、为了在很短时间内获取不同寻常的高额报酬而替台湾人运输涉案物品，公安机关从被告人童某处缴获的巨额现金印证了其上述供述，由此可以推定被告人童某主观上的明知。

（2）被告人吴某海在公安机关供述童某说他有2个台湾朋友想买点羟亚胺回去做药，其就对童某说可以帮他问问能不能找到，随后与“二子”联系有羟亚胺出售就与同案人到厦门神州租车租3台车后驾车到徐州，“二子”说对方没准备好要等等，后来“二子”说那46桶太湿了不行，其问“二子”怎么办，“二子”让其一行人先找个地方吃饭再等等看。其一直等“二子”消息并在徐州住下来，后在“二子”介绍下与“二狗”取得联系并到山东购得涉案物品运回广州，其供述有涉案车辆的GPS轨迹和被告人曾某英、吴某明对其行程的供述予以印证，由此可见被告人吴某海明知所运输的涉案物品为羟亚胺。

（3）被告人童某勇在公安机关供述童某找其陪他去深圳开车运塑料米，两三天会帮其还5000元高利贷并给其一两万元放贷赚钱，后一起到厦门租3部车，童某找汽车装潢店给租来的那辆悬挂粤A车牌的别克GL8贴膜，童某给曾某英1台新手机和1张新的电话卡并告知曾某英3个新手机号码，叫其以后用新手机联系，其觉得这次运输有点不正常；在装完货回来的路上，童某没有告诉具体去那里，卸完货到深圳后，童某给其1万元；其供述证实其在短时间内获得高额报酬，其给租来的车贴膜和在各被告人自己有手机的情况下，童某还重新购置手机和手机卡发给涉案车辆使用，这显然不合常规，其供述有被告人童某、曾某英的供述予以印证，由此可以推定被告人童某勇主观上的明知。

（4）被告人曾某英在公安机关供述童某问其拉1000多公里要多少钱，其说没有干过不知道，童某对其说给四五万元行吗？在厦门神州租车后，其在深圳入住时和童某勇在房间相互问童某给多少钱，其和童某勇都说当初不知道来广东，如果知道就不来了，广东对毒品查得比较严。童某对租用的车除前车窗外的车窗都贴上深色贴膜，还给其1台带电话卡的手机并吩咐其和童某勇出发时就关闭自己的手机，有事就用这台工作手机联系。卸货后，在某酒店上车的男子从帕萨特车后面的1个行李箱里拿出两三沓(十万一沓)的钱给童某，童某把钱放进他自己的袋子里，后拿5万元给吴某明和吴某康，其供述有被告人童某勇、吴某明的供述予以印证，由此可以推定被告人童某勇主观上的明知。

（5）被告人吴某明在公安机关供述出发时吴某海要其开车不要用自己的手机，吴某海给钱让其去买3台新手机和4张SIM卡，联系用车上的新手机，新手机只能用于这次运输联系，不要拨打其他电话。其所运输的是白色粉末有难闻的气味袋包装物，到广州后将其所驾驶的车辆转司机开去卸货，卸完货后童某给其和吴某康每人人民币30000元，其觉得收3万元不合理，就开始怀疑运的货可能有问题。上述供述有童某、被告人曾某英、吴某康的供述予以印证，由此可以推定被告人吴某明主观上的明知。

（6）被告人吴某康在公安机关供述其答应吴某海帮他开车后，说手机不要带，由他提供1台手机跟他去江苏拉货，所运货物有点刺鼻的味道，到广州后由另一名司机将车开走去卸货，童某随后给其和吴某明每人人民币30000元。上述供述有被告人童某、吴某明的供述予以印证，由此可以推定被告人吴某康主观上的明知。

综上所述，被告人童某、吴某海、童某勇的辩护人以其主观上不明知为由为其提出无罪辩护的意见与查明事实不符，不予采纳。

被告人童某的辩护人提出的被告人童某、吴某海是在台湾人的支配、唆使策划下完成行为，是台湾人雇佣他们，无论他们的报酬是否合理均不能排除他们只是打工的角色，在整个运输过程中，他们没有主动权、支配权，均是在台湾人的要求下完成，他们的行为只是辅助性的行为，他们并不是主犯，应当认定为从犯的辩护意见，经核查，从查明事实反映，被告人童某、吴某海为了赚取台湾人高额的运输费，在密谋后分别纠合被告人童某勇、曾某英、吴某明、吴某康参与作案并准备作案工具，其行为是主动准备并积极实施的运输行为，其在案中的地位和作用相对于被告人童某勇、曾某英、吴某明、吴某康应是主犯，此辩护意见无理，不予采纳；其提出的被告人童某归案后认罪、悔罪，涉案物品被全部扣押，没有流入社会，社会危害性得到控制，被告人童某没有犯罪前科，属初犯的辩护意见，有事实依据，予以采纳；其提出的请法院对被告人童某在有期徒刑三年以上七年以下量刑的量刑建议，因对被告人童某的量刑应在有期徒刑七年以上，被告人童某在案中没有法定的减轻情节，对该量刑建议无法采纳。

被告人吴某海及其辩护人提出的其不是主犯的辩解、辩护意见，经核查，虽然本案犯意不是被告人吴某海先提出，但其在被告人童某提出犯意后积极参与，既纠集被告人吴明、吴某康参与作案，又实施了与被告人童某等人到厦门租车并提供其本人的信用卡刷授权、购买作案用的手机和手机卡等行为，其在案中的作用比被告人童某勇、曾某英、吴某明、吴某康大得多，应认定其是主犯，此辩解意见、辩护无理，不予采纳。考虑到其作用相对于被告人童某较小，对其量刑应与被告人童某有所区别。被告人吴某海及其辩护人提出的根据司法解释，犯罪集团的首要分子对总数量承担责任，本案是无固定搭配的集团，应当按照组织的数额来认定，本案分两部车，46包中有21包在吴某康、吴某明的车上，另外的在曾某英的车上，被告人吴某海只按其参与的21包数量承担责任，数量低于500千克的，对其量刑应在七年以下的辩护意见，经核查，被告人吴某海在案中是与被告人童某形成共同犯意后才分别纠合童某勇、曾某英、吴某明、吴某康实施共同作案，是共同犯罪，应对涉案制毒物品的总重量共同承担刑事责任，此辩护意见无理，不予采纳。

被告人曾某英的指定辩护人提出被告人曾某英是从犯，归案后如实供述自己的行为，认罪态度良好，应当从轻处罚的辩护意见，有事实依据，予以采纳；其提出的建议判处其有期徒刑四年以下的量刑建议，经综合评价被告人曾某英在案中的量刑情节，对其量刑应在有期徒刑四年以上，故该量刑建议不予采纳。

被告人吴某明的辩护人提出的被告人吴某明在公安机关侦查阶段已经认罪认罚，由于同案人未认罪而无法与检察机关签署认罪认罚协议，但不应影响被告人吴某明适用认罪认罚从轻处罚的适用，公诉人的量刑建议过重的辩护意见，有事实依据，予以采纳；其提出的对被告人吴某明判处有期徒刑三年以下的量刑建议，因对被告人吴某明的量刑起点应在有期徒刑七年以上，其是从犯，对其减轻处罚，根据《刑法》第六十三条第一款的规定，减轻处罚的幅度只能在七年以下减轻一个量刑档次，故对其量刑只能在有期徒刑三年以上，此量刑建议无法采纳。

被告人吴某康的辩护人提出的被告人吴某康在本案中的地位和作用与被告人吴某明是一致的，其归案后也希望适用认罪认罚程序，其有坦白情节，且是从犯主观恶性较小的辩护意见，有事实依据，予以采纳；其提出的对被告人吴某康判处有期徒刑三年以下的量刑建议，因对被告人吴某康的量刑起点应在有期徒刑七年以上，其是从犯，对其减轻处罚，根据《刑法》第六十三条第一款的规定，减轻处罚的幅度只能在七年以下减轻一个量刑档次，故对其量刑只能在有期徒刑三年以上，此量刑建议无法采纳。

关于被告人童某、童某勇在案中是否存在坦白情节的问题，被告人童某、童某勇归案后虽然没有直接供述其明知是制毒物品而运输，但其已经将其参与案件的整个经过作出供述，在此情况下，应当认定被告人童某、童某勇存在坦白情节。

本院认为，根据审理查明的事实和证据，足资证实公诉机关适用法律正确，指控被告人童某、吴某海、童某勇、曾某英、吴某明、吴某康犯非法运输制毒物品罪的罪名成立；其认定被告人童某、吴某海是主犯，被告人童某勇、曾某英、吴某明、吴某康是从犯；被告人吴某海、曾某英、吴某明、吴某康有坦白情节及被告人童某勇有立功情节的公诉意见和对被告人曾某英的量刑建议，有事实依据，予以采纳。被告人童某、吴某海、童某勇、曾某英、吴某明、吴某康无视国家法律，违反国家规定，非法运输制毒物品，其行为均已触犯刑律，构成非法运输制毒物品罪，依法均应予以惩处。被告人童某、吴某海、童某勇、曾某英、吴某明、吴某康在案中运输制毒物品羟亚胺共996.55千克，其行为属情节特别严重，依法应处七年以上有期徒刑。被告人童某、吴某海、童某勇、曾某英、吴某明、吴某康在案中属受雇台湾人运输制毒物品，依法对其酌情从轻处罚；被告人童某、吴某海、童某勇、曾某英、吴某明、吴某康有坦白情节，依法对其从轻处罚；被告人童某、吴某海在共同犯罪中起主要作用，是主犯；被告人童某勇、曾某英、吴某明、吴某康在共同犯罪中起辅助作用，是从犯，依法对其减轻处罚；被告人童某勇有立功情节，依法对其从轻处罚；被告人吴某明、吴某康在案中没有参与到厦门租车和到广州后的卸货环节，量刑时应考虑这一情节，对其量刑应比被告人童某勇、曾某英为轻。依照《中华人民共和国刑法》第三百五十条第一款、第五十三条、第二十五条第一款、第二十六条第一款、第二十七条、第六十七条第三款、第六十八条、第六十三条第一款、第六十四条和根据《最高人民法院〈关于处理自首和立功具体应用法律若干问题的解释〉》第五条，《最高人民法院〈关于审理毒品犯罪案件适用法律若干问题的解释〉》第七条第一款第（二）项、第八条第二款第（一）项，《最高人民法院〈关于适用财产刑若干问题的规定〉》第一条、第二条第一款、第五条的规定，判决如下：

一、被告人童某犯非法运输制毒物品罪，判处有期徒刑八年七个月，并处罚金人民币一万元。

（刑期从判决执行之日起计算。判决执行以前先行羁押的，羁押一日折抵刑期一日。即自2017年5月1日起至2025年11月30日止，罚金于本判决生效之日起十日内一次性缴纳。）

二、被告人吴某海犯非法运输制毒物品罪，判处有期徒刑八年，并处罚金人民币九千元。

（刑期从判决执行之日起计算。判决执行以前先行羁押的，羁押一日折抵刑期一日。即自2017年8月10日起至2025年8月9日止，罚金于本判决生效之日起十日内一次性缴纳。）

三、被告人曾某英犯非法运输制毒物品罪，判处有期徒刑四年一个月，并处罚金人民币六千元。

（刑期从判决执行之日起计算。判决执行以前先行羁押的，羁押一日折抵刑期一日。即自2017年5月1日起至2021年5月31日止，罚金于本判决生效之日起十日内一次性缴纳。）

四、被告人童某勇犯非法运输制毒物品罪，判处有期徒刑三年五个月，并处罚金人民币五千元。

（刑期从判决执行之日起计算。判决执行以前先行羁押的，羁押一日折抵刑期一日。即自2017年5月1日起至2020年9月30日止，罚金于本判决生效之日起十日内一次性缴纳。）

五、被告人吴某明犯非法运输制毒物品罪，判处有期徒刑三年，并处罚金人民币三千元。

（刑期从判决执行之日起计算。判决执行以前先行羁押的，羁押一日折抵刑期一日。即自2017年5月1日起至2020年4月30日止，罚金于本判决生效之日起十日内一次性缴纳。）

六、被告人吴某康犯非法运输制毒物品罪，判处有期徒刑三年，并处罚金人民币三千元。

(刑期从判决执行之日起计算。判决执行以前先行羁押的，羁押一日折抵刑期一日。即自2017年5月1日起至2020年4月30日止，罚金于本判决生效之日起十日内一次性缴纳)。

七、扣押于公安机关的制毒物品羟亚胺996.55千克予以没收、销毁，公安机关扣押的涉案赃款、作案手机予以没收、上缴国库。

如不服本判决，可在接到判决书的第二日起十日内，通过本院或者直接向广东省广州市中级人民法院提出上诉。书面上诉的，应当提交上诉状正本一份，副本六份。

审　判　长　蔡穗硕
审　判　员　谭海云
审　判　员　刘玉清
二〇一七年十一月二十八日
法官助理　李丽梅
书　记　员　常嘉瑜
马海欣

附：本裁判主要法律依据

《中华人民共和国刑法》

第二十五条第一款　共同犯罪是指二人以上共同故意犯罪。

第二十六条第一款　组织、领导犯罪集团进行犯罪活动的或者在共同犯罪中起主要作用的，是主犯。

第二十七条　在共同犯罪中起次要或者辅助作用的，是从犯。

对于从犯，应当从轻、减轻处罚或者免除处罚。

第五十三条　罚金在判决指定的期限内一次或者分期缴纳。期满不缴纳的，强制缴纳。对于不能全部缴纳罚金的，人民法院在任何时候发现被执行人有可以执行的财产，应当随时追缴。如果由于遭遇不能抗拒的灾祸追缴确实有困难的，可以酌情减少或者免除。

第六十三条第一款　犯罪分子具有本法规定的减轻处罚情节的，应当在法定刑以下判处刑罚；本法规定有数个量刑幅度的，应当在法定量刑幅度的下一个量刑幅度内判处刑罚。

第六十四条　犯罪分子违法所得的一切财物，应当予以追缴或者责令退赔；对被害人的合法财产，应当及时返还；违禁品和供犯罪所用的本人财物，应当予以没收。没收的财物和罚金，一律上缴国库，不得挪用和自行处理。

第六十七条第三款　犯罪嫌疑人虽不具有前两款规定的自首情节，但是如实供述自己罪行的，可以从轻处罚；因其如实供述自己罪行，避免特别严重后果发生的，可以减轻处罚。

第六十八条　犯罪分子有揭发他人犯罪行为，查证属实的，或者提供重要线索，从而得以侦破其他案件等立功表现的，可以从轻或者减轻处罚；有重大立功表现的，可以减轻或者免除处罚。

第三百五十条第一款　违反国家规定，非法生产、买卖、运输醋酸酐、乙醚、三氯甲烷或者其他用于制造毒品的原料、配剂，或者携带上述物品进出境，情节较重的，处三年以下有期徒刑、拘役或者管制，并处罚金；情节严重的，处三年以上七年以下有期徒刑，并处罚金；情节特别严重的，处七年以上有期徒刑，并处罚金或者没收财产。

《最高人民法院〈关于处理自首和立功具体应用法律若干问题的解释〉》

第五条　根据刑法第六十八条第一款的规定，犯罪分子到案后有检举、揭发他人犯罪行为，包括共同犯罪案件中的犯罪分子揭发同案犯共同犯罪以外的其他犯罪，经查证属实；提供侦破其他案件的重要线索，经查证属实；阻止他人犯罪活动；协助司法机关抓捕其他犯罪嫌疑人（包括同案犯）；具有其他有利于国家和社会的突出表现的，应当认定为有立功表现。

第七条第一款　违反国家规定，非法生产、买卖、运输制毒物品、走私制毒物品，达到下列数量标准的，应当认定为刑法第三百五十条第一款规定的“情节较重”：

（二）1-苯基-2-丙酮、1-苯基-2-溴-1-丙酮、3，4-亚甲基二氧苯基-2-丙酮、羟亚胺二千克以上不满十千克。

第八条第二款　违反国家规定，非法生产、买卖、运输制毒物品、走私制毒物品，具有下列情形之一的，应当认定为刑法第三百五十条第一款规定的“情节特别严重”：

制毒物品数量在本解释第七条第一款规定的最高数量标准五倍以上。

《最高人民法院〈关于适用财产刑若干问题的规定〉》

第一条　刑法规定“并处”没收财产或者罚金的犯罪，人民法院在对犯罪分子判处主刑的同时，必须依法判处相应的财产刑；刑法规定“可以并处”没收财产或者罚金的犯罪，人民法院应当根据案件具体情况及犯罪分子的财产状况，决定是否适用财产刑。

第二条第一款　人民法院应当根据犯罪情节，如违法所得数额、造成损失的大小等，并综合考虑犯罪分子缴纳罚金的能力，依法判处罚金。刑法没有明确规定罚金数额标准的，罚金的最低数额不能少于一千元。

第五条　刑法第五十三条规定的“判决指定的期限”应当在判决书中予以确定;“判决指定的期限”应为从判决书发生法律效力第二日起最长不超过三个月。

执行申请执行人南昌市四海建筑劳务分包有限责任公司诉被执行人中交路桥华南工程有限公司、广东省公路建设有限公司、广东省公路建设有限公司南环段分公司纠纷执行裁定书

广东省广州市南沙区人民法院
执 行 裁 定 书

（2017）粤0115执异51号

异议人（申请执行人）：南昌市四海建筑劳务分包有限责任公司，住所地略，组织机构代码略。

法定代表人：淦某斌，总经理。

被执行人：中交路桥华南工程有限公司，住所地略。

法定代表人：欧阳某某，总经理。

被执行人：广东省公路建设有限公司，住所地略，组织机构代码略。

法定代表人：魏某华。

被执行人：广东省公路建设有限公司南环段分公司，住所地略，组织机构代码略。

法定代表人：曾某坚，总经理。

本院在执行申请执行人南昌市四海建筑劳务分包有限责任公司（以下简称四海公司）与被执行人中交路桥华南工程有限公司（以下简称中交华南公司）、广东省公路建设有限公司（以下简称省公路公司）、广东省公路建设有限公司南环段分公司（以下简称省公路南环分公司）建设工程施工合同纠纷一案中，于2015年11月2日作出（2015）穗南法执字第2467-1号执行裁定书。申请执行人四海公司不服该裁定，提出书面异议。本院于2016年1月4日作出（2015）穗南法执异字第45号执行裁定，驳回四海公司的异议。四海公司不服，向广州市中级人民法院申请复议。广州市中级人民法院于2016年4月19日作出（2016）粤01执复65号执行裁定，驳回四海公司的复议请求。四海公司不服该裁定，向广东省高级人民法院申诉，广东省高级人民法院于2017年3月16日作出

（2016）粤执监215号执行裁定，撤销广州市中级人民法院（2016）粤01执复65号执行裁定，发回广州市中级人民法院重新审查处理。广州市中级人民法院于2017年8月11日作出（2017）粤01执复148号执行裁定，撤销我院（2015）穗南法执异字第45号执行裁定，本案由我院重新审查处理。本院立案后，依法另行组成合议庭，对本案进行重新审查，现已审查终结。

四海公司提出异议称：南沙法院作出的（2015）穗南法执字第2467-1号执行裁定书违反执行异议审查程序的规定；裁定书认定（2013）穗南法民三初字第398-2号补正裁定生效的陈述缺乏依据；执行裁定违反法律规定，剥夺了异议人的辩论权利；执行裁定适用法律错误，同期同类贷款利率应该适用逾期贷款利率的计算方法，迟延履行期间的债务利息应包含一般债务利息和加倍债务利息。据此，四海公司请求：1. 撤销（2015）穗南法执字第2467-1号执行裁定书；2. 改为裁定执行债权为：2015年6月20日前利息为2490461.45元，2015年6月29日至2015年11月6日利息为161263.63元，2015年11月7日起利息为每日896.35元，诉讼费9487元。

2015年12月7日，四海公司明确异议请求为：1. 执行依据判决第二项利息，2011年3月10日起至2012年12月9日止，应按9904644.92元为本金计算执行；2. 同类利率应按逾期贷款利率，而不是贷款利率；3. 同期应该按付款期限为3~5年算，而不是1~3年；4. 迟延履行应该计算一般债务利息，而（2015）穗南法执字第2467-1号执行裁定书中并无裁定。我公司只要求异议审查确定以上标准原则，无须计算具体利息金额。

经重新审查查明，本院在执行四海公司与中交华南公司、省公路公司、省公路南环分公司建设工程施工合同纠纷一案中，于2015年11月2日作出（2015）穗南法执字第2467-1号执行裁定书，该裁定书认定：南昌市四海建筑劳务分包有限责任公司与中交路桥华南工程有限公司、广东省公路建设有限公司、广东省公路建设有限公司南环段分公司建设工程施工合同纠纷一案，本院于2014年11月21日作出（2013）穗南法民三初字第398号民事判决，判令：一、原告南昌市四海建筑劳务分包有限责任公司与被告中交路桥华南工程有限公司签订的《雁沙路跨线桥劳务分包合同》、《西樵水道特大桥施工承包合同》及《西樵水道特大桥施工承包合同补充协议》（一、二）无效。二、被告中交路桥华南工程有限公司应于本判决发生法律效力之日起十日内向原告南昌市四海建筑劳务分包有限责任公司支付工程款1245355.27元及利息（按中国人民银行同期同类贷款利率标准，其中从2011年3月10日至2012年12月9日止，以9904644.92元为本金计算；从2012年12月10日起至判决生效之日止，以1245355.27元为本金计算）。三、被告广东省公路建设有限公司、广东省公路建设有限公司南环段分公司在欠付被告中交路桥华南工程有限公司工程款范围内，对被告中交路桥华南工程有限公司欠付的上述工程款1245355.27元对原告南昌市四海建筑劳务分包有限责任公司承担连带责任。四、驳回原告南昌市四海建筑劳务分包有限责任公司其他诉讼请求。该案受理费156197元，由原告南昌市四海建筑劳务分包有限责任公司承担146692元，被告中交路桥华南工程有限公司负担9487元。本院作出一审判决后，南昌市四海建筑劳务分包有限责任公司、中交路桥华南工程有限公司不服，向广州市中级人民法院提出上诉。二审过程中，本院于2015年6月2日作出补正裁定并送达给各方当事人，对上述判项中的金额“9904644.92元”修正为“994644.92元”。2015年6月12日广州市中级人民法院作出（2015）穗中法民五终字第1642号民事判决，判决：驳回上诉，维持原判。该判决已于2015年6月19日发生法律效力。随后，中交路桥华南工程有限公司于2015年7月1日向南昌四海建筑劳务分包有限责任公司发函要求三日内提供收款账户，愿意支付工程款及利息。南昌四海建筑劳务分包有限责任公司收函后提交无效账户，后于2015年7月25日提供收款账户，并要求中交路桥华南工程有限公司按照“9904644.92元”计算利息。双方对利息计算产生争议。广东省公路建设有限公司于2015年8月6日将工程款1245355.27元支付给南昌四海建筑劳务分包有限责任公司。南昌四海建筑劳务分包有限责任公司于2015年8月28日向本院申请强制执行。

执行过程中，双方确认上述事实。申请执行人南昌四海建筑劳务分包有限责任公司坚持认为应按“9904644.92元”计算利息。被执行人中交路桥华南工程有限公司认为申请执行人拒绝依照正确的生效法律文书履行，故迟延履行利息只应计至2015年7月4日，并向本院提《关于提供账户的函》《声明》等材料。

该裁定认为，本院作出的（2013）穗南法民三初字第398号民事判决已经于2015年6月19日发生法律效力，被执行人应按生效判决自觉履行义务，否则即应自2015年6月29日起支付迟延履行利息。申请执行人因为自身过错未能及时提供有效账户，故2015年7月4日至7月25日期间迟延履行利息损失自行承担。双方对利息计算产生争议，并不妨碍被执行人在2015年7月25日收到申请人提供的收款账户后履行付款义务，故被执行人应承担相应的迟延履行利息。申请执行人认为应按“9904644.92元”来计算利息，该意见无理。依据《中华人民共和国民事诉讼法》第一百五十四条第（十一）项之规定，裁定如下：申请执行人南昌市四海建筑劳务分包有限责任公司本案执行债权为利息308114.43元、诉讼费9487元、迟延履行利息（2015年8月5日前共计4376.27元，2015年8月6日后按每日55.58元计算）。该裁定附计算方法：

利息计算（2011.3.10—2015.6.19）

开始时间	结束时间	本金	天数（天）	年利率	年度计算天数（天）	金额（元）	备注
2011 年 3 月 10 日	2011 年 4 月 5 日	994，644.92	27	6.10%	360.00	4，550.50	均按1–3 年同期贷款利率计算
2011 年 4 月 6 日	2011 年 7 月 6 日	994，644.92	92	6.40%	360.00	16，267.97	
2011 年 7 月 7 日	2012 年 6 月 7 日	994，644.92	337	6.55%	360.00	61，918.03	
2012 年 6 月 8 日	2012 年 7 月 5 日	994，644.92	28	6.40%	360.00	4，951.12	
2012 年 7 月 6 日	2012 年 12 月 9 日	994，644.92	157	6.15%	360.00	26，677.21	
2012 年 12 月 10 日	2014 年 11 月 21 日	1，245，355.27	712	6.15%	360.00	151，476.71	
2014 年 11 月 22 日	2015 年 2 月 28 日	1，245，355.27	99	6.00%	360.00	20，548.36	
2015 年 3 月 1 日	2015 年 5 月 9 日	1，245，355.27	70	5.75%	360.00	13，923.76	
2015 年 5 月 10 日	2015 年 6 月 19 日	1，245，355.27	41	5.50%	360.00	7，800.77	
合计			1563			308，114.43	
注意事项：日利率根据银行通用的规则，按每年 360 天计算。							
计算公式：利息 = 本金 × 利率 × 天数； 日利率 = 年利率 ÷360							

条件：从 2011 年 3 月 10 日至 2012 年 12 月 9 日止，以 994644.92 元为本金计算；从 2012 年 12 月 10 日起至 2015 年 6 月 19 日止，以 1245355.27 元为本金计算。

延迟利息计算

开始时间	结束时间	天数	一般债务利息	加倍部分债务利息
2015 年 6 月 29 日	2015 年 7 月 3 日	5 天	0	1367.58 元
2015 年 7 月 4 日	2015 年 7 月 25 日		0	0 元
2015 年 7 月 26 日	2015 年 8 月 5 日	11 天	0	3008.69 元
2015 年 8 月 6 日	至义务履行完毕		0	每日 55.58 元

注：2015 年 8 月 5 日前加倍部分债务利息计算方法：
（工程款 1245355.27 元 + 诉讼费 9487 元 + 利息 308114.43 元）× 天数 × 日万分之一点七五
2015 年 8 月 6 日以后加倍部分债务利息计算方法：
（诉讼费 9487 元 + 利息 308114.43 元）× 天数 × 日万分之一点七五

重新审查另查明，本院于2014年11月21日作出（2013）穗南法民三初字第398号民事判决书，该民事判决书中第19页第二项判决“被告中交路桥华南工程有限公司应于本判决发生法律效力之日起十日内向原告南昌市四海建筑劳务分包有限责任公司支付工程款1245355.27元及利息（按中国人民银行同期同类贷款利率标准，其中从2011年3月10日起至2012年12月9日止，以9904644.92元为本金计算；从2012年12月10日起至判决生效之日止，以1245355.47元为本金计算）”。一审宣判后，四海公司、中交华南公司不服，均向广州市中级人民法院提起上诉。

二审期间，本院发现原判决书有笔误，于2015年6月2日作出（2013）穗南法民三初字第398-2号民事裁定书，补正裁定（2013）穗南法民三初字第398号判决书中第18页第10行及第19页第9行金额“9904644.92元”应为“994644.92元”。

2015年6月12日，广州市中级人民法院二审作出（2015）穗中法民五终字第1642号民事判决书，当中第17页、第18页援引本院一审判决主文为：“……二、中交路桥华南工程有限公司应于本判决发生法律效力之日起十日内向南昌市四海建筑劳务分包有限责任公司支付工程款1245355.27元及利息（按中国人民银行同期同类贷款利率标准，其中从2011年3月10日起至2012年12月9日止，以994644.92元为本金计算；从2012年12月10日起至判决生效之日止，以1245355.27元为本金计算）……”二审终审判决驳回上诉，维持原判。二审判决于2015年6月19日发生法律效力。

2015年8月27日，本院民事审判第三庭根据主动执行的有关规定，将案件移送执行。本院立案（2015）穗南法执字第2467号执行。执行过程中，四海公司确认于2015年8月5日收到工程款1245355.27元，2015年11月7日收到款项326980元。

本院重新审查认为：《中华人民共和国民事诉讼法》第二百二十五条规定，当事人、利害关系人认为执行行为违反法律规定的，可以向负责执行的人民法院提出书面异议。当事人、利害关系人提出书面异议的，人民法院应当自收到书面异议之日起十五日内审查，理由成立的，裁定撤销或者改正；理由不成立的，裁定驳回。当事人、利害关系人对裁定不服的，可以自裁定送达之日起十日内向上一级人民法院申请复议。本案中，四海公司对本院作出的确定案件执行标的数额、迟延履行期间债务利息所得裁定不服，提出执行异议，是对本院的执行行为提出异议，符合上述法律规定，本院依照该规定对其异议进行审查。

针对四海公司提出的理由及四项异议请求，本院重新审查分析如下：

一、关于执行依据判决第二项利息，2011年3月10日起至2012年12月9日止，应按9904644.92元为本金计算执行的问题。《中华人民共和国民事诉讼法》第二百二十四条第一款规定，发生法律效力的民事判决、裁定，由第一审人民法院或者与第一审人民法院同级的被执行人的财产所在地人民法院执行。本案执行所依据的判决、裁定是已经发生法律效力的二审法院广州中级人民法院作出的（2015）穗中法民五终字第1642号民事判决以及一审法院南沙法院作出的（2013）穗南法民三初字第398号民事判决、（2013）穗南法民三初字第398-2号民事裁定。其中，（2013）穗南法民三初字第398-2号民事裁定将（2013）穗南法民三初字第398号判决书第18页第10行及第19页第9行金额“9904644.92元”补正为“994644.92元”；（2015）穗中法民五终字第1642号民事判决判决驳回上诉、维持原判。上述三份生效判决、裁定共同构成南沙法院（2015）穗南法执字第2467号案的执行依据，三者不可分割。

2015年6月19日发生法律效力的（2015）穗中法民五终字第1642号维持原判的终审民事判决书中第17页、第18页援引一审判决明确：“……二、中交路桥华南工程有限公司应于本判决发生法律效力之日起十日内向四海公司支付工程款1245355.27元及利息（按中国人民银行同期同类贷款利率标准，其中从2011年3月10日起至2012年12月9日止，以994644.92元为本金计算；从2012年12月10日起至判决生效之日止，以1245355.27元为本金计算）……”，一审判决的利息计算基数“9904644.92元”的笔误已被补正为“994644.92元”。因此，2011年3月10日起至2012年12月9日止的一般债务利息计算基数是994644.92元；2012年12月10日起至判决生效之日即2015年6月19日止的一般债务利息的计算基数是1245355.27元。（2015）穗南法执字第2467-1号执行裁定书裁定2011年3月10日起至2012年12月9日止的利息以994644.92元为本金计算正确。异议人四海公司请求2011年3月10日起至2012年12月9日止的利息，应按9904644.92元为本金计算的主张没有依据，本院不予支持。

二、关于同类利率应按逾期贷款利率，而不是贷款利率的问题。本案据以执行的生效判决书主文确定的是“按中国人民银行同期同类贷款利率标准”，并未判令以逾期贷款利率标准计算利息。因此，四海公司此项异议请求与生效判决内容相悖，本院不予支持。

三、关于同期应该按付款期限为3~5年算，而不是1~3年的问题。本案据以执行的生效判决确定的工程款994644.92元，计算一般债务利息的期间应从2011年3月10日起至判决生效之日即2015年6月19日止，时间跨度为四年多，其利息应适用3~5年的银行贷款利率计算；质保金250710.35元，计算一般债务利息的期间应从2012年12月10日起至判决生效之日即2015年6月19日，时间跨度为2年多，其利息应适用1~3年的银行贷款利率计算。本院（2015）穗南法执字第2467-1号执行裁定计算一般债务利息均适用1~3年的银行贷款利率欠妥，应予纠正。异议人四海公司该项异议中，关于工程款部分按3~5年利率计算利息的理由成立，本院予以支持，但关于质保金也按此计算，理由不成立，本院对此不予支持。

四、关于迟延履行应该计算一般债务利息的问题。《最高人民法院关于执行程序中计算迟延履行期间的债务利息适用法律若干问题的解释》第一条第二款规定“迟延履行期间的一般债务利息，根据生效法律文书确定的方法计算；生效法律文书未确定给付该利息的，不予计算”。（2015）穗南法执字第2467号案据以执行的生效法律文书已确定，一般债务利息计算从2011年3月10日起至判决生效之日即2015年6月19日止，判决未确定迟延履行期间应计算一般债务利息，故四海公司的此项异议请求没有依据，本院不予支持。

综上所述，本院作出的（2015）穗南法执字第2467-1号执行裁定，计算一般债务利息均适用1~3年期限的银行贷款利率欠妥，应予纠正。异议人四海公司第三项异议请求中关于工程款部分按3~5年期限利率计算利息的理由成立，本院予以支持。异议人四海公司的其余异议请求理由不成立，本院不予支持。鉴于（2015）穗南法执字第2467-1号执行裁定主文只有一项，为便于处理，以全案撤销为宜。依照《中华人民共和国民事诉讼法》第二百二十五条，《最高人民法院关于人民法院办理执行异议和复议案件若干问题的规定》第十七条第一项、第二项的规定，裁定如下：

一、撤销本院（2015）穗南法执字第2467-1号执行裁定；

二、驳回异议人南昌市四海建筑劳务分包有限责任公司的其余异议请求。

如不服本裁定，可以自本裁定书送达之日起十日内，向广东省广州市中级人民法院申请复议。

审　判　长　关庆祥
审　判　员　王石辉
审　判　员　郑伟军
二〇一七年九月十五日
书　记　员　吴思敏

广东星凯律师事务所诉周某基诉讼、仲裁、人民调解代理合同纠纷民事判决书

广东省广州市南沙区人民法院
民　事　判　决　书

（2018）粤0115民初60号

原告：广东星凯律师事务所，住所地略，统一社会信用代码略。

法定代表人：何某枝，该所主任。

委托代理人：方某德，该所律师。

被告：周某基，男，出生日期略，汉族，住址略，公民身份号码略。

原告广东星凯律师事务所（以下简称星凯所）与被告周某基诉讼、仲裁、人民调解代理合同纠纷一案，于2017年12月27日向本院提起诉讼。本院于2018年1月2日立案受理。本案依法由审判员谭茗担任审判长，与人民陪审员梁金志、张德宁组成合议庭适用普通程序公开开庭审理。原、被告均到庭参加诉讼。本案现已审理终结。

原告星凯所起诉称：被告周某基与案外人广州市时代宏泰投资有限公司（以下简称时代宏泰公司）存有商品房买卖合同纠纷，委托原告星凯所代理该案。2015年10月11日，原、被告签订《民事委托代理合同》，约定按胜诉金额10%计收风险代理的律师费；被告周某基应在收到对方款项当日支付，否则须按5‰的标准每日计付逾期付款违约金。原告星凯所指派方某德律师参与该案诉讼。2015年11月23日，方某德到本院办理立案手续。本院立（2015）穗南法民三初字第1106号（以下简称第1106号）案审理。2016年1月28日，本院作出民事判决，被告周某基取得了时代宏泰公司返还房款950071元的胜诉结果。2015年5月18日，方某德为被告周某基办理上诉手续。广东省广州市中级人民法院立（2016）粤01民终6258号（以下简称第6258号）案审理。2016年5月27日，方某德为被告周某基办理申请强制执行手续。2016年11月3日，经本院强制执行，被告周某基领取执行款953396元。后被告周某基未按约支付律师代理费。原告星凯所向被告周某基发函催款未果，故诉至本院请求判令：1. 被告周某基向原告星凯所支付律

师代理费95007元及逾期付款违约金10000元；2. 被告周某基承担本案诉讼费。

原告星凯所提交证据:《民事委托代理合同》(编号为［2015］粤星律民字第2497号)，第1106号案《授权委托书》、所函、律师执业资格证复印件、受理案件通知书、民事起诉状、诉讼收费专用票据、证据材料清单、开庭笔录、质证笔录、同意书、主动执行确认书、民事判决书、报送民事上诉案件函、上诉费用缴纳通知书、上诉状、送达回证，第6258号案《授权委托书》、所函、律师执业资格证复印件、立案登记表、情况说明、民事裁定书、裁判文书生效证明,(2016)粤0115执1922号（以下简称第1922号）案受理执行案件通知书、申请执行书、《授权委托书》、执行通知书、报告财产令、执行笔录、执行裁定书、通知书、银行卡复印件、案款收据、中国银行收付款凭证、收据、执行个案执行款往来情况登记表、执行结案通知书,《律师函》,《依申请公开政府信息答复书》及附件｛编号为穗国房南开〔2015〕630号｝,《广州市房地产产权情况表》，电子邮件打印件，EMS国内标准快递详情单及投递结果查询记录。

被告周某基答辩称：方某德在前述案件代理过程中未履行《民事委托代理合同》项下义务，未维护被告周某基合法权益，导致该案无法胜诉。被告周某基不同意支付律师代理费。理由如下：1. 被告周某基该案的诉讼思路及诉讼策略系主张案外人时代宏泰公司未取得商品房预售证即出售房屋且一房二卖，恶意骗取房款，被告周某基理应获得房款本金返还及同等数额的经济损失赔偿。因方某德未向本院及公安机关申请调取案外人时代宏泰公司将房屋转卖他人的相关证据，导致该案一审民事判决未查明一房二卖的事实，仅判决支持返还房款。被告周某基不服该判决提起上诉，方某德未将上诉费用缴纳通知书交给被告周某基，导致上诉按撤诉处理。2. 被告周某基于起诉前曾要求方某德与案外人时代宏泰公司协商调解，但案外人时代宏泰公司在该案开庭时却称未收到过调解通知。3.《民事委托代理合同》约定律师代理费支付条件系被告周某基获得一房二卖相应的经济损失赔偿。现相关诉讼请求已被判决驳回，被告周某基不须支付律师费。

被告周某基提交证据:《关于终止周某基与方某德律师代理函》、《搜狐焦点网购房优惠服务说明书》、焦点爱家卡银行收据、EMS国内标准快递详情单、《时某花园认购书》。

经审理查明：2015年10月11日，周某基作为甲方与作为乙方的星凯所签订《民事委托代理合同》，约定：甲方委托乙方代理与时代宏泰公司商品房买卖合同纠纷，乙方指派方某德作为委托代理人；具体权限为:……2. 代为起诉或应诉、代为参加诉讼活动；3. 代为提起反诉、上诉；4. 代为申请强制执行；5. 代为提交证据材料、提出评估、鉴定等请求、代为签收法律文书等。甲方必须如实向律师陈述案情事实，并提供本案有关的证据材料，如甲方有捏造事实、弄虚作假行为，乙方有权终止代理，已收律师费不予退还；乙方应依法维护甲方合法权益；乙方律师在执行活动中因过错造成甲方损失的，应承担赔偿责任；甲方采取风险收费方式支付律师费，前期律师费0元，后期律师费按胜诉（含调解、自行和解）金额的10%支付，并应在收到对方款项当日支付，逾期则按5‰的标准每日计付违约金；本合同自签订之日起根据需要至一审、二审及执行终止，如甲方与对方协商和解（包括撤诉），视作乙方完成委托事项，甲方应按前述约定支付律师费。

2015年11月23日，周某基就其与时代宏泰公司商品房买卖合同纠纷向本院提起诉讼。本院立第1106号案审理。民事起诉状记载周某基的诉讼请求为：时代宏泰公司向周某基返还位于广州市某区“时某花园某栋某号”房产的购房款950071元及赔偿购房损失950071元。该诉状由方某德制作，落款处载有周某基的签名。本案诉讼中，周某基确认前述诉请的购房损失已包含房款占用利息损失及一房二卖造成的经济损失。本院于2016年1月28日作出第1106号民事判决书，记载周某基的诉讼请求变更为：解除周某基与时代宏泰公司签订的《时某花园认购书》、时代宏泰公司向周某基返还购房款950071元及赔偿购房损失950071元。本院经审理认为：该案为商品房预售合同纠纷；周某基与时代宏泰公司签订的《时某花园认购书》合法有效；在认购书签订前，广州市人民政府已对辖区内商品房交易实施限购政策，周某基非广州市居民，于认购涉案房屋前已向时代宏泰公司购买了一套房屋；双方明知周某基不具备购房资格，仍签订上述认购书，导致合同目的无法实现，均存在过错且过错责任相当，由此产生的损失应各自负担。并判决：一、解除周某基与时代宏泰公司于2013年12月22日签订的《时某花园认购书》；二、时代宏泰公司于本判决发生法律效力之日起十日内向周某基返还购房款950071元；三、驳回周某基的其他诉讼请求。据第1106号案开庭笔录及质证笔录显示，方某德作为周某基的代理人与周某基均到庭参加诉讼。

2016年2月1日，方某德以邮寄方式向周某基发送第1106号民事判决书，收件人为“周某基”，电话为“××××、××××”，邮寄地址为“佛山市某区某座某号”。该邮件由周某基本人签收。2016年2月3日，周某基对判决结果不服，与方某德发生争议。方某德向周某基出具《关于终止周某基与方某德律师代理函》，内容为：……现第1106号民事判决书已经作出，周某基要求终止《民事委托代理合同》，星凯所方某德同意终止合同及结算律师代理费，合同约定的风险律师代理费按照胜诉的10%收取；方某德同意周某基给付律师代理费5000元，收到后同意终止合同、放弃前述约定的风险代理费提成的权利；根据周某基的要求，特此发函；发函人：星凯所方某德律师；时间：2016年2月3日。上述均为打印体。星凯所主张第1106号案一审判决作出后，周某基对判决结果意见较大并提出很多要求，方某德无法满足，遂与周某基协商收取律师代理费5000元并终止委托代理关系，但周某基不同意，故双方继续履行《民事委托代理合同》，由方某德继续代理提起上诉及申请强制执行。周某基确认《民事委托代理合同》未终止履行，但方某德未取得一房二卖经济赔偿的胜诉结果，星凯所无权收取律师代理费。

2016年2月7日，周某基向广东省广州市中级人民法院提起上诉。民事上诉状落款为“代理人方某德”。2016年2月22日，本院以直送送达方式向方某德送达上诉费用缴纳通知书。星凯所主张双方发生争议后无法沟通，方某德为保障周某基权利先行提起上诉，随后多次书面及口头通知周某基缴纳上诉费，但周某基拒缴。周某基则主张经其多次要求，方某德才提起上诉，其自始未收到缴费通知。星凯所提交的证据显示：（一）2017年2月7日，方某德向地址为“××××@qq.com”的电子邮箱发送电子邮件，内容为：“周先生您好：方律师将1106号判决书上诉状发给您，敬请查收。详见附件。方律师已经先签名代理您提交上诉以及授权委托书；需要您在上诉状上补充签名，补充提交二审法院，上诉状三份签名后，邮寄地址：××××，方某德律师收。即可。”该电子邮件附件为民事上诉状及授权委托书。周某基主张前述电子邮箱系其妻子使用，周某基收到该电子邮件后将附件打印签名后寄回，但对此无证据提交。方某德否认收到周某基寄回的附件打印件，主张民事上诉状系方某德自行签名提交给法院，授权委托书系一审时多出来的。（二）2016年2月23日，方某德再向前述电子邮箱发送电子邮件，内容为：“周先生您好：方律师为您向南沙区人民法院办理上诉广州中院的，与时代宏泰公司房屋买卖合同纠纷案法院已经受理。将需要缴费的上诉费通知书特快专递给方律师，方律师现发给您，稍后将通知书快递给您。由您自己决定。”该电子邮件附件为诉讼费缴费通知、上诉费缴费通知、送达回执。周某基主张不清楚其妻子是否收到过该电子邮件。（三）2016年2月23日，方某德以邮寄方式向周某基发送上诉费用缴纳通知书，收件人、电话及邮寄地址等信息与前述方某德向周某基邮寄民事判决书的快递详情单一致。中国邮政速递物流股份有限公司广州市番禺分公司出具的投递查询结果显示，该邮件于次日由“本人”签收。周某基否认收到该邮件，主张其收到的所有文书已签名寄回给方某德，第6258号案卷宗的上诉费用缴纳通知书未载有其签名，可印证方某德未送达该缴费通知书或通知缴纳上诉费。（四）第6258号案卷宗材料，其中民事上诉状落款人仅载有方某德的签名。另《情况说明》记载：“第1106号案，上诉人周某基于2016年2月22日签收上诉费用缴纳通知书。广东省广州市中级人民法院工作人员刘勤经电脑查询，没有上诉人缴交上诉费记录，其于2016年4月28日致电周某基，周某基回复称没有缴交该案的上诉费。”方某德主张其将周某基的电话号码告知该院，该院电话通知周某基本人缴费时，方某德亦在场。周某基则称未接到方某德及该院通知缴费的电话。2016年5月18日，该院作出第6258号民事裁定书，裁定该案按周某基自动撤回上诉处理，双方均按原审判决执行。2016年6月27日，周某基向本院申请强制执行，申请执行内容为：1. 返还购房款950071元；2. 给付诉讼费3325元；3. 给付延迟履行付款义务加倍支付的利息，暂计至2015年7月17日为20166.27元。本院立第1922号案执行。2016年8月12日，周某基取得该案判决的购房款及迟延履行期间的债务利息、案件受理费共计959880.23元。

另查明，星凯所、周某基均确认，双方在签订《民事委托代理合同》时已对诉讼风险进行判断，认为退回房款本金的诉讼请求可获支持。星凯所主张，周某基最初于2015年3月要求方某德就退还房款本金事宜代为与时代宏泰公司协商，方某德向本院申请诉前调解未果，周某基再提出时代宏泰公司将案涉房屋卖给柳凯及增加一房二卖赔偿的诉讼请求，方某德当时已告知周某基其非广州市户籍人口，此前已在同一楼盘购买商品房，明显受广州市购房政策限制，且未有书面证据证实柳凯已购买案涉房屋，故时代宏泰公司难以构成一房二卖，通过诉讼仅能取回房款本金。周某基对此不予确认，主张对购房政策不知情，时代宏泰公司认为其具备购房资格才会再次签订认购书，且全部房款已付清，故周某基与星凯所当时判断只要司法机关能调查取证，所有诉讼请求均能获得支持。

诉讼中，星凯所、周某基对《民事委托代理合同》约定的风险代理收费条款存有争议。周某基认为该条款的“胜诉”应理解为“法院判决支持时代宏泰公司返还房款本金及支付资金占用三年期间的利息”或“法院判决支持时代宏泰公司返还房款本金及赔偿一房二卖导致的经济损失950071元”，“胜诉金额”仅指资金占用利息或经济损失、不含房款本金，并称双方对此已口头约定，因周某基法律意识不强，故未在合同特别注明。就前述口头约定的主张，周某基明确没有证据提交。星凯所则主张周某基坚持以一房二卖为由主张权利，双方才约定风险代理收费，并认为法院判决时代宏泰公司应向周某基支付款项即为“胜诉”、时代宏泰公司根据法院判决应当支付的所有款项均属于“胜诉金额”的范围，双方从未就“胜诉”及“胜诉金额”作出特别约定，直至第1106号案一审判决作出后，周某基才提出前述主张。另，双方对风险代理的理解亦存有争议。星凯所认为该“风险”系针对星凯所而言，其委派律师完成一系列法律服务后能否根据一定结果来领取报酬。周某基则认为“风险”系指一房二卖赔偿的诉讼请求能否获得支持，至于返还房款的诉讼请求，双方在签订《民事委托代理合同》时均认为可获支持，故不存在“风险”，不应计收律师代理费。

周某基还抗辩，除未通知预缴上诉费外，星凯所在履行委托事务过程中还存在如下失误，损害其合法权益：（一）民事起诉状记载的购房款本金数额有误。周某基就案涉房屋向时代宏泰公司支付950071元、向北京搜狐新媒体信息技术有限公司（以下简称搜狐新媒体公司）支付10000元，合计960071元，其在民事起诉状签名时因疏忽未发现有误。星凯所回应称周某基经第三方中介机构搜狐新媒体公司向时代宏泰公司购买案涉房屋，搜狐新媒体公司向周某基承诺支付10000元可抵100000元房款，因收款单位及收据开具方均不是时代宏泰公司，根据合同相对性原则该10000元无法在第1006号案主张，方某德起诉前就此已向周某基作充分解释，不存在过失。（二）星凯所未就时代宏泰公司一房二卖的行为申请调查取证。周某基向本院提交了《时某花园认购书》空白复印件，记载柳凯认购案涉房屋，成交价980000元，该复印件未加盖时代宏泰公司印章亦未载有柳凯签名。星凯所质证主张周某基在第1106号案审理过程中未出示过该证据，且方某德于2015年12月24日向广州市南沙区房地产交易中心查询有关的登记资料显示，案涉房屋确实仍未出售。据第1106号案开庭笔录记载，在证据交换前，原告陈述：“……另我方也向法庭就涉案房屋一房二卖的情况申请了调查取证。”法庭回复：“……对原告提交的调查取证事项，待法庭调查结束后本院再决定是否接纳，是否清楚?”原告回答：“清楚。”在证据交换后，法庭告知：“根据庭审调查的情况，你方所申请调查取证的事项不影响本案的事实认定，故本院对你方的调查取证事项不予接纳，是否清楚?”原告回答：“清楚。但我方仍坚持该申请，我方认为该调查事项与本案是有关联的，法院应调取该证据。”方某德、周某基均在该庭审笔录中签名。

再查明，星凯所主张方某德曾于2017年1月3日向周某基发送《律师函》，内容为《民事委托代理合同》已履行完毕，周某基应当根据第1106号民事判决结果支付律师代理费95007元。周某基否认收到《律师函》。

以上事实，有原、被告提交的前述证据以及相关陈述附卷为据。

本院认为：本案为诉讼、仲裁、人民调解代理合同纠纷。星凯所、周某基签订的《民事委托代理合同》系双方当事人的真实意思表示，内容没有违反法律、行政法规的强制性规定，属有效合同，双方当事人均应严格依约履行各自义务。现本案争议的焦点主要为：

一、周某基是否应当向星凯所支付风险代理律师费

首先，星凯所在履行《民事委托代理合同》的过程中是否存在过错或违约行为。周某基主张方某德于第1106号案起诉的购房款本金数额有误，对此星凯所已作合理解释，且该民事起诉状载有周某基的签名，周某基在该案庭审及补充质证过程中亦未对

该诉请提出异议或要求变更，应视为同意。根据合同相对性原则，周某基可就该10000元另行主张权利。周某基还主张星凯所未就时代宏泰公司一房二卖的行为申请调查取证，该主张与第1106号案开庭笔录记载的情况不一致，该案经办法官已作相关回应。本院对周某基上述主张均不予采信。至于星凯所是否怠于通知缴纳上诉费的问题。星凯所提交的证据显示方某德通过电子邮件及邮寄方式向周某基送达上诉费用缴纳通知书。广东省广州市中级人民法院工作人员亦就缴费问题致电周某基。电子邮箱收件地址为周某基妻子使用，周某基、星凯所曾以该电子邮箱地址收发相关诉讼文书。邮寄的通讯地址、联系方式与星凯所此前邮寄第1106号民事判决书的信息一致，两次投递查询结果均为周某基本人签收。现周某基抗辩未收到过上诉缴费通知，理据不足，本院亦不予采信。该案二审以未缴交上诉费为由按自动撤回上诉处理，不能归责于星凯所。综上，本院认定星凯所在履行委托事务过程中未存有损害周某基权利的行为。

其次，周某基向星凯所支付风险代理律师费的条件是否成就。《民事委托代理合同》约定律师费“采取风险收费方式”“按胜诉（含调解、自行和解）金额的10%收取”。《广东省物价局、司法厅律师服务收费管理实施办法》第十一条规定：“风险代理收费是指律师事务所在接受委托时，只收取基础费用，其余服务报酬由律师事务所与委托人就委托事项应实现的目标、效果和支付律师服务费的时间、比例、条件等先行约定，达到约定条件的，按约定支付费用；不能实现约定的，不再支付任何费用……”周某基主张双方口头约定“胜诉”的定义及“胜诉金额”的范围，但未提交相关证据予以证明。从合同上下文、双方沟通记录来看，双方亦未就此予以明确说明，周某基亦未提出过相关异议。本院对周某基该抗辩不予采纳。故该风险代理收费条款应按通常理解予以解释，理解为律师费在案件胜诉后按胜诉标的10%计付，即以生效民事判决判令时代宏泰公司应当向周某基支付的款项为胜诉标的。

二、周某基需支付律师代理费的数额该如何认定

周某基于第1106号案起诉要求时代宏泰公司返还购房款950071元及赔偿购房损失950071元，现生效民事判决结果为时代宏泰公司应向周某基返还购房款950071元。如前述分析，该案胜诉标的为950071元，律师费按约应计算为95007元（950071元 ×10%）。《民事委托代理合同》约定星凯所参与该案一审、二审及执行程序所有诉讼代理行为。现星凯所履行了该案在一审及执行程序的诉讼代理行为，因周某基原因该案二审按撤诉处理，星凯所无须完成二审程序的相关工作。本院综合考量合同的实际履行程度、星凯所付出的劳动及完成的工作量，酌定周某基应向星凯所支付该案的律师代理费为47503.5元（95007元 ×50%）。

周某基于2016年8月12日取得执行款，按约应于当日向星凯所支付律师代理费。

现周某基否定星凯所劳动成果并拒付律师代理费并不符合合同约定，其还应向星凯所支付逾期付款违约金。《民事委托代理合同》约定的逾期付款违约金计算标准属约定过高，本院综合考量周某基的过错程度及星凯所的实际损失，酌定逾期付款违约金以47503.5元为本金、自2016年8月13日起按中国人民银行同期同类贷款基准利率计至付清之日止。星凯所诉请超出本院认定的部分，本院不予支持。

综上所述，依照《中华人民共和国合同法》第八条、第一百零九条、第三百九十九条、第四百零九条，《律师服务收费管理办法》第十二条、第十三条，《广东省物价局、司法厅律师服务收费管理实施办法》第十一条，《中华人民共和国民事诉讼法》第一百四十二条及《最高人民法院关于适用〈中华人民共和国民事诉讼法〉的解释》第九十条的规定，判决如下：

一、被告周某基于本判决发生法律效力之日起十日内向原告广东星凯律师事务所支付律师代理费47503.5元；

二、被告周某基于本判决发生法律效力之日起十日内向原告广东星凯律师事务所支付逾期付款违约金（以47503.5元为本金，自2016年8月13日起按中国人民银行同期同类贷款基准利率计至付清之日止，以不超过10000元为限）；

三、驳回原告广东星凯律师事务所的其他诉讼请求。

如果未按本判决指定的期间履行给付金钱义务，应当依照《中华人民共和国民事诉讼法》第二百五十三条之规定，加倍支付迟延履行期间的债务利息。

本案受理费2400元，由原告广东星凯律师事务所负担1200元、被告周某基负担1200元。

如不服本判决，可在判决书送达之日起十五日内，向本院递交上诉状，并按对方当事人的人数提出副本，上诉于广东省广州市中级人民法院。

审　判　长　谭　茗
人民陪审员　梁金志
人民陪审员　张德宁
二〇一八年五月二十五日
法官助理　周晓宇
书　记　员　麦桂仪
谭晓琪

杜某华诉黄某明、李某婵追偿权纠纷民事判决书

广东省广州市南沙区人民法院
民 事 判 决 书

粤0115民初1749号

原告：杜某华，男，出生日期略，汉族，住址略，公民身份号码略。

委托代理人：梁某能，广东百健律师事务所律师。

被告：黄某明，男，出生日期略，汉族，住址略，公民身份号码略。

被告：李某婵，女，出生日期略，汉族，住址略，公民身份号码略。

委托代理人：李某，广东舜华律师事务所律师。

原告杜某华与被告黄某明、李某婵追偿权纠纷一案，原告杜某华于2018年3月28日向本院提起诉讼，本院于同日立案。本案依法适用普通程序，公开开庭进行了审理。原告杜某华的委托代理人梁某能，被告李某婵的委托代理人李某到庭参加诉讼。被告黄某明经本院合法传唤，无正当理由拒不到庭，本院依法作缺席审理。本案现已审理终结。

原告杜某华向本院提出诉讼请求：1. 判令被告黄某明返还款项360000元并支付自2017年4月5日起按年利率6%计算的利息至全额返还之日止；2. 判令被告李某婵对上述债务承担连带清偿责任；3. 判令被告黄某明、李某婵承担本案诉讼费。事实与理由：经原告杜某华介绍，被告黄某明与案外人曹某超于2013年10月12日签订《供油协议》，约定曹某超向被告黄某明供应柴油，原告杜某华作为介绍人也以协议乙方身份签字，但原告杜某华并未实际参与该交易。2014年8月19日，被告黄某明单方向曹某超出具欠条，确认截至当日共拖欠曹某超柴油款231258元。后曹某超向广州市番禺区人民法院提起诉讼，要求原告杜某华与被告黄某明共同清偿柴油款。广州市番禺区人民法院作出（2015）穗番法民二初字第1164号民事判决书，判令原告杜某华、被告黄某明向曹某超支付货款231258元及逾期付款利息。根据上述判决，原告杜某华向曹某超支付货款本息共计360000元。被告黄某明与曹某超之间的买卖行为与原告杜某华无关，该

360000元欠款的实际责任人是被告黄某明。

被告黄某明未答辩，亦未提供证据。

被告李某婵答辩称：1.原告杜某华主张自己仅系被告黄某明与曹某超交易的介绍人，与（2015）穗番法民二初字第1164号民事判决的认定不符，原告杜某华应当按照该判决承担责任。2.原告杜某华主张其已向曹某超清偿360000元，但前述判决确定的货款本金仅为231258元，近130000元的利息如何计算得出，曹某超又是否确有收到该笔款项，均有疑问。3.对曹某超所负债务属于被告黄某明的个人债务，而非被告黄某明与被告李某婵的夫妻共同债务。

经审理查明：案外人曹某超以其向杜某华、黄某明供应柴油而杜某华、黄某明未按约支付货款为由，将杜某华、黄某明诉至广州市番禺区人民法院，请求判令杜某华、黄某明清偿柴油款231258元并支付逾期付款利息。广州市番禺区人民法院立（2015）穗番法民二初字第1164号案进行审理。该案中，杜某华抗辩称其仅系曹某超、黄某明之间的介绍人，未参与曹某超、黄某明之间的柴油交易，请求驳回针对杜某华的诉讼请求。黄某明亦称其未与杜某华共同经营，欠款由其一人承担，与杜某华无关。该案庭审过程中，法庭询问《供油协议》签订之时有何人在场时，曹某超称有曹某超、杜某华、黄某明、梁某敏在场，黄某明则称有曹某超、杜某华、黄某明、梁某敏及梁某敏的母亲在场。

广州市番禺区人民法院于2015年12月3日作出（2015）穗番法民二初字第1164号民事判决，查明如下事实：曹某超提供的《供油协议》载明：甲方供应柴油给乙方，单价人民币7600元每吨（价格按市场浮动调整）；送油收货地点增城，乙方指定签收人黄某明；付款方式为现金结算，每车油款从送货签收日起计20天内结清，逾期未结清的油款乙方则按中国人民银行同期贷款利率的四倍计算利息给甲方至结清油款为止；协议一式两份，甲乙双方各执一份，从签字日起生效。协议甲方处有“曹某超”，乙方处有“杜某华、黄某明”签名字样，落款时间为2013年10月12日。曹某超提供的欠条载明：根据曹某超与黄某明、杜某华在2013年10月12日签的供油协议，由于乙方原因，甲方已停止供应柴油给乙方，截至2014年8月19日止，黄某明、杜某华还欠曹某超柴油款人民币231258元。黄某明、杜某华未能按协议约定支付柴油款给曹某超，余款人民币231258元则按中国人民银行同期贷款利率的四倍计算利息给曹某超至结清油款为止。欠条甲方处有“曹某超”，乙方处有“黄某明”签名字样。该案中，杜某华亦提供了一份《供油协议》，主文内容与曹某超提供的《供油协议》一致，甲方、乙方处亦分别有“曹某超”“杜某华、黄某明”签名字样，但协议左下方有“这张欠条与杜某华无关，所有责任归黄某明”字样，黄某明称该部分内容系其与杜某华两人在场时黄某明所写，曹某超亦称对黄某明何时书写该部分内容不知情。该判决对两份《供油协议》的真实性均予以确认。该判决认为，曹某超与杜某华、黄某明签署的《供油协议》是各方当事人的真实意思表示，合法有效。杜某华提供的《供油协议》左下方黄某明所写“这张欠条与杜某华无关，所有责任归黄某明”是黄某明在曹某超不在场情况下所写，曹某超对此不予确认，故该部分内容不能作为杜某华免责的依据。虽然欠条仅有黄某明一人签名，但欠条所载欠款是因杜某华、黄某明未能及时履行《供油协议》的付款义务所致，故杜某华、黄某明均应对该笔欠款承担清偿责任。遂判令杜某华、黄某明于该判决发生法律效力之日起十日内向曹某超支付货款231258元及逾期付款利息（利息以231258元为本金，自2014年8月19日起按中国人民银行同期同类贷款利率的四倍计至实际清偿日止）。该判决于2016年5月25日发生法律效力，经曹某超申请，广州市番禺区人民法院以杜某华、黄某明作为被执行人立（2016）粤0113执6919号案予以执行。杜某华于2017年4月5日向曹某超转账支付360000元。

本案诉讼中，杜某华以黄某明的债务发生于黄某明、李某婵夫妻关系存续期间为由主张李某婵应承担连带清偿责任。对此，李某婵不予认可，抗辩称：1. 黄某明的职业是辅警，李某婵对黄某明非法经营柴油并不知情，《供油协议》、欠条上均无李某婵签名，（2015）穗番法民二初字第1164号案庭审笔录亦反映《供油协议》签订时李某婵并不在场；2. 李某婵有稳定职业和收入，家庭日常生活开支由李某婵承担，黄某明以其个人名义所负债务超出家庭日常生活需要，在杜某华未举证证明债务用于夫妻共同生活、共同生产经营或基于夫妻共同意思表示情况下，属于黄某明个人债务；3. 案涉债务系因杜某华、黄某明非法经营柴油而产生，不应予以保护。

为支持其抗辩主张，李某婵另提供了以下证据：

录音。录音内容为一男一女之间的对话，李某婵主张对话人中的男方系其弟弟李某杰，女方系黄某明母亲吴某彩，并主张对话中有提及李某婵对黄某明所负债务不知情，该债务与李某婵无关等内容。杜某华对录音真实性、合法性、关联性不予认可。

《证人证言》原件、视频、李某杰身份证复印件、吴某彩身份复印件。《证人证言》载明：“本人李某杰，是李某婵的弟弟。本人于2018年5月1日下午在番禺区石楼镇海鸥岛与黄某明妈妈吴某彩有一次谈话，谈到了姐姐李某婵被起诉的两个案件的情况，姐姐李某婵提供给法院的谈话录音是我录制的，是真实的，姐姐李某婵提供给法院的录音文字记录与我们当日谈话录音相符。”证明人处有“李某杰”字样签名并捺有指模，落款时间为2018年5月15日。视频拍摄内容为一自称李某杰的男子持李某杰身份证原件及《证人证言》原件陈述《证人证言》所载内容。杜某华对该些证据真实性、合法性、关联性不予认可。

《离婚协议书》原件、《离婚证》原件。根据《离婚协议书》记载，黄某明、李某婵于2003年1月3日登记结婚，婚后因感情破裂，无法共同生活，经双方协议达成离婚意愿，确认在婚姻关系存续期间没有发生任何共同债务，任何一方如对外负有债务的，由债务方自行承担，对方不负任何责任。协议尾部男方、女方签名处分别有“黄某明”“李某婵”字样的签名并捺有指模，落款时间为2015年11月16日。离婚证显示黄某明、李某婵于2015年11月16日登记离婚。杜某华对该些证据真实性、合法性、关联性予以认可。

《劳动合同》原件、银行流水原件。《劳动合同》显示系由李某婵以职工身份与作为用人单位的广州市国峰耐磨金属科技有限公司于2012年2月5日签订。银行流水显示2013年7月至2014年8月期间，广州市国峰耐磨金属科技有限公司于每月末前后向李某婵名下账号为××××的银行账户汇入款项，金额在3200元至3700元之间不等，交易摘要均记载为“工资”。在该期间，该账户对外支出频繁，交易摘要多记载为“消费”。在该期间，未显示有户名为“黄某明”的账户汇入款项。杜某华对该些证据真实性无异议，但认为不足以证明黄某明与李某婵之间无资金往来。

另查明，本案诉讼中，杜某华与李某婵均确认黄某明曾在广州市公安局番禺区分局任职辅警。

本院认为：本案为追偿权纠纷。黄某明经本院合法传唤，无正当理由拒不到庭，应视为放弃相关诉讼权利。根据（2015）穗番法民二初字第1164号民事判决确定的判决义务，杜某华、黄某明应向曹某超支付货款231258元及逾期付款利息，其中利息以231258元为本金自2014年8月19日起按中国人民银行同期同类贷款利率的四倍计至实际清偿日止。如以2017年4月5日为实际清偿日，2014年8月19日至该日的时间超过一年而不足三年。在中国人民银行于2014年11月22日将一至三年期、三至五年期贷款基准利率简并为一至五年期贷款基准利率前，利息应按一至三年期贷款基准利率的四倍计算，简并后则应按一至五年期贷款基准利率的四倍计算，且随中国人民银行对相应档次贷款基准利率的调整而调整。据此，2014年8月19日至2017年4月5日期间的利息为本判决书附表第1行至第8行所示利息金额之和，即126026.11元。再考虑到还应按《中华人民共和国民事诉讼法》第二百五十三条的规定加倍支付迟延履行利息，杜某华于2017年4月5日向曹某超付款360000元，在付款时间、付款金额上均与前述判决义务相吻合。在无相反证据情况下，本院认定杜某华已根据（2015）穗番法民二初字第1164号民事判决向曹某超清偿360000元。

根据黄某明所写“这张欠条与杜某华无关，所有责任归黄某明”这一内容以及黄某明在（2015）穗番法民二初字第1164号案中的陈述意见，在杜某华、黄某明二人内部处理对曹某超所负债务的责任承担问题时，杜某华有权要求黄某明承担全部责任份额。但是，在（2015）穗番法民二初字第1164号民事判决已经认定杜某华、黄某明同属债务责任主体的情况下，杜某华、黄某明即应当在判决生效后及时履行判决义务，然而直至2017年4月5日曹某超方获偿360000元。2014年8月19日至判决确定的履行期限届满之日（2016年6月3日）的时间亦超过一年而未满三年，按照前文对贷款基准利率适用档次的论述，该期间的利息为本判决书附表第1行至第7行所示利息金额之和，即89189.56元。前述360000元中超出货款231258元及利息89189.56元的部分，系因杜某华、黄某明迟延履行判决义务而产生，二人均有责任，应平均承担，即各承担19776.22元[（360000元－231258元－89189.56元）÷2]。因此，杜某华不能将其向曹某超清偿的360000元全部纳入追偿范围，其仅有权向黄某明追偿340223.78元（231258元＋89189.56元＋19776.22元），杜某华诉请超出部分，本院不予支持。

杜某华、黄某明未就追偿款的利息计算问题作出约定，杜某华亦未举证证明其曾于本案起诉前向黄某明提出过要求追偿的主张，故追偿款的利息应自本案起诉之日起算，杜某华要求自2017年4月5日起算，缺乏合同和法律依据，本院不予支持。至于追偿款的利息计算标准，杜某华要求按年利率6%计算，在合理范围内，本院予以支持。

根据《离婚协议书》、离婚证，可以认定《供油协议》项下债务发生于黄某明、李某婵夫妻关系存续期间。而由于相关对话当事人、出具人均未出庭作证，杜某华又不予认可，李某婵所提供的录音、《证人证言》不足采信。即便如此，根据现有证据亦不足以认定《供油协议》项下债务属于黄某明、李某婵的夫妻共同债务，理由在于：首先，在（2015）穗番法民二初字第1164号案庭审过程中曹某超、黄某明均未提及李某婵曾于《供油协议》签订之时在场，且无论是曹某超、杜某华二人各自持有的《供油协议》还是黄某明所出具的欠条中均无李某婵签名，无证据证明李某婵对于债务的发生有共同意思表示；其次，债务系因购买大量柴油而产生，难以直接反映与黄某明、李某婵的家庭日常生活存在关联；最后，《劳动合同》、银行流水可证明李某婵在债务发生期间有稳定工作和收入，无法直接得出黄某明购买柴油系出于与李某婵共同生产经营需要的结论。因此，杜某华要求李某婵就追偿款及其利息承担连带清偿责任，于法无据，本院不予支持。

综上所述，依照《中华人民共和国合同法》第一百零七条，《最高人民法院关于审理涉及夫妻债务纠纷案件适用法律有关问题的解释》第三条，《中华人民共和国民事诉讼法》第一百四十四条和《最高人民法院关于适用〈中华人民共和国民事诉讼法〉的解释》第九十条之规定，判决如下：

被告黄某明于本判决发生法律效力之日起十日内向原告杜某华支付追偿款340223.78元；

被告黄某明于本判决发生法律效力之日起十日内向原告杜某华支付利息（以340223.78元为本金自2018年3月28日起按照年利率6%的标准计算至付清之日止）；

驳回原告杜某华的其他诉讼请求。

如果未按本判决指定的期间履行给付金钱义务，应当依照《中华人民共和国民事诉讼法》第二百五十三条之规定，加倍支付迟延履行期间的债务利息。

案件受理费6700元，由原告杜某华负担368.1元，由被告黄某明负担6331.9元。

如不服本判决，可以在判决书送达之日起十五日内，向本院递交上诉状，并按对方当事人的人数提出副本，上诉于广东省广州市中级人民法院。

审　判　长　陈瑞光
人民陪审员　郭顺潮
人民陪审员　吴伯南
二〇一八年九月三十日
法官助理　周晓宇
书　记　员　谭晓琪

附：

序号	利率档次	基准利率	基准利率执行日期	利息计算期间	利息计算公式	利息金额
1	一至三年期	6.15%	2012年7月6日	2014年8月19日至2014年11月21日，共95天	231258元×［（6.15%×4）÷365天/年］×95天	14806.85元
2	一至五年期	6.00%	2014年11月22日	2014年11月22日至2015年2月28日，共99天	231258元×［（6%×4）÷365天/年］×99天	15053.94元
3	一至五年期	5.75%	2015年3月1日	2015年3月1日至2015年5月10日，共71天	231258元×［（5.75%×4）÷365天/年］×71天	10346.42元
4	一至五年期	5.50%	2015年5月11日	2015年5月11日至2015年6月27日，共48天	231258元×［（5.5%×4）÷365天/年］×48天	6690.64元
5	一至五年期	5.25%	2015年6月28日	2015年6月28日至2015年8月25日，共59天	231258元×［（5.25%×4）÷365天/年］×59天	7850.10元
6	一至五年期	5.00%	2015年8月26日	2015年8月26日至2015年10月23日，共59天	231258元×［（5%×4）÷365天/年］×59天	7476.29元
7	一至五年期	4.75%	2015年10月24日	2015年10月24日至2016年6月3日，共224天	231258元×［（4.75%×4）÷365天/年］×224天	26965.32元
8	一至五年期	4.75%	2015年10月24日	2016年6月4日至2017年4月5日，共306天	231258元×［（4.75%×4）÷365天/年］×306天	36836.55元

杨某姣诉梁某坚生命权、健康权、身体权纠纷民事判决书

广东省广州市南沙区人民法院
民 事 判 决 书

（2019）粤0115民初1965号

原告：杨某姣，女，出生日期略，汉族，住址略，公民身份号码略。

被告：梁某坚，男，出生日期略，汉族，住址略，公民身份号码略。

原告杨某姣诉被告梁某坚生命权、健康权、身体权纠纷一案，本院于2019年2月22日立案受理后，依法适用简易程序，公开开庭进行了审理。原告杨某姣，被告梁某坚到庭参加了诉讼。本案现已审理终结。

原告杨某姣向本院提出如下诉讼请求：1. 被告梁某坚向原告杨某姣赔偿医疗费1133.28元、误工费8000元、伙食费2900元、护理费2900元、营养费1000元、交通费1000元、后期复查费2000元，共计18933.28元；2. 被告梁某坚承担本案的一切诉讼费用。事实和理由：原告杨某姣与被告梁某坚是普通朋友关系，有时在一起喝茶娱乐，被告梁某坚人品极差，喜好占别人小便宜，原告杨某姣因此对被告梁某坚有所反感，被告梁某坚亦对原告杨某姣有所防范，且对原告杨某姣怀恨在心，于是被告梁某坚通过网络、朋友圈及微信等方式，多次对原告杨某姣进行诬陷、诽谤。原告杨某姣的好朋友发现此事后告知原告杨某姣，原告杨某姣于是拿着手机里存有的微信证据到被告梁某坚家中讨说法。被告梁某坚非但不改，还抢走原告杨某姣的手机强行关机并对原告杨某姣进行肢体伤害，后来甚至将原告杨某姣从其住处二楼推下，直接导致原告杨某姣受伤，被告梁某坚的邻居看到后报警，警察来后对此相关事情作了详细的了解，也责令被告梁某坚将原告杨某姣送往医院治疗。梁某坚将原告杨某姣送往广州市南沙区某医院医治，该医院诊断原告杨某姣为：1. 右耻骨上下支粉碎性骨折；2. 骶骨骨折；3. 全身多处挫伤。原告杨某姣住院治疗时，被告梁某坚支付了部分医疗费，并向原告杨某

姣承诺要赔偿相关费用，然而原告杨某姣出院后，被告梁某坚拒绝支付医疗费，为此原告杨某姣垫付医疗费暂计1133.28元，后原告杨某姣多次找被告梁某坚要求其支付医疗费及其他合理费用均遭到拒绝。根据《中华人民共和国侵权责任法》的相关规定，被告梁某坚应向原告杨某姣赔偿医疗费1133.28元、误工费8000元、伙食费2900元、护理费2900元、营养费1000元、交通费1000元、后期复查费2000元，共计18933.28元。综上所述，被告梁某坚故意伤害原告杨某姣的名誉和身体违法，原告杨某姣为维护自身合法权益，故向法院提起诉讼，希望法院判如所诉。

被告梁某坚答辩称，原告杨某姣主张被告梁某坚诬告诽谤甚至推其下楼都不是事实，原告杨某姣应当提供证据证明其主张。原告杨某姣到派出所要求民警对双方进行调解时，原告杨某姣要求被告梁某坚赔偿16万元，后经调解不成便起诉被告梁某坚。假如是被告梁某坚将其推下楼的，为何当时没有要求派出所现场作笔录并要求立案，派出所也迟迟没有立案，希望法院参考派出所制作的笔录等资料查明案件事实；被告梁某坚二楼阳台护栏有1.5米至1.6米高，如果说是被告梁某坚将其推下楼的，也不符合逻辑，实际上是原告杨某姣希望得到街坊的关注以达到其目的，是其自己跨过阳台护栏不小心掉下去的。被告梁某坚在微信上发出的信息并没有对原告杨某姣进行诽谤。基于上述原因，对于原告杨某姣要求赔偿的各项费用，被告梁某坚不同意支付。

本院经审理认定事实如下：杨某姣与梁某坚系朋友关系。2018年12月21日晚，杨某姣在梁某坚位于广州市某区某镇某屋内从二楼坠落受伤。随后，梁某坚将杨某姣送往广州市南沙区第六人民医院治疗，杨某姣于次日住院治疗。杨某姣被诊断为：1. 右耻骨上下支粉碎性骨折；2. 骶骨骨折；3. 全身多处挫伤。杨某姣于2019年1月20日出院，出院诊断为：1. 右耻骨上下支粉碎性骨折；2. 骶骨骨折；3. 全身多处挫伤；4.2型糖尿病；5. 脂肪肝；6. 泌尿道感染。出院医嘱为：1. 卧床休息6~8周；2. 定期门诊复查摄片：初次摄片为出院后2星期；3. 糖尿病情况，出院后内科门诊随诊；4. 如有不适，请及时就诊。杨某姣住院29天，住院期间产生的医疗费已由梁某坚垫付；梁某坚在杨某姣住院期间负责其饮食并对其进行护理，梁某坚自认其向杨某姣提供的饮食，连生活和伙食约50元 / 天。

杨某姣出院后分别到广州市番禺区某医院、广州市南沙区某医院门诊治疗，花费医疗费合计1088.28元。其中，2019年2月7日在广州市番禺区某医院门诊治疗花费医疗费445.70元（包括预交款21元，银联卡补收424.70元）；2019年2月14日在广州市南沙区某医院门诊治疗分别花费医疗费203.90元、80.90元、91.50元、55.28元（包括预交款10元）、16元、58.60元（包括预交款10元），小计506.18元；2019年2月18日在广州市南沙区某医院门诊治疗花费医疗费136.40元（包括预交款10元，病历明确记载用于治疗糖尿病）。

杨某姣以其受伤是梁某坚侵权所致而要求梁某坚予以赔偿，因双方未能协商并达成一致协议，致引起纠纷，杨某姣向本院提起诉讼。

诉讼中，杨某姣主张梁某坚在微信群内对其进行诽谤，其到梁某坚家中讨说法，被梁某坚将其从二楼推下受伤，为此，杨某姣向本院提出调查取证申请，本院根据杨某姣的调查取证申请，依法向广州市公安局南沙区分局大岗派出所（以下简称大岗派出所）调取了询问笔录两份。其中一份询问笔录是大岗派出所于2019年2月19日对杨某姣进行询问并制作的询问笔录，杨某姣陈述内容其中包括“2018年12月21日，朋友梁某坚在微信群内诽谤我，并说一些与事实不符的事情……于是当时（日）18时许，我就独自一人过到梁某坚（位于）某镇增某街某号家中找他，并在二楼房间找到梁某坚，我打电话报警叫警察到场，并且我已打通派出所电话，但是梁某坚一手将我手机抢走，不还手机给我。转身将房间门锁起……并且怕出洋相，走到阳台想拉我回房间……为防止梁某坚再拉我回房中去。我就跨过阳台的围栏，一只脚已经跨过去了，我并对着梁某坚讲，你是不是想让我跳下楼去，我是不会跳的。但梁某坚说你不跳我就推你，说完后还做了推的动作，我就用手反打他的手，不让他推我，而他也没有推到我的人，也没有碰到我的身体。之后我站立不稳，自己跌下一楼门口了……”另一份询问笔录是大岗派出所于2019年2月19日对梁某坚进行询问并制作的询问笔录，梁某坚陈述内容其中包括“在2018年12月21日，18时30分许，她在微信群与我闹矛盾，然后在20时许，她来到我家里，当时我家一楼的门没有锁，家里又只有我一个人在家，她就顺利进入我家里，来到二楼我房间，敲门，我就让她进来我房间，进了我的房间后她就报警了，说我在微信群侮辱她，当时我跟她说既然你报了警，我们就等派出所过来处理，在派出所来之前我们谁也别离开，在等待之间我们双方都没有动手打架。之后过了大约五分钟，她想出去下楼，我说我们还是等派出所先到来才让她下楼，于是她就跑到二楼阳台上喊救命之类，我没有管她，然后她就翻过二楼阳台护栏跳了下去，之后我也报了警”。“是当天的晚上8时许（阻止其离开），大概持续了10分钟左右。”经庭审质证，梁某坚对上述笔录的真实性没有异议，梁某坚否认有将杨某姣推下二楼，其亦向本院提供了视频予以证明。其中一段视频显示杨某姣站在二楼房间门口拨打电话，随后进入房间，并将电话递给梁某坚，梁某坚接过电话并立即将房门关上；另一段视频显示杨某姣站在二楼阳台护栏外面大喊要求梁某坚放其出去（房间）。经庭审质证，杨某姣对视频的真实性予以确认。

对杨某姣坠楼受伤的原因及经过，综合本院经杨某姣申请依法向广州市公安局南沙区分局大岗派出所调取的询问笔录、梁某坚向本院提供的视频等证据及双方的庭审陈述，本院认定如下事实：

2018年12月21日晚，杨某姣以梁某坚在微信群对其进行诽谤为由，到梁某坚位于广州市某区某镇的家中向其讨说法。由于一楼的门没有锁，杨某姣直接走上二楼梁某坚居住的房间找梁某坚，杨某姣敲门后梁某坚同意其进入房间，随后杨某姣便拨通了派出所的电话，而梁某坚见杨某姣此举后则将其二人所在房间的门关上了，并表示希望派出所来现场处理且不允许杨某姣离开。随后杨某姣跑到与二人所在二楼房间相通的阳台，身体跨过护栏，大声呼叫希望引起他人注意，在此过程中不慎坠楼受伤。

诉讼中，杨某姣主张其出院后除了本院认定的门诊治疗所产生的医疗费外，其还于2019年2月1日在广州市南沙区某医院购买止痛药花费医疗费102.20元，为此，杨某姣向本院提供了广东银联单原件予以证明。经庭审质证，梁某坚表示无法确认。由于杨某姣提供的广东银联单虽记载了杨某姣于2019年2月1日在广州市南沙区某医院消费了102.20元，但是，杨某姣没有提供对应的门诊病历或购买药物的发票，对其主张购买药物花费医疗费102.20元的主张，本院不予确认。杨某姣主张后续复查需要医疗费2000元，杨某姣没有提供治疗医院的书面意见，本院对其主张不予确认。

诉讼中，杨某姣陈述其没有工作，其在家照顾孩子，但间或外出做零工。杨某姣明确其主张的伙食费、护理费的期间均为2019年1月25日至2019年2月16日，其主张聘请人员对其进行护理并支付费用2000元，杨某姣没有举证证明，本院不予确认。

本院认为，民事主体的人身权利、财产权利以及其他合法权益受法律保护，任何组织或者个人不得侵犯。

依照《中华人民共和国民法通则》第一百零六条第一款“公民、法人由于过错侵害国家的、集体的财产，侵害他人财产、人身的应当承担民事责任”的规定，确定行为人侵权的民事责任，不仅要察看行为人是否实施了不当行为，同时还应考察行为人的行为与损害结果之间的因果关系。杨某姣与梁某坚均为具有完全民事行为能力的成年人，二人对自己的行为及产生的后果应有预见、辨认和控制的能力。首先，事发当日，杨某姣在被梁某坚困于二楼房间后，完全可以通过其他适合的途径解决，但其自主实施盲目行为，导致了损害结果的发生，应自担大部分责任；其次，虽然梁某坚对于坠楼结果的发生是持明显反对心理的，但其将房间门关上的行为却为损害结果的发生提供了可能，虽然坠楼结果与梁某坚将二楼门关闭的行为没有直接的联系，但梁某坚的行为是发生坠楼事件的主要条件，没有梁某坚关门这一行为，就不会有杨某姣坠楼这一事实的发生，它们之间构成相当因果关系，故梁某坚亦应对其行为承担相应的民事责任。综合以上因素，本院酌定杨某姣自行承担损失90%的赔偿责任，梁某坚承担损失10%的赔偿责任。

根据杨某姣的诉求，依照《最高人民法院关于审理人身损害赔偿案件适用法律若干问题的解释》，参照《广东省2018年度人身损害赔偿计算标准》的有关规定，本院确定杨某姣因本次事故造成的损失项目和数额如下：

1. 医疗费951.88元。杨某姣出院后门诊治疗产生医疗费合计1088.28元，有其向本院提供的广东省医疗收费票据、挂号凭证、病历、检查报告单等证据予以证实，本院予以确认；由于杨某姣于2019年2月18日在广州市南沙区某医院门诊治疗花费的136.40元是用于治疗与本案无关的糖尿病，应予以扣除；杨某姣主张出院后购买药品花费医疗费102.20元的主张，依据不足，本院不予采信；据此，本院确认的医疗费为951.88元，对杨某姣请求医疗费超出951.88元以外部分，本院不予支持。

2. 后续医疗费。杨某姣主张后续复查需要医疗费2000元，杨某姣没有提供医疗机构的书面意见，证明需要后续治疗以及所需要的费用，现该费用尚未实际产生，其要求赔偿后续医疗费的诉讼请求，依据不足，本院不予支持。

3. 误工费8000元。杨某姣先是表示事发前在家带小孩，没有工作，后又表示其间或外出打零工，因其确有劳动能力，其主张误工损失，本院予以支持；杨某姣住院29天，出院医嘱要求其卧床休息6~8周，其误工时间为85天；因杨某姣的收入并非固定，杨某姣又不能举证证明其最近三年的平均收入状况下，误工费可以按照广东省城镇私营单位就业人员上一年度平均工资计算，广东省城镇私营单位就业人员上一年度的年平均工资为53347元，杨某姣的误工费为12423.27元（53347元/年 ÷365天/年 ×85天），杨某姣仅请求误工费8000元，是自行处分其民事权利，本院予以准许。

4. 护理费。杨某姣住院期间由梁某坚负责护理，杨某姣没有举证证明其出院后仍需要短期护理，因此，其要求梁某坚赔偿2019年1月25日至2019年2月16日期间护理费2900元的诉讼请求，依据不足，本院不予支持。

5. 住院伙食补助费1450元。杨某姣住院治疗29天，住院伙食补助费按每天100元计算，住院伙食补助费为2900元（29天 ×100元/天），因杨某姣住院期间由梁某坚负责向其提供饮食，并根据梁某坚自认其连生活、伙食每天支出约50元，本院酌定住院伙食补助费为1450元，对杨某姣请求伙食补助费超出1450元以外部分，本院不予支持。

6. 营养费。杨某姣没有提供医疗机构需要加强营养的书面意见，而且，根据杨某姣的病情，其虽受伤但没有造成大出血以及影响进食等情形，其要求赔偿营养费，依据不足，本院不予支持。

7. 交通费200元。本院根据杨某姣的伤情、杨某姣使用交通工具的必要性，酌定为200元，对超出该数额以外的部分，本院不予支持。

上述第1项至第7项损失合计10601.88元，按责分担，梁某坚负担10%即1060.19元。梁某坚应赔偿杨某姣损失合计1060.19元，杨某姣其余诉讼请求，依据不足，本院予以驳回。

依照《中华人民共和国侵权责任法》第十六条、第二十六条，《最高人民法院关于审理人身损害赔偿案件适用法律若干问题的解释》第十七条、第十九条、第二十条、第二十一条、第二十二条、第二十三条、第二十四条，《中华人民共和国民事诉讼法》第六十四条第一款的规定，判决如下：

一、被告梁某坚应于本判决发生法律效力之日起五日内赔偿原告杨某姣损失合计1060.19元；

二、驳回原告杨某姣的其余诉讼请求。

如果未按本判决指定的期间履行上述付款义务，应当依照《中华人民共和国民事诉讼法》第二百五十三条之规定，加倍支付迟延履行期间的债务利息。

本案案件受理费137元，由原告杨某姣负担129.33元，被告梁某坚负担7.67元。

如不服本判决，可在判决书送达之日起十五日内，向本院递交上诉状，并按对方当事人的人数提交副本，上诉于广东省广州市中级人民法院。

审　判　员　郭志峰

二〇一九年四月二十三日

书　记　员　梁楚莹

广州市如丰晟宴餐饮有限公司南沙分公司（反诉被告）诉李某仪（反诉原告）名誉权纠纷民事判决书

广东省广州市南沙区人民法院
民 事 判 决 书

（2018）粤0115民初5631号

原告（反诉被告）：广州市如丰晟宴餐饮有限公司南沙分公司，住所地略，统一社会信用代码略。

负责人：金某峰，职务：经理。

委托代理人：麦某致，系广东君信律师事务所律师。

委托代理人：黄某楹，系广东君信律师事务所实习律师。

被告（反诉原告）：李某仪，女，出生日期略，汉族，住址略，公民身份号码略。

委托代理人：李某刚，系广东天穗律师事务所律师。

委托代理人：田某珍，系广东天穗律师事务所实习律师。

原告（反诉被告）广州市如丰晟宴餐饮有限公司南沙分公司（以下简称“如丰公司”）诉被告（反诉原告）李某仪名誉权纠纷一案，本院受理后，依法组成合议庭，公开开庭进行了审理。原告如丰公司的委托代理人麦某致，被告李某仪及其委托代理人李某刚、田某珍，均到庭参加了诉讼。本案现已审理终结。

原告（反诉被告）如丰公司诉称：2018年8月29日，李某仪及其家人在我司用餐后，声称食物有异物，开始在店内大吵大闹。李某仪随后很快离开我司的店铺，导致我司根本来不及核实李某仪的说法。随后，我司了解到李某仪在其朋友圈发布不实言论，称其在我司餐厅的乳鸽中吃到虫子，号召大家不要去我司餐厅用餐。此后，李某仪及其家人多次来到我司餐厅争吵，并向有意前来我司餐厅就餐的客人出示未经核实的视频和图片，散播不实言论，劝阻客人不要入内用餐，影响我司餐厅的正常经营活动。根据《民法通则》第一百零一条的规定“公民、法人享有名誉权，公民的人格尊严受法律保护，禁止用侮辱、诽谤等方式损害公民、法人的名誉”，第一百二十条规定“公民的姓名权、肖像权、名誉权、荣誉权受到侵害的，有权要求停止侵害，恢复名誉，消除影响，赔礼道歉，并可以要求赔偿损失”；《侵权责任法》第十五条规定“承担侵权责任的方式主要有：（一）停止侵害；（二）排除妨碍；（三）消除危险；（四）返还财产；（五）恢复原状；（六）赔偿损失；（七）赔礼道歉；（八）消除影响、恢复名誉。以上承担侵权责任的方式，可以单独适用，也可以合并适用”。结合上述法律规定，李某仪没有确实、充分、直接的证据证明我司食物有异物，就在微信朋友圈大肆散播我司餐厅吃出虫子等不实言论，带人到店里闹事，恶意诽谤等行为，严重降低了社会公众对我司的社会评价，侵害了我司的名誉权，客观上产生了一定的损害后果，造成了一定的经济损失，李某仪应依法承担侵权责任。依据相关法律、司法解释的规定，现为维护我司的合法权益，特向法院提起诉讼，请求：1. 判决李某仪立即停止侵犯我司名誉权的行为，删除在微信朋友圈虚假言论及视频；2. 判决李某仪在《广州日报》、微信朋友圈上赔礼道歉，消除不良影响，恢复我司的名誉；3. 判决李某仪赔偿我司经济损失10万元；4. 本案的诉讼费、保全费由李某仪负担。

被告（反诉原告）李某仪辩称：一、我仅有一次到如丰公司的餐厅协商解决问题，如丰公司在诉状中提出“被告及其家人多次来到原告餐厅争吵”严重与事实不符。2018年8月29日晚上，我带着女儿谢某到如丰公司的餐厅用餐。由于我暂时不饿，便在一旁用手机拍摄女儿用餐可爱的样子。吃到一半时，女儿告诉我乳鸽里面有虫子在爬动，我非常惊讶，连忙用手机拍下视频，随后找工作人员说明情况。工作人员表示可以免单，且孩子如果有什么不适可以报销医疗费。我觉得工作人员态度较好，便不再计较，随后带着女儿去看电影。不料夜间凌晨四五点时，女儿开始出现腹痛、呕吐、拉肚子和发烧等症状，我赶紧将女儿带到广州市番禺区某医院就诊，被诊断为胃肠炎。病发期间，我女儿拉肚子六七次，呕吐十多次，整个人都瘫软无力。我认为这同女儿吃的乳鸽已经变质有关，同时担心女儿再出现其他不适，便于2018年8月30日晚带着丈夫与孩子到如丰公司协商如何处理。由于工作人员表示要等餐厅负责人到场才可以解决，我及家人在如丰公司苦等了两个多小时，负责人久久未到，工作人员亦不再理睬我，也不告知我到底其负责人什么时候能到。我的老公在心疼女儿的同时也担心影响到其他消费者的身体健康，就把昨天在乳鸽中吃到虫子的情况向来餐厅就餐的消费者提醒，并拨打110报警，金洲派出所随后出警并帮助双方沟通协调。由于无法达成一致意见，我和家人就离开前往金洲吃饭。我与家人在金洲吃饭时接到如丰公司负责人的电话，双方约定到金洲派出所协商解决。在派出所协商时，如丰公司的负责人表示虫子是我自己带的，我觉得如丰公司负责人歪曲基本的事实，其没有解决问题的态度和诚意，双方最终协商未果。我离开派出所，走出仅五十多米，如丰公司的负责人拦下我，表示愿意赔偿5000元“断尾”，我担心孩子的身体健康情况，不愿意接受，负责人再加价至5500元，并说孩子今后再有其他问题他们不再负责，我表示也不能接受，之后双方离开现场。8月30日之后，我没有再到如丰公司的餐厅协商解决问题，更不存在多次在餐厅争吵的情况。综上所述，我仅仅在8月30日晚到如丰公司尝试协商解决问题，之后便再没去过如丰公司，如丰公司所说的“多次来到原告餐厅争吵”严重与事实不符。二、我对如丰公司并不构成侵权行为。（一）侵害名誉权的前提是捏造并散布虚构的事实，对他人实施侮辱、诽谤。我在女儿用餐过程中发现虫子是确有其事，我将事实发朋友圈与公之于众的做法并不构成侵害如丰公司的名誉权。我在女儿就餐过程中发现乳鸽里有虫子是事实，女儿产生不适被确诊为胃肠炎亦是事实。我在微信朋友圈中既没有使用侮辱性的言语，也没有捏造事实进行诽谤，因此，我不具有侮辱和诽谤的行为，不构成对如丰公司名誉权的侵害。（二）我的行为是对如丰公司产品质量发表评论，不应当被认定为侵害名誉权。我的行为仅仅是客观反映我的就餐经历，内容是对如丰公司产品质量的评论，依据《最高人民法院关于审理名誉权案件若干问题的解释》第九条“消费者对生产者、经营者、销售者的产品质量或者服务质量进行批评、评论，不应当认定为侵害他人名誉权”之规定，我的行为不应当被认定为侵害如丰公司的名誉权。（三）依据《消费者权益保护法》第15条的规定，消费者对商品和服务具有监督权。我作为消费者，我的行为仅是行使监督权的一种方式，不应因此受到责难。我国《消费者权益保护法》第十五条明确规定：消费者享有对商品和服务以及保护消费者权益工作进行监督的权利。消费者有权检举、控告侵害消费者权益的行为和国家机关及其工作人员在保护消费者权益工作中的违法失职行为，有权对保护消费者权益工作提出批评、建议。我针对如丰公司产品质量发表言论以及向其他消费者释明情况，属于一种控告如丰公司侵害消费者权益行为的方式，是对如丰公司不符合食品卫生标准的产品进行社会监督，我行使监督权的行为不应受到责难。根据《消费者权益保护法》第六条：保护消费者的合法权益是全社会的共同责任。国家鼓励、支持一切组织和个人对损害消费者合法权益的行为进行社会监督。消费者正当行使批评监督权可以促进生产者、经营者、销售者诚实生产经营，追求消费真相，保障自身或其他消费者的人身、财产安全，也可满足消费者个人自治的需要。如果消费者监督的成本过高，动辄背负名誉侵权的责任，则不利于消费者行使监督权，也不利于对生产者和经营者的监督。（四）生产者、经营者、销售者相较消费者而言，其处于强势的地位，也具有举证的便利条件，故对消费者的举证责任不应过于严苛。我作为消费者，相较作为经营者的如丰公司而言，我处于弱势地位，对弱者的举证责任不应该过于严苛，否则缺乏应有的利益权衡，不利于消费者合理维权，与我国《消费者权益保护法》的立法初衷相违背。而如丰公司作为经营者，其具有举证的便利条件，其有条件调取店内监控视频，亦可在事情发生的第一时间保留相关证据。如果如丰公司指责我自己带虫子进来，故意放到食物中的话，那么应该由如丰公司对此承担举证责任。因此，在我能够举证证明食物确实存在异物时，如丰公司若无其他相反证据，法院依法应该采信我的证据，认定如丰公司的食物中存在异物的事实。三、请求法院依法判决如丰公司在《广州日报》、微信朋友圈上赔礼道歉，并承担我女儿患胃肠炎就诊的医疗费257.48元。在我维权时，如丰公司的负责人拍下我与丈夫、女儿、儿子的正面照发至朋友圈，并配文"哎，现在碰瓷的人不是撞车了，是去搞餐馆了，小孩培训得杠杠滴，会去挡车牌了，不知道哪个亲爸亲妈会给孩子半夜三更穿着人字拖出来"。该朋友圈直指我及家人"碰瓷"，且照片无任何打码遮挡，具有明显侮辱、诽谤我及家人的意图，给我及家人的名誉权造成严重损害。根据《消费者权益保护法》第五十条"经营者侵害消费者的人格尊严、侵犯消费者人身自由或者侵害消费者个人信息依法得到保护的权利的，应当停止侵害、恢复名誉、消除影响、赔礼道歉并赔偿损失"之规定，我在此依法要求如丰公司在《广州日报》、微信朋友圈上赔礼道歉，消除不良影响，恢复我的名誉。另外，根据《消费者权益保护法》第四十九条"经营者提供商品或者服务，造成消费者或者其他受害人人身伤害的，应当赔偿医疗费、护理费、交通费等为治疗和康复支出的合理费用，以及因误工减少的收入"之规定，我的女儿因食用不干净的乳鸽造成胃肠炎而到医院就诊，我为此花费医疗费257.48元，应由如丰公司全额赔偿。四、如丰公司提供的乳鸽含有活着的虫子，应认定为不符合食品安全标准的食品，因此应该向我支付餐饮费的十倍作为赔偿，共计1100元。我国《食品安全法》第一百四十八条第二款规定：生产不符合食品安全标准的食品或者经营明知是不符合食品安全标准的食品，消费者除要求赔偿损失外，还可以向生产者或者经营者要求支付价款十倍或者损失三倍的赔偿金；增加赔偿的金额不足一千元的，为一千元。食品销售和餐饮服务均应当遵守食品安全法，如丰公司提供的菜品中含有活着的虫子，属于明显不符合食品安全标准的食品。现依照法律规定，我要求如丰公司支付十倍餐饮费作为赔偿，共计1100元。现为维护自身的合法权益，特向法院提起反诉，要求：1. 判决如丰公司在《广州日报》、微信朋友圈上赔礼道歉，消除不良影响，恢复我的名誉；2. 判决如丰公司赔偿医疗费257.48元；3. 判决如丰公司赔偿十倍餐饮费价款共计1100元；4. 本案诉讼费由如丰公司承担。

原告（反诉被告）如丰公司辩称：1. 我司属于公司，无实施诬蔑的行为，故李某仪诉求1不成立。2. 医疗费的缴费主体是李某仪的女儿谢某，如费用是案外第三人，应以谢某为原告非李某仪。3. 关于十倍餐饮费，我司未收取李某仪110元的餐饮费。适用十倍赔偿的前提是该食品不符合食品安全标准，李某仪对于该不符合标准应承担举证责任，一般要提供鉴定结论及与女儿的损害有关，故我司认为李某仪的诉求缺乏事实和法律依据，请法院依法驳回。

经审理查明：如丰公司属于有限责任公司分公司（自然人独资），于2017年4月13日成立，营业期限为2017年4月13日至2019年8月31日。2018年8月29日20时左右，李某仪与女儿谢某到如丰公司经营的餐厅就餐食用乳鸽，用餐期间李某仪声称女儿谢某食用乳鸽时发现有虫子，遂向如丰公司的工作人员反映情况，后如丰公司对李某仪进行了免单处理，随后李某仪与女儿谢某离开该餐厅。2018年8月30日上午，谢某因出现腹痛、呕吐等现象，遂到广州市番禺区某医院就诊治疗，谢某被诊断为胃肠炎。李某仪认为谢某的身体不适与如丰公司的食物变质有关，便在其微信朋友圈发表评论，内载："南沙某茶室睇到朋友勿进了，乳鸽查爬出最蛆虫！"当晚，李某仪与其丈夫到如丰公司要求处理本次纠纷，期间李某仪与其丈夫向到如丰公司餐厅消费的人员反映其在如丰公司餐厅的乳鸽中吃到虫子，之后又向公安部门报警处理，如丰公司的负责人表示愿意赔偿李某仪5000元，李某仪表示不同意，最终双方无法达成一致的意见，之后李某仪又向食品监督部门进行投诉，但食品监督部门没有对如丰公司作出任何处理。2018年9月26日，如丰公司以李某仪侵犯其名誉权为由，向本院提起诉讼，要求：1. 判决李某仪立即停止侵犯如丰公司名誉权的行为，删除在微信朋友圈的虚假言论及视频；2. 判决李某仪在《广州日报》、微信朋友圈上赔礼道歉，消除不良影响，恢复如丰公司的名誉；3. 判决李某仪赔偿如丰公司经济损失10万元；4. 本案的诉讼费、保全费由李某仪负担。在诉讼中，李某仪向本院提起反诉，要求：1. 判决如丰公司在《广州日报》、微信朋友圈上赔礼道歉，消除不良影响，恢复李某仪的名誉；2. 判决如丰公司赔偿医疗费257.48元；3. 判决如丰公司赔偿十倍餐饮费价款共计1100元；4. 本案诉讼费由如丰公司承担。此外，在庭审中，经本院进行法律释明，李某仪向本院明确表示在本案中无须广州市如丰晟宴餐饮有限公司承担责任，也无须追加广州市如丰晟宴餐饮有限公司为本案的当事人参加诉讼，如丰公司对此没有异议。

另查明：在本案诉讼中，如丰公司为证明其主张向本院提供了如下证据：1. 微信截图（名为"祉醉禁迷"）打印件1张，用以证明李某仪谎称如丰公司的食物有异物，并在朋友圈散播；2. 照片打印件1张，用以证明李某仪谎称如丰公司的食物有异物；3. 视频1，用以证明李某仪与其丈夫恶意干扰如丰公司的正常经营；4. 视频2，用以证明李某仪的丈夫向食客散布谣言，导致食客不在如丰公司餐厅就餐，损害如丰公司商誉；5. 照片打印件2张，用以证明李某仪滥用警力报警，在警察不处理后，在警察局外继续纠缠如丰公司工作人员；6. 视频1的文字内容打印件1份，用以证明李某仪与其丈夫恶意干扰如丰公司的正常经营；7. 视频2的文字内容打印件1份，用以证明李某仪的丈夫向食客散布谣言，导致食客不在如丰公司餐厅就餐，损害如丰公司商誉；8. 照片打印件1份，用以证明李某仪所坐的位置的监控视线存在死角，李某仪在图示所增加的监控是事后才安装上去的；9. 微信对话记录打印件1份，用以证明如丰公司工作人员发现监控有死角后立即叫人安装摄像头。李某仪对上述证据质证后，发表如下意见：对证据1的真实性、合法性予以确认，是李某仪所发朋友圈，对关联性不予认可，因如丰公司的证明内容是李某仪谎称有异物，该证据不能证明该点，李某仪在朋友圈所说均为事实，非未使用侮辱性的过激言论，仅客观描述，李某仪发朋友圈是行使被侵权的消费者向对方行使的监督权而已。对证据2的真实性、合法性予以确认，照片中的黑衣男子为李某仪丈夫，但关联性不予认可，因该证据不能证明李某仪说谎，李某仪只是行使被侵权的消费者向对方行使的监督权，同时保护其他消费者应有的知情权，提醒其他消费者应注意，在维护自身合法权益的同时，保护其他消费者的权益不被侵犯，主观无恶意，不构成对如丰公司的名誉侵权。对证据3、证据6的真实性、合法性予以确认，关联性不予认可，从如丰公司提供的文字资料中可看出，李某仪只是想解决问题，并非为了争吵，但如丰公司一会儿说找负责人，又说负责人要1~2小时才能到，正是因如丰公司的敷衍态度才导致李某仪与如丰公司工作人员发生口角，但李某仪主观无恶意，仅希望能合理、快速解决问题。对证据4、证据7的真实性、合法性予以确认，关联性不予认可，李某仪丈夫提醒其他食客的行为是行使其对如丰公司的监督权，也是在保护其他消费者的知情权，不构成侵权。对证据5的真实性、合法性予以确认，关联性不予认可，李某仪并非滥用警力，只是在如丰公司推诿责任后才选择报警，希望因此双方可协商解决问题，后双方还到派出所协商，未果后，离开派出所恰是如丰公司在派出所外拦住李某仪，主动称赔偿李某仪5500元，还称以后谢某有任何问题与如丰公司无关，李某仪因此不接受，之后李某仪未再到如丰公司要求任何赔偿，故不存在多次到如丰公司吵闹的事实。对证据8的真实性、合法性予以认可，关联性不予认可，李某仪所坐的位置并不是如丰公司所示的位置，而且问题的关键不是李某仪就餐的位置究竟在哪里，而是如丰公司确实在餐厅安置了监控，如丰公司借口说监控无法拍到李某仪所在的位置，这一点李某仪不予认可。对证据9的真实性、合法性、关联性不予认可，对于微信聊天的双方无法确认其身份，另外，从微信聊天的内容中可以看出，如丰公司的餐厅已经安装了摄像头，而且是720P，一方在微信里面说有死角也不能证明就是李某仪就餐的位置无法拍到。同时，李某仪在本案中向本院提供了如下的证据：1. 楼面起台单复印件1张。2. 微信聊天记录截图打印件1张。证据1—2用以证明李某仪与女儿谢某于2018年8月29日20时12分在如丰公司的餐厅用餐，并点了两只乳鸽与一份泰式菠萝炒饭，价格为110元的事实。3. 视频1，用以证明谢某在如丰公司的餐厅食用乳鸽的事实。4. 视频2，用以证明如丰公司所提供的乳鸽中含有活虫爬动，李某仪发朋友圈与向其他消费者揭露的内容皆非虚构事实。5. 微信聊天记录截图打印件6张，用以证明：（1）2018年8月29日，李某仪女儿在乳鸽中吃到虫子的事实；（2）李某仪在女儿身体不适之前根本无心追究如丰公司的责任，用餐结束后就带着女儿离开的事实。6. 出生证1份。7. 病历1份。8. 广东省医疗收费票据2张。证据6—8用以证明谢某是李某仪女儿，于2018年8月30日因腹痛在广州市番禺区某医院治疗，被确诊为胃肠炎，李某仪因此花费医疗费共计257.48元的事实。9. 视频3—6，用以证明李某仪女儿因胃肠炎而吃药、打点滴的事实。10. 视频7，用以证明双方曾在金洲派出所协商解决该事件的事实。11. 李某仪朋友圈截图打印件1张，用以证明李某仪于2018年8月30日发朋友圈后就再也没有发过类似的朋友圈，没有实施任何侮辱、诽谤如丰公司行为的事实。12. 如丰公司负责人的朋友圈截图打印件2张，用以证明如丰公司的负责人在朋友圈里发布李某仪的丈夫、儿子、女儿无任何遮挡的下面照并直指李某仪一家“碰瓷”，严重侵害了李某仪一家的名誉权的事实。13. 李某仪在原来的就餐位置所拍的照片，用以证明李某仪就餐时所坐位置处在不止一个监控摄像头的拍摄范围之内，说明如丰公司所说李某仪就餐位置摄像头无法拍到的情况是不真实的，且如丰公司拥有举证的便利条件，其主张虫子可能是李某仪自己放置的，但如丰公司拒绝提供监控录像来证明虫子是李某仪故意放置的，就应该承担举证不能的不利后果。如丰公司对上述证据质证后，发表如下意见：对证据1真实性、合法性、关联性予以确认，李某仪有在如丰公司就餐。对证据2的真实性、合法性、关联性不予确认。因无原件，也不知与李某仪对话的人是何人，对话真实性不确认，该证据为截图，形式上是微信对话记录，当庭出示的是非来源不明的图片。对证据3的真实性、合法性、关联性不予确认，如丰公司认为为李某仪刻意制作，因违反生活常理，正常人吃饭不会拍摄该种视频，角度明显为摆拍，视频第16—18秒，谢某刻意看了食物，不是正常的进食方式，如刻意观察食物怎么会去吃及吃出虫子，且该视频无拍摄到虫子，与证据4的视频不连贯，拍摄中断说明了虫子极可能不是来源于食物本身。对证据4的真实性、合法性、关联性不予确认，因乳鸽是完整的，没被食用，故不可能引发谢某肠胃炎的情况，乳鸽是高温油炸的，经高温油炸不可能有活虫，如真有虫子也应是死的不应为活的。对证据5的真实性不予确认，因无法确认微信对话主体是何人，有可能是刻意制造的。从李某仪提供的手机反映的微信群看，该微信群至少有40人，说明至少有40人知道该事，如丰公司名誉受损，按李某仪说法，如微信群是真实的，群里聊天已知可打电话给消协，故李某仪是明知可打电话给消协维权，但李某仪没这样做，且李某仪也无对该事件进行鉴定，导致无法核实，该证据显示李某仪在21时多带谢某去看电影，一般该时间已经在家里睡觉了，常理知小孩子身体较弱，可能是空调而导致的胃肠炎。对证据6的真实性、合法性、关联性予以确认。对证据7的真实性予以确认，但与本案无关，不能证明胃肠炎与食用乳鸽有关，该证据显示PE诊断神清、呼吸顺畅、腹软、无压痛、反跳痛、肠鸣活跃，说明医生诊断当时谢某实际上无李某仪所主张的情况，虽诊断结论显示胃肠炎，但并未指出导致的原因是什么，且病历最后一行注明小孩年龄小，病情易变且多变，故如丰公司认为胃肠炎可能是小孩年纪小，且没有御寒、没注意作息而导致的，与如丰公司无关；同时，病历出具时间是2018年8月30日上午，但李某仪在视频中陈述是凌晨5时，却拖延至上午10时。对证据8的真实性、合法性予以确认，不确认关联性，票据显示主体为谢某，如该部门费用是由李某仪支付，应由李某仪提供相关凭证证实，否则医疗费主张主体应是谢某，非李某仪，即使李某仪是谢某的法定监护人，也应以谢某名义提起诉讼，非李某仪名义。对证据9的真实性、合法性、关联性不予确认，因为是李某仪单方制作，视频尾号为1925的视频显示女儿平躺在沙发上，但神情自然，常理人平躺时是最放松自然的状态，如谢某感到不舒服或痛苦，那平躺的神情应是痛苦的，但视频是相反的，故如丰公司认为是李某仪摆拍所作的视频。对证据10的真实性、合法性、关联性予以确认，视频上男子为金某峰，为如丰公司负责人，因金某峰基于息事宁人的目的与李某仪进行协商，由于其负责多个门店，从广州市区到南沙确要1个多小时的车程，不存在拖延的情况，但李某仪在协商时未提供任何病历、医疗票据，使得高额赔偿无事实依据。即使在该情况下，金某峰也仍愿意支付5000元处理该事，事实上李某仪后提出要8000元，才导致双方无协商成功。在本案中，李某仪提出的反诉请求合计不到1500元，反诉金额与协商金额大，反映出李某仪是出于高额索赔目的滥用维权。对证据11的真实性、合法性予以确认，与如丰公司提供的一致，但无法得知在2018年8月30日后有无再发相似朋友圈，合理维权方式应是找相关部门，非发布朋友圈，该朋友圈截图非是如丰公司负责人看到的截图，是经过多次发布后才得知的，说明该行为已造成较大的影响，非只是自己的朋友圈，结合李某仪及其丈夫的争吵事实，已违反了正常消费的维权方式，行使监督权的前提是事实成立，在事实未成立且相关部门未支持的前提下，该行为就是损害了如丰公司的名誉权。对证据12的真实性、合法性、关联性不予确认，从证据名称看是来源朋友圈，但当庭无提供朋友圈信息，故李某仪主张如丰公司负责人侵犯李某仪名誉权的行为无事实依据，如丰公司负责人并未在朋友圈中发布过该截图，发布朋友圈主体必是自然人，不可能是公司，故李某仪反诉的诉求对象不可能是如丰公司，应为自然人，且从该证据的文字上看不能看出是职务行为，无直接指向本案的有关事项。对证据13的真实性、合法性、关联性不予确认，理由如下：（1）该照片虽然是如丰公司餐厅的场景，但是拍摄者所坐的位置根本不是李某仪当时就餐的位置，李某仪所坐的位置应该有靠墙的皮沙发；（2）这些摄像头都是2018年8月31日以后才安装的，恰恰印证了如丰公司的说法，餐厅的摄像头有死角；（3）如丰公司代理人已经明确表示，当时的录像早已过了保存期限，无法提供，故李某仪是否提供这些照片，都不能证明其主张。

本院认为：名誉权是指公民和法人就其自身属性和社会价值所获得的社会评价所享有的不受他人侵犯的权利，其本质在于权利人有权要求他人对其进行客观公正的评价。《最高人民法院关于审理名誉权案件若干问题的解答》第七条规定：是否构成侵害名誉权的责任，应当根据受害人确有名誉被损害的事实、行为人行为违法、违法行为与损害后果之间有因果关系、行为人主观上有过错来认定。就本案而言，李某仪是否需要承担民事侵权责任，需从是否存在上述法律要件进行分析。依照“谁主张，谁举证”的原则，当事人对自己提出的诉讼请求所依据的事实有责任提供证据加以证明，没有证据或者证据不足以证明当事人的事实主张的，由负有举证责任的当事人承担不利后果。现根据李某仪、如丰公司在庭审中的陈述，并结合双方的举证、质证情况，对如丰公司的本诉请求及李某仪的反诉请求作出如下分析及认定：一、关于李某仪是否侵害如丰公司名誉权的问题。本案中，如丰公司主张李某仪侵害其名誉权，主要事实依据是：1. 认为李某仪将未经核实的视频发布到微信群和朋友圈；2. 认为李某仪在如丰公司餐厅骚扰其他食客，陈述食物中有虫子和食物中毒，导致食客不敢到如丰公司餐厅进食；3. 认为李某仪滥用警力以获得高额索赔。为此，如丰公司提供了微信截图打印件、照片打印件、视频等证据予以证实。对此，李某仪主张其在朋友圈所说均为事实，未使用侮辱性过激言论，到如丰公司是履行消费者的监督权和保护其他消费者的知情权，报警只是想让警察居间调解，不属于滥用警力。现对本案案情分析如下：1. 双方均确认李某仪于2018年8月29日晚上在如丰公司的餐厅就餐并食用了乳鸽。2. 李某仪在就餐期间声称其女儿谢某食用乳鸽时发现有虫子，并向如丰公司的工作人员反映情况，后如丰公司对李某仪进行了免单处理。3. 本案纠纷发生后，双方均没有对涉案的乳鸽进行鉴定，且该乳鸽已不存在。4. 如丰公司负责人曾表示愿意向李某仪赔偿5000元。综合上述情况，结合李某仪所提供的视频资料，根据高度盖然性原则，李某仪主张在如丰公司的餐厅食用乳鸽时发现乳鸽上有虫子的情形较为符合本案的实际情况，故本院予以采信。另外，根据如丰公司在诉讼中所提供的证据，并不能证明李某仪存在借机诽谤、诋毁如丰公司，损害如丰公司名誉的行为，也无证据证明李某仪具有侵害如丰公司名誉权的主观故意或过失，对此，如丰公司应承担举证不能的不利法律后果。根据《最高人民法院关于审理名誉权案件若干问题的解释》第九条："消费者对生产者、经营者、销售者的产品质量或者服务质量进行批评、评论，不应当认定为侵害他人名誉权。但借机诽谤、诋毁，损害其名誉的，应当认定为侵害名誉权"的规定，李某仪的行为并不构成侵害如丰公司的名誉权，故如丰公司主张"李某仪立即停止侵犯原告广州市如丰晟宴餐饮有限公司南沙分公司名誉权的行为，删除在微信朋友圈虚假言论及视频"的请求，本院不予支持。二、关于李某仪是否需要赔礼道歉，消除不良影响的问题。如上所述，鉴于如丰公司所提供的证据不能证明李某仪的行为侵害了如丰公司的名誉权，故如丰公司要求"李某仪在《广州日报》、微信朋友圈上赔礼道歉，消除不良影响，恢复如丰公司的名誉"的请求，本院不予支持。三、关于李某仪是否赔偿如丰公司经济损失10万元的问题。如上所述，李某仪的行为并不构成名誉侵权行为，且如丰公司也未能向本院提供证据证明李某仪对如丰公司造成经济损失，如丰公司的该项诉讼请求没有事实及法律依据，本院不予支持。四、关于如丰公司是否侵犯李某仪名誉权的问题。本案中，李某仪主张如丰公司侵害其名誉权，主要事实依据是李某仪认为如丰公司负责人金某峰发布李某仪碰瓷的言论及图片侵犯了李某仪的权益，并提供金某峰微信朋友圈截图打印件予以证明。如丰公司对该证据的真实性、合法性、关联性均不予确认，主张如丰公司负责人金某峰未在朋友圈发布过该截图信息。本院认为，李某仪所提供的证据不足以证实如丰公司的负责人金某峰曾在微信朋友圈发布李某仪所提供的截图内容，并且李某仪亦无证据证明如丰公司存在侵害李某仪名誉权的行为。对此，李某仪应承担举证不能的不利法律后果，故李某仪主张"如丰公司在《广州日报》、微信朋友圈上赔礼道歉，消除不良影响，恢复李某仪的名誉"的请求，本院不予支持。五、关于如丰公司应否赔偿李某仪医疗费257.48元的问题。李某仪表示其与女儿谢某于2018年8月29日在如丰公司的餐厅就餐，第二天其女儿谢某就被诊断为胃肠炎，主张谢某患胃肠炎与谢某到如丰公司餐厅就餐所吃的乳鸽质量有问题有关，但李某仪无证据证明谢某患胃肠炎系因食用如丰公司的乳鸽而导致，即李某仪无证据证明两者之间存在直接的因果关系，且该医疗收费单据上显示的就诊人为谢某，该医疗费的诉讼主体应为谢某而非李某仪，故本院对李某仪的该项请求不予支持。六、关于如丰公司应否赔偿李某仪十倍餐饮费价款共计1100元的问题。鉴于李某仪并未实际支付餐费，故李某仪的该项请求缺乏法律依据，本院不予支持。综上所述，依照《最高人民法院关于审理名誉权案件若干问题的解答》第七条、第九条，《最高人民法院关于民事诉讼证据的若干规定》第二条、第七十三条的规定，判决如下：

一、驳回广州市如丰晟宴餐饮有限公司南沙分公司的全部诉讼请求。

二、驳回李某仪的全部反诉请求。

本诉受理费1000元，由广州市如丰晟宴餐饮有限公司南沙分公司负担；反诉受理费250元，由李某仪负担。

如不服本判决，可在判决书送达之日起十五日内，向本院递交上诉状，并按对方当事人的人数提出副本，上诉于广东省广州市中级人民法院。

当事人上诉的，应按《诉讼费用交纳办法》的有关规定向广东省广州市中级人民法院预交上诉案件受理费。逾期不交的，按自动撤回上诉处理。

审　判　长　陈国盛
人民陪审员　何苏洪
人民陪审员　李嘉琪
二〇一九年三月二十日
书　记　员　张　璐
郑稍文

徐某犯寻衅滋事罪刑事判决书

广东省广州市南沙区人民法院
刑 事 判 决 书

（2018）粤0115刑初360号

公诉机关广东省广州市南沙区人民检察院。

被告人徐某，男，××年××月××日出生于××省××县，汉族，大专文化，住址略。因本案于2017年9月26日被羁押并刑事拘留，同年11月2日被逮捕。现被羁押在广州市南沙区看守所。

辩护人刘某，广东经国律师事务所律师。

辩护人蔺某磊，北京市瑞凯律师事务所律师。

广东省广州市南沙区人民检察院以穗南检公刑诉〔2018〕413号起诉书指控被告人徐某犯寻衅滋事罪，于2018年6月11日向本院提起公诉。本院受理后，依法组成合议庭，公开开庭审理了本案。广东省广州市南沙区人民检察院指派检察员黄丽君、许淑妍出庭支持公诉，被告人徐某及其辩护人刘某、蔺某磊到庭参加诉讼。现已审理终结。

广东省广州市南沙区人民检察院指控被告人徐某于2015年至2017年期间，在广州市南沙区先后利用互联网通过腾讯QQ群及facebook、YouTube、google等社交网络平台恶意编造、散布“庆安枪击事件”“天津港火灾爆炸事件”的相关虚假信息，并在腾讯微信朋友圈通过微信号为“zhxldgs”、昵称为“2017震撼心灵的歌声徐某”的账号，多次采取图片、文字等形式辱骂多名前任及现任国家领导人。公诉机关向本院列举了公安机关制作的现场勘验笔录、搜查笔录、辨认笔录、证人黎某某等人的证言、涉案的电子数据和视听资料、被告人徐某在公安机关的供述及其户籍材料等证据，用以证实其起诉认定的犯罪事实。公诉机关认为被告人徐某利用信息网络辱骂他人，情节恶劣；编造虚假信息在信息网络上散布，造成公共秩序严重混乱，其行为已构成寻衅滋事罪，提请本院对其依法判处。

被告人徐某对起诉书指控的犯罪事实不予回应，辩称公安机关对其立案存在程序错误，其行为不构成犯罪。被告人徐某的辩护人刘某、蔺某磊提出如下辩护意见：本案程序不合法，侦查机关取得的证据不能作为证据使用。检察机关指控被告人徐某的寻衅滋事行为没有具体的被害人，也未造成实际损害，被告人徐某只是基于自己的认识对相关事件发表看法和评论，没有犯罪的主观故意，其行为不构成犯罪。

经审理查明，2015年至2017年间，被告人徐某在广州市南沙区先后利用互联网通过腾讯QQ群及facebook、YouTube、google等社交网络平台恶意编造、散布“庆安枪击事件”“天津港火灾爆炸事件”的相关虚假信息，并在腾讯微信朋友圈通过微信号为“zhxldgs”、昵称为“2017震撼心灵的歌声徐某”的账号，多次采取图片、文字等形式辱骂多位前任及现任国家领导人。被告人徐某实施的上述行为，对国家形象造成了恶劣影响。

上述事实，有下列经庭审公开举证、质证的证据证实，足以认定：

1. 公安机关出具的受案登记表、立案决定书，证实被告人徐某寻衅滋事一案，由广州市公安局南沙区分局在工作中发现并立案侦查。

2. 公安机关出具的抓获经过、到案经过，证实被告人徐某于2017年9月26日在湖南省永兴县三塘乡徐家村被油麻派出所民警抓获，现场缴获HTC手机1台（号码：××××）。次日，该派出所将其及HTC手机移交广州市公安局南沙区分局东涌派出所。

3. 公安机关出具的搜查证、搜查笔录、扣押决定书、扣押清单、扣押笔录，证实广州市公安局南沙区分局于2017年9月26日对被告人徐某位于南沙区东涌镇的住处进行搜查，并依法扣押相关书籍和歌词纸；依法扣押了刘某仿的手提电脑1台、电源设备1套、内存卡1张、硬盘1个、黑色腰包1个、华为手机1台、录音声卡1套、防喷录音设备架1套、红米note3手机1台。

4. 被告人徐某的户籍和曾被行政处罚材料，证实其基本情况及其曾因非法行为被公安机关处以行政拘留。

5. 中国移动公司广州分公司提供的××××、××××机主信息，证实电话号码为××××机主是徐某；电话号码为××××机主是刘某仿。

6. 公安机关从刘某仿的手机提取并经被告人徐某签认的其微信资料和QQ资料截图，证实被告人徐某的微信号是zhxldgs，微信昵称是“2017震撼心灵的歌声徐某”，电话号码是××××；QQ号××××昵称“广州MZ徐某”，××××昵称“湘A-MZ徐某”。

7. 公安机关从被告人徐某的微信（微信号zhxldgs）中提取的朋友圈截图，证实其于

2016年12月至2017年8月以自配文字的方式辱骂、讽刺国家领导人的情况。

8. 公安机关从刘某仿手机微信中提取并经刘某仿签认并打印部分截图的昵称为“2017震撼心灵的歌声徐某”的朋友圈记录链接的内容，证实该手机上登录的微信中有昵称为“2017震撼心灵的歌声徐某”的好友并检索到该朋友圈记录共5014条，其中部分内容与从徐某微信中提取的内容一致。

9. 公安机关从被告人徐某QQ群号码××××的信息和上传文件提取的截图，证实被告人徐某违背事实制作并在facebook、YouTube、谷歌博客、推特上传了对“庆安枪击事件”现场视频进行剪辑、歪曲；对“天津塘沽爆炸事件”篡改、编造、歪曲是核爆炸等虚假信息，上述涉及微信号zhxldgs的朋友圈微信群共399个、该号微信好友共1571个。

10. 证人范某平的证言，证实其之前在QQ群里知道徐某，徐某说要制作10首歌曲，其听过徐某制作的部分歌曲。

11. 证人杨某鹏的证言，证实一姓徐的人曾通过“老范”介绍，找其制作歌碟，因内容敏感多家音乐制作公司不敢制作，后把U盘退还。经公安机关检验，在杨某鹏住址查到的笔记本电脑1台、红色U盘1个，内容涉及诸多抹黑国家领导人的内容。姓徐的人的微信名称是“自由民主徐某”。

12. 证人刘某仿的证言：我于2012年在QQ群里认识徐某。《还原真相》这首歌是在2015年8月制作的，系徐某原创词曲。徐某交给我歌谱后提出，视频素材要用黑龙江庆安枪击事件的视频片段来合成，在寻找视频素材过程中，我完整看过央视播放的整个庆安枪击事情始末，对比徐某的歌词和他要求加上的字幕，我明显感觉到歌词、字幕的内容和视频素材严重不符，甚至是歪曲事实、掩盖真相。我曾向徐某提出这样的创作不够真实中肯，徐某没有接受我的意见。为了照顾双方情绪，我还是遵从他的意见制作完成，使用“裘臻向”（“求真相”的同音字）的化名来演唱和制作。歌曲视频制作出来后，我和徐某都将这首歌发表在YouTube等各自的网络空间。据我所知，徐某有把歌曲视频上传到其个人的facebook、YouTube、微信群。这些网络空间是完全公开的，任何网民都可以随意进入浏览和下载。此外，徐某用“2017震撼心灵的歌声徐某”这个微信号所发表的内容，主要都是对一些时政热点问题的看法，还有部分讽刺和诋毁国家领导人的言论。徐某朋友圈发布的“天津核爆炸”言论，我记不清有没有浏览过，但我看过央视等媒体的相关报道，事实上是工作操作失误导致危化品爆炸。经辨认，刘某仿对徐某朋友圈发表的内容进行了签认。

13. 证人武某新的证言，证实其于2014年通过聚会认识徐某，他的手机号码是

××××，其通过徐某的电话号码添加了徐某“2017震撼心灵的歌声徐某”的微信，其见过徐某在朋友圈发布过一些攻击国家领导人的言论和信息。经辨认，证人武某新确认被告人徐某的微信号是“2017震撼心灵的歌声徐某”。

14. 证人王某兰的证言，证实其是徐某的妻子，2017年9月26日，公安机关在其家扣押的电脑、手机和一些物品都是徐某在使用，徐某使用的是1台HTC牌的白色手机，号码是××××。徐某的微信号叫“2017自由徐某”“震撼心灵的歌声徐某”。

15. 证人黎某荣的证言，证实其是东涌镇综治办主任，因工作关系添加了徐某的微信，徐某在朋友圈中经常发布辱骂国家领导人和虚假信息的内容。经辨认照片，证人黎某荣辨认出被告人徐某用昵称为“2017震撼心灵的歌声徐某”的微信在朋友圈发布辱骂国家领导人、散布虚假言论的截图。

16. 证人吴某超的证言，证实其是东涌派出所辅警，其因工作关系添加了徐某的微信，徐某经常在网络或其他公开场合发表辱骂国家领导人的言论。此外，徐某的微信朋友圈还有提及天津爆炸事件是核爆。经辨认照片，证人吴某超辨认出被告人徐某，指认徐某微信号为zhxldgs，经常在微信朋友圈里发布辱骂国家领导人等言论。

17. 被告人徐某在公安机关的供述：我的电话号码是××××，微信名为“2017震撼心灵的歌声徐某”。我通过自由门、飞鸽等翻墙软件，在境外网站YouTube、Twitter、facebook上注册账号，账号名都是徐某，并在这几个网站发布自己的文章和歌曲。其中，在YouTube上发布了《还原真相》等20多首歌曲，我还曾发布过天津核爆炸，以及调侃国家领导人的言论。经被告人徐某签认，证实其供述中所涉及发布的《还原真相》的歌词、视频截图、天津核爆炸文字、辱骂国家领导人的相关言论等都是其发布的，“2017震撼心灵的歌声徐某”是其使用的微信账号，××××、××××、××××是其使用的QQ账号。其还签认了谷歌、facebook、推特、YouTube账号。

对被告人徐某及其辩护人所提辩解、辩护意见，根据本案的事实和证据，依照法律规定，本院评判如下：

1. 关于本案的侦查立案程序问题，经查，公安机关出具的立案登记表证实，该案是公安机关在工作中发现线索并予以立案的。根据《中华人民共和国刑事诉讼法》的有关规定，公安机关或者人民检察院发现犯罪事实或者犯罪嫌疑人，应当按照管辖范围，立案侦查。本案中，公安机关发现被告人徐某有实施寻衅滋事的犯罪事实，对其进行立案侦查，符合立案条件。在公安机关立案侦查后，被告人徐某继续实施新的寻衅滋事犯罪，公安机关对被告人徐某以同一罪名即寻衅滋事立案符合规定，并无不当。被告人及辩护人所提本案侦查阶段程序违法的意见不成立，不予采纳。

2. 关于被告人徐某所实施行为是否构成犯罪的问题，经查，在案证据证实，徐某在官方媒体多次对“庆安事件”报道后，仍制作《还原真相》歌曲视频，恶意剪辑中央电视台有关报道画面，掩盖真相，故意篡改“庆安事件”真相，上传至多个社交网络平台。其还转发他人关于编造天津港爆炸为核爆炸言论，上传至多个社交网络平台。徐某还于2016年12月至2017年8月期间，利用微信平台以图文形式在朋友圈多次对前任和现任国家领导人进行谩骂、侮辱。在案证据还证实，徐某发布到YouTube上的《还原真相》视频被数千次点击播放，徐某使用的微信共加入微信群399个，共有微信好友1500余个。根据《最高人民法院、最高人民检察院关于办理利用信息网络实施诽谤等刑事案件适用法律若干问题的解释》第五条第二款的规定，编造虚假信息，或者明知是编造的虚假信息，在信息网络上散布，造成公共秩序严重混乱的，依照刑法第二百九十三条第一款第（四）项的规定，以寻衅滋事罪定罪处罚。徐某编造、散布的虚假信息，在公共网络空间上大量传播，其上传的信息被多次评论，混淆视听，蛊惑群众，其行为造成公共秩序严重混乱，应当以寻衅滋事罪定罪处罚。根据前述司法解释第五条第一款的规定，利用信息网络辱骂他人，情节恶劣，破坏社会秩序的，依照刑法第二百九十三条第一款第（二）项的规定，以寻衅滋事罪定罪处罚。本案中，徐某多次辱骂党和国家领导人，给领导人的人格、名誉造成损害，严重损害国家形象，其行为属于《最高人民法院、最高人民检察院关于办理寻衅滋事刑事案件适用法律若干问题的解释》第三条第（一）项规定的多次辱骂他人，造成恶劣社会影响的情形，应当认定为刑法第二百九十三条第一款第（二）项规定的“情节恶劣”，其行为亦构成寻衅滋事罪。

综上，被告人及其辩护人所提徐某的行为不构成犯罪的意见不成立，不予采纳。

本院认为，被告人徐某无视国家法律，在信息网络上散布涉及国内重大事件的虚假信息，起哄闹事，相关信息被广泛传播、评论，混淆视听，蛊惑群众，对其行为应当认定为《最高人民法院、最高人民检察院关于办理利用信息网络实施诽谤等刑事案件适用法律若干问题的解释》第五条第二款规定的造成公共秩序严重混乱；其还利用信息网络多次辱骂国家领导人，造成恶劣的社会影响，根据《最高人民法院、最高人民检察院关于办理寻衅滋事刑事案件适用法律若干问题的解释》第三条第（一）项的规定，对其行为应当认定为情节恶劣，对其上述两种行为依法应以寻衅滋事罪定罪处罚。公诉机关指控被告人徐某犯寻衅滋事罪的事实清楚，证据确实、充分，指控罪名成立。根据被告人徐某犯罪的事实、性质、情节和对社会的危害程度，依照《中华人民共和国刑法》第二百九十三条第一款第（二）项、第（四）项，第六十四条和《最高人民法院、最高人民检察院关于办理寻衅滋事刑事案件适用法律若干问题的解释》第三条第（一）项、《最高人民法院、最高人民检察院关于办理利用信息网络实施诽谤等刑事案件适用法律若干问题的解释》第五条的规定，判决如下：

一、被告人徐某犯寻衅滋事罪，判处有期徒刑三年。

（刑期从判决执行之日起计算。判决执行以前先行羁押的，羁押一日折抵刑期一日，即自2017年9月26日起至2020年9月25日止。）

二、扣押于公安机关的作案工具手机和涉案物品予以没收、销毁。

如不服本判决，可在接到判决书的第二日起十日内，通过本院或者直接向广东省广州市中级人民法院提出上诉。书面上诉的，应当提交上诉状正本一份，副本两份。

审　判　长　蔡穗硕

审　判　员　刘玉清

审　判　员　许东俊

二〇一八年十二月七日

书　记　员　常嘉瑜

马海欣

附：本裁判主要法律依据

《中华人民共和国刑法》

第六十四条　犯罪分子违法所得的一切财物，应当予以追缴或者责令退赔；对被害人的合法财产，应当及时返还；违禁品和供犯罪所用的本人财物，应当予以没收。没收的财物和罚金，一律上缴国库，不得挪用和自行处理。

第二百九十三条　有下列寻衅滋事行为之一，破坏社会秩序的，处五年以下有期徒刑、拘役或者管制：

（一）随意殴打他人，情节恶劣的；

（二）追逐、拦截、辱骂、恐吓他人，情节恶劣的；

（三）强拿硬要或者任意损毁、占用公私财物，情节严重的；

（四）在公共场所起哄闹事，造成公共场所秩序严重混乱的。

纠集他人多次实施前款行为，严重破坏社会秩序的，处五年以上十年以下有期徒刑，可以并处罚金。

《最高人民法院、最高人民检察院关于办理利用信息网络实施诽谤等刑事案件适用法律若干问题的解释》

第五条　利用信息网络辱骂、恐吓他人，情节恶劣，破坏社会秩序的，依照刑法第二百九十三条第一款第（二）项的规定，以寻衅滋事罪定罪处罚。

编造虚假信息，或者明知是编造的虚假信息，在信息网络上散布，或者组织、指使人员在信息网络上散布，起哄闹事，造成公共秩序严重混乱的，依照刑法第二百九十三条第一款第（四）项的规定，以寻衅滋事罪定罪处罚。

《最高人民法院、最高人民检察院关于办理寻衅滋事刑事案件适用法律若干问题的解释》

第三条　追逐、拦截、辱骂、恐吓他人，破坏社会秩序，具有下列情形之一的，应当认定为刑法第二百九十三条第一款第二项规定的“情节恶劣”：

（一）多次追逐、拦截、辱骂、恐吓他人，造成恶劣社会影响的；

（二）持凶器追逐、拦截、辱骂、恐吓他人的；

（三）追逐、拦截、辱骂、恐吓精神病人、残疾人、流浪乞讨人员、老年人、孕妇、未成年人，造成恶劣社会影响的；

（四）引起他人精神失常、自杀等严重后果的；

（五）严重影响他人的工作、生活、生产、经营的；

（六）其他情节恶劣的情形。

广州虎牙信息科技有限公司诉武汉鱼行天下文化传媒有限公司不正当竞争纠纷民事判决书

广东省广州市南沙区人民法院
民　事　裁　定　书

（2019）粤0115民初1339号

申请人：广州虎牙信息科技有限公司，住所地略。

法定代表人：董某杰，执行董事。

委托诉讼代理人：苏某，上海市方达（广州）律师事务所律师。

委托诉讼代理人：李某，上海市方达（广州）律师事务所实习律师。

被申请人：武汉鱼行天下文化传媒有限公司，住所地略。

法定代表人：程某。

委托诉讼代理人：朱某飞，北京大成（深圳）律师事务所律师。

委托诉讼代理人：马某程，北京大成（深圳）律师事务所律师。

广州虎牙信息科技有限公司（以下简称虎牙公司）与武汉鱼行天下文化传媒有限公司（以下简称鱼行天下公司）不正当竞争纠纷一案，申请人虎牙公司向本院申请行为保全，请求：1. 责令鱼行天下公司立即停止针对虎牙公司的苹果应用程序“虎牙直播－游戏互动直播平台”和“虎牙直播 HD－游戏互动直播平台”，就编号 APP101459－A 项下相关事宜向 appstorenotices@apple.com、苹果应用商店 App Store、苹果公司（APPLE INC.）进行投诉；2. 上述行为保全的效力，维持到虎牙公司与鱼行天下公司就本争议判决生效时止；3. 申请费由鱼行天下公司负担。申请人虎牙公司向本院提供由广东泓盛融资担保有限公司出具的《保全担保函》，该公司愿对虎牙公司的行为保全申请提供担保，担保金额为人民币100万元整，承诺如因虎牙公司行为保全申请错误致使鱼行天下公司遭受损失，经法院判决应由虎牙公司承担损害赔偿责任的，该公司将依据与虎牙公司签订的委托担保合同承担担保责任，该保全担保函为不可撤销的连带责任保证担保函。

本院就虎牙公司提出的行为保全申请召集虎牙公司、鱼行天下公司进行听证，并查明以下事实：

虎牙公司于2016年8月10日核准成立，注册资本贰亿零贰佰万元整，经营范围为软件和信息技术服务业。鱼行天下公司于2016年6月24日核准成立，注册资本壹佰万元整，经营范围为网络平台运营管理、网络游戏开发等。虎牙公司及鱼行天下公司共同确认其在涉案苹果公司的平台上所经营的是直播平台的软件，主要直播游戏。鱼行天下公司与虎牙公司的直播平台没有合作关系，只有竞争关系。

2018年8月30日，苹果公司（发件人：App Disputes）向虎牙公司（收件人：huyabd;zhongzhenjie;wangjian1）发送电子邮件，内容为：后续请在有关此事项的所有信函的标题行标注 APP101459-A。2018年8月28日，武汉鱼行天下文化传媒有限公司（投诉方）告知我们，其认为贵方的下列应用程序侵犯了其知识产权。投诉方尤其认为贵方正在侵犯其著作权。以下是他们的意见。您可以通过复制本邮件上 Chiara Wang 的邮寄地址（email:douyu fw@douyu.tv）直接与投诉方互相通信联系。我们期待收到贵方的书面保证，保证贵方的应用程序未侵犯投诉方的权利，或者双方正采取行动尽快解决这件事。后续的进展请随时向我们通报。处理本事项的过程中请注意：……4. 有多次被主张侵权记录的开发者，或者对苹果公司和/或投诉方做虚假陈述的开发者有可能会被逐出开发者程序。5. 未回应投诉方，亦未采取行动解决争端，可能会因违反《苹果应用商店审核指南》和/或《IOS 开发者程序许可协议》而导致已发布的应用程序被下架。并附有鱼行天下公司向苹果公司进行投诉的邮件内容，显示投诉的应用程序为虎牙公司开发并提供的“虎牙直播-游戏互动直播平台”和“虎牙直播 HD-游戏互动直播平台”，邮件内容为：我司与主播张某海、吴某远、喻某签订了经纪合同。根据协议内容，主播在合同有效期内制作的音视频著作权为我司所有。现虎牙直播未经我司授权，擅自对我司享有版权的音视频作品进行传播，侵犯我司著作权。我们请求苹果商店将侵权应用程序下架。

2018年8月31日，虎牙公司（发件人：huyabd@huya.com）向苹果公司（收件人：appstorenotices）发送邮件，并抄送给 douyu_fw@douyu.tv，内容为对上述编号为“APP101459-A”的投诉事项进行回应。内容有：作为一家直播平台，有一百万用户通过虎牙 App 直播对其游戏或创作内容进行直播。如果投诉方未直接向我司提供著作权证明和侵权证据，很遗憾我们不能帮助投诉方将所称的侵权材料从虎牙 App 删除。

2018年9月6日，鱼行天下公司（发件人：法务部收件箱）向苹果公司（收件人：appstorenotices）发送邮件，并抄送给 huyabd@huya.com，对上述编号为“APP101459-A”

的投诉事项继续向苹果公司进行投诉，邮件最后表示：我们请求将虎牙直播APP从应用商店下架。我们希望尽快解决这一争议，维护我司的合法权利。

2018年9月12日，虎牙公司（发件人：huyabd@huya.com）向苹果公司（收件人：appstorenotices）发送邮件，并抄送给douyu_fw@douyu.tv，对上述编号为“APP101459-A”的投诉事项进行回应，对该投诉事项予以否认。

2018年9月14日，鱼行天下公司（发件人：法务部收件箱）向苹果公司（收件人：appstorenotices）发送邮件，并抄送给huyabd@huya.com，对上述编号为“APP101459-A”的投诉事项继续向苹果公司进行投诉，内容包括：虎牙直播提供的授权书的授权其包含在我司与主播张某海、吴某远、喻某签订的合同的有效期内。因此，虎牙直播提供的授权书的真实性和合法性值得怀疑。邮件最后表示：我们请求尽快将虎牙直播从应用商店下架，以制止虎牙直播的侵权和不当竞争行为。

2018年9月20日，虎牙公司（huyabd@huya.com）向鱼行天下公司及苹果公司（收件人：douyu_fw@douyu.tv；appstorenotices），对上述编号为“APP101459-A”的投诉事项进行回应，对该投诉事项予以否认。

2018年9月21日，鱼行天下公司（发件人：法务部收件箱）向苹果公司（收件人：appstorenotices）发送邮件，并抄送给huyabd@huya.com，对上述编号为“APP101459-A”的投诉事项继续向苹果公司进行投诉，邮件最后表示：我们请求尽量将虎牙直播从应用商店下架，以免我们遭受更大损失，从而维护我司合法权利。

2018年9月26日，虎牙公司（发件人：huyabd@huya.com）向苹果公司（收件人：appstorenotices）发送邮件，并抄送douyu_fw@douyu.tv，对上述编号为“APP101459-A”的投诉事项进行回应，对该投诉事项予以否认。

2018年10月5日，鱼行天下公司（发件人：法务部收件箱）向苹果公司（收件人：appstorenotices）发送邮件，并抄送给huyabd@huya.com，对上述编号为“APP101459-A”的投诉事项继续向苹果公司进行投诉，邮件最后表示：我们敦促苹果应用商店尽快将虎牙直播从应用商店下架。

2018年10月8日，虎牙公司（发件人：huyabd@huya.com）向苹果公司（收件人：appstorenotices）发送邮件，并抄送douyu_fw@douyu.tv，对上述编号为“APP101459-A”的投诉事项进行回应，对该投诉事项予以否认。

2018年10月9日，鱼行天下公司（发件人：douyu_fw@douyu.tv）向苹果公司（收件人：appstorenotices）发送邮件，并抄送给huyabd@huya.com，对上述编号为“APP101459-A”的投诉事项继续向苹果公司进行投诉，内容包括有：鱼行天下公司是武汉斗鱼鱼乐网络科技有限公司旗下的全资子公司，在对外投诉及后续行动中我们可以互相代表对方。邮件最后表示：为了维护应用商店的秩序，我们请求尽快将虎牙直播从应用商店下架。

2018年10月11日，虎牙公司（发件人：huyabd@huya.com）向苹果公司（收件人：appstorenotices）发送邮件，并抄送 douyu_fw@douyu.tv，内容为：我们已经在之前的邮件中反复提及投诉方与主播之间的合同纠纷与第三方无关，张某海、吴某远、喻某已经离开了斗鱼平台，终止了与投诉方的合作关系，投诉方一直在撒谎、颠倒黑白。我们想办法联系上了这些主播，并获得了他们的声明（详见附件），他们明确表示由于投诉方的违约，这些主播早已经终止了对投诉方的授权，投诉方没有任何权利进行本次投诉，其一直在做虚假投诉，应受到处罚。我们已经按照苹果的规则积极地回应了该投诉，并提供了证据证明这些主播已经将音视频的著作权授权给了虎牙。另外，我们同意赔偿苹果公司在苹果开发者协议下与投诉方纠纷所可能导致的损失，使其免受伤害。我们也要求苹果公司能够维护平台的秩序，不要让投诉方继续这种荒谬的投诉，这个无意义的投诉应该被停止了。

2018年10月12日，鱼行天下公司（发件人：douyu_fw@douyu.tv）向苹果公司（收件人：appstorenotices）发送邮件，并抄送给 huyabd@huya.com，对上述编号为“APP101459-A”的投诉事项继续向苹果公司进行投诉，内容包括：虎牙直播提供的所有这些主播的单方面声明都是无效的。虎牙直播应拒绝相关主播在其平台上直播。邮件最后表示：为了维护我司的合法权利，我们恳请尽快将虎牙直播从应用商店下架。

2018年10月15日，虎牙公司（发件人：huyabd@huya.com）向苹果公司（收件人：appstorenotices）发送邮件，并抄送 douyu_fw@douyu.tv，内容有：我们已经在之前的邮件中反复提及投诉方与主播之间的合同纠纷与我方无关，我们想办法与张某海、吴某远、喻某联系并获得了他们的声明（详见之前的邮件）。他们明确表示由于投诉方的违约，他们已经终止了与投诉方的合作且中断了对其的授权。荒诞的是，投诉方仍相信在没有合同基础的情形下，他们有权投诉。投诉方应就其荒诞、不负责任的投诉受到惩罚。

2018年10月17日，鱼行天下公司（发件人：douyu_fw@douyu.tv）向苹果公司（收件人：appstorenotices）发送邮件，并抄送给 huyabd@huya.com，对上述编号为“APP101459-A”的投诉事项继续向苹果公司进行投诉，邮件最后表示：为了维护我司的合法权利，我们恳请尽快将虎牙直播从应用商店下架。

2018年10月18日，虎牙公司（发件人：huyabd@huya.com）向苹果公司（收件人：appstorenotices）发送邮件，并抄送 douyu_fw@douyu.tv，对上述编号为“APP101459-A”

的投诉事项进行回应，对该投诉事项予以否认。

2018年10月19日，鱼行天下公司（发件人：douyu_fw@douyu.tv）向苹果公司（收件人：appstorenotices）发送邮件，并抄送给huyabd@huya.com，对上述编号为“APP101459-A”的投诉事项继续向苹果公司进行投诉，邮件最后表示：为了维护我司的合法权利，我们恳请尽快将虎牙直播从应用商店下架。

2018年10月24日，虎牙公司（发件人：huyabd@huya.com）向苹果公司（收件人：appstorenotices）发送邮件，并抄送douyu_fw@douyu.tv，对上述编号为“APP101459-A”的投诉事项进行回应，对该投诉事项予以否认。

2018年10月25日，鱼行天下公司（发件人：douyu_fw@douyu.tv）向苹果公司（收件人：appstorenotices）发送邮件，并抄送给huyabd@huya.com，对上述编号为“APP101459-A”的投诉事项继续向苹果公司进行投诉，邮件最后表示：为了维护我司的合法权利，我们请求尽快将虎牙直播从应用商店下架。

2018年10月30日，虎牙公司（发件人：huyabd@huya.com）向苹果公司（收件人：appstorenotices）发送邮件，并抄送douyu_fw@douyu.tv，对上述编号为“APP101459-A”的投诉事项进行回应，对该投诉事项予以否认。

2018年11月2日，鱼行天下公司（发件人：douyu_fw@douyu.tv）向苹果公司（收件人：appstorenotices）发送邮件，并抄送给huyabd@huya.com，对上述编号为“APP101459-A”的投诉事项继续向苹果公司进行投诉，邮件最后表示：为了维护我司的合法权利，我们再次请求将虎牙直播从应用商店下架。

2018年11月8日，虎牙公司（发件人：huyabd@huya.com）向苹果公司（收件人：appstorenotices）发送邮件，并抄送douyu_fw@douyu.tv，对上述编号为“APP101459-A”的投诉事项进行回应，对该投诉事项予以否认。

2018年11月9日，鱼行天下公司（发件人：douyu_fw@douyu.tv）向苹果公司（收件人：appstorenotices）发送邮件，并抄送给huyabd@huya.com，对上述编号为“APP101459-A”的投诉事项继续向苹果公司进行投诉，邮件最后表示：为了维护我司的合法权利，我们恳请尽快将虎牙直播从应用商店下架。

2018年11月15日，虎牙公司（发件人：huyabd@huya.com）向苹果公司（收件人：appstorenotices）发送邮件，并抄送douyu_fw@douyu.tv，对上述编号为“APP101459-A”的投诉事项进行回应，对该投诉事项予以否认。

2018年11月23日，鱼行天下公司（发件人：douyu_fw@douyu.tv）向苹果公司（收件人：appstorenotices）发送邮件，并抄送给huyabd@huya.com，对上述编号为

“APP101459-A”的投诉事项继续向苹果公司进行投诉，邮件最后表示：为了维护我司的合法权利，我们恳请尽快将虎牙直播从应用商店下架。

2018年11月23日，虎牙公司（发件人：huyabd@huya.com）向苹果公司（收件人：appstorenotices），并抄送douyu_fw@douyu.tv，对上述编号为“APP101459-A”的投诉事项进行回应，对该投诉事项予以否认。

2018年11月30日，鱼行天下公司（发件人：douyu_fw@douyu.tv）向苹果公司（收件人：appstorenotices）发送邮件，并抄送给huyabd@huya.com，对上述编号为“APP101459-A”的投诉事项继续向苹果公司进行投诉，邮件最后表示：为了维护我司的合法权利，我们恳请尽快将虎牙直播从应用商店下架。

2018年12月5日，虎牙公司（发件人：huyabd@huya.com）向苹果公司（收件人：appstorenotices），并抄送douyu_fw@douyu.tv，对上述编号为“APP101459-A”的投诉事项进行回应，对该投诉事项予以否认。

2018年12月7日，鱼行天下公司（发件人：douyu_fw@douyu.tv）向苹果公司（收件人：appstorenotices）发送邮件，并抄送给huyabd@huya.com，对上述编号为“APP101459-A”的投诉事项继续向苹果公司进行投诉，邮件最后表示：为了维护我司的合法权利，我们请求将虎牙直播尽快从应用商店下架。

2018年12月10日，虎牙公司（发件人：huyabd@huya.com）向苹果公司（收件人：appstorenotices），并抄送douyu_fw@douyu.tv，对上述编号为“APP101459-A”的投诉事项进行回应，对该投诉事项予以否认。

2018年12月14日，鱼行天下公司（发件人：douyu_fw@douyu.tv）向苹果公司（收件人：appstorenotices）发送邮件，并抄送给huyabd@huya.com，对上述编号为“APP101459-A”的投诉事项继续向苹果公司进行投诉，邮件最后表示：为了维护我司的合法权利，我们恳请苹果应用商店尽快将虎牙直播下架。

2018年12月14日，虎牙公司（发件人：huyabd@huya.com）向苹果公司（收件人：appstorenotices），并抄送douyu_fw@douyu.tv，对上述编号为“APP101459-A”的投诉事项进行回应，对该投诉事项予以否认。

2018年12月21日，鱼行天下公司（发件人：douyu_fw@douyu.tv）向苹果公司（收件人：appstorenotices）发送邮件，并抄送给huyabd@huya.com，对上述编号为“APP101459-A”的投诉事项继续向苹果公司进行投诉，邮件最后表示：为了维护我司的合法权益，我们要求将虎牙直播尽快从苹果应用商店下架。

2018年12月21日，虎牙公司（发件人：huyabd@huya.com）向苹果公司（收件人：

appstorenotices），并抄送 douyu_fw@douyu.tv，对上述编号为“APP101459-A”的投诉事项进行回应，对该投诉事项予以否认。

2019年1月4日，鱼行天下公司（发件人：douyu_fw@douyu.tv）向苹果公司（收件人：appstorenotices）发送邮件，并抄送给 huyabd@huya.com，对上述编号为“APP101459-A”的投诉事项继续向苹果公司进行投诉，邮件最后表示：为了维护我司的合法权利，我们要求将虎牙直播尽快从苹果应用商店下架。

2019年1月8日，虎牙公司（发件人：huyabd@huya.com）向苹果公司（收件人：appstorenotices），并抄送 douyu_fw@douyu.tv，对上述编号为“APP101459-A”的投诉事项进行回应，对该投诉事项予以否认。

2019年1月11日，鱼行天下公司（发件人：douyu_fw@douyu.tv）向苹果公司（收件人：appstorenotices）发送邮件，并抄送给 huyabd@huya.com，对上述编号为“APP101459-A”的投诉事项继续向苹果公司进行投诉，邮件最后表示：为了维护我司的合法权利，我们再次要求将虎牙直播尽快从苹果应用商店下架。

2019年1月11日，虎牙公司（发件人：huyabd@huya.com）向苹果公司（收件人：appstorenotices）发送邮件，并抄送 douyu_fw@douyu.tv，对上述编号为“APP101459-A”的投诉事项进行回应，对该投诉事项予以否认。

2019年1月18日，鱼行天下公司（发件人：douyu_fw@douyu.tv）向苹果公司（收件人：appstorenotices）发送邮件，并抄送给 huyabd@huya.com，对上述编号为“APP101459-A”的投诉事项继续向苹果公司进行投诉，邮件最后表示：为了维护我司的合法权益，我们再次要求将虎牙直播尽快从苹果应用商店下架。

2019年1月18日，虎牙公司（发件人：huyabd@huya.com）向苹果公司（收件人：appstorenotices）、鱼行天下公司（收件人：douyu_fw@douyu.tv）发送邮件，针对鱼行天下公司的投诉重申两点观点，邮件附件显示有：吴某远－虎牙签约证明.jpg，吴某远 wuxinyuan－声明.jpg，喻某－虎牙签约证明.jpg，喻某 yuxing－声明.jpg；张某海－虎牙签约证明.jpg；张某海 zhangfuhai 声明.jpg 文件。其中有“吴某远”的签名及指模的“声明”日期为2018年5月25日，内容为：本人吴某远于2018年5月25日与虎牙公司就本人的所有网络直播及演艺、商业活动等事宜开展独家合作，合作期限自2018年6月1日至2019年5月31日。乙方将因进行网络直播、演艺和参与商业活动所产生的昵称、主播房间名、宣传推广口号、个人形象、图片、画像、卡通图像、文字、符号、音频、视频等内容及衍生作品的知识产权和商业利益独家授予虎牙公司使用，该授权是不可撤销的、永久的、全球范围的、可再许可的、可转授权的。无论是在上述合作期内或合作期限届满之后，虎牙公司可以任何方式自行或者授权第三方使用前述内容，并有权以自己的名义独立进行对外维权。本人上述直播及演艺形成的作品及内容、本人的昵称及个人形象等是合法、没有争议的。若涉及违法内容或侵害他人合法权益的问题引发的纠纷和责任由本人全部承担。落款处有“喻某”签名及指模的“声明”日期为2018年7月1日，合作期限自2018年7月1日至2020年6月30日，其余内容与上述吴某远的“声明”相同。落款处有“张某海”签名及指模的“声明”日期为2018年7月1日，合作期限自2018年7月1日至2019年6月30日，其余内容与上述吴某远的“声明”相同。落款日期为2018年10月1日，落款处有“吴某远”签名及指模的“声明”内容为：本人从未与鱼行天下公司有过任何合作，本人也从未授权过任何权利给鱼行天下公司使用。本人已经于2018年5月离开了斗鱼直播平台，并终止了对斗鱼直播平台的所有授权。鱼行天下公司、斗鱼直播平台均无权以任何名义使用本人的作品，无权对外维权。落款日期为2018年10月1日，落款处有“喻某”签名及指模的“终止授权声明”内容为：由于鱼行天下公司违约在先，本人已经自2018年8月起终止了与鱼行天下公司的合作，离开了斗鱼直播平台，并已终止了对鱼行天下公司及斗鱼直播平台的所有授权（包括著作权授权等）。鱼行天下公司及斗鱼直播平台无权以任何名义再使用本人的作品，无权对外维权。落款日期为2018年10月1日，落款处有“张某海”签名及指模的“终止授权声明”内容为：由于鱼行天下公司违约在先，本人已经自2018年7月起终止了与鱼行天下公司的合作，离开了斗鱼直播平台，并已终止了对鱼行天下公司及斗鱼直播平台的所有授权（包括著作权授权等）。鱼行天下公司及斗鱼直播平台无权以任何名义再使用本人的作品，无权对外维权。

2019年1月25日，鱼行天下公司(发件人:douyu_fw@douyu.tv)向苹果公司(收件人:appstorenotices)发送邮件，并抄送给huyabd@huya.com，对上述编号为“APP101459-A”的投诉事项继续向苹果公司进行投诉，邮件最后表示：为了维护我司的合法权利，我们要求将虎牙直播尽快从App Store下架。

2019年1月28日，虎牙公司（发件人：huyabd@huya.com）向苹果公司（收件人：appstorenotices），并抄送douyu_fw@douyu.tv，内容为：在过去的四个月中，鱼行天下公司一直在重复地、无理地进行投诉，试图通过不正当的手段使虎牙直播App下架。我司重申，虎牙直播不存在鱼行天下公司所称的侵权行为。该等投诉已经严重损害了我司的合法权利和利益。我司已于2019年1月25日，向广州市南沙区人民法院针对鱼行天下公司提起诉讼（请详见附件中的民事起诉状）。我司相信法院将对鱼行天下公司的恶意投诉和商业诋毁行为作出公平公正的裁判。该邮件附件有本案的“民事起诉状”。

2019年1月31日，鱼行天下公司(发件人:douyu_fw@douyu.tv)向苹果公司(收件人:appstorenotices)发送邮件，并抄送给huyabd@huya.com，对上述编号为“APP101459-A”的投诉事项继续向苹果公司进行投诉，邮件最后表示：为了维护我司的合法权益，我们再次要求将虎牙直播从App Store下架。

2019年2月3日，虎牙公司（发件人：huyabd@huya.com）向苹果公司（收件人：appstorenotices）、鱼行天下公司（收件人：douyu_fw@douyu.tv）发送邮件，对上述编号为“APP101459-A”的投诉事项进行回应，对该投诉事项予以否认。该邮件附件为本案的“受理通知书”。

2019年2月13日，苹果公司（发件人：appstorenotices）向虎牙公司（收件人：huyabd@huya.com）、鱼行天下公司（收件人：douyu_fw@douyu.tv）发送邮件，内容为：感谢您确认本事项的现状。请继续将正在进行中的诉讼的任何发展和/或进展及时告知我们。

2019年2月15日，鱼行天下公司(发件人:douyu_fw@douyu.tv)向苹果公司(收件人:appstorenotices)发送邮件，并抄送给huyabd@huya.com，对上述编号为“APP101459-A”的投诉事项继续向苹果公司进行投诉，邮件最后表示：为了维护我司的合法权益，我们要求将虎牙直播尽快从App Store下架。

2019年2月15日，虎牙公司（发件人：huyabd@huya.com）向苹果公司（收件人：appstorenotices）、鱼行天下公司（收件人：douyu_fw@douyu.tv）发送邮件，内容有：我司在广州市南沙区人民法院起诉鱼行天下公司不正当竞争，以通过法律途径处理对方的恶意投诉……在案件进行过程中，我们希望苹果App Store对鱼行天下公司重复和无理的投诉进行相应的处罚。

鱼行天下公司提交其作为甲方与乙方张某海于2018年1月1日签订的《解说合作协议》，约定乙方在甲方指定的斗鱼平台进行独家解说。其中第1.2条约定：“协议主播：乙方在甲方指定的斗鱼平台进行独家解说，并担任本合同项下的协议主播。”第1.3条约定：“斗鱼平台：由武汉斗鱼网络科技有限公司或其关联公司自有在线解说平台或合作平台，包括但不限于PC端及客户端。”第1.4条约定：“协议成果：指协议主播于本协议期间内以主播身份在各渠道或媒介上从事的任一行为或活动（包括但不限于解说、经纪活动、广告活动、影视表演、声乐表演、赛事、商业及公益活动等主播参与或执行的任一行为或活动）过程中创作形成的作品（包括但不限于文字、名称、品牌、标识、图样、图片、照片、协议解说音频、协议解说视频等任何丙方创作及参与制作、表演产生的全部智力成果，含一切载体或非载体形式，下称为“协议成果”）。”第1.19条约定："独家：是指在本协议有效期限内，乙方不得与任何第三方开展本协议所涉相似的任何形式的合作及在第三方任职、挂职，乙方不得自行或擅自授权他人享有甲方依据本协议所获得任一独家权利及权益，且任何他人不能也再从其他人处获得。"第2.3条约定：合同履行期自2018年1月1日起至2021年6月30日止。第3.1条约定：作为取得本协议约定的授权权利的对价，且乙方在按照协议的要求完全履行其义务且没有给甲方造成损失的情况下，甲方按以下第1种方式向乙方支付合作费用：（1）合作费用为每月6000元人民币。第5.1条约定：协议成果的各项权利、权益（包括但不限于著作权、著作邻接权、商标权等知识产权以及相关的一切衍生权利）自产生之日起乙方独家转让给甲方独家所有。第十一条对协议的变更、终止与违约进行了约定。第13.3条约定：本协议的附件是本协议不可分割的组成部分，具有与本协议正文相同的约束力。该协议附件1为《授权书》，授权方为张某海，被授权方为鱼行天下公司，授权作品：（1）对游戏规则、游戏过程或游戏经验等介绍、评论进行录制保存形成的音视频文件；（2）利用已方在网络上的知名优势、艺能、其他行为表演或在线演绎分享进行录制保存形成的音视频文件；（3）对体育节目（包括体育赛事、体育评书、体育脱口秀等以体育为主题的节目，本文简称为"体育节目"）的规则、过程、经验等进行介绍、评论，或进行制作、主持（包括担任嘉宾）所录制保存形成的音视频文件；（4）以上（1）(2)(3）未穷尽的，授权方自行制作或与他人合作制作并进行录制保存形成的音视频文件。授权期限：2018年1月1日至2021年6月30日。授权性质：包括但不限于《中华人民共和国著作权法》第十条第一款规定的修改权、发行权、摄制权、改编权、汇编权、信息网络传播权等全部财产权利和可转让的人身权利；肖像权。授权平台：被授权方实际运营或合作的网络平台，包括但不限于www.douyutv.com。授权性质：不可撤销的独家权利、可转授权、在授权期限内，被授权人有权单独以自己的名义维权（包括但不限于发送律师函、交涉和提起诉讼)，非经被授权人许可授权人不得以任何形式行使授权作品的著作权及本人肖像权。授权区域：全球范围。协议附件2为《授权书》，张某海授权鱼行天下公司享有其所有商业活动的独家经纪代理权，负责全权代表其安排商业活动并签署相关协议。授权期限自2018年1月1日至2021年6月30日。协议附件3为张某海签署的《承诺函》，承诺：1.严格遵守鱼行天下公司直播平台关于在线解说的相关规定。2.签订《解说合作协议》时，并未与第三方存在仍在履行期限内的类似解说员协议。3.如有违反本承诺，本人愿意承担因此造成的不良后果。协议附件4为《直播公约》和《反商业贿赂协议》。

涉案的主播喻某、吴某远亦分别与鱼行天下公司签订了《解说合作协议》及签署相关《授权书》《承诺书》《反商业贿赂协议》等文件，内容与上述张某海签订的文件内容大致相同。其中，喻某签订的合同履行期限自2017年8月1日起至2022年7月31日止，吴某远签订的合同履行期限自2017年5月1日起至2021年11月30日止。

鱼行天下公司与武汉斗鱼鱼乐网络科技有限公司作为共同原告以喻某、喻云刚为共同被告，虎牙公司为第三人向武汉市东湖新技术开发区人民法院提起诉讼，请求判令喻某继续履行与两原告2017年7月31日签订的《解说合作协议》，停止违约行为并支付违约金人民币100万元。该案已于2018年10月23日立案。

鱼行天下公司作为被告以张某海为被告、虎牙公司为第三人向武汉市东湖新技术开发区人民法院提起诉讼，请求判令张某海继续履行与两原告2018年1月1日签订的《解说合作协议》，停止违约行为并支付违约金人民币100万元。该案已于2019年2月立案。

虎牙公司确认其与涉案三主播建立合作关系时，并不知道鱼行天下公司与该三主播之间的关系，三主播亦明确说明直播和演绎形成的任何内容都是合法而没有争议的。鱼行天下公司确认其与涉案三主播签订的《解说合作协议》约定的并非协议成果的权利转让，而是三主播以独家授权的形式将相关权利授权给鱼行天下公司使用。并确认其已于2018年7月1日将与喻某签订的《解说合作协议》项下的权利、义务转移给了武汉斗鱼鱼乐网络科技有限公司。

本院经审查认为，根据《最高人民法院关于审查知识产权纠纷行为保全案件适用法律若干问题的规定》第二条第一款的规定，知识产权纠纷的当事人在判决、裁定或者仲裁裁决生效前，依据民事诉讼法第一百条、第一百零一条规定申请行为保全的，人民法院应当受理。本案为不正当竞争纠纷，虎牙公司在诉讼过程中提起行为保全申请，依法应予受理。

《最高人民法院关于审查知识产权纠纷行为保全案件适用法律若干问题的规定》第七条规定："人民法院审查行为保全申请，应当综合考量下列因素：（一）申请人的请求是否具有事实基础和法律依据，包括请求保护的知识产权效力是否稳定；（二）不采取行为保全措施是否会使申请人的合法权益受到难以弥补的损害或者造成案件裁决难以执行等损害；（三）不采取行为保全措施对申请人造成的损害是否超过采取行为保全措施对被申请人造成的损害；（四）采取行为保全措施是否损害社会公共利益；（五）其他应当考量的因素。"第八条规定："人民法院审查判断申请人请求保护的知识产权效力是否稳定，应当综合考量下列因素：（一）所涉权利的类型或者属性；（二）所涉权利是否经过实质审查；（三）所涉权利是否处于宣告无效或者撤销程序中以及被宣告无效或者撤销的可能性；（四）所涉权利是否存在权属争议；（五）其他可能导致所涉权利效力不稳定的因素。”第十条规定：“在知识产权与不正当竞争纠纷行为保全案件中，有下列情形之一的，应当认定属于民事诉讼法第一百零一条规定的‘难以弥补的损害’：（一）被申请人的行为将会侵害申请人享有的商誉或者发表权、隐私权等人身性质的权利且造成无法挽回的损害；（二）被申请人的行为将会导致侵权行为难以控制且显著增加申请人损害；（三）被申请人的侵害行为将会导致申请人的相关市场份额明显减少；（四）对申请人造成其他难以弥补的损害。”

根据本案现有证据，本院认为，虎牙公司的行为保全申请应予支持，理由如下：

一、关于涉案争议权利的效力状态问题。针对鱼行天下公司向苹果公司的投诉，虎牙公司提交了由三名主播分别出具的《声明》《终止授权声明》等文件，显示该三名主播声明已终止对鱼行天下公司的授权，并将其因进行网络直播、演艺和参与商业活动所产生的各种内容及衍生作品的知识产权和商业利益独家授予虎牙公司使用，目前该项授权仍在有效期内。虽然鱼行天下公司出示了三名主播与其所签订的《解说合作协议》及相关《授权书》《承诺书》《反商业贿赂协议》等文件，但并不能因此直接否定虎牙公司的权利。在双方均持有涉案三名主播出具的授权文件的情况下，如果鱼行天下公司认为虎牙公司取得的授权不具法律效力，应依法向有权机关提起撤销或确认无效的主张，在虎牙公司提交的上述《声明》《终止授权声明》未经有权机关依法予以撤销或确认无效等否定其法律效力的前提下，虎牙公司依据涉案三名主播的授权行使相关权利具有合法性，其知识产权效力目前仍属稳定状态。

二、鱼行天下公司持续投诉行为的正当性问题。自2018年8月28日起至2019年2月15日，鱼行天下公司就相同的事项向苹果公司投诉虎牙公司达23次。每次投诉邮件中均明确表示要求苹果公司将虎牙公司的直播程序从苹果应用商店下架，并且在2018年9月14日的邮件中确认其已知悉虎牙公司提交涉案三名主播的授权文件后，仍然继续向苹果公司进行投诉。该行为表明鱼行天下公司对虎牙公司的投诉是持续性进行的，不实现投诉目的不停止。本院认为，鱼行天下公司上述持续投诉行为不具有正当性。理由如下：1. 鱼行天下公司与虎牙公司都是经营游戏直播平台的运营商，具有竞争关系。鱼行天下公司依据其与涉案三名主播签署的文件向苹果公司投诉虎牙公司，本是合法行使权利的表现。但虎牙公司就鱼行天下公司的投诉内容已经提交涉案三名主播对虎牙公司的授权文件，表明其权利具有合法来源。鱼行天下公司如果认为三名主播对虎牙公司的授权是无效的，应当依法向有关司法机关提起诉讼，请求撤销该授权或确认该授权无效。但鱼行天下公司仍然坚持只通过向苹果公司持续不断发送投诉邮件，并在邮件中直接声称三名主播对虎牙公司的授权无效，要求苹果公司直接将虎牙公司涉案应用程序从苹果应用商店删除。鱼行天下公司的目的是希望通过持续不断的投诉，不停向苹果公司施压，最终迫使苹果公司将虎牙公司涉案应用程序直接从苹果商店删除，从而达到清除竞争对手，占领市场份额的目的，该行为不具正当性。2. 涉案争议的权利仅限于张某海、喻某、吴某远三名主播授权的范围，而在虎牙公司涉案两个应用程序上进行直播的不仅仅只是该三名主播，但鱼行天下公司的投诉邮件中每次均要求苹果公司将虎牙直播程序予以删除，其目的并非只是要求虎牙公司停止使用涉案三名主播的相关内容，而是要将虎牙公司在苹果商店上的整个直播应用程序予以删除，从而达到清除竞争对手，占领市场份额的目的，该行为不具正当性。3. 在鱼行天下公司起诉喻某、张某海合同纠纷案件及本案正式立案后，鱼行天下公司仍然没有停止其向苹果公司的投诉行为，该行为表明鱼行天下公司在涉案争议权利的效力经法院生效裁判认定之前，仍然希望通过持续不断的投诉行为，不停向苹果公司施压，最终迫使苹果公司将虎牙公司涉案应用程序直接从苹果商店删除，从而达到清除竞争对手，占领市场份额的目的，该行为不具正当性。

三、行为保全措施的必要性问题。如前所述，由于鱼行天下公司就同一事项持续不断地向苹果公司进行投诉，从苹果公司的角度出发，其很可能因为鱼行天下公司的持续投诉，为了规避可能承担的法律责任，从而先将虎牙公司涉案应用程序从苹果商店予以删除。虽然只是一种可能性，但虎牙公司涉案应用程序被苹果公司删除的危险性是现实存在的、不确定性的、情况较为紧急的一种可能。而一旦虎牙公司涉案应用程序被删除，将会给虎牙公司带来难以弥补的损害，包括：1. 虎牙公司将直接损失涉案应用程序下架期间所有使用苹果公司系统的新增用户。2. 虎牙公司涉案应用程序下架期间，其直播平台的流量势必受到极大的负面影响，部分主播将会向其他直播平台转移，其用户亦随着流失。这将给虎牙公司造成直接的经济损失，并可能影响虎牙公司原有的竞争优势。3. 虎牙公司涉案应用程序被苹果公司下架，必然会对虎牙公司的商誉及行业地位产生负面的影响。主播和用户的流失更会加剧市场相关公众的无端猜测，导致虎牙公司的商誉严重受损、市场份额减少、收入下降以及股价下跌等难以弥补的损害。综上，虎牙公司的行为保全申请具有必要性。

四、采取行为保全措施的利益平衡考量问题。如前所述，如果不采取行为保全措施，导致虎牙公司涉案的应用程序被苹果公司下架，其所造成的后果是难以弥补的损害。如果采取行为保全措施，则鱼行天下公司不得再就涉案投诉事项向苹果公司持续进行投诉，苹果公司就不会因此而主动将虎牙公司涉案应用程序下架，其结果就是使虎牙公司涉案应用程序仍然能够提供给苹果用户下载使用，不会对虎牙公司造成难以弥补的损害。而对于鱼行天下公司，其主张的涉案权利只是针对张某海、喻某、吴某远三名主播的权利，其可能受到的损害远少于不采取行为保全措施可能给虎牙公司造成的损害。同时，虎牙公司请求行为保全的效力，维持到虎牙公司与鱼行天下公司就本争议判决生效时止。在此期间，暂时禁止鱼行天下公司就尚无定论的争议事项向苹果公司进行投诉，鱼行天下公司仍然可以就涉案争议权利的归属依法向有权机关行使救济权利，其实质性权利并未受到影响。

五、采取行为保全措施是否会对社会公共利益造成损害的问题。采取行为保全措施的结果是虎牙公司涉案应用程序仍然能够提供给苹果用户下载使用，并不会对社会公共利益造成损害。

六、虎牙公司已就其行为保全申请提供了相应的担保，提供担保的主体及担保资格条件符合规定，并且提供担保的金额适当，足以为虎牙公司的行为保全申请提供有效的担保。

综上所述，虎牙公司的申请符合法律规定，应予准许。依照《中华人民共和国民事诉讼法》第一百条、第一百零八条、第一百五十四条第一款第（四）项；《最高人民法院关于适用〈中华人民共和国民事诉讼法〉的解释》第一百七十一条；《最高人民法院关于审查知识产权纠纷行为保全案件适用法律若干问题的规定》第二条第一款，第七条，第八条，第十条，第十一条第一款、第二款之规定，裁定如下：

被告武汉鱼行天下文化传媒有限公司立即停止针对原告广州虎牙信息科技有限公司的苹果应用程序“虎牙直播－游戏互动直播平台”和“虎牙直播 HD－游戏互动直播平台”，就编号 APP101459－A 项下相关事宜向 appstorenotices@apple.com、苹果应用商店 App Store、苹果公司（APPLE INC.）进行投诉的行为，直至本案终审法律文书发生法律效力时止。

本裁定书送达后立即执行。

如不服本裁定，可在收到本裁定书之日起五日内，向本院申请复议一次。复议期间不停止裁定的执行。

审　判　员　张志荣
二〇一九年三月十五日
法官助理　肖晓雪
书　记　员　李燕云

路易威登马利蒂（LOUIS VUITTON MALLETIER）诉黄某能、广州市有能皮具有限公司、黄某强、广州市欧奔贸易有限公司、黄某喜、广州市奔米贸易有限公司、陈某棠侵害商标权及不正当竞争纠纷民事判决书

广东省广州市南沙区人民法院
民 事 判 决 书

（2018）粤0115民初751号

原告：路易威登马利蒂（LOUIS VUITTON MALLETIER），住所地略。

法定代表人：迈克尔·布尔克（Michael Burke），董事长兼首席执行官。

委托诉讼代理人：王某盛，北京德恒（深圳）律师事务所律师。

委托诉讼代理人：雷某，北京德恒（深圳）律师事务所律师。

被告：黄某能，男，出生日期略，汉族，住址略。

被告：广州市有能皮具有限公司，住所地略。

法定代表人：黄某强，总经理。

被告：黄某强，男，出生日期略，汉族，住址略。

被告：广州市欧奔贸易有限公司，住所地略。

法定代表人：黄某喜，执行董事兼经理。

被告：黄某喜，男，出生日期略，汉族，住址略。

被告：广州市奔米贸易有限公司，住所地略。

法定代表人：陈某棠，执行董事兼经理。

被告：陈某棠，男，出生日期略，汉族，住址略。

以上七被告共同委托诉讼代理人：常某，北京华沛德权律师事务所律师。

以上七被告共同委托诉讼代理人：马某苗，北京华沛德权律师事务所律师。

原告路易威登马利蒂（LOUIS VUITTON MALLETIER）（以下简称路易威登）与被

告黄某能、广州市有能皮具有限公司（以下简称有能公司）、黄某强、广州市欧奔贸易有限公司（以下简称欧奔公司）、黄某喜、广州市奔米贸易有限公司（以下简称奔米公司）、陈某棠侵害商标权及不正当竞争纠纷一案，本院于2018年1月17日立案后，经审理发现有不宜适用简易程序的情形，于2018年8月10日裁定转为普通程序，于2018年12月18日公开开庭进行了审理。原告路易威登的委托诉讼代理人王某盛、雷某，被告黄某能、有能公司、黄某强、欧奔公司、黄某喜、奔米公司、陈某棠的共同委托诉讼代理人常某、马某苗到庭参加诉讼。本案现已审理终结。

路易威登向本院提出诉讼请求：1. 判令黄某能、有能公司、欧奔公司、奔米公司立即停止生产和销售侵犯路易威登第3226108号“ ”图形注册商标专用权和“ ”有一定影响的商品装潢专用权的挎包、钱包等皮具类商品，销毁库存或待销售挎包、钱包等侵权商品；2. 判令黄某能、有能公司、欧奔公司、奔米公司就商标侵权行为及其不正当竞争侵权行为在《广州日报》上登报以消除影响；3. 判令黄某能、有能公司、欧奔公司、奔米公司赔偿路易威登因其实施商标侵权及不正当竞争侵权行为所致经济损失300万元；4. 判令黄某能、有能公司、欧奔公司、奔米公司赔偿路易威登因制止侵权行为所支付的调查费、差旅费、公证费和律师费等合理开支17万元；5. 判令黄某强对有能公司以上第3项、第4项诉讼请求的赔偿义务承担连带责任；6. 判令黄某喜对欧奔公司以上第3项、第4项诉讼请求的赔偿义务承担连带责任；7. 判令陈某棠对奔米公司以上第3项、第4项诉讼请求的赔偿义务承担连带责任；8. 判令七被告承担本案诉讼费。事实和理由：路易威登是在法国依法注册的公司，至今已有160余年的经营历史。创始人的儿子乔治·威登独创的由深棕色和浅棕色网纹方格相间组成的图形商标“ ”已经使用近130年，成为世界知名商标，该指定颜色的图形商标由路易威登于2002年6月28日在中国申请，于2006年5月14日获得商标注册，注册号为第3226108号。经核准续展有效期至2026年5月13日，核定使用商品为第18类：箱子、旅行包、手提包、钱包（小钱袋）、公文包、钱包。在广泛的宣传活动下，路易威登所生产的附有“ ”商标的产品风靡全球，享有世界顶级品牌的知名度。“ ”商标以无限复制铺展延伸的方式广泛使用在行李箱、手提包、公文包、钱包等产品表面上所形成的装潢也同样享誉全球，这种商标使用方式被消费者所认可和熟识，全球消费者已经将“ ”商标及前述装潢在箱包皮具类商品的使用方式与路易威登建立一一对应的关系。“”商标在中国同样具有极高的商誉，多次受到行政、司法的保护，且司法机关在司法保护中屡次认可其知名度，足见其商标的品牌价值。有能公司未经许可，规模化生产使用“”标识的挎包、钱包等商品，并通过欧奔公司、信丰飞来米商贸有限公司分别在天猫网、京东网注册并经营的“oimei旗舰店”网店大量共同销售。两涉案“oimei旗舰店”销售涉案商品配送和发货地址及联系电话相同，且均由奔米公司开具发票。涉案侵权商品、外包装、吊牌均使用黄某能注册的“oimei”商标，且商品外包装袋及吊牌标注黄某能在香港注册的“意大利歐米國際集團皮具有限公司”的名称，但该公司与意大利无任何关联且未在香港开展实际生产经营活动，仅以“授权”字样表达涉案侵权商品与所谓意大利的关系。据此，黄某能不但是许可有能公司使用商标的商标权人，且是涉案商品授权方的唯一股东及董事，是生产侵权商品的组织者，黄某能与有能公司共同实施生产、销售涉案侵权商品的行为。涉案“oimei旗舰店”网店的“品牌介绍”“品牌编年史”中宣传“oimei源于意大利，于二十世纪六十年代在意大利创建”，显然是为使消费者将商品产地或生产者与一个欧洲国家和地域联系起来，结合黄某能、有能公司在商品上使用与路易威登注册商标近似图案的行为，黄某能、有能公司、欧奔公司、奔米公司不仅侵犯路易威登商标权且仿冒路易威登商品装潢，还通过虚假宣传行为破坏路易威登的品牌体系，不正当地损害路易威登的商业利益。这种生产和销售侵犯路易威登商标权和有一定影响的商品装潢的多种商品行为是持续不断的常态化销售行为，其开设的“oimei实体专卖店”在包括广州、上海、浙江、哈尔滨等主要市场区域共同销售侵权商品，截至2009年“oimei实体专卖店”已经超过100家，又通过天猫网店、京东网店进行销售，利用路易威登商标商誉的影响力获取巨大经济利益，给路易威登带来巨大损失，侵权情节严重。因此，涉案挎包、钱包等商品使用与第3226108号商标相近似的图形，作为商品装潢的行为，侵犯路易威登第3226108号商标专用权，并构成不正当竞争行为。涉案侵权行为持续时间长，商品经销全国，情节严重，应承担停止侵权、消除影响、赔偿损失等民事责任。黄某强、黄某喜、陈某棠分别作为有能公司、欧奔公司、奔米公司的唯一股东，依据《中华人民共和国公司法》第六十三条的规定，应当承担连带责任。路易威登特提起诉讼，望判如所请。

路易威登在庭审中明确指控黄某能、有能公司、欧奔公司、奔米公司共同实施生产、销售涉案侵权商品行为侵犯其第3226108号商标专用权。路易威登明确诉讼请求2的依据是涉案侵权行为损害路易威登积累的商誉，淡化路易威登商品与商标的联系，实施虚假宣传造成市场混淆，但未提交证据证实商誉受损。路易威登明确诉讼请求3主张经济损失300万元的参考因素有：1. 生产规模大，根据路易威登提交的有能公司企业档案查询资料，有能公司生产厂房面积达10220平方米，天猫网店“oimei旗舰店”附有工厂外景实拍照片；2. 经营时间超过20年，在包括广州、上海、浙江、哈尔滨等地开设实体专卖店，截至2009年专卖店数量超过100家；3. 根据天猫网店“oimei旗舰店”17款侵权商品的销量及单价，计算总销量为8932件，销售额为1242188元。天猫网店、京东网店共27款在售侵权商品的销售额已超过1277452元，按照该数据估算100家实体店的销售额已达上亿元。根据调取的天猫网店销售数据，2016年10月至2018年1月销售117648件，销售金额共计18667360.73元，与取证时相关联的侵权商品销售额为4353393.03元，侵权获利已超过300万元。路易威登明确诉讼请求4的合理开支包括律师费16万元，公证费4000元，购买侵权商品费用共581元，到杭州、北京调取涉案网店销售证据差旅费共8000元，本案中仅主张17万元。

黄某能、有能公司、黄某强、欧奔公司、黄某喜、奔米公司、陈某棠共同答辩称，一、我方产品并未侵犯路易威登的商标专用权。（一）黄某能拥有“oimei”商标，有能公司在生产及销售中持续合法、规范地使用由黄某能许可使用的“oimei”商标。黄某能于2009年8月28日注册“oimei”商标，有效期限为2009年8月28日至2019年8月27日。2010年11月13日，黄某能注册第7887303号“”商标，有效期限为2011年2月14日至2021年2月13日。2011年3月21日，黄某能注册第9236329号“”商标，有效期限为2014年1月21日至2024年1月20日，上述两商标核定使用商品类别均为第18类：背包、公文箱、钱包、手提包等。此后，黄某能在第18类申请“”“”“”“”“”“”“”等商标，共同特点是采用“oimei”不同的排列方式形成特定图案。上述商标注册成功后，黄某能许可有能公司在核定产品上进行使用。为提高品牌知名度、美誉度，扩大并保持品牌影响力，有能公司将“oimei”作为所有箱包产品的唯一商标使用于商品的外包装袋、外包装盒、防尘布袋、保护擦拭布、标签卡等，并在箱包表面使用“”“”等系列商标。涉案产品外包装、内外包装纸盒、保护擦拭布、防尘布袋、标签卡均突出醒目地印刷有“oimei”商标；在银包拉链头、内部隔层以及男包的拉链头、铆钉、内部隔层，均铸造锻压和热加工永久性地压制“oimei”商标。同时，在箱包产品本体上，有能公司也广泛使用“”商标，主要包括两种：一种是没有图案的纯色设计，另一种是采用密集的“”商标组成各种几何图案，均是对“oimei”“”等商标的合法使用。（二）有能公司产品均突出使用“oimei”系列商标，在产品本体上采用商标“”等组成几何图案，相同设计会采用不同色彩，具有鲜明的设计风格。涉案男包产品共四款：方格纹黑色、啡格、字母纹黑色、字母纹灰色；涉案银包产品共四款：卡其色、酒红色、咖格、咖啡色，上述商品图案均由“”“”商标通过排列组成。这种设计风格区别于其他产品，在市场上独树一帜，具有非常高的辨识度。二、有能公司的产品与路易威登的产品具有明显区别。路易威登第3226108号商标由两种不同色彩的方格组成，方格上没有任何文字或字母；涉案产品图案是采用密集的“oimei”系列商标通过间隔排列组成几何图案，二者的设计理念、外在体现、产品效果不相同、近似。三、有能公司产品不可能造成与路易威登产品的混淆和误认。二者产品的市场定位不同。路易威登产品历史悠久且高端、奢华，价格普遍在1万至5万元间，使用第3226108号商标的产品是奢侈品，消费人群并非普通消费阶层，而是富豪阶层。而有能公司的箱包产品均价在100元至200元之间，这种价格定位与奢侈品毫不相关，甚至无法算作中档消费品，此类中低档箱包的消费人群主要为收入较低的工薪阶层，或追求物美价廉的中低端消费者。根据相关法律规定，“相关公众”是指与商标所标识的某类商品或者服务有关的消费者和与前述商品或者服务的营销有密切关系的其他经营者。通过上述对比可知，二者产品的消费人群为完全不同的两个阶层，不会对二者产品产生误认。消费者和产品经营者只需要稍稍投入极其有限的注意力，就可以清楚地分辨出二者产品，完全不可能造成混淆和误认。路易威登品牌的高知名度为二者产品的区分提供了有效帮助。我方也尽最大的义务来提示消费者对产品进行区分，主观上不具有侵犯商标权的意图。商标法基本的逻辑是杜绝涉案商标的不当使用会引起消费者的混淆和误认，但涉案商标具有较大的知名度，清晰的市场定位，属于奢侈品；我方商品价格便宜，属于中低档的消费品，二者差别巨大。四、涉案产品生产和销售数量有限。天猫“oimei旗舰店”销售的商品包括手提包、单肩包、斜挎包、双肩包、钱包及男包6款，其中手提包有30个种类，颜色、图案不同的共计94款产品；钱包有28个种类，颜色、图案不同的共计95款产品；单肩包有66个种类，颜色、图案不同的共计205款产品。由此可见，有能公司的产品种类繁多，款式多样，涉案产品在有能公司的所有产品中只占微不足道的比例。涉案产品从开始生产至今，销量非常有限，目前因销路不畅，已经停产，且涉案两款产品在网上初步推广效果不佳，出于节约成本的考虑，这两款包从未在线下实体店进行销售。有能公司的产品售价仅有100元至200元，整体产品利润率极低，不足10%。五、路易威登不能对显著性较弱的商标享有超出合理范围的垄断权。第3226108号商标图案为规则排列的正方形，相邻排列的正方形分别为深棕色和浅棕色。首先，正方形是最基本的几何图形，也是箱包类商品常用的几何图形，而棕色系也是箱包类商品的常用色彩，因此，该商标显著性非常弱。新华网刊载的《LV案商标败诉》载明："经典Damier格花纹系列，这次不能独享格纹商标专利了。近日被法院撤销了对棕色棋盘格纹和米色棋盘格纹两项重要的商标所有权，上诉又被驳回！LV旗下的Damier图案于2008年注册了商标，2009年，德国零售商Nanu-Nana申请取消此项专利。2011年，法院宣布Louis Vuitton在手提包和相关产品上的Damier格花纹商标权无效。在2015年4月21日的判决中，位于卢森堡的欧盟普通法院支持欧洲内部市场协调局第一上诉委员会的决定：驳回Louis Vuitton反对撤销商标的申请……"路易威登的"Damier"（法语意为"大方格"）商标在以知识产权保护严格著称的欧洲都遭到否定，早在2015年其商标就已经被撤销，欧洲内部市场协调局的评述认为："Damier花纹作为有争议的商标，是由十分简单的元素组成的普通花纹，并且众所周知，这个花纹常被用于装饰多种物品。这项商标与其他棋盘格花纹无明显差异，无法满足商标的基本'鉴定'或'原创'功能。"上述判决结果路易威登不可能不了解，其采用明知不具有显著性的商标对完全不侵权的中国民营企业提出高额的侵权赔偿，属于恶意诉讼。虽然第3226108号商标具有中国商标权，但路易威登不能擅自扩大解释商标的保护范围，将近似扩展到以任何方式体现出正方形图案的程度，不符合近似的判断原则。路易威登妄图借国际知名奢侈品品牌垄断相关产品设计，打压国内品牌产品的生存空间。因此，有能公司生产的箱包产品外表面采用"oimei"系列商标组成各种图案，目的是最大限度地使消费者可以清晰而准确地将商品进行区分，并有效分辨商品的真实来源。六、涉案产品不构成不正当竞争。首先，《中华人民共和国反不正当竞争法》（以下简称《反不正当竞争法》）的立法目的是促进社会主义市场经济健康发展，鼓励和保护公平竞争，制止不正当竞争行为，保护经营者和消费者的合法权益，而不是为"国际品牌"提供垄断依据。有能公司生产的箱包产品外表面采用"oimei"系列商标组成各种图案，使消费者、潜在消费者，甚至是完全不具有消费可能性的正常人，只要看到有能公司产品，就能有效区分商品的来源，而不会与路易威登商品造成混淆和误认。其次，由于二者产品的市场定位、产品设计、宣传策略、销售渠道等存在巨大差别，消费人群客观上不可能认为二者产品存在特定联系。因此，我方生产、销售涉案产品是合法经营行为。在现有经济环境不景气的情况下，为了生存，有能公司不断降低成本，压缩利润，提高产品的市场竞争力。而路易威登却针对与涉案商标存在巨大差别的商品生产、销售企业提起诉讼，提出天价赔偿要求，其行为才是限制竞争、损害其他经营者的合法权利。因此，我方主观上没有引起消费者混淆和误认的故意，客观上也没有实施不正当竞争的行为，路易威登该项主张没有事实和法律依据。七、首先，黄某能的确于2016年在香港注册“意大利歐米國際集團皮具有限公司”，涉案箱包使用该公司授权字样并非虚假宣传。黄某能的上述行为不构成侵犯商标权及不正当竞争行为，也与本案无关。公司名称已经明确指明是地域性的标识意大利，而涉案商标来源于法国，不能认为我方有混淆的故意。我方从没有使用路易威登商标或元素进行宣传，不可能影响路易威登的声誉。其次，有能公司商品从未与法国建立任何联系。路易威登是法国公司，其公司和商标均具有很高的知名度，涉案商标已与法国建立直接联系。我方从未表达有能公司的箱包产品与法国具有任何关联，不可能破坏路易威登的品牌体系，更不可能损害路易威登的商业利益。八、关于天猫与京东网店的销售数量，双方统计数据差距较大。如前所述，“oimei旗舰店”销售商品根据款式、花色、形状又细分为多款商品，上述商品中采用咖啡色格子作为面料的产品数量有限，从2014年至2018年2月21日，我方共销售涉案咖啡色格子面料产品485件。九、关于赔偿金额。首先，我方不认可涉案商品的销售额，路易威登不能基于不真实数字，简单地用乘以100的方式来推算实际销售额，网络销售平台的销量远超于实体店。路易威登通过厂房面积来推算销售数量，没有依据。我方商品单价在100元以上，且处于亏损状态，不能推断我方有高额获利。其次，关于合理开支，路易威登的代理方专门代理其侵权案件，是程序化代理模式，其相应付出并非工作量巨大，其代理协议及发票不能证明实际支付代理费16万元，也未提交支付凭证。即使我方构成侵权，也不应承担16万元。再次，关于损失，侵权责任与损失结果存在因果关系才是侵权人承担的依据。路易威登未提供证据证明其损失，双方产品具有显著性差别，消费者具有不可替代性，不会损害路易威登的利益。最后，我方生产、销售涉案产品的数量明确，应以获取的利润作为赔偿的依据。十、黄某能是“oimei”商标的权利人，并非商品生产及销售商，不能由此认定黄某能实施侵权行为。欧奔公司及黄某喜是销售方，但并非是生产及销售关系，不应承担连带责任。路易威登未提交证据证明黄某强、黄某喜、陈某棠与有能公司、欧奔公司、奔米公司存在财产混同，不应承担连带责任。综上，请求驳回路易威登的诉讼请求。

本院经审理认定事实如下：

一、关于双方主体情况

路易威登系依照法国法律成立的法国企业，总部位于法国巴黎杜邦－纳沙大街二号。

有能公司成立于2006年9月14日，类型为有限责任公司（自然人独资），注册资本50万元，经营范围为皮箱、包（袋）制造，皮手套及皮装饰制品制造，其他皮革制品制造，其他毛皮制品加工，箱、包批发，皮革及皮革制品批发，箱、包零售。股东为黄某强。

欧奔公司成立于2012年11月6日，类型为有限责任公司（自然人独资），注册资本100万元，经营范围为商品批发贸易（许可审批类商品除外），商品零售贸易（许可审批类商品除外）。股东为黄某喜。

奔米公司成立于2013年12月30日，类型为有限责任公司（自然人独资），注册资本10万元，经营范围为商品批发贸易（许可审批类商品除外）、商品零售贸易（许可审批类商品除外）。股东为陈某棠。

二、关于涉案商标、商品装潢使用及知名度情况

第3226108号“”商标的注册人为路易威登，核定使用商品类别为第18类：皮革及人造皮革、旅行包、旅行用具（皮件）、箱子、旅行包、小手提包（合身的）、帆布背包、双肩背包、手提包、公文包、公文箱、钱包（小钱袋）、钱袋、钱包、钥匙包等，有效期限为2006年5月14日至2016年5月13日，经核准续展有效期至2026年5月13日。

路易威登提交其中国官方线上旗舰店商品页面，显示“JAKE小号邮差包”“PORTE-DOCUMENTS VOYAGE小号公文包”使用涉案商标及装潢“”，售价均为9800元；“ZIPPY拉链竖款钱夹”“BRAZZA钱夹”使用涉案商标及装潢“”，售价分别为6150元、4650元。路易威登另提交如下证据：1.《路易威登的中国之旅》；2.《LOUIS VUITTON 1867巴黎世博会－2010上海世博会》；3.《MING明》（2006年6月）刊载的《Louis Vuitton经典永恒》；4.*marie claire*（2010年6月）刊载的《国宝级世博老选手》；5.《时装》(2010年6月）刊载的《Louis Vuitton透视感性城市》；6.*marie claire*（2010年7月）刊载的《跨越一个半世纪的经典——回顾1867—2010年世博会上路易威登的辉煌身影》；7.《路易威登大图鉴2012》；8.广东省深圳市盐田公证处于2016年4月15日作出的（2016）深盐证字第3046号公证书，该公证书对新闻稿《2016至尚优品——中国千万富豪品牌倾向报告》内容进行截屏保存，显示路易威登/LV为2016年富豪最青睐的奢华品牌，并在千万富豪最青睐的送礼品牌排名榜上位列第二；9.广东

省深圳市罗湖公证处于2017年9月18日作出的（2017）深罗证字第32343号公证书，该公证书对文章《2015年中国奢侈品市场研究报告》进行截屏保存，显示路易威登/LV为2015年箱包、配饰及鞋履类商品中国内地市场品牌前列；10.广东省深圳市深圳公证处于2013年4月15日作出的（2013）深证字第55507号公证书，该公证书对《2008年胡润千万富豪品牌倾向调查》进行截屏保存，显示路易威登/LV为女富豪首选品牌，并在千万富豪最爱品牌排名榜前列；11.路易威登在中国大陆开设专卖店一览表；12.上海市静安公证处于2015年12月24日作出的（2015）沪静证经字第6542号公证书，该公证书对路易威登中国专卖店的网页进行截屏保存；13.路易威登2015春夏系列；14.路易威登2015秋冬系列；15.路易威登2013春夏男士系列；16.路易威登2011秋冬系列；17.路易威登2010旅行系列；18.路易威登2009圣诞系列；19.《时尚芭莎》（2005年10月）刊载的“Official Bag”；20.《新视线》（2008年5月）、《时装》（2008年5月）、《红秀》（2010年2月）、《大都市》（2012年春）、《睿士》（2012年5月）、《时尚先生》（2012年5月）、《男人风尚》（2013年3月）、《芭莎男士》（2013年4月）、《智族》（2013年5月）刊载的路易威登使用涉案装潢的商品广告页面；21.《今日风采》（2006年6月）、《时尚芭莎》（2007年8月）、《周末画报》（2010年1月）、《世界时装之苑》（2010年2月）、《时尚先生》（2011年4月）、《周末画报》（2012年5月26日）、《男人风尚》（2013年6月）、《芭莎男士》（2013年10月）、《世界时装之苑》（2014年1月）、《男人风尚》（2014年3月）、《时装男士》（2014年3月）刊载的路易威登使用涉案商标的商品广告页面；拟证明涉案商标及品牌具有极高的知名度和声誉；箱包商品属于有一定影响的商品，涉案装潢属于有一定影响的商品装潢。黄某能、有能公司、黄某强、欧奔公司、黄某喜、奔米公司、陈某棠认可上述证据形式的真实性，但不认可证明内容。

三、关于被控侵权事实情况

广东省深圳市罗湖公证处于2017年8月4日作出（2017）深罗证字第27237号公证书，对路易威登的代理人钟某霞于2017年5月22日在公证处操作公证处计算机浏览的网页全过程进行证据保全公证，并对屏幕显示内容进行截屏保存。公证书所附截屏显示天猫网店“oimei旗舰店”的经营者为欧奔公司，该网店展示销售多款箱包商品，商品配图及商品链接左上角均印有“oimei”。钟某霞对商品链接名称为“oimei休闲时尚男包男士包包单肩包韩版商务包小包横款斜挎包男pvc”中的“啡格”商品以及商品链接名称为“oimei女式钱包女长款拉链大钞夹薄款韩版小清新女式欧美钱包印花”中的“啡格”商品进行购买。其中，前款挎包商品的可选择颜色分类共有5款，售价为198元，月销量为112，累计评价为1420，库存577件；后款钱包商品的可选择颜色分类共有3款，售价为78元，月销量为13，累计评价为355，库存310件。在两款商品详情项下的“OIMEI 专柜页面”部分，有如下文字：“广州、上海、浙江、哈尔滨……无论是大型综合性商场还是箱包皮具城，oimei 实体专卖店都如期而至，只为把优质的产品带给您。”商品展示部分显示品牌为“oimei”。

该公证书另对钟某霞于2017年6月6日在公证处操作公证处计算机浏览天猫网店“oimei 旗舰店”的页面进行证据保全公证，对屏幕显示内容进行截屏保存。公证书所附截屏显示：店铺首页品牌介绍有“oimei 源自于意大利，秉承了皇族尊贵高雅的格调，倡导新古典主义的风格，实现古典与现代经典与时尚的和谐结合，oimei 做的不仅仅是设计，而是树立一种高品位的文化时尚……”“品牌编年史：1. 于二十世纪六十年代在意大利创建；2.1995年……第一家 oimei 皮具店正式成立；3.2002年……oimei 专柜直营店突破30家；4.2009年……大力扩展到国内市场，oimei 专柜超过100家；5.2013年……正式入驻天猫，注册为 oimei 旗舰店”字样，并附有展厅实景、工厂外景实拍照片。网店展示销售多款箱包商品，其中，“oimei 休闲时尚男包男士包包单肩包韩版商务包小包横款斜挎包男 pvc”（月销量129，累计评价1438）、“oimei 女式钱包女长款拉链大钞夹薄款韩版小清新女士欧美钱包印花”（月销量5，累计评价355）、“oimei 品牌中年钱包女韩版大钞夹长款拉链日韩薄款简约格子钱夹 pvc”（月销量9，累计评价170）、“oimei 格子钱包女大钞夹长款搭扣中年女士妈妈钱包手包薄款钱夹”（月销量16，累计评价242）、“oimei 女款钱包女长款搭扣薄韩版小清新女士钱包格子印花日韩 PVC”（月销量3，累计评价149）、“oimei 女士妈妈钱包女品牌长款拉链韩版手拿包卡包钱包一体包女 pvc”（月销量10，累计评价128）、“oimei 休闲男包男士单肩包斜跨小包男背包韩版斜挎包休闲运动包包”（月销量17，累计评价159）、“oimei 男包男士挎包休闲商务包包单肩背包男斜挎包小包新款韩版 PVC”（月销量21，累计评价87）、“oimei 男包手机包手腕男士钱包男迷你韩版长款小包包零钱包手拿包”（月销量2，累计评价11）。此外，支付宝交易电子回单显示购买天猫网店涉案两款商品的收款方账户名为欧奔公司，付款金额为276元。

广东省深圳市罗湖公证处于2017年8月4日作出的（2017）深罗证字第27240号公证书，对路易威登的代理人钟某霞于2017年5月24日在深圳市某区某大厦一楼签收快递的全过程进行证据保全公证，上述收货过程由公证人员现场监督，收货行为结束后，公证人员对所收快递拆开、清点、拍照、封存。公证书所附照片显示：快递单的寄件方为 oimei 旗舰店，地址为广东省广州市某区某镇某路某村。

经当庭查验并拆封公证封存的实物，内有钱包、挎包各一个，白色包装袋一个、发票一张。钱包外包装盒上印有“oimei”标识，打开包装盒，内有印制“oimei”标识的红色擦拭布一块及长款钱包一个。钱包表面由深棕色和浅棕色网纹方格相错规则排列，浅棕色网纹方格内有“oimei”字母规则排列图案；钱包拉链及内部皮质部分印有“oimei”“ITALY OUMI”标识；钱包内有合格证一张，正面有“oimei”标识及“意大利欧米国际集团皮具有限公司（授权）”字样。挎包外包装袋正反面印有“oimei”标识及“意大利欧米国际集团皮具有限公司（授权）”字样；挎包表面由深棕色和浅棕色网纹方格相错规则排列，浅棕色网纹方格内有“oimei”字母规则排列图案，挎包背带、背带扣、拉链、铆钉及内衬布均印有“oimei”标识；挎包内有合格证及使用说明一套，合格证上有“oimei”标识及“品牌：oimei”字样，下方印有有能公司名称、厂址、电话、邮编。白色包装袋正反两面印有“oimei”标识。发票显示收款方名称为奔米公司，开票项目名称为“箱包”，并加盖有奔米公司发票专用章。上述挎包、钱包商品详见下图：

2017年6月26日、7月3日，钟某霞分别向联合信任时间戳服务中心申请电子证据保全，联合信任时间戳服务中心出具《可信时间戳认证证书》两份，兹证明文件（或电子数据）自申请时间戳时起已经存在且内容保持完整、未被篡改。时间戳文件（*.tsa）以附件形式保存在该证书中。经查看该证书附件，显示京东网店“oimei 旗舰店”的经营者为信丰飞来米商贸有限公司，店铺首页的“品牌介绍”“品牌编年史”内容与天猫网店“oimei 旗舰店”展示内容一致。页面展示销售多款箱包商品，商品配图左侧及商品链接名称中均有“oimei”标识。钟某霞选择购买商品名称链接为“oimei 男包2016新款男士时尚休闲商务公文包男士包单肩包斜挎包男 pvc 2735啡格”及“oimei 正品牌中年女性钱包女长款拉链超薄简约格子女竖款女钱包 pvc 90001啡格”的两款商品，并对收货过程及京东网确认收货的过程进行截屏取证。前款挎包商品售价187元，后款钱包商品售价118元。在两款商品详情项下的“OIMEI 专柜页面”部分，有如下文字：“广州、上海、浙江、哈尔滨……无论是大型综合性商场还是箱包皮具城，oimei 实体专卖店都如期而至，只为把优质的产品带给您。”商品介绍中显示商品品牌为“oimei”。快递单显示寄件方为oimei京东旗舰店，地址为广东省广州市某区某镇。经当庭查验并拆封公证封存的实物，内有挎包、钱包各一个，发票一张。发票日期为2017年7月11日，收款方名称为奔米公司，开票项目名称为“箱包”，并加盖有奔米公司发票专用章。挎包、钱包表面图案及标识使用情况与（2017）深罗证字第27237号公证书公证封存的挎包、钱包显示情况基本一致，详见下图：

2018年1月12日，张某芸向联合信任时间戳服务中心申请电子证据保全，联合信任时间戳服务中心出具《可信时间戳认证证书》一份，兹证明文件（或电子数据）自申请时间戳时起已经存在且内容保持完整、未被篡改。时间戳文件（*.tsa）以附件形式保存在该证书中。经查看该证书附件，对天猫网店及京东网店“oimei旗舰店”的网店营业执照信息、品牌故事以及所有商品页面进行截屏保存。页面内容与前述（2017）深罗证字第27237号公证书及2017年6月6日、7月3日《可信时间戳认证证书》所附页面基本一致，路易威登拟证明涉案商品持续大量销售，显示销量有变更。

本案中，路易威登指控天猫网店及京东网店“oimei旗舰店”销售的涉案挎包、钱包表面使用的图案与第3226108号商标构成近似，侵犯第3226108号商标专用权。路易威登指控的不正当竞争行为具体是：1. 涉案商品仿冒路易威登有一定影响的装潢，即以第3226108号商标图形深棕色、浅棕色网纹方格相间相错排列的图形，作为最小图形单元连续无限铺张，使用在商品表面而形成特定的商品装潢，而涉案商品装潢也是以深棕色、浅棕色网纹方格相间相错排列的图形作为最小的图形单元，铺展在商品的表面，虽然浅棕色方格内用肉眼观察可见密集排列的字母，但二者在视觉效果上构成近似，违反《反不正当竞争法》第六条第一项的规定；2. 黄某能、有能公司、欧奔公司、奔米公司通过虚假宣传破坏路易威登品牌体系，品牌介绍及品牌编年史宣称oimei源于意大利，于20世纪60年代在意大利创建，显然是为使消费者将商品或生产者与欧洲国家联系起来，构成引人误解的虚假宣传，误导消费者，违反《反不正当竞争法》第八条的规定。

七被告确认上述公证购买商品的真实性，但认为未侵犯第3226108号商标专用权，商品包装、擦拭布、合格证、拉链头、内衬布、包带均突出使用“oimei”商标，商品表面并非是网纹相错的方块排列，棕色底色上使用“oimei”商标排列形成的图案，通过普通观察就可以明显区分，不会导致相关消费者的混淆及误认，故涉案商品使用图案与第3226108号商标不近似。合格证印制的“意大利欧米国际集团皮具有限公司（授权）”，与本案无关联性。同时，二者商品装潢在视觉效果上完全不同，我方商品表面的方格图案是由“oimei”商标字母组成的，消费者稍加注意即可区分二者商品。无论从商品的外观还是从路易威登品牌的宣传效果看，均不会发生引人误认的客观结果，因此我方使用自有商标是合法行为，不构成不正当竞争行为。

路易威登指控黄某能、有能公司、欧奔公司、奔米公司共同实施生产、销售行为的依据是：1. 黄某能是“oimei”商标的权利人，也是涉案商品授权方意大利欧米国际集团皮具有限公司唯一的股东及董事，涉案商品及包装上均使用有“oimei”商标，黄某能是涉案商品的主导者和实施者；2. 天猫网、京东网店显示有有能公司工厂照片，涉案商品吊牌显示生产商名称为有能公司，同时标注有能公司的地址和电话；3. 欧奔公司注册并经营天猫网店“oimei 旗舰店”销售涉案商品，收取销售款项；4. 奔米公司为天猫网店、京东网店开具营业发票并收取京东网店涉案款项。黄某能、有能公司将共同生产的商品在欧奔公司、奔米公司的网店中进行展示，网店中宣传有能公司的经营历史、区域和数量，根据《侵权责任法》第八条的规定，要求上述四被告承担连带责任。对此，黄某能、有能公司、欧奔公司、奔米公司认为，有能公司是生产商；欧奔公司运营天猫网店“oimei 旗舰店”并进行销售，由奔米公司收款并开具发票，欧奔公司和奔米公司有一定的关联关系；信丰飞来米商贸有限公司运营京东网店“oimei 旗舰店”，由奔米公司收款并开具发票；确认天猫及京东网店的发货地址是有能公司的地址，并称从2014年开始少量销售长款钱包，从2016年6月开始销售男用背包。

四、其他查明事实

第5463459号“oimei”商标的注册人为黄某能，核定使用商品类别为第18类：牛皮、钱包、书包、旅行包、公文包等，有效期限为2009年8月28日至2019年8月27日。

第9236329号“”商标的注册人为黄某能，核定使用商品类别为第18类：背包、公文箱、钱包、手提包等，有效期限为2014年1月21日至2024年1月20日。

第7887303号“ ”商标的注册人为黄某能，核定使用商品类别为第18类：手提包、背包、钱包、公文箱等，有效期限为2011年2月14日至2021年2月13日。

第9006602号“ ”商标的注册人为黄某能，核定使用商品类别为第18类：钱包、书包、旅行包、公文包等，有效期限为2012年2月14日至2022年2月13日。

意大利欧米国际集团皮具有限公司系在香港地区注册的公司，唯一董事及股东均为黄某能。

七被告共同提交如下证据：1. 天猫网店、京东网店“oimei 旗舰店”销售涉案商品的记录，显示2014年10—12月开始出现啡格商品销售数据，截至2018年2月22日共销售啡格包包485个，其中男包（型号为2735.3074）258个，钱包227个。同一款型不同颜色在天猫网店的销售记录是累计的，上述统计数据客观真实，证明涉案商品销售数量及获利均有限；2. 有能公司近三年利润表，显示2015年、2016年、2017年累计净利润分别为97859.16元、−16738.77元、−303038.49元，证明有能公司整体获利情况。路易威登不认可上述证据。同时，黄某强、黄某喜、陈某棠主张上述证据2可证明其财产独立于有能公司、欧奔公司、奔米公司的财产。关于被告主张黄某能授权有能公司使用其注册商标的事实，称通过口头形式授权，未提供任何证据证实。

诉讼过程中，双方当事人均向本院申请开具律师调查令，并各持律师调查令分别调取天猫网店、京东网店“oimei 旗舰店”涉案商品的交易记录。根据路易威登调取的由浙江淘宝网络有限公司提供的光盘内容，显示天猫网店“oimei 旗舰店”2016年10月至2018年1月的交易记录共117648条，交易金额共计18667360.73元。其中筛选“oimei 休闲时尚男包男士包包单肩包韩版”且“交易成功”的记录共2010条，金额共537441.04元；筛选“oimei 女式钱包长款拉链大钞夹薄款韩版”且“交易成功”的记录共226条，金额共20419.39元。七被告认可数据的真实性，但认为上述交易记录是其在天猫网店全部商品的销售记录，不能真实反映涉案商品的具体销售数量与金额；每款商品链接名称项下均有不同的颜色及图案分类，“啡格”在同款型商品中销量较差，上述筛选统计方式具有误导性。七被告调取的由浙江淘宝网络有限公司提供的光盘，因密码不能使用，当庭无法打开光盘，但其称庭前打开光盘查看数据，与路易威登提交的光盘数据内容一致。

根据北京京东叁佰陆拾度电子商务有限公司提供的回函及光盘内容，显示京东网店“oimei 旗舰店”2016年6月至2017年6月的交易记录共27条，交易金额共计4031元。双方当事人均认可上述证据的真实性，但路易威登认为数据不完整，光盘中的交易记录仅显示7款商品，其取证时在售侵权商品是10款。七被告称之所以仅显示7款商品，是因为取证页面中的部分咖啡格商品没有实际销售；京东网店销售记录是用商品型号进行区分，数量较多的是90009.2735型号，这两款商品也是我方实际销售咖啡格商品销量较大的两款，上述交易记录中的商品名称与路易威登取证时的商品名称完全相符。

路易威登未提供证据证实库存侵权商品，其依据被告的生产规模及上百家的实体专卖店推定其仍在各地及网络渠道保存有待销售的侵权商品。路易威登主张公证费4000元，提交编号为00023278、00023279的公证费发票两张予以证实；主张律师费16万元，提交编号为23033463的律师费发票一张，委托代理合同予以证实。路易威登另提交有能公司企业档案查询资料，租赁合同显示其厂房建筑面积为10220平方米，2012年度审计报告显示其销售商品、提供劳务收到的现金为17742535.58元，其与上海、武汉及江苏多地百货公司进行业务往来，固定资产金额为1269743.37元，证明经营持续时间长，生产规模大，销售范围广。七被告认可合理开支证据的真实性，对有能公司企业档案资料不予认可。

本案立案时，路易威登将信丰飞来米商贸有限公司作为被告提起诉讼，后路易威登以考虑本案具体情况，进一步收集证据后再行决定如何追究信丰飞来米商贸有限公司的侵权责任为由，于2018年2月9日向本院提出申请，撤回对信丰飞来米商贸有限公司的起诉。本院于2018年2月12日作出（2018）粤0115民初751号之一民事裁定书，准许路易威登撤回对信丰飞来米商贸有限公司的起诉。

本院认为：路易威登为设立于法国的法人，其以黄某能、有能公司、欧奔公司、奔米公司生产、销售的涉案商品侵犯第3226108号商标专用权以及构成不正当竞争为由提起本案诉讼，故本案应为侵害商标权及不正当竞争纠纷案件。根据《中华人民共和国民事诉讼法》第四条的规定，凡在中华人民共和国领域内进行民事诉讼，必须遵守本法。第二十八条规定，因侵权行为提起的诉讼，由侵权行为地或者被告住所地人民法院管辖。被告住所地均位于本院辖区范围内，故本院对本案依法享有管辖权。根据《中华人民共和国涉外民事关系法律适用法》第五十条的规定，知识产权的侵权责任，适用被请求保护地法律，当事人也可以在侵权行为发生后协议选择适用法院地法律。路易威登于中华人民共和国境内提出涉案知识产权保护请求，双方当事人亦未就法律适用作出选择，故应以中华人民共和国法律作为处理本案商标侵权及不正当竞争争议的准据法。

综合双方当事人的诉辩意见，本案的争议焦点如下：一、被控侵权商品是否侵犯路易威登第3226108号商标专用权；二、涉案商品装潢是否属于擅自使用与路易威登有一定影响的商品装潢相同或近似的标识，涉案网店宣传内容是否属于虚假宣传；

三、被控侵权商品是否由黄某能、有能公司、欧奔公司、奔米公司共同生产、销售；四、如果构成侵权，侵权责任如何认定。

关于争议焦点一。路易威登是第3226108号“ ”商标的注册人，该商标处于有效保护期内，在核定使用范围内依法享有注册商标专用权，应受法律保护。

根据《中华人民共和国商标法》第四十八条的规定，商标的使用，是指将商标用于商品、商品包装或者容器以及商品交易文书上，或者将商标用于广告宣传、展览以及其他商业活动中，用于识别商品来源的行为。据此，商标的基本特性是区别商品或者服务来源，构成侵犯商标权的行为应当是在商业标识意义上使用相同或近似商标的行为，即被控侵权标识必须进行商标意义上的使用。判断是否属于商标性使用，主要结合被控侵权标识是否起到识别商品来源的功能予以认定。本案中，涉案商品表面所使用的图案是由深棕色和浅棕色网纹方格相错规则排列而成的，浅棕色网纹方格内有“oimei”字母规则排列图案，并在商品外包装、擦拭布、带扣、拉链、铆钉、内衬布、标签卡上均突出使用黄某能注册的“oimei”商标，涉案网店在商品销售页面亦显著标注销售品牌为“oimei”品牌，故涉案商品表面图案主要是起到美化商品的作用，不属于商标性使用。即便该商品图案与路易威登第3226108号商标构成近似，消费者在购买该商品时也不会与路易威登涉案商标相混淆，也不会认为该商品与路易威登存在某种联系进而产生误认。因此，对路易威登指控涉案商品侵犯第3226108号商标专用权的诉请，本院不予支持。

关于争议焦点二。《反不正当竞争法》已于2017年11月4日进行修订，并于2018年1月1日起施行。由于被控侵权行为在修订后的反不正当竞争法实施前发生，并持续到修订后的反不正当竞争法施行后，应适用修订后的反不正当竞争法的规定。

根据《反不正当竞争法》第六条的规定，“经营者不得实施下列混淆行为，引人误认为是他人商品或者与他人存在特定联系：（一）擅自使用与他人有一定影响的商品名称、包装、装潢等相同或近似的标识”。《最高人民法院关于审理不正当竞争民事案件应用法律若干问题的解释》第一条第一款规定：“在中国境内具有一定的市场知名度，为相关公众所知悉的商品，应当认定为反不正当竞争法第五条第（二）项规定的‘知名商品’。人民法院认定知名商品，应当考虑该商品的销售时间、销售区域、销售额和销售对象，进行任何宣传的持续时间、程度和地域范围，作为知名商品受保护的情况等因素，进行综合判断。原告应当对其商品的市场知名度负举证责任。”本案中，路易威登就其箱包商品的市场知名度问题，提交了路易威登在中国大陆开设专卖店一览表，商品发展历程，2009、2010、2011、2013、2015等系列商品，众多时尚杂志的持续宣传，官方网页等证据，足以证明路易威登箱包商品具有较高知名度，属于《反不正当竞争法》第六条第一项规定的“有一定影响的商品”，本院予以认定。

《最高人民法院关于审理不正当竞争民事案件应用法律若干问题的解释》第二条第一款规定：“具有区别商品来源的显著特征的商品的名称、包装、装潢，应当认定为反不正当竞争法第五条第（二）项规定的‘特有的名称、包装、装潢’。”《中华人民共和国国家工商行政管理局关于禁止仿冒知名商品特有的名称、包装、装潢的不正当竞争行为的若干规定》第三条第五款规定：“本规定所称装潢，是指为识别与美化商品而在商品或者其包装上附加的文字、图案、色彩及其排列组合。”路易威登主张的装潢“”，由深棕色、浅棕色网纹方格相间相错规则排列，通过连续无限铺展在商品表面，该图案、色彩及其排列组合，既具有美化商品的功能，同时又具有区别商品来源的显著特征，本院依法认定为反不正当竞争法所规定的装潢。

《最高人民法院关于审理不正当竞争民事案件应用法律若干问题的解释》第四条第二款、第三款规定：“在相同商品上使用相同或者视觉上基本无差别的商品名称、包装、装潢，应当视为足以造成和他人知名商品相混淆。认定与知名商品特有名称、包装、装潢相同或者近似，可以参照商标相同或近似的判断原则和方法。”经比对涉案商品装潢与路易威登主张的商品装潢“”，二者的色彩、图案、排列组合基本相同，即均由深棕色、浅棕色网纹方格相间相错规则排列，通过连续无限铺展在商品表面，仅在浅棕色方格内稍有不同，体现在涉案商品的浅棕色方格内由字母“oimei”规则排列，但二者图案在整体视觉上构成近似。由于涉案商品与权利商品为同种类商品（箱包商品），故本院认定涉案商品装潢属于擅自使用与路易威登有一定影响的商品装潢近似的标识。

根据《反不正当竞争法》第八条的规定，经营者不得对其商品的性能、功能、质量、销售状况、用户评价、曾获荣誉等作虚假或者引人误解的商业宣传，欺骗、误导消费者。据此，虚假宣传是指以捏造、虚构、歪曲或者其他误导的方式，对商品的性能、功能、质量、曾获荣誉等作出与实际不相符合的宣传。本案中，路易威登提交的证据尚不足以证明涉案网店中的“品牌介绍”“品牌编年史”中“oimei 源自于意大利，并于二十世纪六十年代在意大利创建”的内容属于虚假宣传，故对该项指控，本院不予支持。

综上，涉案商品装潢属于擅自使用与路易威登有一定影响的商品装潢近似的标识，违法《反不正当竞争法》第六条第一项的规定，依法应承担停止侵权、赔偿损失等民事责任。

关于争议焦点三。关于路易威登指控黄某能、有能公司、欧奔公司、奔米公司共同实施生产、销售涉案商品的问题，本院认为：首先，涉案商品合格证上标有有能公司的名称、地址、电话，庭审中有能公司亦自认涉案商品是其生产的；同时，涉案商品快递单载明的是有能公司的地址，结合有能公司的经营范围，本院依法认定有能公司有实施生产、销售涉案商品的事实。

其次，涉案商品外包装、合格证以及涉案网店商品宣传页面等多处突出使用"oimei"标识，"oimei"标识作为商标使用，起到了识别商品来源的作用。同时，涉案商品外包装、合格证亦标注有"意大利欧米国际集团皮具有限公司（授权）"字样，黄某能作为"oimei"商标的权利人，授权有能公司使用"oimei"商标，以及意大利欧米国际集团皮具有限公司的唯一股东为黄某能。由此可见，黄某能与有能公司存在紧密合作关系，应知晓有能公司使用"oimei"商标所生产的商品情况。但黄某能未能提供任何初步证据证明其未参与被控侵权商品的生产、销售过程。因此，在本案现有证据情形下，本院依法推定黄某能与有能公司共同实施生产、销售被控侵权商品的事实。

最后，天猫网店"oimei旗舰店"由欧奔公司开设运营并进行销售，欧奔公司对此予以认可，本院予以认定。天猫、京东网店"oimei旗舰店"均由奔米公司开具发票，京东网店由奔米公司收取款项，欧奔公司与奔米公司自认有一定关联关系。结合欧奔公司、奔米公司的经营范围，本院认定欧奔公司与奔米公司有实施销售被控侵权商品的事实。此外，关于路易威登指控欧奔公司、奔米公司共同实施生产被控侵权商品的诉请，证据不足，本院不予支持。

综上，本院认定黄某能、有能公司有共同实施生产行为，黄某能、有能公司、欧奔公司、奔米公司共同实施销售被控侵权商品的事实。

关于争议焦点四。上述被告应承担的停止侵权方式应包括停止生产、销售侵权商品，即黄某能、有能公司应停止生产、销售，欧奔公司、奔米公司应停止销售涉案侵权商品的行为。关于路易威登请求判令黄某能、有能公司、欧奔公司、奔米公司销毁库存或待销售挎包、钱包等侵权商品，虽然路易威登未提供证据证实库存商品，但考虑到上述被告有实施生产、销售侵权商品的事实，且涉案网店显示被控侵权商品有库存。因此，本院认为，上述被告有能力和义务销毁库存及待售侵权商品，但应给予一定的时间，本院酌情确定在两个月内完成。

由于路易威登未提交证据证明其商誉或商品的美誉度因被控侵权行为受到贬损，

尚不足以达到必须责令被告在相关报刊上公开进行赔礼道歉的程度，故对路易威登的该项诉请，本院不予支持。

关于赔偿数额的确定问题。《反不正当竞争法》第十七条第三款、第四款规定："因不正当竞争行为受到损害的经营者的赔偿数额，按照其因被侵权所受到的实际损失确定；实际损失难以计算的，按照侵权人因侵权所获得的利益确定。赔偿数额还应当包括经营者为制止侵权行为所支付的合理开支。经营者违反本法第六条、第九条规定，权利人因被侵权所受到的实际损失、侵权人因侵权所获得的利益难以确定的，由人民法院根据侵权行为的情节判决给予权利人三百万元以下的赔偿。"鉴于路易威登因被侵权受到的实际损失及被告因侵权所获得的利益均无法确定，本院综合考虑如下因素：1. 路易威登涉案商品装潢的知名度；2. 涉案不正当竞争行为的情节及持续期间；3. 被告的经营规模、经营区域、获利情况、危害后果；4. 在天猫、京东开设网店销售侵权商品；5. 被告的主观过错程度；6. 路易威登为维权支付合理开支的合理性和必要性等因素，酌情确定本案的赔偿金额为35万元。因欧奔公司、奔米公司仅实施销售被控侵权商品的行为，故该两公司仅在本案酌定数额的10万元范围内承担连带赔偿责任，黄某能、有能公司对酌定数额35万元承担连带赔偿责任。对路易威登超出上述酌定数额的诉请金额，本院不予支持。

根据《中华人民共和国公司法》第六十三条的规定，一人有限责任公司的股东不能证明公司财产独立于股东自己的财产的，应当对公司债务承担连带责任。本案中，有能公司、欧奔公司、奔米公司为自然人独资的有限责任公司，黄某强、黄某喜、陈某棠分别系有能公司、欧奔公司、奔米公司的唯一自然人股东，黄某强、黄某喜、陈某棠未提交证据证实公司财产独立于其个人财产，应当分别对有能公司、欧奔公司、奔米公司债务承担连带责任。路易威登诉讼请求5、6、7，合法有据，本院予以支持。

综上所述，依照《中华人民共和国侵权责任法》第八条；《中华人民共和国商标法》第四十八条；《中华人民共和国反不正当竞争法》第六条第一项，第八条，第十七条第三款、第四款；《中华人民共和国公司法》第六十三条；《最高人民法院关于审理不正当竞争民事案件应用法律若干问题的解释》第一条第一款，第二条第一款，第四条第二款、第三款；《中华人民共和国民事诉讼法》第四条、第六十四条第一款；《中华人民共和国涉外民事关系法律适用法》第五十条；《最高人民法院关于适用〈中华人民共和国民事诉讼法〉的解释》第九十条规定，判决如下：

一、被告黄某能、广州市有能皮具有限公司、广州市欧奔贸易有限公司、广州市奔米贸易有限公司于本判决发生法律效力之日起立即停止侵犯原告路易威登马利蒂

（LOUIS VUITTON MALLETIER）有一定影响的商品装潢“”的行为，即被告黄某能、广州市有能皮具有限公司立即停止生产、销售涉案侵权商品，被告广州市欧奔贸易有限公司、广州市奔米贸易有限公司立即停止销售涉案侵权商品，并在两个月内销毁库存或待售侵权商品；

二、被告黄某能、广州市有能皮具有限公司于本判决发生法律效力之日起七日内共同赔偿原告路易威登马利蒂（LOUIS VUITTON MALLETIER）经济损失及合理开支共计人民币35万元；

三、被告广州市欧奔贸易有限公司、广州市奔米贸易有限公司对第二项判决中的10万元范围内承担连带赔偿责任；

四、被告黄某强对被告广州市有能皮具有限公司的上述债务承担连带赔偿责任；

五、被告黄某喜对被告广州市欧奔贸易有限公司的上述债务承担连带责任；

六、被告陈某棠对被告广州市奔米贸易有限公司的上述债务承担连带责任；

七、驳回原告路易威登马利蒂（LOUIS VUITTON MALLETIER）的其他诉讼请求。

如果未按本判决指定的期间履行给付金钱义务，应当依照《中华人民共和国民事诉讼法》第二百五十三条之规定，加倍支付迟延履行期间的债务利息。

案件受理费32160元，由原告路易威登马利蒂（LOUIS VUITTON MALLETIER）负担28609元，被告黄某能、广州市有能皮具有限公司、黄某强、广州市欧奔贸易有限公司、黄某喜、广州市奔米贸易有限公司、陈某棠共同负担3551元。

如不服本判决，原告路易威登马利蒂（LOUIS VUITTON MALLETIER）可以在判决书送达之日起三十日内，被告黄某能、广州市有能皮具有限公司、黄某强、广州市欧奔贸易有限公司、黄某喜、广州市奔米贸易有限公司、陈某棠在本判决书送达之日起十五日内向本院递交上诉状，并按对方当事人的人数提出副本，上诉于广州知识产权法院。

审 判 长　佘丽萍
人民陪审员　王莉莉
人民陪审员　吴树永
二〇一九年二月一日
法官助理　李丽梅
速 录 员　陈卓舒

博罗县园洲镇恒昌塑胶五金模具厂诉张某莲、刘某勇、王某柱、梁某波、第三人广州多义百贸易有限公司股东损害公司债权人利益责任纠纷民事判决书

广东省广州市南沙区人民法院
民　事　判　决　书

（2018）粤0115民初1164号

原告：博罗县园洲镇恒昌塑胶五金模具厂，住所地略，统一社会信用代码略。

投资人：刘某广，该厂总经理。

委托代理人：谭某明，广东博商律师事务所律师。

被告：张某莲，女，出生日期略，汉族，住址略，公民身份号码略。

被告：刘某勇，男，出生日期略，汉族，住址略，公民身份号码略。

被告：王某柱，男，出生日期略，汉族，住址略，公民身份号码略。

被告：梁某波，男，出生日期略，汉族，住址略，公民身份号码略。

第三人：广州多义百贸易有限公司，住所地略，统一社会信用代码略。

法定代表人：王某柱。

四被告及第三人共同委托代理人：陈某昭，广东金美律师事务所律师。

原告博罗县园洲镇恒昌塑胶五金模具厂（以下简称恒昌厂）与被告张某莲、刘某勇、王某柱、梁某波、第三人广州多义百贸易有限公司（以下简称多义百公司）股东损害公司债权人利益责任纠纷一案，于2018年2月6日向本院提起诉讼。本院于同日立案受理。本案依法由审判员谭茗担任审判长，与人民陪审员梁金志、谭万里组成合议庭适用普通程序公开开庭审理。原告恒昌厂的委托代理人谭某明，四被告及第三人多义百公司的共同委托代理人陈某昭到庭参加诉讼。本案现已审理终结。

原告恒昌厂起诉称：2017年6月28日，本院就原告恒昌厂与第三人多义百公司承揽合同、买卖合同纠纷一案作出（2017）粤0115民初918号（以下简称918号）民事判决

书，判令第三人多义百公司向原告恒昌厂支付货款390096元及利息、第三人多义百公司承担该案受理费及保全费。原告恒昌厂向本院申请强制执行未果。经查，第三人多义百公司由被告张某莲、刘某勇于2013年1月5日设立，注册资本为1000000元。第三人多义百公司的银行活期账号明细记载，被告张某莲、刘某勇于2013年1月5日转入投资款共计1000000元，于同年1月29日以划款方式转出未果，再于次日通过虚构差旅费、工资的名义将前述注册资金分批转走。第三人多义百公司在成立不到一个月内即产生1000000元的工资及差旅费，不符合常理。被告张某莲、刘某勇构成抽逃出资，应对918号案项下债务承担补充赔偿责任。2014年12月22日，被告王某柱、梁某波在明知张某莲、刘某勇抽逃出资、未履行出资义务的情况下受让公司股权，并配合张某莲、刘某勇完成虚假还款交易，应对918号案项下债务承担连带清偿责任。原告恒昌厂故诉至本院，请求判令：1. 被告张某莲、刘某勇对918号民事判决中第三人多义百公司所欠原告恒昌厂的债务承担补充清偿责任；2. 被告王某柱、梁某波对918号民事判决中第三人多义百公司所欠原告恒昌厂的债务承担连带清偿责任；3. 四被告承担本案诉讼费。诉讼中，原告恒昌厂主张被告张某莲、刘某勇为夫妻关系，二人财产与第三人多义百公司的财产存在混同，故变更第1项、第2项诉讼请求为：被告张某莲、刘某勇、王某柱、梁某波对918号民事判决中第三人多义百公司所欠原告恒昌厂的债务承担连带清偿责任。

原告恒昌厂提交证据：企业信用信息公示报告、公司设立登记申请书、公司章程、出资信息、企业变更登记（变动申报事项）申请书、企业账户信息、企业活期明细信息、918号民事判决书及裁判文书生效证明、（2017）粤0115执3904号（以下简称3904号）案件受理通知书及执行裁定书、（2018）粤0115执686号（以下简称686号）案件受理通知书及执行裁定书。

被告张某莲、刘某勇、王某柱、梁某波共同答辩称：1. 第三人多义百公司系依法成立、经营及纳税的公司，具备独立法人资格，依法承担公司债务。目前第三人多义百公司尚有对外债权及实物库存，公司财产足以清偿案涉债务。2. 被告张某莲、刘某勇已实缴出资，不存在抽逃出资情形。3. 被告张某莲、刘某勇与王某柱、梁某波依法转让股权。综上，请求驳回原告恒昌厂对四被告的全部诉讼请求。

被告张某莲、刘某勇、王某柱、梁某波共同提交证据：利润表、明细账、记账凭证、转账凭证、借款单、现金收入证明单、收款收据、活期存款明细账、费用报销单、发票、工资表、身份证复印件、个人简历、广州市房屋租赁合同、临时经营场所使用证明、变更房屋租赁合同申请表、租赁合约、房地产证、房屋租金收款收据、采购单、送货单、税务登记证、机构信用代码证、开户许可证、组织机构代码证、谢某斌书面证人证言。

第三人多义百公司陈述称：1.918号民事判决认定事实有误，应予以撤销。2.第三人多义百公司不存在不能清偿债务的情形。截至2017年12月止，第三人多义百公司实收股本资金1000000元，资产共计966019.41元，其中包括应收账款333390.37元、实物库存623153.44元。3.被告张某莲、刘某勇不存在抽逃出资情形。第三人多义百公司股东原为被告张某莲、刘某勇，二人已实缴出资。2013年2月，二人分别向第三人多义百公司借款799650元、200000元，后陆续归还全部借款本金。2014年12月，公司股东变更为被告王某柱、梁某波。

第三人多义百公司提交证据：营业执照、商事登记基本信息、验资报告、印鉴卡片、股东会决议、股东转让出资合同书、资产负债表、利润表、明细账、企业所得税汇算清缴鉴证报告、税务登记证、机构信用代码证、开户许可证、组织机构代码证、谢某斌书面证人证言。

经审理查明：

一、多义百公司的设立、存续情况

2013年1月14日，多义百公司注册成立，法定代表人为张某莲，注册资本为1000000元，股东为张某莲、刘某勇。《广州多义百贸易有限公司章程》第五条规定：刘某勇对公司注册资本的出资额为800000元，占注册资本的80%，于2013年1月5日以货币形式出资；张某莲出资额为200000元，占注册资本的20%，于2013年1月5日以货币形式出资。2013年1月6日，广州中庆会计师事务所依据多义百公司委托，出具编号为中庆验字20130600024号《验资报告》载明：多义百公司注册资本为人民币1000000元，由张某莲、刘某勇于2013年1月5日之前缴足；经该所审验，多义百公司已于2013年1月5日收到该款；其中张某莲以货币出资200000元、占注册资本的20%，刘某勇以货币出资800000元、占注册资本的80%。

2014年12月17日，张某莲、刘某勇作为转让方与作为受让方的王某柱、梁某波签订《股东转让出资合同书》，约定：张某莲将原出资200000元中的100000元转让给梁某波、转让金额为100000元，100000元转让给王某柱、转让金额为100000元；刘某勇将原出资800000元转让给王某柱、转让金额为800000元；转让后多义百公司股东的投资比例为：梁某波出资100000元、占公司注册资本的10%，王某柱出资900000元、占公司注册资本的90%；截至2017年12月17日止，多义百公司债权债务已核算清楚，无隐瞒，转让方及受让方均予以认可，并明确按《中华人民共和国公司法》第三条的规定承担责任。同日，多义百公司召开股东会，作出决议同意上述股权转让。2014年12月22日，四人办理相关股权的工商变更登记手续。多义百公司的法定代表人由张某莲变更为王某柱，股东由张某莲、刘某勇变更为王某柱、梁某波。本案诉讼中，四被告确认王某柱、梁某波在受让股权时已查证该股权所对应的出资义务已履行。

二、案涉基础债权债务关系及另案诉讼执行情况

2015年5月15日至2015年5月20日、2015年9月15日至2015年9月20日，恒昌厂与多义百公司签订《开模合同书》及两份《采购合同》，约定：恒昌厂接受多义百公司委托开发2款杯子产品共4套模具，并根据多义百公司的采购订单备货。双方还就货物价格、送货地点、货款结算等事宜进行了约定。2017年2月14日，恒昌厂以多义百公司未按约支付货款为由诉至本院。多义百公司经本院合法传唤无正当理由未到庭参加诉讼，本院依法缺席审理。2017年6月28日，本院作出918号民事判决书，判令：多义百公司向恒昌厂支付欠款390096元及利息（以145787元为本金、自2016年6月1日起，以244309元为本金、自2016年5月1日起，均按照中国人民银行同期一年期人民币贷款基准利率1.5倍的标准计至付清之日止）；案件受理费7390元、保全费2550元均由多义百公司负担。2017年11月15日，上述民事判决书生效。恒昌厂遂向本院申请强制执行，本院立3904号案。后恒昌厂申请撤销该案执行申请，本院于2017年12月27日作出3904号执行裁定书，裁定该案终结执行。后恒昌厂再次向本院申请强制执行，本院立686号案。因多义百公司暂无可供执行的财产，本院于2018年5月22日作出686号执行裁定书，裁定该案终结本次执行程序。截至本案一审辩论终结时止，本院未再执行到多义百公司判决应付款项，多义百公司亦未就918号案提起再审申请。

三、多义百公司成立后款项往来情况

2013年1月5日，张某莲通过银行转账方式向多义百公司汇入投资款196800元及3200元，刘某勇通过银行转账方式向多义百公司汇入投资款800000元。2013年1月30日，多义百公司以工资、差旅费的名义分别向庞某、罗某、李某祥、欧某治、祖某双、柳某、郑某艳等人分24笔转款共计999650元。本案诉讼中，四被告及多义百公司均确认前述转款属于刘某勇、张某莲向多义百公司的借款，多义百公司从银行取款后以现金形式交付，双方未签订书面借款合同，亦未约定返还期限及借款利息；并认为刘某勇、张某莲为夫妻关系，多义百公司是否收取借款利息对公司及股东利益均没有实际影响。四被告提交了记账凭证及借款单，拟证明前述股东借款已登记在册。该组证据记载：2013年2月6日，刘某勇、张某莲分别向多义百公司借款799650元、200000元。

四被告及多义百公司均抗辩前述借款已经偿还完毕。因四被告提交的原始凭证、

记账凭证及明细较多，本院结合四被告的主张整理如下：

（一）四被告主张刘某勇还款情况（银行转账部分）

	付款人	付款日期	付款金额（单位：元）	原始凭证（银行转账凭证）记载的“备注”或“用途”内容
1	刘某勇	2014 年 1 月 16 日	2772.8	柏欧货款转广州多义百支付
2	刘某勇	2014 年 1 月 16 日	50000	柏欧货款多义百支付
3	刘某勇	2014 年 2 月 20 日	35320	倒户
4	刘某勇	2014 年 5 月 4 日	44102.4	转多义百付柏欧货款
5	刘某勇	2014 年 5 月 13 日	7776	转广州建行支付柏欧货款
6	刘某勇	2014 年 5 月 27 日	2100	转广州多义百
7	亚马逊卓越有限公司	2014 年 5 月 8 日	73.57	PTD3AFCR1ROH 付卖家或客户款
8	刘某勇	2014 年 6 月 20 日	2664	转广州支付柏欧货款
9	刘某勇	2014 年 7 月 2 日	1272	转广州多义百支付柏欧货款
10	刘某勇	2014 年 7 月 15 日	3732	转广州支付柏欧订单
11	刘某勇	2014 年 7 月 22 日	2682	转柏欧货款
12	刘某勇	2014 年 7 月 29 日	10560	柏欧货款
13	刘某勇	2014 年 8 月 11 日	11088	柏欧货款
14	刘某勇	2014 年 8 月 13 日	19392	柏欧货款
15	刘某勇	2014 年 8 月 21 日	21340	柏欧货款转到多义百建行
16	刘某勇	2014 年 8 月 28 日	336	广州多义百贸易有限公司税控系统维护费
经核算，以上共计 215210.77 元				

四被告及多义百公司主张“柏欧”系指“明星制品有限公司”的注册商标“Bio Chef”，相关产品由深圳市鹏斯快克进出口有限公司、东莞长城光学塑胶厂有限公司代理，两公司均为多义百公司的供应商，上述银行转账的款项系刘某勇归还多义百公司的借款，多义百公司用于支付相应货款。

（二）四被告主张刘某勇还款情况（现金部分）

	付款人	付款日期	付款金额（单位：元）	原始凭证（现金收入证明单）记载的用途
1	刘某勇	2013 年 3 月 31 日	50000	收回刘某勇借款
2	刘某勇	2013 年 6 月 30 日	50000	收回刘某勇借款
3	刘某勇	2013 年 9 月 30 日	50000	收回刘某勇借款
4	刘某勇	2013 年 12 月 31 日	50000	仅记载于现金收款明细账，对应原始凭证及记账凭证均未见
5	刘某勇	2014 年 7 月 31 日	15000	收回刘某勇借款
6	刘某勇	2014 年 8 月 31 日	15000	收回刘某勇借款
7	刘某勇	2014 年 9 月 30 日	20000	收回刘某勇借款
8	刘某勇	2014 年 10 月 31 日	15000	收回刘某勇借款
9	刘某勇	2014 年 11 月 30 日	10000	收回刘某勇借款
10	刘某勇	2014 年 12 月 31 日	15000	收回刘某勇借款
经核算，以上共计 290000 元				

（三）四被告主张张某莲还款情况（现金部分）

	付款人	付款日期	付款金额（单位：元）	原始凭证记载的用途
1	张某莲	2013 年 1 月 28 日	20000	现金收入证明单：向法人借款
2	张某莲	2014 年 12 月 31 日	130000	收款收据：张某莲还款
经核算，以上共计 150000 元				

四被告及多义百公司主张，多义百公司未将收到的还款现金存入公司银行账户，而是作为储备现金用于公司经营管理发生的各种费用开支，如工资、办公费、运费、办公费、租金等。四被告据此提交了2013年及2014年现金支出明细账、记账凭证、工资表、发票、费用报销单、个人简历、租赁合同等拟予证明。

（四）四被告主张王某柱代张某莲、刘某勇还款情况（银行转账部分）

	付款人	付款日期	付款金额（单位：元）	“摘要”记载的内容
1	王某柱	2015年9月21日	50000	代张某莲还款
2	王某柱	2015年9月21日	50000	代张某莲还款
3	王某柱	2015年9月21日	30000	代张某莲还款
4	王某柱	2015年9月21日	50000	代刘某勇还款
5	王某柱	2015年9月21日	50000	代刘某勇还款
6	王某柱	2015年9月21日	50000	代刘某勇还款
7	王某柱	2015年9月21日	50000	代刘某勇还款
8	王某柱	2015年9月21日	50000	代刘某勇还款
9	王某柱	2015年9月21日	50000	代刘某勇还款
10	王某柱	2015年9月21日	50000	代刘某勇还款
11	王某柱	2015年9月21日	38612.72	代刘某勇还款
经核算，以上共计518612.72元				

（五）四被告提交的证据中反映多义百公司与刘某勇之间的款项往来情况（借款799650元除外）

	付款人	付款日期	付款金额（单位：元）	凭证记载的用途
1	多义百公司	2013年3月29日	100	借款单：差旅费
2	多义百公司	2014年1月17日	5000	转账凭证：差旅费
3	多义百公司	2014年3月20日	30000	转账凭证：2014年2月份
4	多义百公司	2014年3月25日	20000	转账凭证：2014年2月份
5	多义百公司	2014年7月24日	23000	转账凭证：备用金
6	多义百公司	2014年8月15日	8000	转账凭证：备用金
7	多义百公司	2014年4月30日	30000	记账凭证：往来113304 其他应收款－刘某勇
经核算，以上共计116100元				

恒昌厂对四被告及多义百公司主张的所有还款情况及相应还款凭证均不予确认，主张：刘某勇、张某莲为夫妻关系，二人个人财产与公司财产存在高度混同；二人对多义百公司经营管理拥有绝对控制权，所有还款凭证均可自行制作；银行转账凭证备注的内容无法证实系刘某勇归还借款，四被告亦未提交证据证明“柏欧货款”与多义百公司的供应商有关联且交易已实际发生；现金支出的款项，所有明细均为多义百公司自行制作，四被告未就工资支出进一步提交对应的劳动合同、社保缴纳记录、工资签收记录等，租金支付凭证均为复印件，故无法认定其真实性。恒昌厂还主张，王某柱代还款可推断其与梁某波在受让股权时已知晓刘某勇、张某莲未实缴出资。王某柱、梁某波回应称当时系通过工商登记资料、验资报告及2013年审计报告审查刘某勇、张某莲的出资情况，当时对出资问题并未存疑，王某柱代刘某勇、张某莲偿还借款后发现多义百公司属于亏损状态，故未再支付剩余股权转让款。

另，多义百公司曾于2015年9月21日向王某平转账支付224000元及8500元，再于2015年9月22日向王某平转账支付286096.84元，摘要均记载为“往来款”。恒昌厂主张多义百公司向王某平支付的上述款项恰好等于王某柱代张某莲、刘某勇还款的数额，可推断四被告虚假还款，损害多义百公司债权人利益。四被告回应称王某平系公司客户深圳萬荁科技有限公司（以下简称萬荁公司）的股东，多义百公司与该公司存有业务往来。针对四被告的抗辩，恒昌厂再主张王某平与王某柱为亲属关系，王某平系多义百公司的实际控制人。就该主张，恒昌厂未提交证据。

（六）四被告提交的证据中反映多义百公司向王某柱的借款情况

四被告及多义百公司还提交了现金收入证明单及记账凭证，拟证明多义百公司分别于2016年4月30日、2016年6月30日、2016年11月30日及2017年1月31日向王某柱借款50000元、50000元、12000元及50000元，共计162000元。四被告及多义百公司主张借款以现金形式交付，双方未签订书面借款合同，多义百公司至今尚未还款。恒昌厂对该部分借款真实性亦不予确认。

四、其他查明的事实

多义百公司提交了自行制作的2013年至2017年利润表及税务师事务所制作的2013年至2015年企业所得税汇算清缴鉴证报告，拟证明多义百公司的经营状况。经核对，利润表及报告并未记载前述股东借还款情况，记载的现金收支、应付账款等情况与四被告提交的明细账、原始凭证及记账凭证不一致。

就偿债能力的问题，多义百公司先主张公司有实物库存，后又主张所有货物已送至客户萬荁公司处，因其未支付货款，故财务记账时登记为库存，实质系属应收账款，并提交了2015年8月20日萬苣公司采购单及2015年10月5日送货单。本案诉讼中，多义百公司确认，其未提起诉讼主张相关债权。

刘某勇、张某莲为夫妻关系，二人于2007年2月13日登记结婚。

以上事实，有原、被告及第三人提交的前述证据以及相关陈述附卷为据。

本院认为：本案为股东损害公司债权人利益责任纠纷。公司股东在设立公司时应实际足额缴纳出资，在公司存续期间不得抽回。从本案已查明的事实来看，虽然表面上刘某勇、张某莲认缴的出资额已经转入多义百公司的验资账户进行验资，但该资金随后即以借款的形式几乎被全数转走，又回到刘某勇、张某莲手中，并未真正成为多义百公司的实收资本。刘某勇、张某莲该行为滥用股东有限责任，已违反公司资本确定原则及公司资本维持原则。现本案争议焦点在于刘某勇、张某莲是否已经补足出资，王某柱、梁某波是否存在滥用股东有限责任的行为。根据四被告及多义百公司主张的款项往来情况，本院具体分析如下：

一、就刘某勇、张某莲的承责问题

1. 关于刘某勇于2014年1月16日至2014年8月28日以银行转账方式向多义百公司支付的款项能否视为刘某勇补回出资。该16笔付款中，第7笔付款人并非刘某勇，现未有其他证据显示该笔款项与本案有关，故不能视为刘某勇向多义百公司还款。除此以外，其余15笔款项对应的转账凭证均显示付款人为刘某勇、收款人为多义百公司，资金去向明确。四被告及多义百公司对凭证记载的款项用途已作合理解释，恒昌厂仅提出异议，但未提供反驳证据，应承担举证不能的不利法律后果。本院对该15笔还款予以采信，金额共计215137.2元（215210.77元−73.57元）。

2. 关于王某柱于2015年9月21日以银行转账方式代张某莲、刘某勇向多义百公司支付的款项能否视为张某莲、刘某勇补回出资。恒昌厂主张王某柱虚假还款。对此，本院认为，王某柱受让多义百公司股权须支付转让款，其有合理理由代刘某勇、张某莲向多义百公司还款。王某柱转账时已明确该部分款项属于代还款，款项亦已转入多义百公司银行账户。多义百公司收款后随即全数转给王某平属于多义百公司或时任股东王某柱、梁某波的行为，不影响对王某柱代还款的定性。据此，本院认定该部分亦属于刘某勇、张某莲的还款，其中刘某勇部分的金额为388612.72元，张某莲部分的金额为130000元。就该款项被全数转走的问题，下文再分析认定。

3. 关于刘某勇于2013年3月31日至2014年12月31日、张某莲于2013年1月28日至2014年12月31日以现金方式向多义百公司支付的款项能否视为二人补回出资。四被告提交的付款凭证均为多义百公司自行制作，并主张全部现金用于多义百公司经营管理的费用开支，故未存入公司银行账户。如前述，多义百公司与四被告于本案诉讼主张的公司资金往来、前述自行制作的记账凭证及明细与其提交给主管税务机关的企业所得税汇算清缴鉴证报告内容完全不相符，可见多义百公司存在会计核算不真实、不完整、不准确的情况。本院还注意到，若按照四被告提交的证据及主张，刘某勇、张某莲的还款数额已超出借款数额。既然双方未约定借款利息，刘某勇、张某莲仅需向多义百公司归还借款本金即可。张某莲与刘某勇现金还款时间在前、王某柱银行转账代还款时间在后，王某柱按理无须将所有股权转让款当作代还款转入公司银行账户。结合多义百公司仅有刘某勇、张某莲两名股东，二人又为夫妻关系的事实，仅凭多义百公司自行制作的凭证无法推断该部分款项已真实归还及知晓实际用途去向。本院对该部分现金还款不予采信。

4. 关于刘某勇于2013年3月29日至2014年8月15日与多义百公司之间款项往来的认定。本院另注意到，四被告提交的证据还记载了多义百公司另以“差旅费”“备用金”等名义向刘某勇共计给付116100元。该部分款项亦属于公司财产利益，且发生在刘某勇前述还款期间。在刘某勇未进一步提交证据证明该部分款项已返还多义百公司或用于多义百公司经营活动的情况下，本院认为，前述认定刘某勇的还款应作相应扣除。

据此，刘某勇实际归还多义百公司的款项金额应认定为487649.92元（215137.2元+388612.72元－116100元），张某莲实际归还多义百公司的款项金额应认定为130000元。该部分款项属于刘某勇、张某莲对注册资金的部分补足。至于未补足的部分，因刘某勇、张某莲未充分举证证明对多义百公司另有资金投入，故刘某勇、张某莲存在抽逃出资的情形，其本应在各自抽逃出资本息范围内对该公司债务不能清偿的部分承担补充赔偿责任。又因刘某勇、张某莲于夫妻关系存续期间设立经营多义百公司，对抽逃出资行为相互知情并有共同意思表示，故二人各自承担补充赔偿责任所涉债务属于夫妻共同债务，应当由刘某勇、张某莲承担共同清偿责任。恒昌厂诉请要求二人应对公司不能清偿的全部债务承担连带责任。我国现行公司法对公司股东并无身份上的限制，夫妻双方共同投资设立有限责任公司未违反法律、行政法规的强制性规定。多义百公司登记为普通的有限责任公司而非一人公司，恒昌厂未就股东个人财产与公司财产混同事实进行进一步举证，应承担举证不能的不利法律后果。

综合以上分析，刘某勇、张某莲应在全部抽逃出资数额即382000.08元（999650元－487649.92元－130000元）的本息范围内承担补充赔偿责任。从维护多义百公司利益的角度出发，本院酌定利息以382000.08元为基数，自款项转出之日即2013年2月6日起按照中国人民银行同期同类贷款基准利率计算至实际清偿之日止。恒昌厂诉请超出本院认定的部分，本院不予支持。

二、就王某柱、梁某波的承责问题。

1. 如前述，本院对恒昌厂关于王某柱虚假还款的主张不予采信。恒昌厂还主张王某柱、梁某波在受让股权时明知刘某勇、张某莲抽逃出资，故应就二人的行为向恒昌厂承担连带责任。《最高人民法院关于适用〈中华人民共和国公司法〉若干问题的规定（三）》第十八条规定：有限责任公司的股东未履行或者未全面履行出资义务即转让股权，受让人对此知道或者应当知道，公司请求该股东履行出资义务、受让人对此承担连带责任的，人民法院应予支持；公司债权人依照本规定第十三条第二款向该股东提起诉讼，同时请求前述受让人对此承担连带责任的，人民法院应予支持。对于原股东抽逃的责任是否也由受让股东承担该条文规定并未明确。从《最高人民法院关于适用〈中华人民共和国公司法〉若干问题的规定（三）》的前后体例来看，涉及虚假出资和抽逃出资的相关规定并未全部作为同一条文规定，也没有基于相互包含的关系而只列举一种情形规定，因此，严格按照文义理解更符合该规定的精神。综上，即使王某柱、梁某波对原股东抽逃出资的行为属明知或应当知道，其亦不需就刘某勇、张某莲抽逃出资形成的债务承担连带赔偿责任。

2. 至于多义百公司于王某柱代还款当日及次日又将款项转走的问题。四被告及多义百公司主张多义百公司向王某平支付的518596.84元系多义百公司与萬苣公司的业务往来款，其对该主张的事实负有举证责任。但四被告提交的采购单及送货单均显示萬苣公司系购货方，四被告亦确认萬苣公司系多义百公司的客户。萬苣公司于2015年8月向多义百公司下订单，多义百公司于2015年10月送货。多义百公司在萬苣公司处有应收账款未结清的情况下，却于2015年9月向萬苣公司付款，与常理不符。王某柱、梁某波对此未能作出合理解释并提供相应证据证明相应债权债务关系，应承担举证不能的不利法律后果。据此，多义百公司将该笔资金的转出应视为王某柱、梁某波抽逃出资的行为，二人应在518596.84元（224000元+8500元+286096.84元）的本息范围内承担补充赔偿责任。其中利息以518596.84元为基数，自款项转出之日即2015年9月21日起按照中国人民银行同期同类贷款基准利率计算至实际清偿之日止。恒昌厂诉请超出本院认定的部分，本院不予支持。

综上所述，依照《中华人民共和国民法总则》第一百七十八条第三款，《中华人民共和国公司法》第二十条第三款、第二十八条、第三十五条，《最高人民法院关于适用〈中华人民共和国公司法〉若干问题的规定（三）》第十二条第（四）项、第十四条第二款，《中华人民共和国民事诉讼法》第一百四十二条及《最高人民法院关于适用〈中华人民共和国民事诉讼法〉的解释》第九十条的规定，判决如下：

一、被告刘某勇、张某莲于本判决发生法律效力之日起十日内在本金382000.08元及利息（以382000.08元为基数，自2013年2月6日按照中国人民银行同期同类贷款基准利率算至实际补足出资之日止）的范围内，对第三人广州多义百贸易有限公司根据本院（2017）粤0115民初918号民事判决书确定的给付义务中不能清偿的部分向原告博罗县园洲镇恒昌塑胶五金模具厂承担补充赔偿责任；

二、被告王某柱、梁某波于本判决发生法律效力之日起十日内在本金518596.84元及利息（以518596.84元为基数，自2015年9月21日按照中国人民银行同期同类贷款基准利率算至实际补足出资之日止）的范围内，对第三人广州多义百贸易有限公司根据本院（2017）粤0115民初918号民事判决书确定的给付义务中不能清偿的部分向原告博罗县园洲镇恒昌塑胶五金模具厂承担补充赔偿责任；

三、驳回原告博罗县园洲镇恒昌塑胶五金模具厂的其他诉讼请求。

如果未按本判决指定的期间履行给付金钱义务，应当依照《中华人民共和国民事诉讼法》第二百五十三条之规定，加倍支付迟延履行期间的债务利息。

本案受理费15568.8元，由被告刘某勇、张某莲、王某柱、梁某波负担。

如不服本判决，可在判决书送达之日起十五日内，向本院递交上诉状，并按对方当事人的人数提出副本，上诉于广东省广州市中级人民法院。

审　判　长　谭茗
人民陪审员　梁金志
人民陪审员　谭万里
二〇一八年八月二十九日
法官助理　周晓宇
书　记　员　谭晓琪

广州丰江电池新技术股份有限公司、黄某林、汤某斌诉曾某华与公司有关的纠纷民事判决书

广东省广州市南沙区人民法院
民 事 判 决 书

（2017）粤0115民初5906号

原告：广州丰江电池新技术股份有限公司，住所地略，统一社会信用代码略。

法定代表人：黄某林，职务董事长。

原告：黄某林，男，出生日期略，汉族，住址略，公民身份号码略。

原告：汤某斌，女，出生日期略，汉族，住址略，公民身份号码略。

上述三原告委托代理人：葛某荣，国信麦家荣（南沙）联营律师事务所律师。

上述三原告委托代理人：刘某烽，国信信扬律师事务所律师。

被告：曾某华，男，出生日期略，汉族，住址略，公民身份号码略。

委托代理人：严某华、王某娟，北京市隆安（深圳）律师事务所律师。

原告广州丰江电池新技术股份有限公司（以下简称丰江公司）、黄某林、汤某斌与被告曾某华与公司有关的纠纷一案，本院于2017年12月22日立案后，依法组成合议庭公开开庭审理了本案。在本案审理过程中，原告委托代理人葛某荣、刘某烽，被告曾某华及其委托代理人严某华、王某娟到庭参加诉讼。本案现已审理终结。

原告向本院提出诉讼请求：1. 原告汤某斌以每股1.355元的价格回收被告持有的丰江公司24.6万股股份；2. 被告向原告汤某斌返还丰江电池24.6万股股份的收益4.92万元（2016）；3. 原告黄某林以每股1.355元的价格收回被告持有的丰江公司145.22万股股份；4. 被告向原告黄某林返还丰江公司145.22万股股份的收益29.044万元（2016）；5. 被告承担本案全部诉讼费用；6. 被告向原告汤某斌返还丰江公司24.6万股股份在2017年的利润分配收益7.38万元；7. 被告向原告黄某林返还丰江公司145.22万股股份在2017年的利润分配收益43.566万元。事实和理由：被告原为丰江公司员工。为激励员工，2006年2月7日，丰江公司与老股东（黄某林、汤某斌）、被告等签订《股权激励管理细

则》，并于2009年9月签订《股权激励管理规定》，约定黄某林、汤某斌采取无偿出让的方式提供丰江公司股权，对公司核心员工进行股权激励。依照上述约定，汤某斌将24.6万股丰江公司股份无偿转让给被告，黄某林将145.22万股丰江公司股份无偿转让给被告。2017年5月8日丰江公司发布《2016年度权益分派实施公告》向全体股东每10股派2元现金，后委托中国证券登记结算有限责任公司向被告派发了上述分红。2017年7月21日，被告向丰江公司申请于2017年9月30日离职，丰江公司表示同意，并办理了工作交接手续。根据《股权激励管理规定》第四条第一点约定，被告的离职符合股份回购条件，故被告应向黄某林、汤某斌返还其无偿取得的股份及其产生的收益。另外2018年7月20日丰江公司向全体股东每10股派送现金红利3元，被告应向原告汤某斌返还24.6万股股份在2017年的利润分配收益7.38万元，向原告黄某林返还145.22万股股份在2017年的利润分配收益43.566万元。因原告需向被告支付每股1.355元的股票回购款，而被告需向原告支付每股0.2元（2016年利润分配）和每股0.3元（2017年利润分配）的分红收益，因此根据合同法规定，原告主张债务抵销，被告无须再向原告支付每股0.2元和0.3元的分红收益，原告回购价变为每股0.855元（1.355元—0.5元）。

被告辩称：一、我方与丰江公司不存在股权激励关系。1.《股权激励管理细则》与丰江公司无关，真实性不确认。2.《股权激励管理规定》前3页主文部分为打印，未加盖骑缝章，原告可随时替换，第3页落款“以下空白，后附签署页，与正本为一体，属于整个文件”和第4页题头“股权激励管理规定”系手写，属于事后添加，手写字体、签署页与前3页主文无法构成统一整体，真实性、合法性无法确认，故无法确定是丰江公司针对员工的股权激励文件。二、原告诉请回购我方的丰江公司股份无事实和法律依据。1. 丰江公司无权要求回购我方持有股份及返还收益，不存在可以回购股份的法定情形。2. 原告黄某林、汤某斌无权回购我方持有股份。《股权激励管理细则》《股权激励管理规定》约定“公司有权回购离职股东股份”，即使文件真实合法有效，享有回购权的是公司。三、我方不存在通过股权激励方式无偿取得丰江公司股份的情形。1.2006年9月25日我方作为丰江公司设立时的原始股东认缴出资额50万元，并分两次实缴出资50万元，并经验资，取得丰江公司50万元出资额对应的股权；2.2008年7月1日我方受让原告黄某林56.5万元出资额对应的股权，并经验资履行了实缴出资义务；3.2011年11月我方受让原告汤某斌24.6万股股份，经丰江公司股东大会决议并登记备案，系以正常受让方式取得；4.2011年12月丰江公司新增注册资本1000万元，我方认购43.7万元并经验资，我方以实缴增资款方式取得该部分股份。四、丰江公司作为在全国性证券交易场所“全国中小企业股份转让系统”挂牌的公众公司，其挂牌时公开披露的文件表明股权权属清晰，股权无纠纷或潜在纠纷，故不存在股权激励。1. 广东信达律师事务所出具的法律意见书认为“三、本次挂牌的实质条件……（四）股权明晰，股票发行和转让行为合法合规……经丰江公司全体股东书面确认并经核查，公司的股权结构清晰，权属分明，真实确定，合法合规，股东持有公司的股份不存在权属争议或潜在纠纷……六、发起人和股东……（二）发起人投入公司的财产：公司设立时发起人按照各自持有丰江有限股权的比例，以丰江有限经审计的净资产作为对公司的出资，丰江有限整体变更为股份有限公司。发起人投入公司的资产权属关系清晰，发起人将上述资产投入公司不存在法律障碍”。2. 大华会计师事务所出具的审计报告显示：公司报告期不存在股份支付事项。而根据《企业会计准则基本准则》《企业会计准则第11号——股份支付》等规定，如丰江公司挂牌前或挂牌时存在员工股权激励的，财务报表应作股份支付处理。由此证明，丰江公司挂牌前或挂牌时不存在员工股权激励的情形。3. 根据平安证券有限责任公司的推荐报告，丰江公司的设立及历次增资均经主管部门核准登记，履行了必要的法律手续，公司股权明晰，股东持有的公司股份真实有效，不存在代持、质押等权利受限的情况，股东之间不存在因股权权属产生的纠纷或潜在纠纷。五、丰江公司作为在全国中小企业股份转让系统挂牌的公众公司，其股份已在全国性的股权交易场所公开买卖、流通。即使《股权激励管理细则》《股权激励管理规定》真实合法有效，也规定股份上市流通后回购条款自然失效。六、原告诉请的回购价格的定价无依据。请求驳回原告所有诉讼请求。

经审理查明：丰江公司为自然人投资或控股的非上市股份有限公司，其前身为广州丰江电池新技术有限公司（以下简称丰江有限公司），于2006年9月25日成立。2009年3月10日丰江有限公司召开股东会，同意将丰江有限公司整体变更设立为丰江公司，股份数合计3000万股，注册资本合计3000万元，公司发起人为原告黄某林、汤某斌和被告等人，黄某林是公司的控股股东。黄某林、汤某斌系夫妻关系，两人为公司实际控制人。丰江公司2017年度权益分派实施公告显示，公司总股份数为6033.5万股，股东有黄某林、汤某斌以及被告等人，其中黄某林持股2219.33万股，占股比例36.7834%；汤某斌持股826.99万股，占股比例13.7067%。

原、被告双方确认2005年10月被告与广州市番禺丰江电池制造有限公司（以下简称番禺丰江公司）建立劳动合同关系。被告在丰江有限公司成立后又与后者签订劳动合同，并于2017年9月30日离职，离职前任丰江公司副总经理。

被告股权变更情况如下：

2006年3月28日，包括黄某林、汤某斌以及被告在内的8人签订《出资协议书》，约定共同投资设立丰江有限公司，注册资本3000万元，其中黄某林出资2420万元、比例为80.67%；汤某斌出资300万元、比例为10%；被告出资50万元、比例为1.67%。各方还约定注册资本分期投入，第一次出资600万元，其中被告以货币出资10.02万元。广州市东方会计师事务所于2006年9月14日出具验资报告，其中载明被告认缴出资50万元，本期实缴货币出资10.02万元。2006年9月25日丰江有限公司经原广州市工商行政管理局番禺分局核准设立。

2008年7月1日，原告黄某林（转让方）与被告（受让方）签订《股东转让出资合同书》，约定黄某林将原认缴出资额中的部分56.5万元转让给被告，转让后被告认缴出资额变更为106.5万元，包括黄某林、被告在内的14名股东均在落款股东签名处。广州市东方会计师事务所于2008年7月7日出具验资报告，载明被告认缴注册资本为106.5万元（出资比例为3.55%），本期实缴货币出资189882元、实物出资375118元（合计56.5万元）。

2008年8月27日丰江有限公司修改公司章程，新增实收资本至3000万元，其中被告认缴39.98万元。2008年9月1日广州市德信会计师事务所有限公司作出验资报告，载明被告实际缴纳39.98万元（货币出资）。

2011年11月1日丰江公司股东大会作出决议并修改公司章程，汤某斌将所持本公司24.6万股（占注册资本0.82%）转让给被告，被告持股共131.1万股，持股比例为4.37%。被告确认其并未支付相应股权转让款。

2011年12月1日丰江公司股东大会决议增资和修改公司章程，股东增加现金资本1000万元，其中被告认购43.7万股，增资后被告持股为174.8万股，持股比例仍为4.37%。被告确认该部分增资款来源于汤某斌和案外人唐某成（丰江公司总经理）向被告的转账汇款。

2016年1月被告转让其持有的丰江公司股份4.98万股给案外人，持股比例降为4.25%。原告主张被告系为了履行股权激励计划转让，使其股份保持在4.25%，被告未收到该股权转让款。被告则主张系其自行转让股份，与本案无关。

丰江公司2007年作出2006年度股份奖励决定、2008年作出《截至2007年底股东股份数量和2007年度经营业绩股权奖励的情况说明》、2009—2015年分别发布了2008—2014年度经营结果和股东回报方案以及《原持股数转换为持有注册股份情况表》，显示截止至2015年年底被告累计获得394.4万股，转换为注册股份的持股为169.82万股，持股比例4.25%。被告在《原持股数转换为持有注册股份情况表》落款处签名确认。

至被告2017年9月30日离职时，被告所持股份数因向外转让3.4万股而减少为166.42万股。

2016年5月11日丰江公司的股份在全国中小企业股份转让系统（以下简称“新三板”）挂牌并公开转让，纳入非上市公众公司监管，证券简称丰江电池，证券代码837375，转让方式为协议转让。在准备挂牌之前，股东对外声明的文件中未记载有股份存在纠纷或潜在纠纷、存在转让限制或者回购等情况。原告主张是因为未提及和披露股权激励和股权回购事实。广东信达律师事务所出具《关于广州丰江电池新技术股份有限公司申请在全国中小企业股份转让系统挂牌并公开转让法律意见书》中记载了被告前述股权变更情况，其中关于“发起人投入公司的财产”部分载明：“公司设立时发起人按照各自持有丰江有限公司股权比例，以丰江有限公司经审计的净资产作为对公司的出资，丰江有限公司整体变更为股份有限公司，发起人投入公司的资产权属关系清晰，发起人将上述资产投入公司不存在法律障碍。”

丰江公司2016年度权益分派实施公告载明，权益分派方案为以公司现有总股本5200万股为基数，向全体股东每10股派2元人民币现金（含税）。2017年5月15日中国证券登记结算有限责任公司北京分公司出具的权益分派结果反馈，显示代派股数5200万股，代派现金红利1040万元。被告确认已实际收到按其持股169.82万股换算的分红33.964万元。

2017年4月10日大华会计师事务所对丰江公司2016年出具审计报告（大华审字[2017]004019号）显示，期末公司股本共5200万股，股东权益合计140780517.61元，原告主张两者相除即每股净资产2.71元；丰江公司对外公示的2016年度报告亦显示2016年年末归属于挂牌公示股东的每股净资产为2.71元。被告对此予以认可。

丰江公司2017年度权益分派实施公告载明，权益分派方案为以公司现有总股本6033.5万股为基数，向全体股东每10股派3元人民币现金（含税）。2018年7月20日中国证券登记结算有限责任公司北京分公司出具的权益分派结果反馈，显示代派股数6033.5万股，代派现金红利1810.05万元。双方确认被告收到分红时实际持股166.42万股，实际收到以此为基数计算的分红49.926万元。

原告为证明丰江公司曾对被告有过股权激励的事实，提供证据：

1.《股权激励管理细则》（以下简称《管理细则》），内容：“根据穗丰电司字〔2005〕08号文件的基本精神，特制定本细则……一、股份的来源。用于激励机制的股份由前一年度的老股东采取无偿出让的方式提供，提供股份的数量按穗丰电司字〔2005〕08号文件规定的标准以当年经营结果所反映公司资本增值的数据计算……三、股份的管理：1. 自公司作出股份分配的决定之日起，该类股份即刻成为公司参与分配的资本；2. 该类股份每隔2年才进行一次正式的股东工商注册登记，在这2年以内只进行公司内部登记管理……4. 除了参与公司分配的权利外，该类股份的表决权等参与股东大会的权利必须授权给公司秘书；5. 该类股份的股东必须签署授权委托书，授权公司秘书参加股东大会和签署所有股东文件。……四、股份购回。该类股份的股东因任何原因离职，公司对其股份在2年内限制转让和抵押等性质的处理。在2年后，公司按照上一年度的每股净资产的50%购回，公司出现上市或被整体收购的情况除外。”落款为“广州丰江电池新技术有限公司 2006年2月7日”，并加盖有广州市番禺丰江电池制造有限公司聚合物事业部印章以及丰江有限公司印章，包括被告在内的各丰江公司员工在落款处签名。

2.《股权激励管理规定（2009年3月颁发之第二版）》（以下简称《管理规定》），内容：“根据公司经营理念及发展战略，结合2006年2月颁发的《股权激励管理细则》及历年股权激励的实践，特制定本规定、进一步明确股权激励的相关制度，对公司长远发展和干部事业起到远景规划的作用。一、股份的来源：用于激励的股份由老股东采取无偿出让的方式提供，提供股份的数量视当年经营情况和老股东出让的意愿确定。二、股份的分配：分配依据为每年度终，评估小组对技术人员、管理人员获取股权激励资格及对公司利润的贡献进行考评，董事会根据当年经营结果、老股东出让意愿以及考评结果审批通过当年股权激励的人员名单及相应激励股份金额。三、股份的管理：1. 自公司作出股份分配决定之日起，该类激励股份即刻成为公司参与分配的资本；2. 该类激励股份每隔二年才进行一次正式的股东工商注册登记，在这二年以内只进行公司内部登记管理；3. 该类激励股份不能转让，也不能以抵押等形式作实质的财产转移，只能登记在本人名下；4. 除了参与公司分配的权利外，该类激励股份的表决权等参与股东大会的权利必须授权给公司董事会秘书；5. 该类激励股份的股东必须签署授权委托书，授权公司董事会秘书参加股东大会和签署所有股东文件；6. 该类激励股份为老股东无偿出让，视同受让股东已经作出承诺：在职期间保守公司商业秘密和不从事有损公司利益的活动，否则作为惩罚，公司将无偿收回该类股份；7. 当公司出现股份上市流通或整体被收购的情况时，无须遵从以上规定。四、股份购回：1. 股东因任何原因离职，其所受让的激励股份及其产生的收益，公司按照每股净资产金额的50%购回，并将该笔金额在其离职之日起1个月至2年内全部支付；2. 离职后，如不保守公司商业秘密和从事有损公司利益的活动，作为惩罚，公司有权不支付该购回金额；3. 公司出现上市或被整体收购的情况除外。五、自公司作出股份分配的决定之日起，享有该类激励股份的股东，必须签名，以明确其自愿遵守此规定。”

《管理规定》文本最后一页尾部打印有“广州丰江电池新技术有限公司”“2009年

3月”，下方手写“以下空白，后附签署页，与正本为一体，属于整个文件”字样。后附另外一张签署页，该页左上方打印有“签署：”字样，后面有黄某林、汤某斌、张某芬、曾某华以及被告等共计71人签名，其中大部分人员系丰江公司现在或曾经工商登记在册的股东。签署页签名原件系分两次签署形成，第一次签署原件有黄某林、汤某斌、张某芬、曾某华、被告等50人签名；第二次签署原件系在上述第一次签署原件的复印件的基础上续签，有吴某霞等21人签名。签署页最上行手写有“股权激励管理规定”字样。

3.《授权委托书》，内容为：“本人经广州丰江电池新技术有限公司股东大会通过，受让激励股份，成为公司股东，自愿遵守《股权激励管理规定》，授权公司董事会秘书行使如下权利：1. 参加股东大会；2. 以本人受让的激励股份所享有的额度行使表决权；3. 签署所有股东文件。”授权委托书下部为签名，有被告等69人在其上签名。《授权委托书》签名原件系分两次签署形成，第一次签署原件有被告等47人签名；第二次签署原件系在上述第一次签署原件的复印件的基础上续签。

被告曾在另案中作为证人出庭作证，确认其系通过丰江公司在股东会议上的出示而知悉《管理规定》内容，《管理规定》签署页上的“曾某华”签名为2009年3月其本人所写，但认为签名时签署页上并无抬头标题“股权激励管理规定”的手写字样，《管理规定》落款处下方也无“以下空白，后附签署页，与正本为一体，属于整个文件”的手写内容。对该签署页是否为《管理规定》所附文件也表示记不清了。被告在本案庭审过程中曾申请对《管理规定》诸如签名真实性、前后页形成时间是否一致等问题进行司法鉴定，后撤回鉴定申请。被告认为即使存在《管理规定》，也已于丰江公司挂牌交易之前终止执行，为此其提交《丰江新技术股权激励计划余股分配方案和认股权计划提前结束的安排规划（定稿）》打印件。该文件无丰江公司盖章。原告否认丰江公司签署过该文件，《管理规定》仍正在执行中，并未终止。

另查明，黄某林于2006年9月11日向被告银行账户转账10.02万元，同日被告向丰江公司名下银行账户（与验资报告载明银行账户一致）转账支付10.02万元。2008年7月1日和8月28日黄某林又向被告转账支付189882元和39.98万元，曾某华均于收款同日转账支付至丰江公司名下银行账户（与验资报告载明银行账户一致）。汤某斌和案外人唐某成于2011年12月12日向曾某华分别转账支付8万元和35.7万元（共计43.7万元），曾某华同样于收款同日向丰江公司名下银行账户（与验资报告载明银行账户一致）转账支付43.7万元。番禺丰江公司出具《关于广州丰江电池新技术股份有限公司2008年7月实物出资的情况说明》，确认2008年7月1日被告等人向丰江有限公司移交的机器设备、存货是由其购买及生产，并受实际控制人黄某林指示将机器设备作为被告等人的出资移交给丰江公司。曾某华签名确认的《存货、固定资产出资清单》列出了实物出资的情况，总价值为375118元。原告提供了部分固定资产设备增值税发票，载明购买单位为广州市番禺丰江电池制造有限公司。案外人唐某成向本院出具情况说明，载明2011年12月12日向被告的汇款35.7万元系在黄某林指示下代黄某林支付。

关于被告的出资情况，原告表示：2005年至2006年是丰江公司的筹备阶段，广州市番禺丰江电池制造有限公司聚合物事业部之后就转化为丰江有限公司，《管理细则》上丰江有限公司印章即在成立之后加盖的。《管理细则》《管理规定》是丰江公司设立之前发起人达成的股权激励方案，丰江公司设立时部分发起人的认缴出资都是股权激励（包括被告认缴的50万元）；被告2006年9月、2008年7月和2008年8月三次股权变更的货币出资均是由原告转账给被告，被告再转入丰江公司验资账户；2008年7月1日的实物出资是由原告黄某林出资采购的机器设备而作为被告的出资。

在庭审过程中，被告主张2011年增资47.3万元是其本人出资，但是在法庭询问被告出资过程时，被告则表示因是财务人员操作故不清楚具体过程，是谁操作也不清楚，相关的出资款项是如何交给财务人员的也记不清了。庭审后被告出具书面材料表示：1. 2006年9月的出资10.02万元，系其个人自有资金出资，是本人作为公司创始股东的原始股，所有创始股东认同其技术价值为50万元，由黄某林向其本人转入10.02万元，是履行该承诺的首次款项，是对本人技术价值的承认。2. 2008年7月的货币出资189882元是黄某林转入资金作为本人股份的红利，本人再以出资方式投入公司。3. 2008年8月第三次出资39.98万元是黄某林向本人转入，履行所有创始股东认同被告本人技术价值为50万元的承诺的剩余款项，属于本人自有资金出资。4. 2008年7月的实物出资是其作为创始股东参与分配的实物，所有股东用于出资的实物都是以这种方式取得。为此被告提供了以下证据证明：1.《关于2007年度经营结果和利润分配的说明》（打印件，未加盖丰江公司印章），落款为“广州丰江电池新技术有限公司”，其中载明公司2007年度按照20%的比例对股东分配部分现金，其中被告分配19.58万元。2. 被告个人活期明细信息，显示2008年1月25日原告汤某斌向被告转账支付了19.58万元。3.《董事会会议记录（再次协商）》打印件以及个人账户汇总信息清单，证明根据董事会会议决定，丰江公司存在账外资金，并于2016年6月1日分配了33.25万元给被告。

庭审中，丰江公司表示在其作为案涉股份回购权利主体的情况下，同意指定股东黄某林和汤某斌作为案涉股份的接收方。

另，在本案审理中，本院根据原告申请于2017年12月16日作出民事裁定，裁定冻结原告黄某林名下持有的广州丰江电池新技术股份有限公司1340710股股票，冻结被告名下持有的广州丰江电池新技术股份有限公司1340710股股票；于 2018年2月14日作出民事裁定，裁定冻结原告黄某林名下持有的广州丰江电池新技术股份有限公司357490股股票，冻结被告名下持有的广州丰江电池新技术股份有限公司357490股股票；于2018年8月8日作出民事裁定，裁定增加冻结被告名下价值339640元的银行存款或查封、扣押其他等值财产。实际执行过程中，被告持有的丰江公司166.42万股股份被冻结。

本院认为，本案系原告主张向被告回购丰江公司股份引发的纠纷，属于与公司有关的纠纷。根据双方当事人的诉辩意见，本案的争议焦点归纳如下：1.《管理细则》《管理规定》是不是签署各方的真实意思表示；2. 本案诉争的被告持有的股份是不是因丰江公司执行《管理规定》内容而获得；3. 原告是否有权行使本案诉争的被告持有股份的回购权。

关于第一个问题。在庭审过程中，首先被告本人不仅确认签署页上其本人签名的真实性，还确认《管理规定》曾在股东会议上出示过。虽然《管理规定》签署页上的签名存在有复印的情况，但是原告已提交管理规定文件原件，并对证据形成过程作出合理解释说明，虽然被告提出该《管理规定》前4页与签署页不是统一整体，但未提出相应反驳证据，也与其自述不相符，故本院对《管理规定》及其签署页的真实性予以确认。被告已签名确认《管理细则》《管理规定》，应为其真实意思表示。《管理细则》《管理规定》没有违反法律禁止性效力规定，应为合法有效，对各方均具有法律约束力。

关于第二个问题。根据已查明的事实，本案诉争股份共计169.82万股（174.8万股扣减转让的4.98万股）的构成为：1. 2006年3月28日丰江公司发起设立时被告认缴的50万股股份（分两次实缴货币：2006年9月10.02万元、2008年8月39.98万元）；2. 2008年7月1日被告获原告黄某林转让的出资额56.5万股（实缴货币189882元和实物价值375118元）；3. 2011年11月1日被告获原告汤某斌转让的24.6万股（被告未支付股权转让款）；4. 2011年12月丰江公司增资时被告获得的43.7万股（出资款来源于汤某斌和案外人唐某成）。

首先，从出资资金来源来看，虽然验资报告确认被告已经以货币或者实物方式缴纳了相应资本金，但被告亦确认货币出资的资金来源均为黄某林、汤某斌及丰江公司管理人员唐某成，而且均在收到款项当日就转入丰江公司银行账户。被告对此的解释是相关款项系丰江公司对其的现金奖励，其收取现金后再作为个人资金出资，故属于个人出资。虽然其提供了相关证据证明汤某斌确实存在另外向其转账支付款项的情形，但并不足以证实上述款项（10.02万元、189882元、39.98万元、43.7万元）系丰江公司对其的现金奖励。另外，被告在回答法庭询问时，对其使用自有资金出资具体过程时无法明确说明，仅以系财务人员操作为由表示记不清楚，甚至资金如何交给财务人员也记不清，虽然其在庭审结束后又提交书面说明对出资情况进行说明，但其在庭审时的表述显然不符合普通人处置数十万元大额款项的通常情况，不符合常理。而且此外被告未就上述货币出资资金部分属于丰江公司现金奖励提供任何证据证实，本院不予采信。至于汤某斌向其转让的股份，被告也确认没有支付相应对价，恰恰印证了原告关于相关股份属于激励股份的主张。至于实物出资部分，相关发票能够印证实物出资部分原属于番禺丰江公司所有，番禺丰江公司也出具情况说明证明被告的实物出资部分实际系由该公司移交给丰江公司作为被告等人的出资。被告没有提供证据相关实物属于其个人所有。故本院采信原告主张，本案诉争股份的出资资本来源均为原告或者受案外人受原告指示提供。

其次，从被告所持股份的性质来看。被告主张其所持股份并非奖励所得，但是除《管理细则》《管理规定》可证明丰江公司对其员工确有股份激励的规定之外，根据丰江公司2006年度股份奖励决定、《截至2007年底股东股份数量和2007年度经营业绩股权奖励的情况说明》、2008—2014年度经营结果和股东回报方案、《原持股数转换为持有注册股份情况表》等证据，可以显示被告所持有的丰江公司169.82万股股份系经过多次的股份奖励后转化所得，其性质确属于股份激励。被告签署《授权委托书》的情况也与《管理细则》《管理规定》的内容相符，可以印证被告持有因股权激励而获得的股份而授权董事会秘书行使权利，其自述的内容与《授权委托书》相矛盾。至于验资报告认定的被告实缴出资的情况，仅能反映丰江公司收取了被告名下股份相应出资资本的事实，并不能据此否认相关股份属于激励所得的情形。

基于以上理由，被告主张其出资款系丰江公司的奖励，但是没有提供证据证实，本院不予采信。本院认为上述股份出资均非被告本人实际出资，被告未因获取诉争股份实际支付对价，原告也提供了证据佐证被告的诉争股份系基于《管理规定》受激励获得，故上述股份应认定为原告基于《管理规定》内容而向被告发放的激励股份。

关于第三个问题。因被告已从丰江公司离职，根据《管理规定》第四条第一点的约定，丰江公司有权对其名下所受让的激励股份进行购回。为维护公司资本三原则，防止股东抽逃出资，损害公司、股东和债权人合法权益，一般情况下公司不得收购本公司股份，但并非绝对禁止，如对回收股权进行再分配或指定股权接收人等制度安排的情况下，公司可以依法或按照约定对股东股权进行回购，原告可以指定股东黄某林和汤某斌接收案涉回购的股权。根据已查明的事实，被告受激励获得的股份应为169.82万股，但是在被告离职之时，其获得的激励股份因转让仅有166.42万股，原告应在上述股份范围内主张相关权利。因此，原告有权主张由原告汤某斌接收被告持有的丰江公司24.6万股股份、原告黄某林接收剩余被告持有的丰江公司141.82万股股份，不损害公司及公司债权人的利益，不违反法律规定。超出上述范围的，本院不予支持。

被告主张《管理规定》已终止执行，但是其据以佐证的《丰江新技术股权激励计划余股分配方案和认股权计划提前结束的安排规划（定稿）》并无丰江公司盖章确认，原告亦否认丰江公司曾经签署过该份文件，故对被告该份证据不予认可。其主张《管理规定》终止执行没有充分证据证实，本院不予采信。此外，被告认为丰江公司申请股票在“新三板”挂牌并公开转让即“上市”，符合《管理规定》第三条第七点的规定，但是丰江公司企业类型明确为非上市的股份有限公司，根据《中华人民共和国公司法》第一百二十条的规定，“本法所称上市公司，是指其股票在证券交易所上市交易的股份有限公司”，而“新三板”并不属于证券交易所，而属于代办股份转让系统，因此被告该项主张缺乏充分依据，本院不予采信，丰江公司的股份在“新三板”挂牌转让不属于《管理规定》中规定的终止回购的事由。此外，即使丰江公司在“新三板”挂牌时未对外披露股权激励内容，也不影响《管理规定》等公司内部约定的法律效力。

关于股份回购的价格，根据《股权激励管理规定》第四条第一点的约定，公司按照每股净资产金额的50%购回。根据约定可知，股份回购系原告权利，以权利人行使权利时间为基点计算。本院认为股份回购系丰江公司的权利，宜以权利人行使权利时间为基点计算，即按原告起诉前一年度即2016年度的每股净资产金额即2.71元的50%来计算。因此，现原告主张以每股价格1.355元回购，本院予以支持。

关于被告应否返还案涉股份2016年度、2017年度的股份收益问题。《管理规定》未约定股份收益返还款项的起算时间，公司法规定股东按其所持股份享有相应取得分红等权利，故在股份回购之前股东取得的股份分红系基于股东身份对公司享有的权利，原告要求返回该部分收益，不符合法律规定，亦违背公平原则。故对原告的该项诉请不予支持。

综上所述，依照《中华人民共和国合同法》第四十四条第一款、第六十条第一款，《中华人民共和国公司法》第一百三十七条、《最高人民法院关于适用〈中华人民共和国民事诉讼法〉的解释》第九十条的规定，判决如下：

一、被告曾某华于本判决发生法律效力之日起十日内将其持有的广州丰江电池新技术股份有限公司24.6万股股份以每股1.355元的价格转让给原告汤某斌，并协助办理相关股权转让手续，上述股份转让价款由原告汤某斌在相关股权转让手续办理的同时支付给被告曾某华。

二、被告曾某华于本判决发生法律效力之日起十日内将其持有的广州丰江电池新技术股份有限公司141.82万股股份以每股1.355元的价格转让给原告黄某林，并协助办理相关股权转让手续。上述股份转让价款由原告黄某林在相关股权转让手续办理的同时支付给被告曾某华。

三、驳回原告广州丰江电池新技术股份有限公司、汤某斌、黄某林的其他诉讼请求。

如果未按本判决指定的期间履行给付金钱义务，应当依照《中华人民共和国民事诉讼法》第二百五十三条之规定，加倍支付迟延履行期间的债务利息。

本案受理费33752元，由原告广州丰江电池新技术股份有限公司、黄某林、汤某斌负担11161元，被告曾某华负担22591元；保全费5000元，由原告广州丰江电池新技术股份有限公司、黄某林、汤某斌负担1653元，被告曾某华负担3347元。

如不服本判决，可以在判决书送达之日起十五日内，向本院递交上诉状，并按对方当事人的人数或者代表人的人数提出副本，上诉于广东省广州市中级人民法院。

审　判　长　孙　皓
人民陪审员　陈润彰
人民陪审员　梁金志
二〇一八年十月三十日
法官助理　赵　丹
书　记　员　谭晓琪